普通高等学校应用型教材

经济学

计量经济学软件 EViews 10.0 应用教程

从基础到前沿

陈 昭 徐芳燕 付铭苏 著

中国人民大学出版社
·北京·

广东省研究生教育创新计划项目“中级计量经济学”（2019SFKC24）

2020 年湖南省级一流本科课程精品在线开放课程“计量经济学基础与应用”（湘教通〔2021〕28 号-605）

资助出版

作者简介

陈昭，男，1972年出生，黑龙江庆安人，经济学博士，教授，硕士研究生导师，国内多个权威期刊匿名审稿人。

研究领域：货币理论，宏观经济，动态非稳定面板，计量经济史学。

电子邮箱：chenzhao2002@gdufs.edu.cn

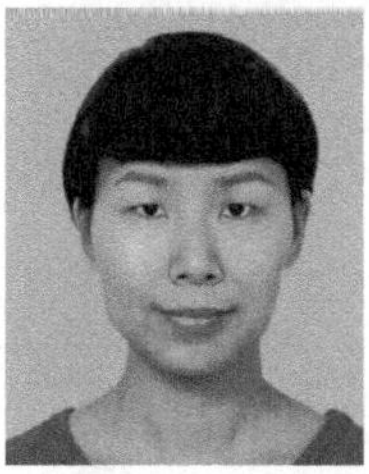

徐芳燕，女，1982年出生，山东菏泽人，经济学博士，副教授，国内多个权威期刊匿名审稿人。

研究领域：区域经济，统计学理论与方法。

电子邮箱：xufangyan@gdufs.edu.cn

付铭苏，女，1996 年出生，辽宁沈阳人，经济学硕士研究生。现就读于广东外语外贸大学经贸学院，本科就读于南京林业大学。

研究方向：宏观经济与美国经济。

电子邮箱:fumingsu1224@163.com

出版说明

应用型本科教育对于满足中国经济社会发展对高层次应用型人才的需要以及推进中国高等教育大众化进程起到了积极的促进作用。人们已经越来越清醒地认识到，实践教学是培养学生实践能力和创新能力的重要环节，也是提高学生的职业素养和就业竞争力的重要途径。许多非研究型院校师生反映，市场上现有的经济学教材大多重理论轻实践，难以满足应用型本科院校的人才培养需要。根据这些院校的特点和培养目标，他们认为在教材内容上不仅要包含本领域的基本理论问题，让学生对基本概念、基本原理有完整的掌握，还要包含本领域的实践问题，让学生掌握一定的实务操作方法，以应对未来工作的挑战。本着这一要求，中国人民大学出版社组织高校的一线教师和专家、学者，设计推出了这套“普通高等学校应用型教材·经济学”。本系列教材突出了以下几点：

第一，教材内容深入浅出、详略得当、结构合理、难度适中，数据翔实可靠，引用案例新颖，力求体现当前经济学领域的最新发展。

第二，根据应用型本科的人才培养目标，教材强化了各项业务的操作规程和实践做法，通过对案例的分析和点评让学生对实务操作有一个真切的体验。

第三，压缩了教材的篇幅，学生可以通过网络获取学习资料、练习题等相关内容，从而减轻了学生的负担。

我国应用型本科教育理念还未完全确立，对应用型本科的教育思路、教学规律、专业建设、教学方法、人才培养模式等关键问题尚未透彻理解和深刻把握，对建设应用型本科院校及专业的路径和方法还处于摸索当中，因此在本系列教材的编写方面，出版社并没有提出过于严格的要求，只是在教材的定位、篇幅、编写体例上提出了一些原则性的建议，具体的编写工作则实行主编负责制，由作者全权处理各教材的编写工作，并对各自编写的内容负责。

本系列教材的出版凝结了所有参编教师、专家和学者的辛劳与智慧，凝结了他们对应用型本科人才培养的探索和追求，在此一并表示感谢！

真诚地期待广大教师、学生和其他读者的批评及意见。

中国人民大学出版社

序　言

本书介绍了近几年前沿的 EViews 10.0 软件操作方法和计量模型拟合技巧，力图为经济学界的数量分析爱好者提供一本简洁的参考书。同时，也想从某种角度为初学者树立一些信心，因为本书不涉及艰深的计量经济学原理，可直接进入数量模型的拟合程序。但是，我们觉得应该在序言中提醒读者注意几个基本问题，希望读者深入思考，若有一定的心得，则有百利而无一弊。

第一，计量经济学作为一种经济分析工具，其主要功能是做实证分析。实证应该是对某种逻辑结论的证实或证伪，因此，在动用数量分析工具之前，一定要先有逻辑分析的结论。换句话说，其实就是用这个分析工具“说服”读者“相信”前面的逻辑结论。

众所周知，现代经济学的逻辑结论大都是以函数形式给出的。一个符合经济学范式的研究必定先以严格的推理得出反映因果关系的一般函数，再拟合相应的数量模型，这个程式大概可以被称为“逻辑指引”。我们看过近年来许多高校的硕士学位论文和博士学位论文，从论文结构上来说，许多论文在文献综述之后直接就是实证分析，基本上不对结论做推理或压根儿就没有逻辑结论的不占少数。在实证分析章节中，许多学位论文对逻辑结论的由来三言两语一带而过，大篇幅文字用于讨论数据、模型拟合……试想，论文自身对逻辑结论的“逻辑”都如此轻视，那么无论用多么高深的分析工具都难以实现“说服”读者“相信”其结论之目的。再者，经济学研究中最有价值的东西是发现经济中的因果关系，哪怕是不为人重视的某一经济层面的因果关系。然而，这个新发现的因果关系需要逻辑严密的推理，而不是仅仅以三言两语敷衍了事。在完美的逻辑推理基础上，再进行科学合理的实证分析，才能使读者信服。

综上所述，数量分析的基本功是经济学理论，要熟练掌握基本理论的逻辑内涵，充分了解经济学行业内做逻辑推理的常用数学工具，对经济学与数学的内在联系融会贯通，不能停留在“两层皮”状态。说到这里，有些初学者可能会感到茫然：在微观经济学和宏观经济学的教科书里，理论框架琳琅满目，选择使用就是了，为什么本书还喋喋不休地强调经济学理论的逻辑内涵和数学工具使用技术？要想破解这种迷茫，就必须进入下一个问题。

第二，在研究绝大部分经济问题时，经济学理论都不可能直接拿来套用，要深入研究某一经济学理论的前提假设与待研究问题所在时空的市场条件是否一致或贴近：如果一致或贴近，则直接使用时问题不大（然而实际上远没有这么幸运，尤其是研究中国问题）；如果有较大差距，则不可以直接使用，应该做必要的修正。众所周知，“一旦前提消失了，结论就不存在了”。

认真读一下经济学说史，大家可以发现，任何经济学理论都有自己的“生日”和“出生地”。亚当·斯密的《国富论》“出生”于18世纪后半叶的英国，马歇尔的新古典经济学“出生”于19世纪末的英国，凯恩斯的《通论》“出生”于大萧条时代。再伟大的经济学家都是人而不是神，他们的卓越理论的前提假设都无疑是对他们生活的时代和之前岁月的经济社会基本条件的抽象，他们不知道、也不可能知道后来世界经济的巨大变化。由于前提假设和当代经济条件的差异，他们的理论模型不会完全适用于解释今天的经济问题。例如，亚当·斯密和马歇尔的理论框架的大前提都是“供给约束型经济”，即短缺经济，正常情况下需求都不是问题，问题在于供给能力不足。因此，古典经济学和新古典经济学的注意力都在供给一端。当今世界，大多数国家都已进入需求约束型经济（订单经济）阶段，潜在供给能力都很强大，有效需求不足成了时不时困扰各国经济的大问题。若原封不动地套用新古典经济学的理论框架，必然会得出南辕北辙的结论——需求不足，却用力捣鼓供给。再如，即使是以需求约束型经济为前提假设的凯恩斯经济学，在当今各国也并非完全有效，尤其是在中国，其症结就在于凯恩斯经济学各层面理论框架的前提假设未必与当今各国的制度安排和经济条件完全一致。

一旦发现经济学理论的前提假设与现实经济运行的前提发生冲突，势必需要修正理论框架的前提假设，进而增减因果关系函数中的自变量，得出与现实一致或贴近的结论。然而，这一修正过程需要研究者掌握必要的数学工具，以便从新前提推出新结论，从而杜绝“三言两语”的敷衍。

这里，再进一步谈谈我们对经济学中的“前提假设”和“前提”两个概念的理解。众所周知，经济学纯理论不仅仅是对某一具体时空的分析，而是探索更为“一般化”的规律。所以，理论模型的充要条件被称为“前提假设”或简称“假设”。也就是说，如果任何时空的经济具备如此条件，则有如同理论模型所指出的因果关系。然而，在具体的经济分析中，经济运行条件和制度安排都应该是实实在在的“前提”，而不是“假设”了，在分析的最终结论上，也不应该再有任何理想化的“假设”。当然，不排除在研究过程中为分析方便做一定的技术性假设，但最终必须全部放开这些假设。

第三，再针对上一个问题谈谈具体的分析思路。大学里的经济学教师经常语重心长地教导学生们要“认真”读书，但却少有师者能够教给学生“怎样认真”读书，这往往令想认真读书的学生们或事倍功半或茫然不解。我们在此谈谈体会，为肯认真读书的初学者提供些许方便。

我们仅以经济学教科书为例。读书时，除了看懂书中交代的逻辑分析过程和结论之外，最为重要的是掌握前面说过的“如果……那么……”之思路，即“如果有如此前提假设，那么有如此逻辑结论”。但是，经济学教科书，特别是初级经济学教科书却很少或根本不讨论前提假设，这需要初学者自己去思考并向高人请教思考结果。以宏观经济学中的凯恩斯学派货币需求理论函数为例：

$$M_d = f(Y, i)$$

上式是初级宏观经济学教科书中非常重要的因果关系之一，它构成了LM曲线的基础。但是，这个反映因果关系的逻辑结论能用于解释哪些国家的经济现象呢？逻辑的起点一定是约束条件——前提假设，教科书中一般都没有提及。我们的体会是，初学者从函数的自变量反推，即可发现其主要假设。思路如下：

（1）货币需求，即在某个时段中的平均货币持有量。凯恩斯对持有货币的动机做了深入分析，和经验比较接近，并且不难理解。函数关系表明，货币需求主要受两个因素的影响，第一是收入，第二是市场利率。于是，我们可以从这两个自变量反推：必须有什么样的宏观经济条件，这两个变量才能发挥作用。

（2）从收入反推。收入在汉语中原本应该是个动词，一切物品几乎都可以做宾语，比如3 000斗小麦、200两银子。演化为名词之后，应该有实物收入和货币收入之分，只不过经济发展到今天，在人们心目中，收入概念等同于货币收入概念了。

从函数来看，收入越高，平均货币需求量越大，应该要求这个收入是货币化收入，即经济货币化程度相当成熟。试想，在传统经济时代，自给自足占据经济的主要地位，市场处于经济的边缘，货币化程度非常低下，即使实物收入有较大增长，宏观上也未必会产生持有更多货币的要求。若以极端的偶尔以物易物的时代为例，收入变化对货币应该没有任何影响。在当今世界，各主要国家的经济货币化进程大都已经完结，所以，这个假设通常以天经地义为由不被提起。但是，如果研究经济史，货币化程度则是一个不能忽略的影响因素。顺便说一句，关于经济货币化的问题，不仅国外学者，而且易刚、刘振亚等国内学者也有很好的论著，最好找来读一读。

（3）从市场利率反推。对市场利率一词不可望文生义，同银行存贷利率混淆。市场利率是资产市场的收益率，即有价证券收益率，是一个非常活跃的变量，甚至一日多变。而银行存贷利率则是货币的收益率，相对僵硬，通常不频繁变动，甚至短期内不变。

从函数来看，货币需求与市场利率负相关，即有价证券收益率越高，人们越有可能放弃持有货币而转买证券；有价证券收益率越低，人们越有可能不买证券或抛出证券，更多地持有货币。这样说来，若能使市场利率如此有效地影响货币需求量，则前提假设必定是经济中存在着一个完善的金融市场。中国现在的金融市场是否完善是个大问题，这里不便讨论。若退回到改革开放初期的20世纪80年代，中国压根儿就没有资产市场，显然，用凯恩斯经济学解释当时中国的货币需求是荒谬的。顺便一提，由于当时中国处于供给约束型经济态势，用凯恩斯经济学解释其他领域同样是荒谬的。

（4）从缺失的变量反推。对比凯恩斯学派与货币学派和其他经济学家的货币需求理论函数就会发现，前者的函数中缺少价格变量。由此可以推出，凯恩斯学派的函数暗含着一个假设——短期分析（在需求约束型经济态势下，短期中价格不变。注意，在供给约束型经济态势下则是短期中产出不变）。

至此，可以得出凯恩斯学派货币需求理论函数的三个前提假设：A. 成熟的货币化经济；B. 存在完善的金融市场；C. 短期分析。如果某一时空的宏观经济不具备这些前提，就不能使用这一理论解释货币需求，而应寻找与宏观经济条件适应的理论框架，或者按宏观经济条件修正凯恩斯的理论函数（增减变量）。

综上所述，如果初学者这样“认真”读书，对经济学理论的掌握就应该比较扎实了。但要做到“认真”读书谈何容易，希望初学者多下功夫。

总之，只有在打牢经济学理论基础的条件下，才能做出高水平的数量分析。否则，数学就应该可以取代经济学了，然而，事实上经济学的逻辑不可替代。同时，提高数量分析水平，反过来有助于深刻理解经济学理论、修正经济学理论，甚至发展经济学理论。衷心希望读者能从本书中获益，哪怕是一点点。

祝读者好运！

广东外语外贸大学中国计量经济史研究中心

Ph. D. 刘巍

2020 年仲秋于广州南沙名苑别墅

目　录

第一章

数据的输入

亲爱的朋友们，我们现在开始计量模型实证分析的旅程！在用软件之前，请先安装软件。**(亲，后记里有惊喜噢!)** 找不到软件的朋友请给我们发邮件，我们一定竭尽所能为您服务，帮助您完成愉快的旅行！您面前是“青青园中葵，朝露待日晞”。

目前 EViews（Econometrics Views 的缩写）软件有这样几个流行版本：EViews 5.1、EViews 9.0 到 EViews 10.0。各个版本间的操作虽然大同小异，但是版本越高级，应用能力越强。我们下面的操作是以目前最高级的 EViews 10.0 为基础。

第一节　基本常识

双击软件图标打开 EViews 软件的界面（对于研究人员，如果在桌面建立快捷方式，那么会更节省您的宝贵时间），结果如图 1－1 所示。

上面的窗口称为主页面，它给了我们很多信息。我们首先要建立一个工作文件，以便在这个文件中进行以后的工作。

首先，点击图 1－1 的“File”，出现一个下拉菜单，第一项为“New”，因为我们是第一次操作，所以必然要选择该项，建立一个新的工作文件。

然后，将鼠标放到“New”处，它会变蓝，出现一个小的下拉菜单，其中第一项为“Workfile…”，这就是我们第一次操作要建立的工作文件，点击“Workfile…”，出现如图 1－2 所示的窗口。

图 1－2 中的窗口分为三部分：

第一部分为“Workfile structure type”（工作文件类型），分为“Unstructured/Undated”（非结构/非日期）、“Dated-regular frequency”（日期—规则频率）、“Balanced Panel”（平衡面板），初学者可以先选择缺省状态（即默认状态，这部分可以不操作）的“Dated-regular frequency”。

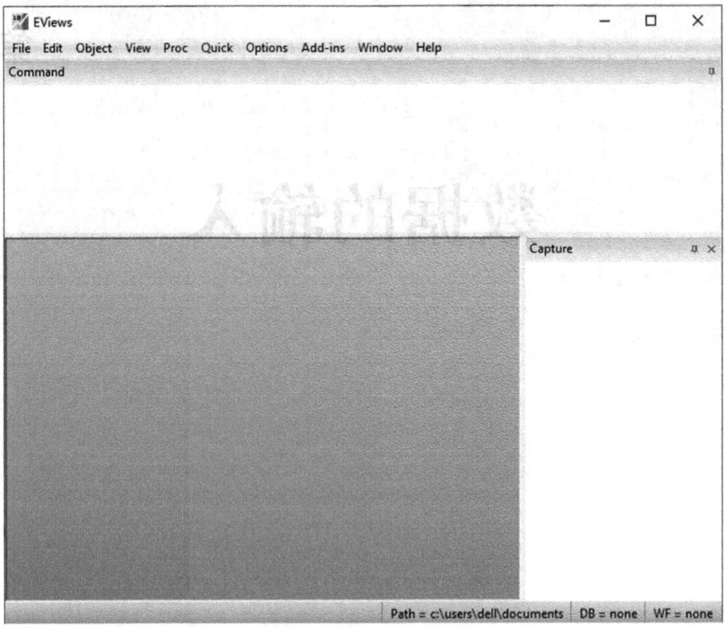

图 1-1　EViews 10.0 软件的主页面

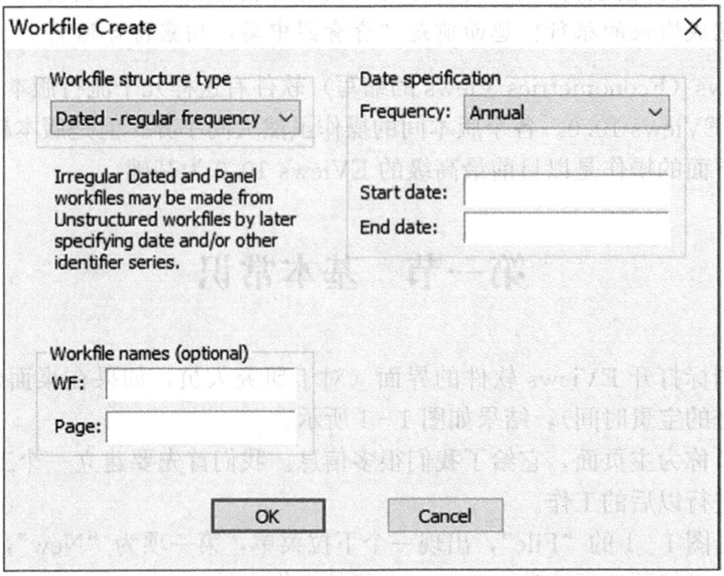

图 1-2　创建工作文件

第二部分是“Date specification”（日期设定），包括“Annual”（年度数据）等项，建议初学者先选择年度数据输入，缺省状态为“Annual”；“Start date”是起始时间；“End date”是终止时间。

第三部分是“Workfile names (optional)”（随意的名称），就是给工作文件命名。

这样我们在图 1-2 中需要做的工作就是输入估计模型时所用数据的起始时间和终止时间。

比如，想拟合模型$\frac{M_d}{P}=\beta_0+\beta_1 Y+\beta_2 i+u$，我们找到某一个国家的$M_d$，$P$，$Y$，$i$四个变量的数据，用Excel计算$\frac{M_d}{P}$的结果并记为$M$，其中$\beta_0$，$\beta_1$，$\beta_2$是待估参数。要用EViews软件估计参数，首先要输入一个被解释变量（因变量）和两个解释变量（自变量）的数据。三个变量的虚拟数据（只是告诉读者如何做，不代表实际数据，对于实际数据，读者可以查找有关统计数据库，可以用实际数据拟合一个真正的计量模型）如表1-1所示。

表1-1　1952—2006年有关变量数据

年份	M	Y	i	年份	M	Y	i
1952	3 516.00	219.00	1 690.00	1980	27 320.00	664.60	15 700.00
1953	3 716.00	216.00	1 730.00	1981	30 530.00	724.41	16 440.00
1954	3 725.00	216.00	1 810.00	1982	31 660.00	737.71	17 870.00
1955	4 059.00	217.00	1 850.00	1983	34 060.00	751.00	20 780.00
1956	4 282.00	224.00	1 890.00	1984	37 720.00	764.29	22 670.00
1957	4 510.00	230.00	1 930.00	1985	40 150.00	764.29	24 830.00
1958	4 568.00	234.00	2 070.00	1986	42 320.00	744.35	27 070.00
1959	4 958.00	234.00	2 100.00	1987	45 240.00	757.64	29 290.00
1960	5 153.00	234.00	2 170.00	1988	48 810.00	790.87	30 900.00
1961	5 338.00	233.00	3 400.00	1989	54 530.00	987.50	32 450.00
1962	5 746.00	234.00	3 670.00	1990	57 650.00	1 027.00	33 570.00
1963	6 069.00	233.00	3 980.00	1991	59 320.00	1 027.00	34 580.00
1964	6 498.00	234.00	4 300.00	1992	62 560.00	1 034.90	35 280.00
1965	7 051.00	239.00	4 650.00	1993	65 600.00	1 050.70	35 910.00
1966	7 720.00	246.00	4 860.00	1994	67 229.00	1 068.08	40 180.30
1967	8 164.00	247.00	5 300.00	1995	70 336.00	1 098.89	42 459.30
1968	8 927.00	253.00	5 720.00	1996	73 906.00	1 129.70	45 052.90
1969	9 639.00	263.00	5 920.00	1997	78 340.00	1 129.70	48 030.00
1970	10 155.00	273.00	6 310.00	1998	86 992.00	1 098.89	52 810.60
1971	11 030.00	282.00	7 140.00	1999	91 520.98	1 109.16	57 120.70
1972	12 130.00	294.00	8 060.00	2000	97 648.00	1 170.78	61 089.00
1973	13 590.00	333.00	8 590.00	2001	100 490.00	1 181.05	69 660.20
1974	14 730.00	395.00	9 050.00	2002	104 290.00	1 160.51	72 687.00
1975	15 980.00	432.00	10 200.00	2003	109 185.00	1 216.80	74 222.00
1976	17 830.00	451.93	11 600.00	2004	116 792.00	1 287.00	76 800.00
1977	19 910.00	478.51	12 820.00	2005	124 165.00	1 392.30	92 600.00
1978	22 500.00	518.39	13 810.00	2006	132 018.00	1 450.80	101 000.00
1979	25 080.00	584.85	14 670.00				

在图 1-2 中“Start date”后面的空白处输入“1952”，在“End date”后面的空白处输入“2006”，在“Workfile names（optional）”（随意的名称）部分的“WF”后面的空白处输入“dyc”（汉语拼音“第一次”的缩写，以后的工作文件就是这个名称），然后点击“OK”，出现如图 1-3 所示的界面。

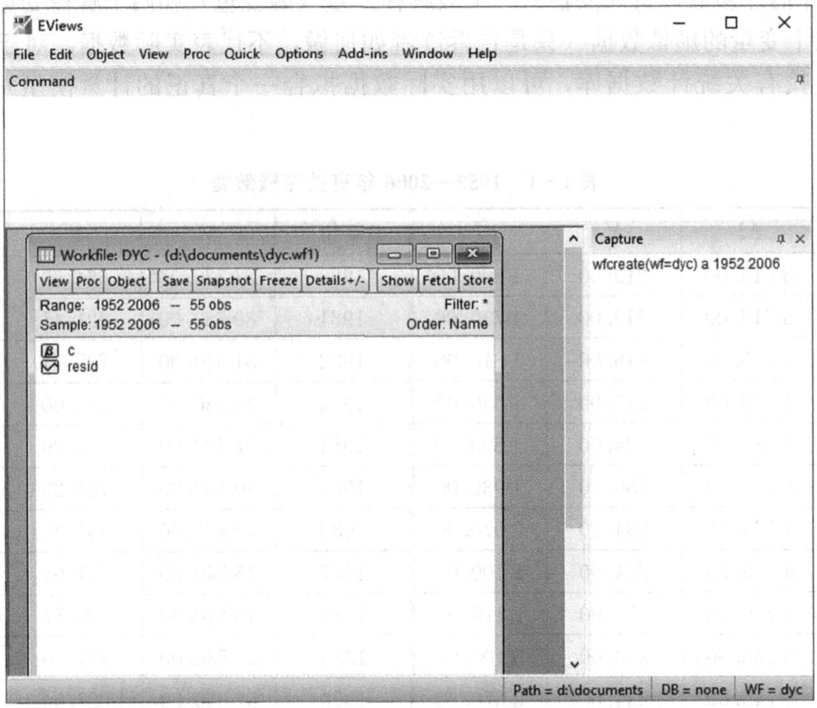

图 1-3　工作文件窗口

图 1-3 所示的窗口称为工作文件窗口，图中工作文件“Workfile：DYC”项下的“c”表示系统默认的常数项（截距项），“resid”表示最后一次回归后的残差保留的位置。至此，熟悉 EViews 软件的读者会发现，EViews 10.0 的界面与以往的版本有明显不同：多了一个“Capture”窗口，它和工作文件窗口、主页面窗口不像以往以弹窗方式悬浮，而是在一个平面内分成三部分运行。“Capture”窗口展现你运作步骤的程序。即 EViews 10.0 版本实现了多窗口操作，使软件操作起来更有利于实际应用。这个贡献是继往开来的！

第二节　数据的录入

下面的工作就是输入数据了。点击主页面下的“Quick”，出现一个下拉菜单，其中有一项“Empty Group（Edit Series)”就是数据的编辑项，点击“Empty Group（Edit Series）”后出现如图 1-4 所示的窗口。

图 1-4 所示的窗口称为数据窗口，这样就可以把事先从统计数据库找到的数据输入里面（或者将数据输入 Excel，然后复制到 EViews 中，熟悉软件之后，就可以应用导入功能

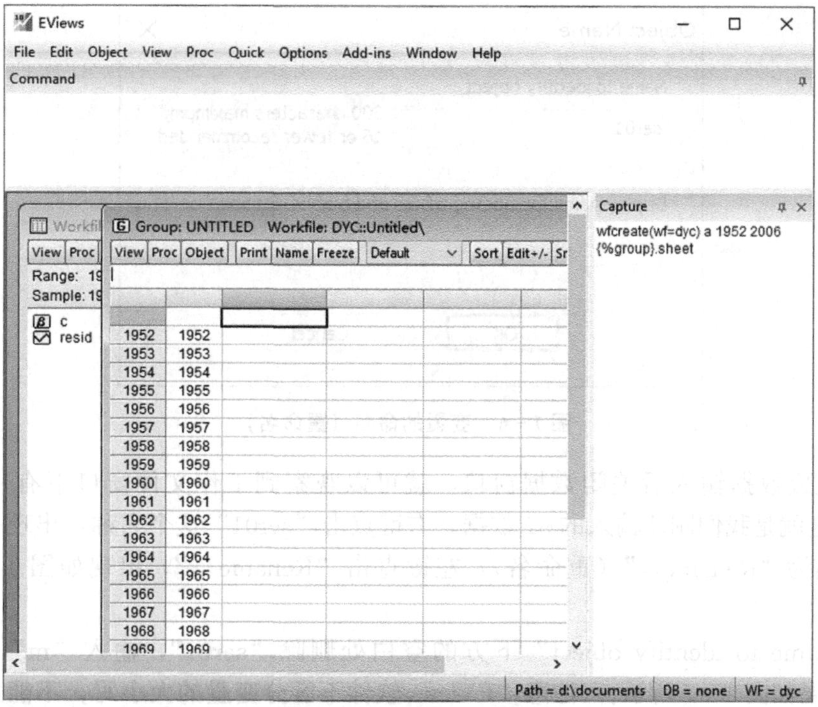

图 1-4　数据录入窗口

了)。首先输入的是 M 数据，如图 1-5 所示。输入“m”替换数据上面的“ser01”名称处，出现如图 1-6 所示的窗口，然后点击“OK”，完成对 M 数据的命名。

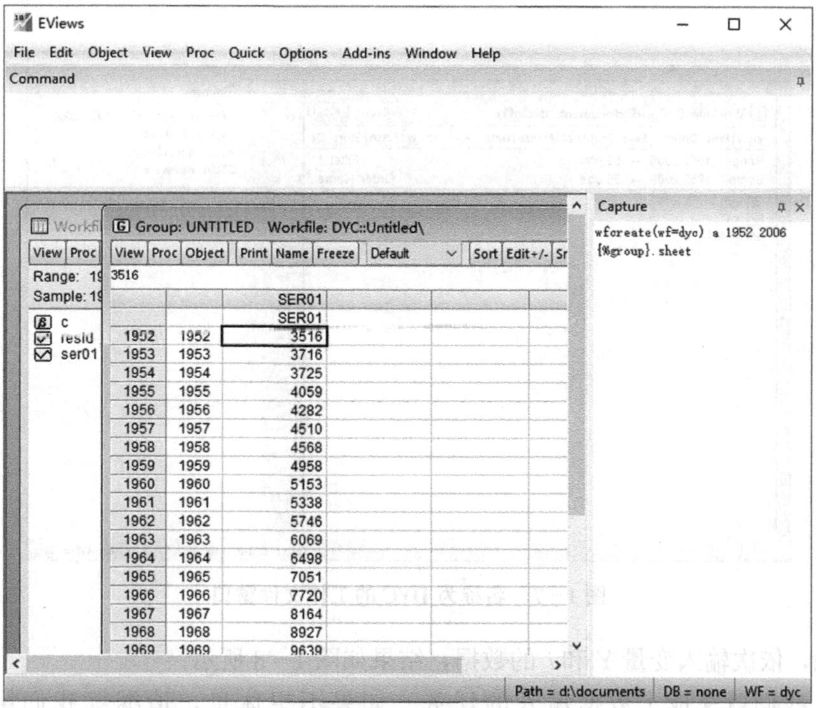

图 1-5　数据的录入

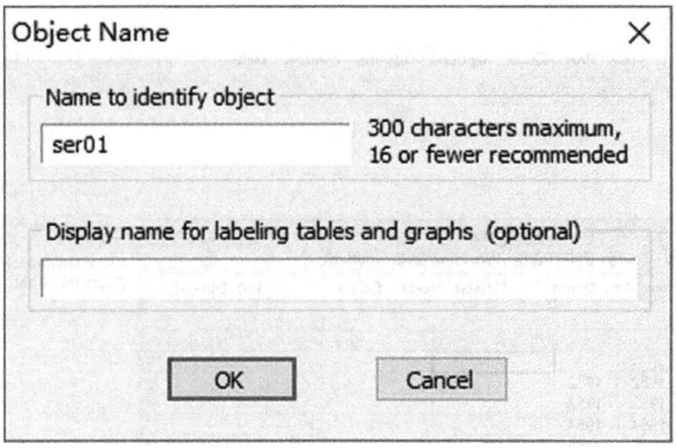

图 1-6　变量的命名（重命名）

或者完成数据输入后关闭数据窗口，就可以观察到工作文件窗口下有一个序列为“ser01”，这就是我们刚才输入的 M 数据。右键点击“ser01”这个名称，出现一个下拉菜单，有一项为“Rename…”（重命名），左键点击“Rename…”，出现如图 1-6 所示的界面。

在“Name to identify object”下方的空白处删除“ser01”，输入“m”，然后点击“OK”，结果如图 1-7 所示。（**注意，EViews 软件不区分变量的大小写，不能用同一个字母的大写和小写代表两个变量。**）

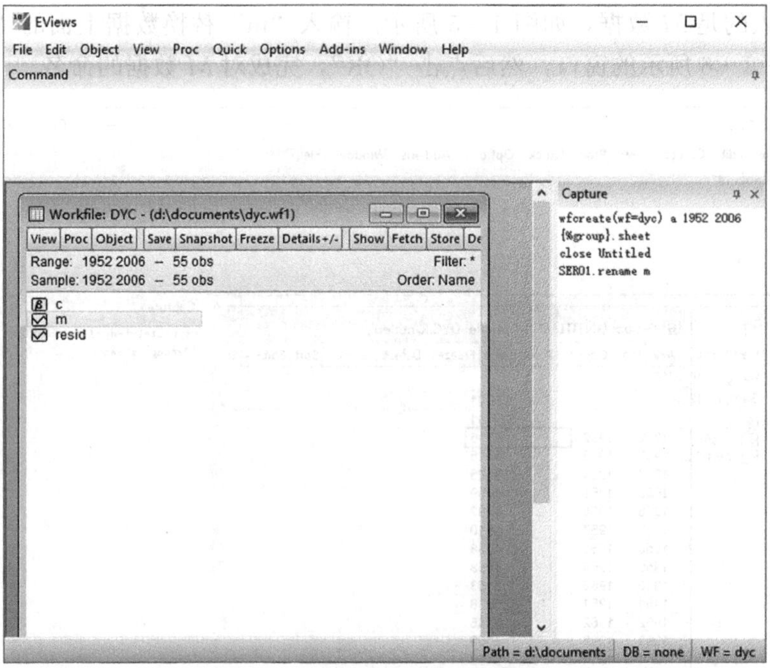

图 1-7　名称为 DYC 的工作文件窗口

同样地，依次输入变量 Y 和 i 的数据，结果如图 1-8 所示。

这样，我们就完成了数据输入的任务。如果不想休息，请继续我们第二章的旅程；如果想休息一下，可以关掉工作文件窗口，这时候系统会提示你是否保存，如

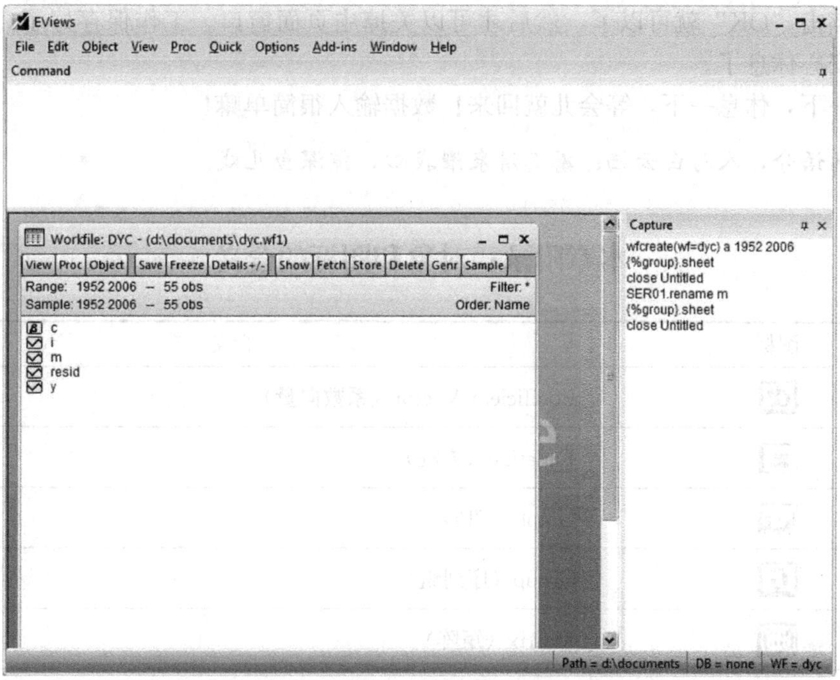

图 1-8 所需变量的数据输入完成后的工作文件窗口

图 1-9 所示。

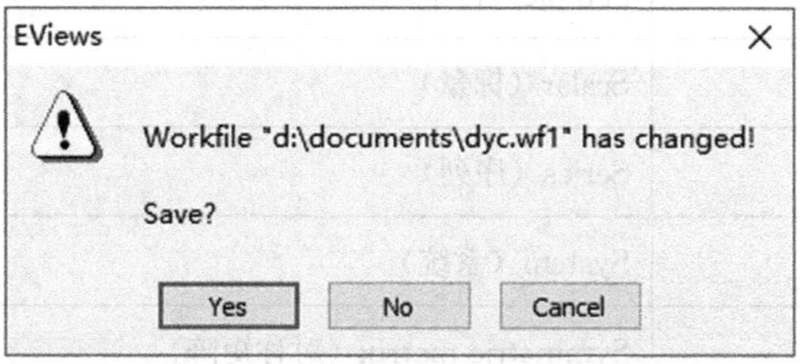

图 1-9 是否保存工作文件的提示

这时候要小心，我们辛苦做完的工作一定要保存，所以你要选择“Yes”，系统会自动为你保存在默认目录下（建议初学者不要改变路径，学有所成后可以自由发挥）。点击“Yes”后，系统会出现如图 1-10 所示的界面。

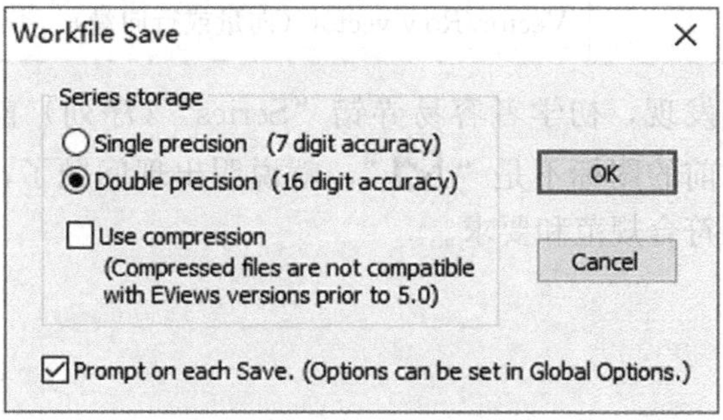

图 1-10 工作文件的保存

直接点击“OK”就可以了，然后才可以关掉主页面窗口。工作保存好了，这时候我们就可以安心休息了。

休息一下，休息一下，等会儿就回来！数据输入很简单嘛！

空山鸟语兮，人与白云栖；潺潺清泉濯我心，潭深鱼儿戏。

本章附录：对象和图标的含义

图标	含义
	Coefficient Vector（系数向量）
	Equation（方程）
	Graph（图形）
	Group（序列组）
	Matrix（矩阵）
	Model（模型）
	Pool（time-series/cross-section）（面板数据）
	Sample（样本）
	Scalar（标量）
	Series（序列）
	System（系统）
	Symmetric matrix（对称矩阵）
	Table（表格）
	Text（文本）
	VAR（vector autoregression）（向量自回归）
	Vector/Row vector（向量或行向量）

在授课过程中我们发现，初学者容易弄错“Series”（序列）前面的图标，因此要注意，如果“序列”名称前的图标不是“”，就说明出现问题了，要按照程序重新输入数据或者数据组，直到符合规范和要求。

第二章

模型的估计与结果

休息好了，有精神了，继续我们的旅程！

春水碧于天，画船听雨眠。垆边人似月，皓腕凝霜雪。

上一章我们把要估计的模型的数据输入 EViews 软件中并进行了保存，你可能不知道保存的结果放到哪里了，没有关系，我们现在找回来。

现在，双击桌面上的快捷方式，打开 EViews 软件。片刻，主页面出现了，见图 2-1。

左键单击“File”后会出现下拉菜单，在下方最近打开的文件中第一项是“0 dyc. wf1”，这是系统自动为你保存的目录，文件名是“dyc. wf1”（dyc 就是第一章图 1-2“Workfile names（optional）”部分的“WF”后面的空白处输入的内容）。

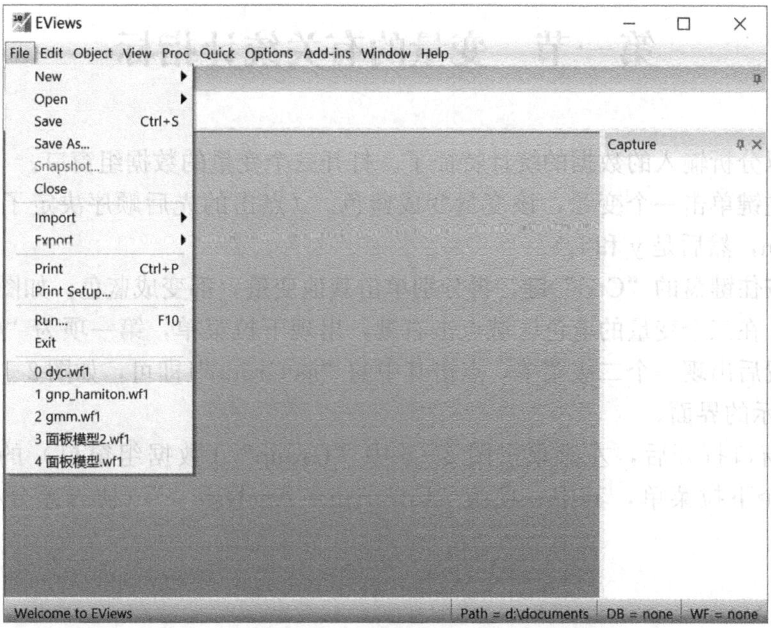

图 2-1 保存路径的提取

点击“0 dyc. wf1”，出现了如图 2-2 所示的界面。

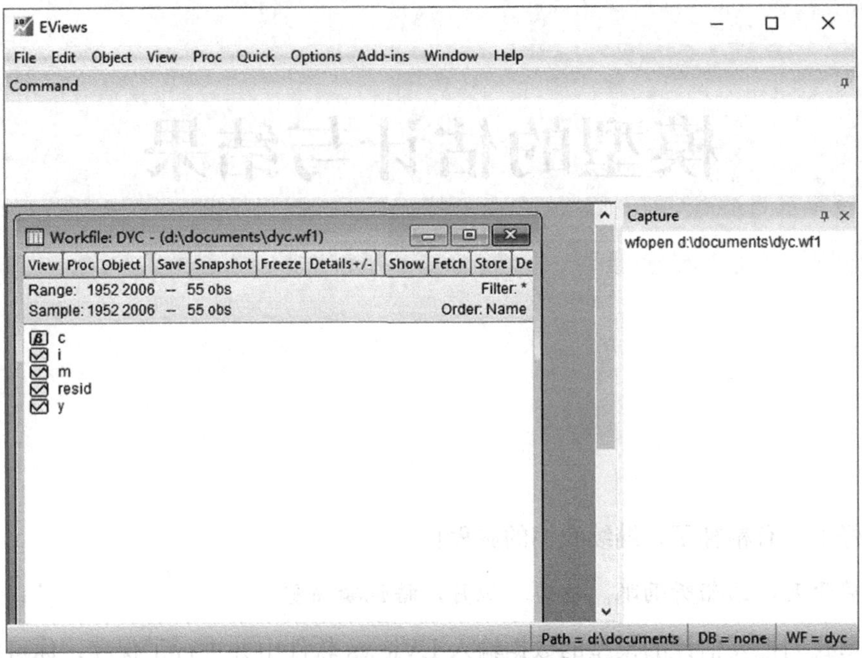

图 2-2 保存的工作文件

细心的读者会发现，这不就是第一章的图 1-8 吗？没错，休息后我们又回到了准备继续工作的位置，没有休息的读者也是从这里继续工作的（读者从这里明白了保存的益处，细心的读者会发现“Capture”窗口给出了文件的保存路径 d:\documents\dyc. wf1）。

第一节 变量的有关统计指标

现在可以分析输入的数据的统计特征了。打开三个变量的数据组窗口。

首先，左键单击一个变量，该变量变成蓝色。（点击的先后顺序决定了变量的排序，这里先点击 m，然后是 y 和 i。）

然后，按住键盘的“Ctrl”键，再分别单击其他变量，都变成蓝色，如图 2-3 所示。

接下来，在三个变量的蓝色区域点击右键，出现下拉菜单，第一项为“Open”，鼠标放在这个位置后出现一个二级菜单，点击其中的“as Group”即可，如图 2-4 所示。出现如图 2-5 所示的界面。

数据组窗口打开后，左键单击图 2-5 中“Group”（数据组窗口）的“View”按钮，出现一个下拉菜单，其中一项为“Covariance Analysis…”（协方差分析），点击后得到图 2-6。

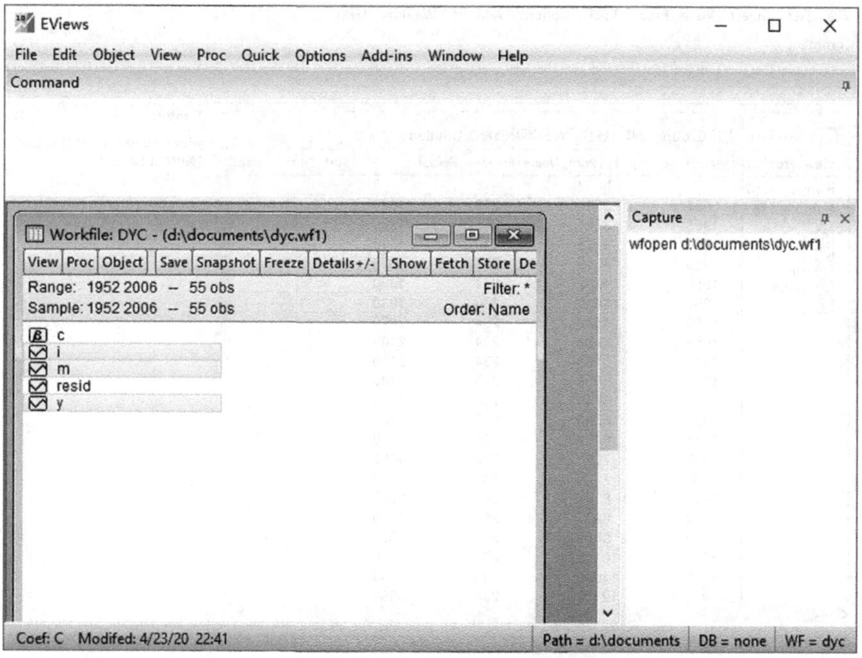

图 2－3　同时选中几个变量

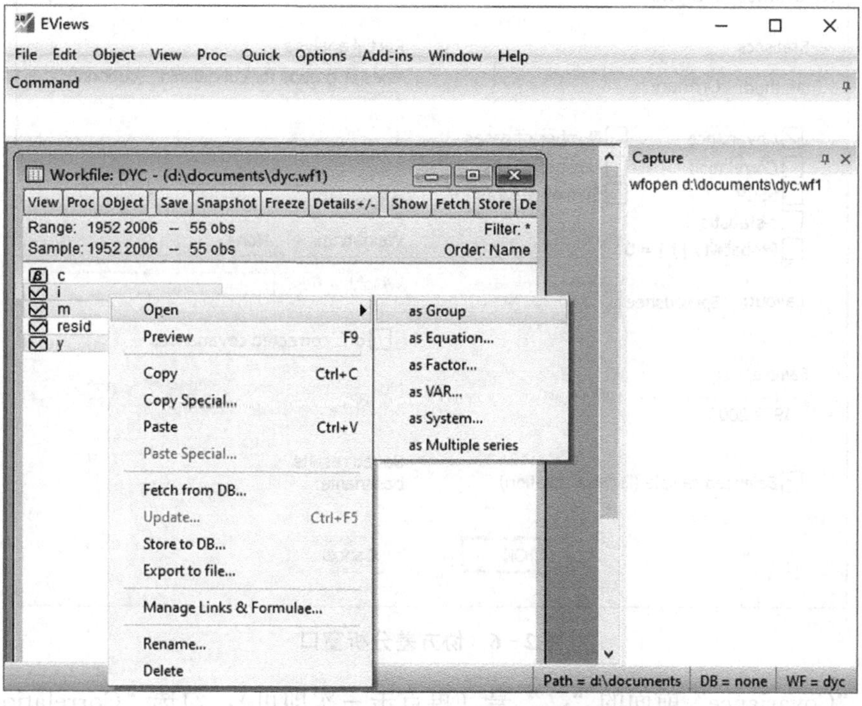

图 2－4　打开选中的几个变量数据组的命令过程

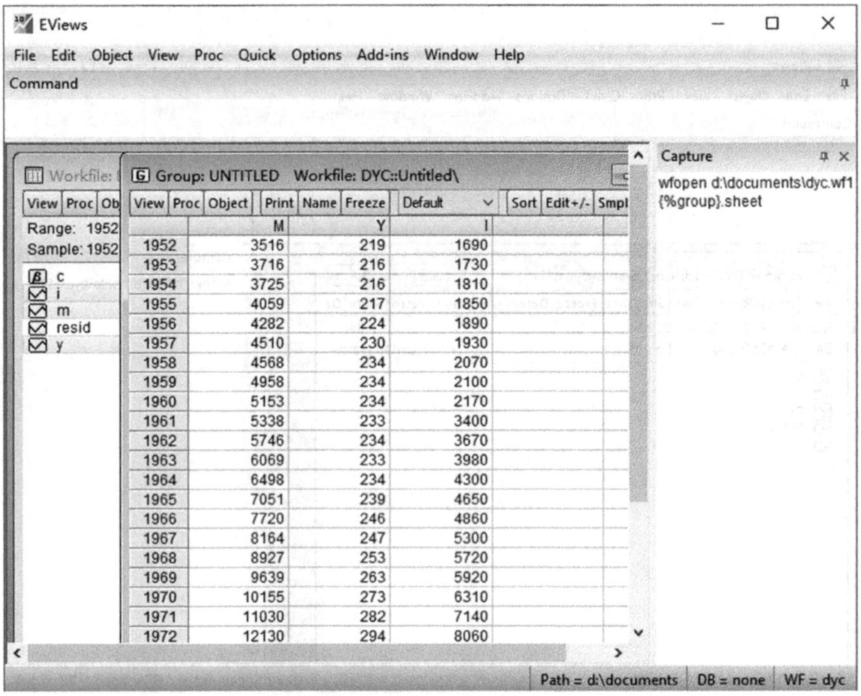

图 2-5 打开的数据组窗口

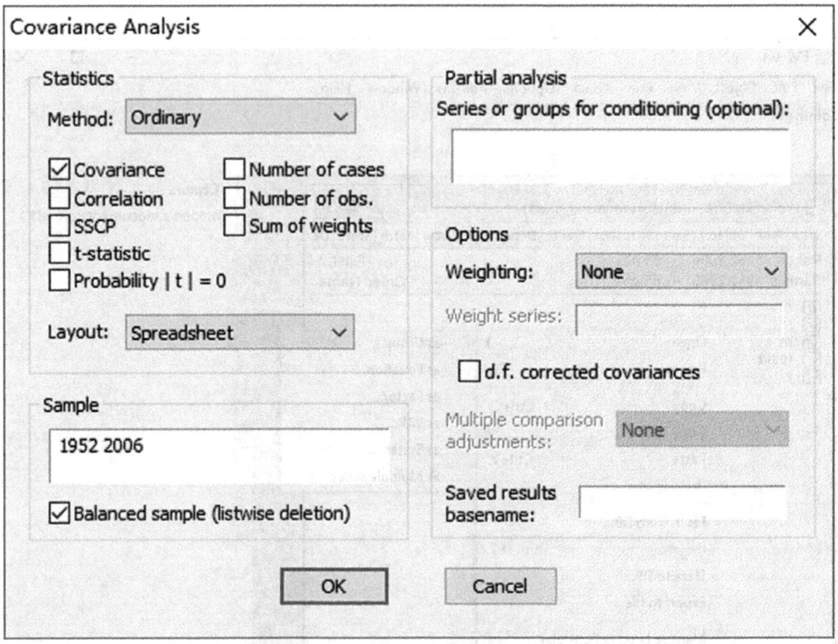

图 2-6 协方差分析窗口

去掉"Covariance"前面的"√"号（再点击一次即可），勾选"Correlation"（表示变量间的相关系数），结果如图 2-7 所示。

然后点击图 2-7 中的"OK"，得到图 2-8。

可见变量 M 和 Y 的相关系数为 0.965 383；而变量 M 和 i 的相关系数为 0.992 177。

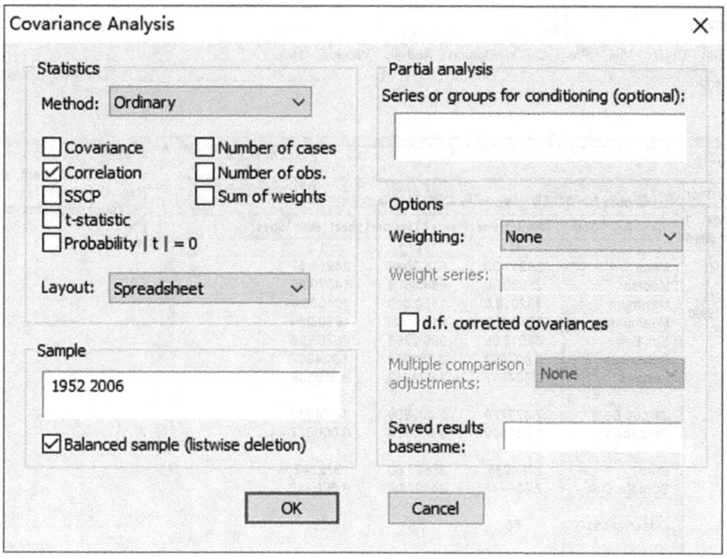

图 2-7　相关系数分析窗口

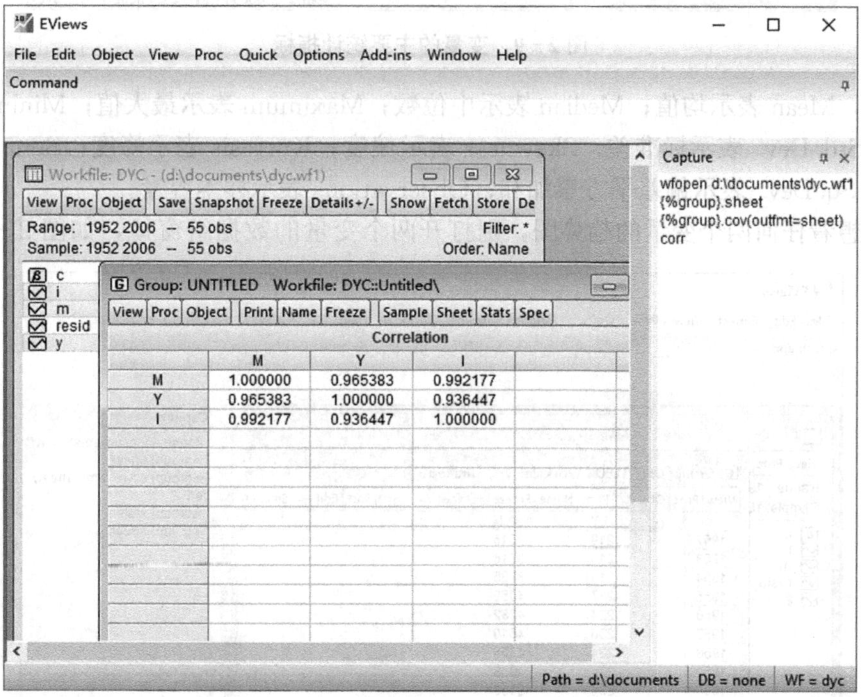

图 2-8　变量的相关系数

再次左键单击图 2-8 中“Group”（数据组窗口）的“View”按钮，出现一个下拉菜单，点击“Descriptive Stats”出现二级菜单，点击“Common Sample”，则得到几个变量的主要统计指标（见图 2-9）。

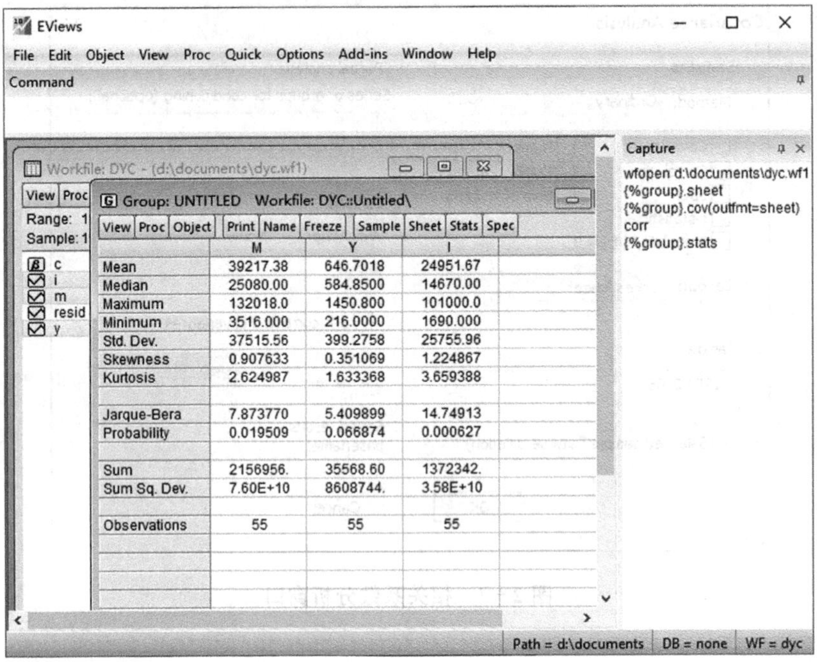

图 2-9 变量的主要统计指标

其中，Mean 表示均值；Median 表示中位数；Maximum 表示最大值；Minimum 表示最小值；Std. Dev. 表示标准差；Skewness 表示偏度；Kurtosis 表示峰度；Sum 表示累加和；Sum Sq. Dev. 表示偏差平方累加和；Observations 表示样本容量。

如果想看任何两个变量的趋势图，则打开两个变量的数据组窗口，如图 2-10 所示

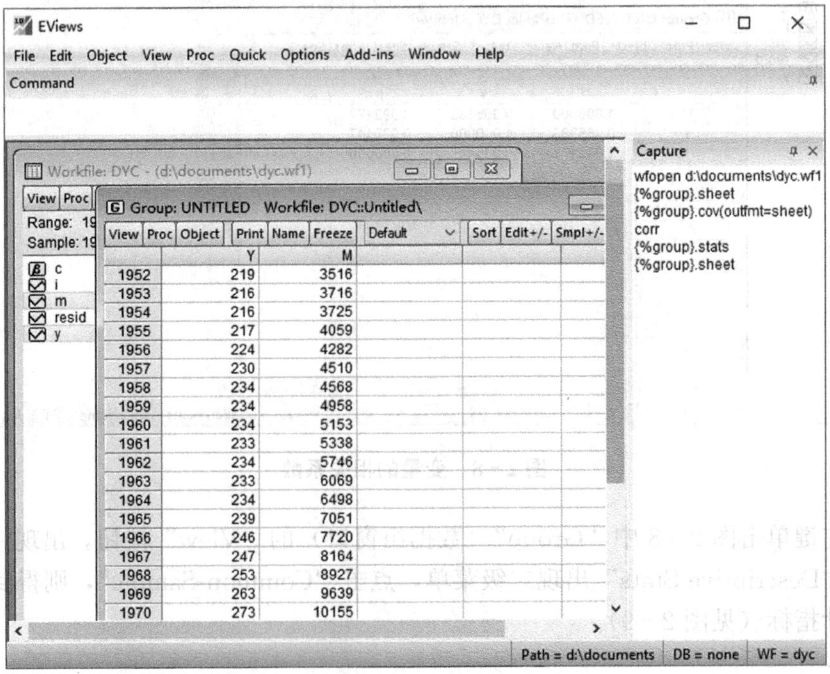

图 2-10 两个变量的数据组窗口

（参照图 2-5，或者点击主页面窗口的“Quick”，出现下拉菜单后点击其中的“Show…”，在出现的空白页面中输入“Y M”（两个字母之间务必至少留有一个空格，哪个字母在前，作图时哪个字母就是横轴），然后点击“OK”即可），如图 2-11 所示。

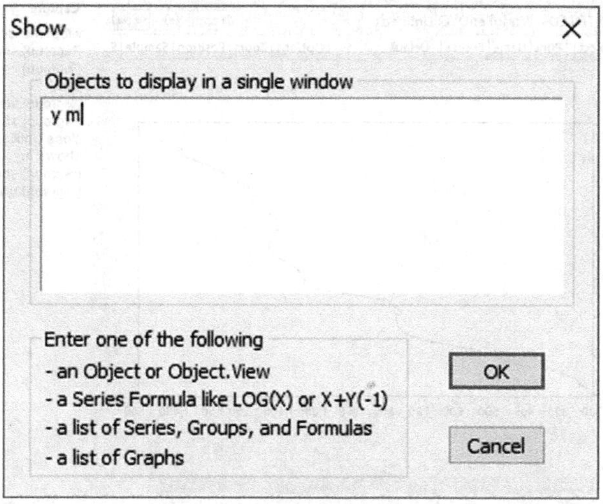

图 2-11　变量输入窗口

点击“Group”窗口下的“View”，选择“Graph”，出现如图 2-12 所示的界面，分别点击“XY Line”和“Scatter”得到如图 2-13 和图 2-14 所示的趋势图和散点图。

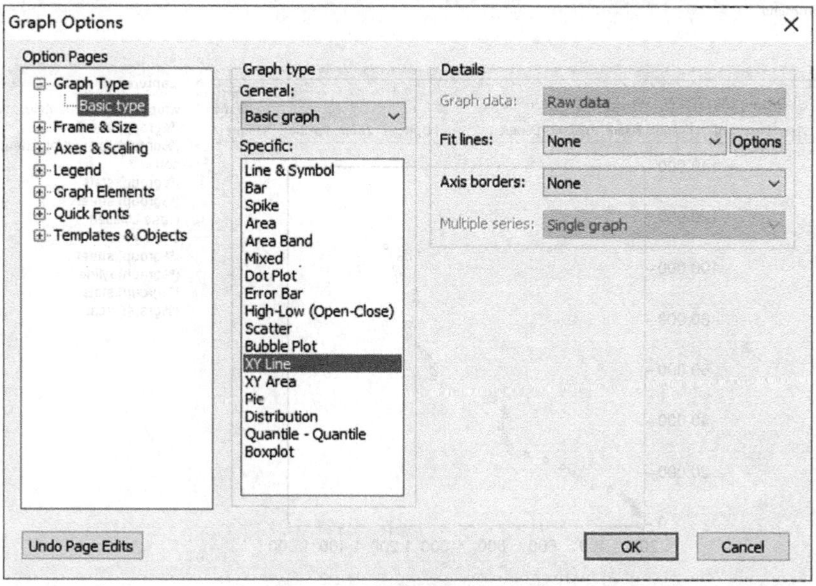

图 2-12　趋势图选择窗口

如果想分析单变量的分布特征，我们以 M 为例，左键双击打开 M 的数据窗口，点击数据窗口的“View”→“Graph”，如图 2-15 所示。

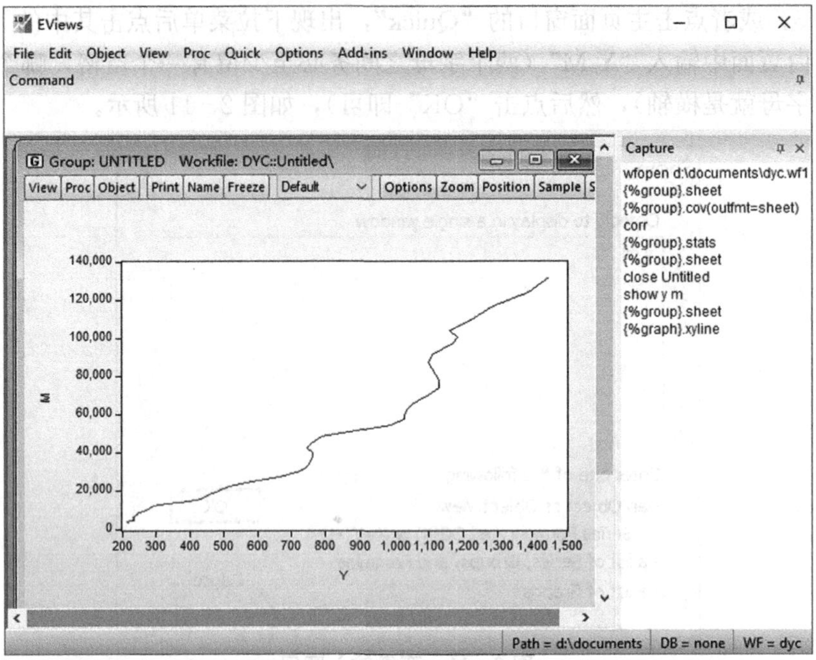

图 2-13　两个变量的线性趋势图

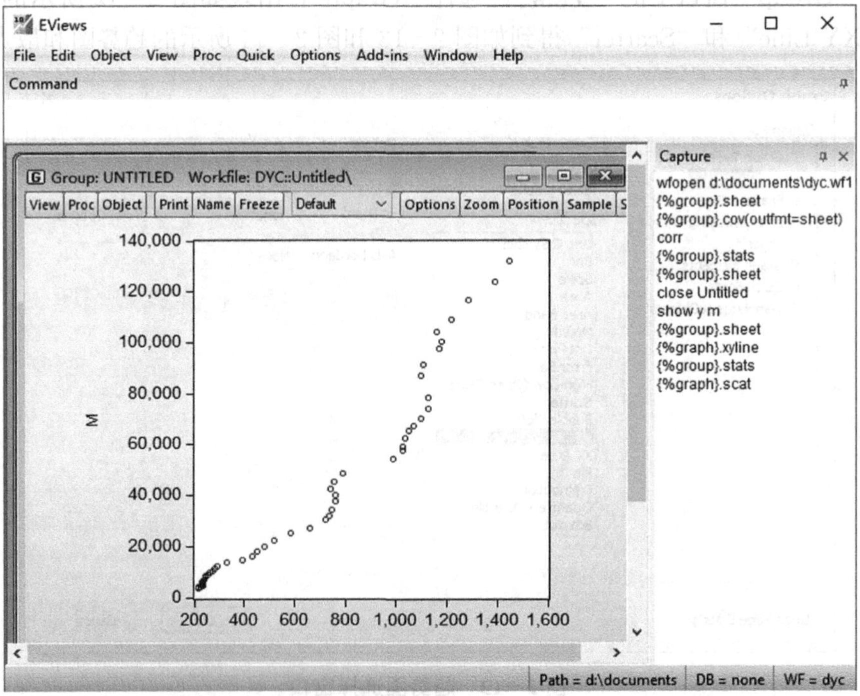

图 2-14　两个变量的散点图

在"Specific"（图形类型）选择框中选"Distribution"（分布）。同时在窗口右侧"Distribution"部分选择"Kernel Density"，然后点击"OK"，结果如图 2-16 所示。

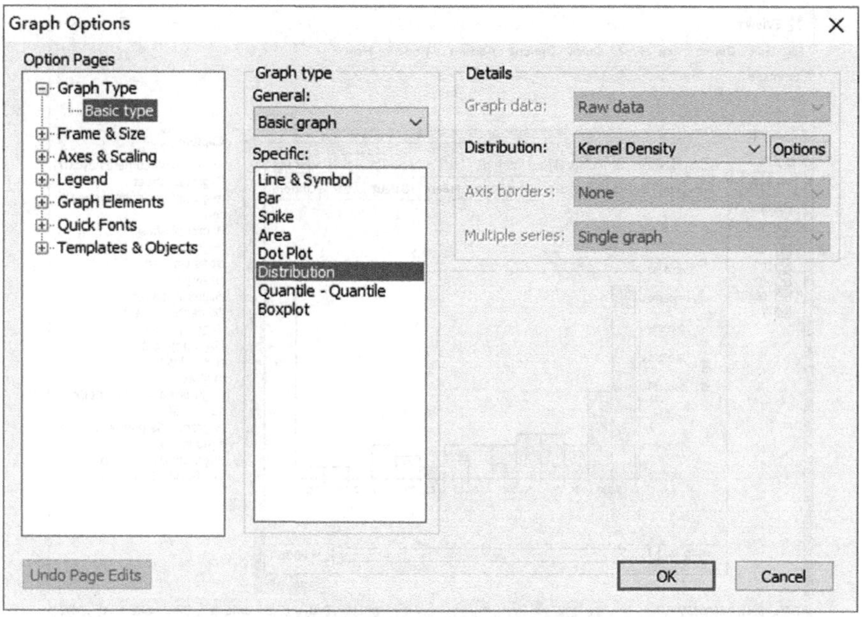

图 2-15　单变量的分布特征的形式选择

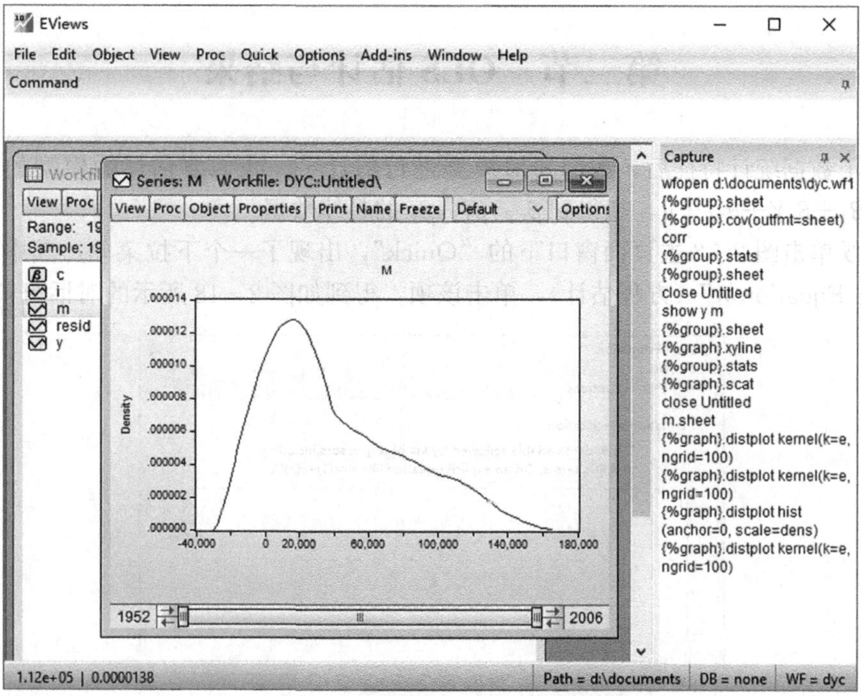

图 2-16　单变量的分布特征（核密度）

在窗口右侧"Distribution"部分选择"Histogram"（直方图），结果如图 2-17 所示。

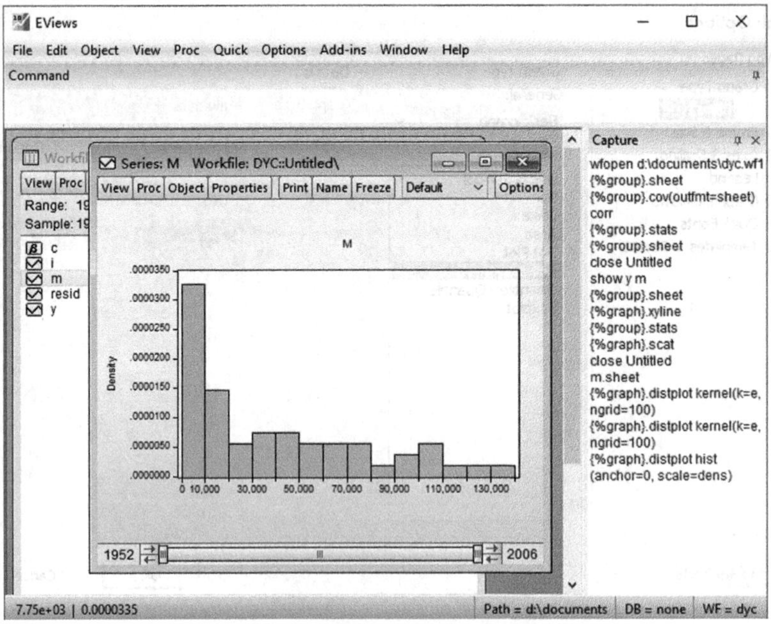

图 2-17　单变量的分布特征（直方图）

第二节　OLS 估计与结果

分析了数据统计特征后，我们要对模型进行估计了。我们要估计的模型的理论形式是：$M=\beta_0+\beta_1Y+\beta_2i+u$，想得到 β_0，β_1，β_2 的具体数据。

这时候单击图 2-2 主页面窗口下的“Quick”，出现了一个下拉菜单，其中有一项是“Estimate Equation…”（方程估计），单击该项，得到如图 2-18 所示的对话窗口。

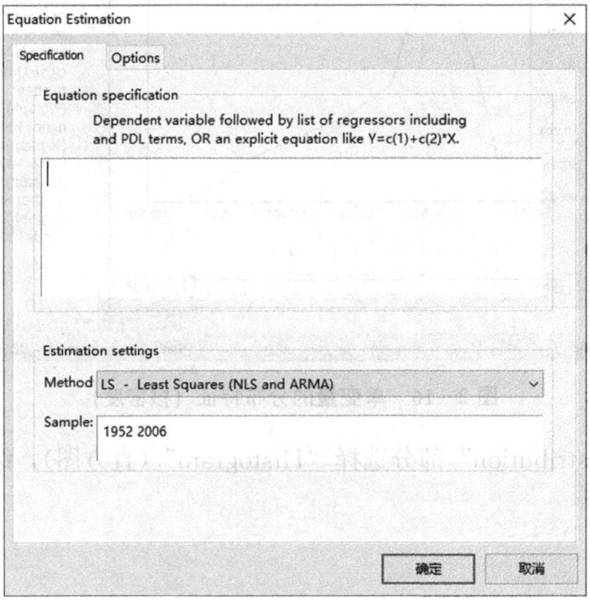

图 2-18　方程的估计窗口

在图 2 - 18 中最大的空白处依次输入被解释变量 m、常数项 c（系统默认的名字，不要改为别的字母）、解释变量 y 和 i（解释变量的位置可以互换，但被解释变量一定在第一个位置）。注意，每个字母之间至少要按一下空格键，否则系统认为所有连在一起的字母是一个名称。结果如图 2 - 19 所示。

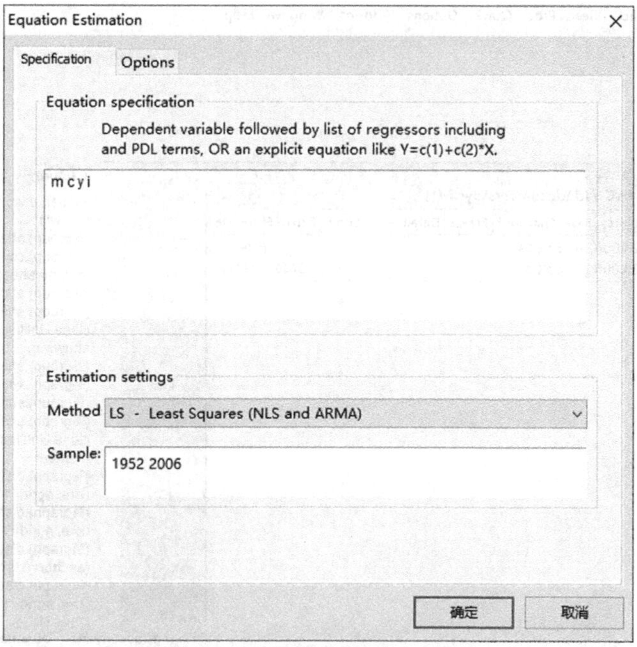

图 2 - 19 方程变量输入后的窗口

然后点击“确定”，结果如图 2 - 20 所示。（如果显示的图形比较小，看不清楚，则可以点击 EViews 回归结果小图形右上角的“最大化”图标。）

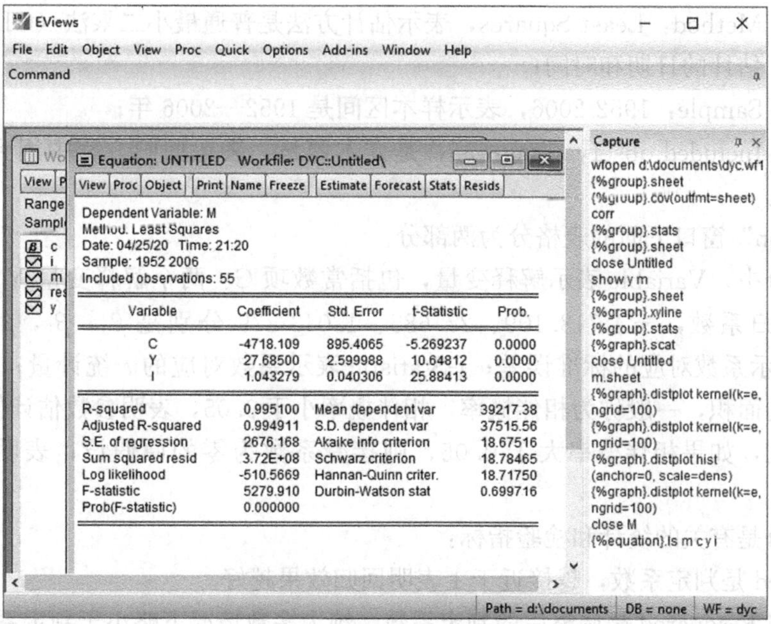

图 2 - 20 方程的回归结果

在熟练运用软件后，也可选择在“Command”命令框处依次输入 ls（普通最小二乘法命令缩写），m，c，y，i，如图 2－21 所示，点击“Enter”键，同样得到如图 2－20 所示的回归结果。

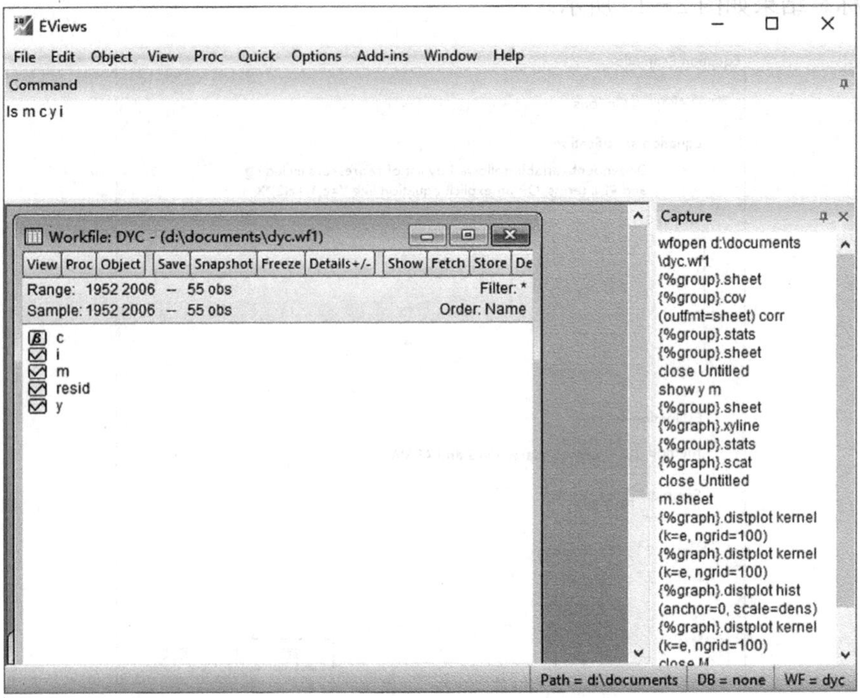

图 2－21　命令窗口输入回归命令的方式

图 2－20 所示的“Equation”窗口称为方程的回归结果窗口，从上往下看：

第一行，Dependent Variable：M，表示被解释变量是 M；

第二行，Method：Least Squares，表示估计方法是普通最小二乘法（OLS）；

第三行，估计的日期和时间；

第四行，Sample：1952 2006，表示样本区间是 1952—2006 年；

第五行，Included observations：55，是样本容量，表示回归方程中用到的有效样本数量是 55 个。

“Equation”窗口下面的表格分为两部分。

上半部分中，Variable 表示解释变量，包括常数项 C、两个解释变量 Y 和 I；Coefficient 表示回归系数，－4 718.109、27.685、1.043 279 分别是 β_0，β_1，β_2 的估计值；Std. Error 表示系数对应的标准误差；t-Statistic 表示系数对应的 t 统计量；Prob. 表示 t 统计量尾端的面积，一般称为相伴概率。相伴概率小于 0.05，表明参数估计值（系数）是有效的。否则，如果相伴概率大于 0.05，则接受系数为零的原假设，表明两个变量不相关。

下半部分是有关的统计和检验指标：

R-squared 是判定系数，越接近于 1 表明回归效果越好。

Adjusted R-squared 是调整后的判定系数，绝大多数情况下略小于判定系数。

S. E. of regression 是回归标准误差，越小越好。

Sum squared resid 是残差平方和，越小越好。

Log likelihood 是对数似然估计值，暂时不用考虑。

F-statistic 是 F 统计量，是检验方程整体显著性的指标；Prob（F-statistic）是 F 统计量的相伴概率，小于 0.05 表明所有的待估参数不全为零，或者说至少有一个待估参数不为零。

Mean dependent var 是被解释变量的均值。

S. D. dependent var 是被解释变量的标准差。

Akaike info criterion（赤池信息准则）、Schwarz criterion（施瓦茨准则）、Hannan-Quinn criter.（汉南-奎因准则）这三个指标用来确定最优滞后期（初学者暂时用不上）。

Durbin-Watson stat 是德宾-沃森统计量，是检验是否存在一阶自相关的指标（需要查表确定，如果在 2 左右，则可以确认不存在一阶自相关）。

上述估计方程的表格形式可以写成一般形式为：

$$M=-4\,718.109+27.685Y+1.043\,279i$$
$$(-5.27)\qquad(10.65)\qquad(25.88)$$
$$\overline{R}^2=0.995\quad DW=0.7\quad s.e.=2\,676.2\quad F=5\,279-9\quad N=55$$

（括号中的数字表示参数估计值对应的 t 统计量的值。）

可以对图 2-20 的结果进行保存，点击图 2-20 工具栏下命令窗口的“Name”，出现图 2-22。

直接点击“OK”，估计的方程结果就保存在名称为“eq01”的文件中，如图 2-23 所示。

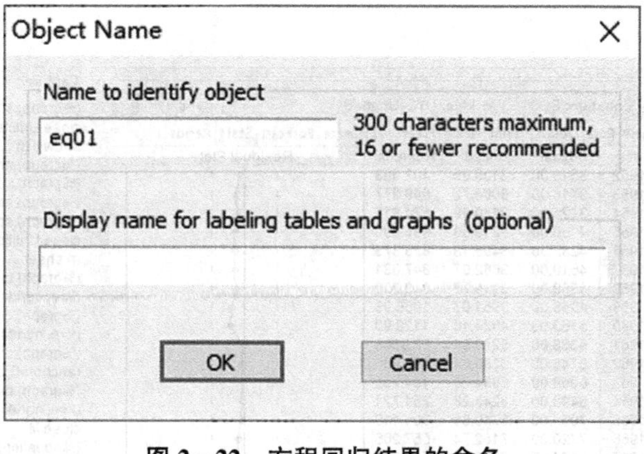

图 2-22 方程回归结果的命名

要想看到刚才保存的方程，直接点击图中的“eq01”即可。

在图 2-20 的“Equation”方程窗口下，点击“View”，出现下拉菜单，其中有一项是“Actual，Fitted，Residual”，点击后出现二级菜单，其中“Actual，Fitted，Residual Table”和“Actual，Fitted，Residual Graph”两项最常用，表示实际值、拟合值以及残差的表和图。分别点击后会出现图 2-24 和图 2-25。

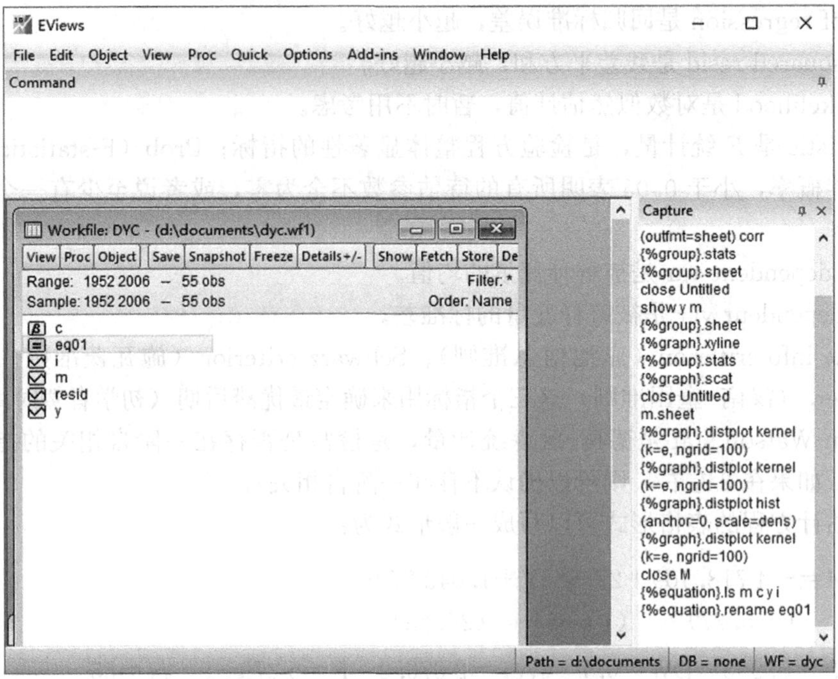

图 2-23　保存方程后的工作文件窗口

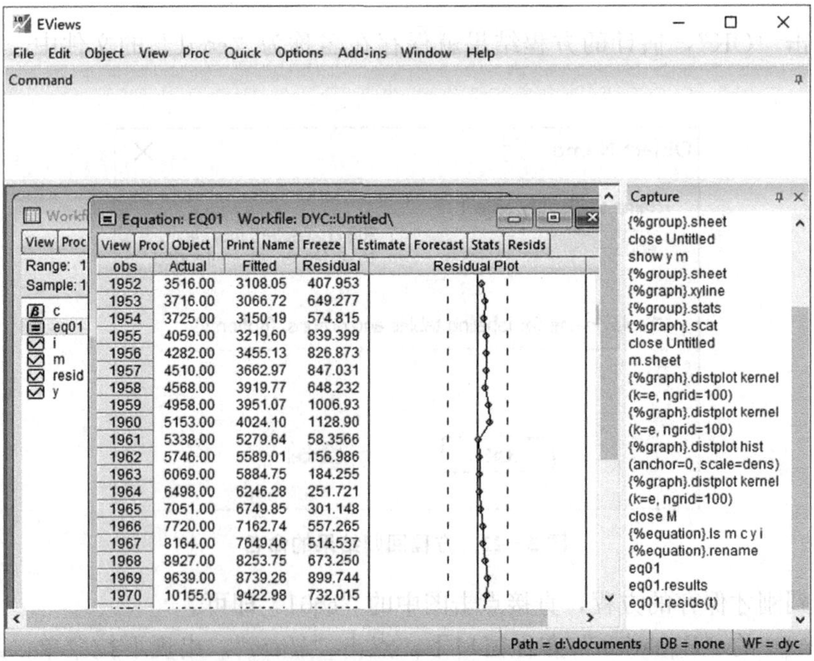

图 2-24　因变量的实际值、拟合值以及方程的残差（表格形式）

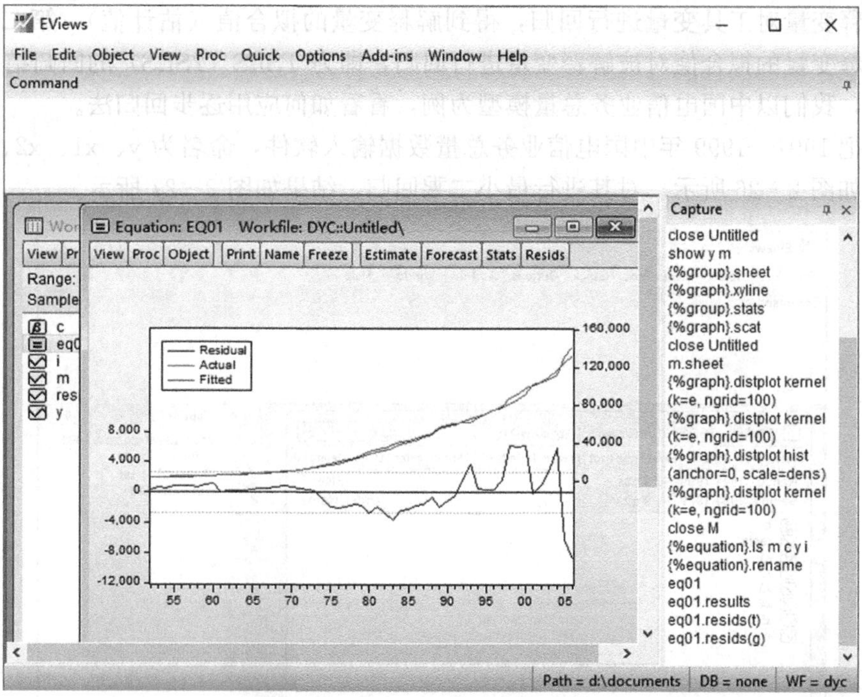

图 2 - 25 因变量的实际值、拟合值以及方程的残差（图形形式）

发现没？图 2 - 25 中的“Actual，Fitted，Residual”图标可以移动呢！（小岳岳的表情）

My God，结果终于出来了，可以轻松一下了，喝杯茶，烧壶摩卡咖啡，吃点儿点心，马上回来！

窈窕淑女，君子好逑；

求之不得，辗转反侧！

第三节 逐步回归法、工具变量法和两阶段最小二乘法

在实际拟合模型的过程中，我们经常会碰到解释变量有很多个、从经济学逻辑上无法作出取舍的情况，用最小二乘法回归时整体效果不好，或者有些变量未能通过检验。这样，就需要用计量手段去掉个体效果不好、同时影响整体回归效果的变量，这种方法就是逐步回归法，这是处理多重共线性的一种方法。（学过多重共线性和工具变量法的理论知识再看这一节效果最好。）

工具变量（IV）法是为了解决一个违反经典假设的问题而设计的。假设条件是：解释变量与随机扰动项不相关。如果出现了违反该假设的问题，就需要找到一个和解释变量高度相关的、同时和随机扰动项不相关的变量。要注意的问题是，设定工具变量时除了满足上述两个条件以外，工具变量的个数至少要大于或者等于解释变量的个数，常数项是默认的工具变量，和随机扰动项不相关的解释变量也可以作为工具变量。

两阶段最小二乘法本质上属于工具变量法，回归分两个阶段进行，因此而得名。第一

阶段：解释变量对工具变量进行回归，得到解释变量的拟合值（估计值）；第二阶段，用得到的解释变量的拟合值对被解释变量进行回归，即为 TSLS（2SLS）的回归结果。

首先，我们以中国电信业务总量模型为例，看看如何应用逐步回归法。

我们把 1991—1999 年中国电信业务总量数据输入软件，命名为 y、x1、x2、x3、x4、x5，结果如图 2-26 所示。对其进行最小二乘回归，结果如图 2-27 所示。

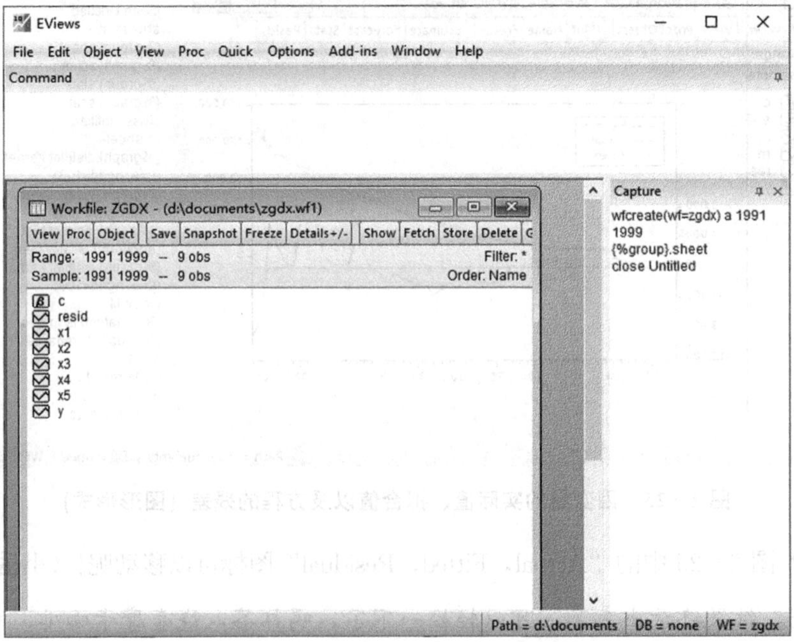

图 2-26 逐步回归法中的各变量

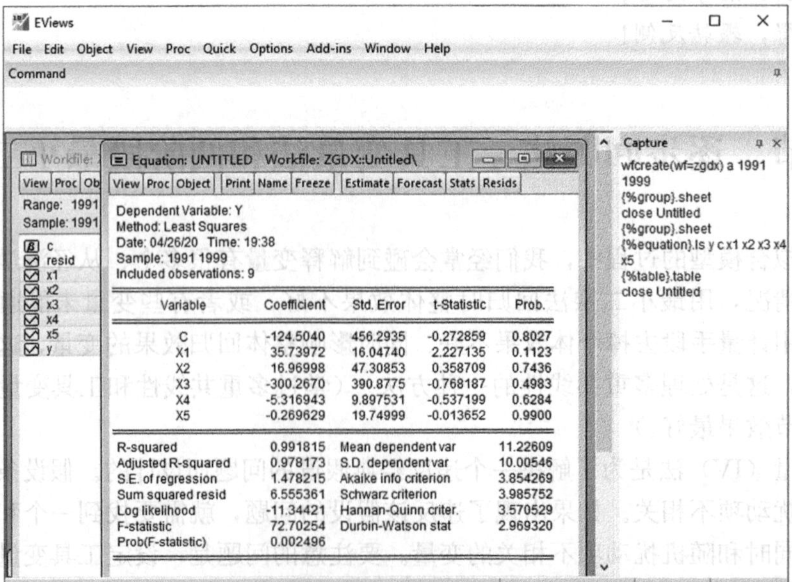

图 2-27 中国电信业务总量模型的 OLS 回归结果

从上述回归结果可以看出，所有参数估计值都没有通过 t 检验，相伴概率均大于0.05。我们尝试用逐步回归法来筛选变量。首先，我们从逻辑上判断 x2（中国人口数）是基础变量，不能删掉。我们点击图 2-27 “Equation” 窗口的 “Estimate”，结果如图 2-28 所示。

在图 2-28 中 “Estimation Settings” 部分的 “Method” 右侧的下拉箭头中选择 “STEPLS-Stepwise Least Squares”，结果如图 2-29 所示。

在图 2-29 上面的空白格处保留被解释变量 y 和逻辑上需要保留的解释变量 x2 以及常数项 c，其余解释变量移到 “List of search regressors” 空白格中，结果如图 2-30 所示。

点击图 2-30 “Options” 选项卡，结果如图 2-31 所示。将图 2-31 中的 “Stopping Criteria”（停止准则）部分 “p-value” 的数据修改为 0.05，表示 t 检验的相伴概率大于 0.05 将被自动剔除。（“Selection Method” 部分有几种方法的选择，包括 “Uni-directional”（单方向筛选法）、“Stepwise”（逐步筛选法）、“Swapwise”（互换变量法）、“Combinatorial”（组合法），熟悉理论后再权衡判断，这里我们选择默认。）然后点击（回到）“Options” 左边的 “Specification” 选项卡，再点击 “确定”，结果如图 2-32 所示。

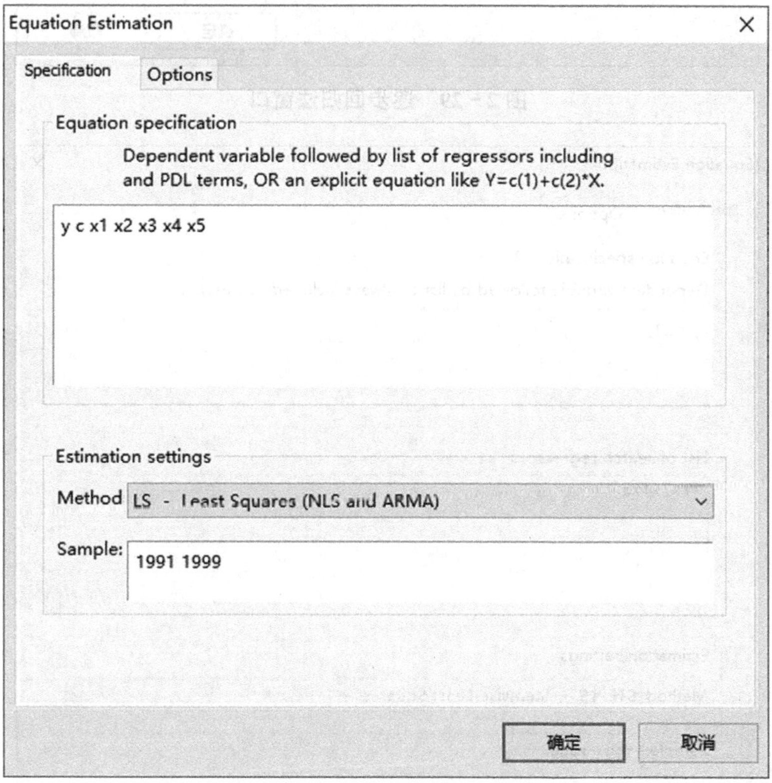

图 2-28 估计方程的窗口

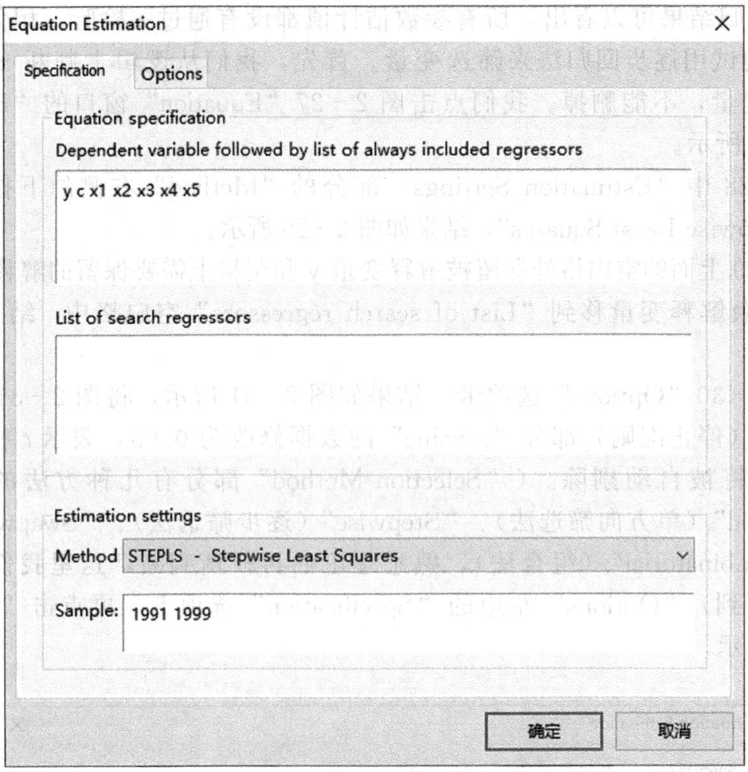

图 2-29　逐步回归法窗口

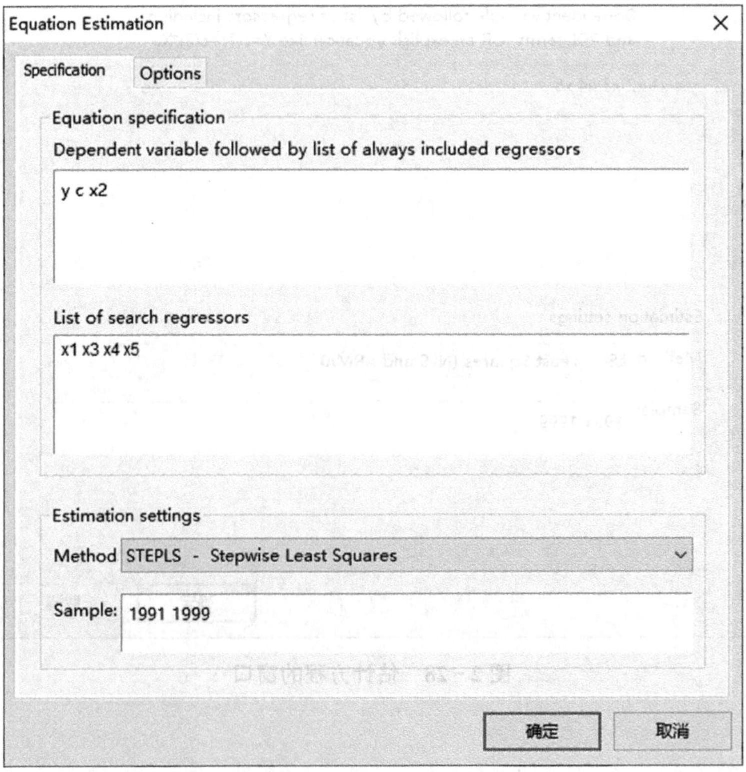

图 2-30　逐步回归法变量的输入

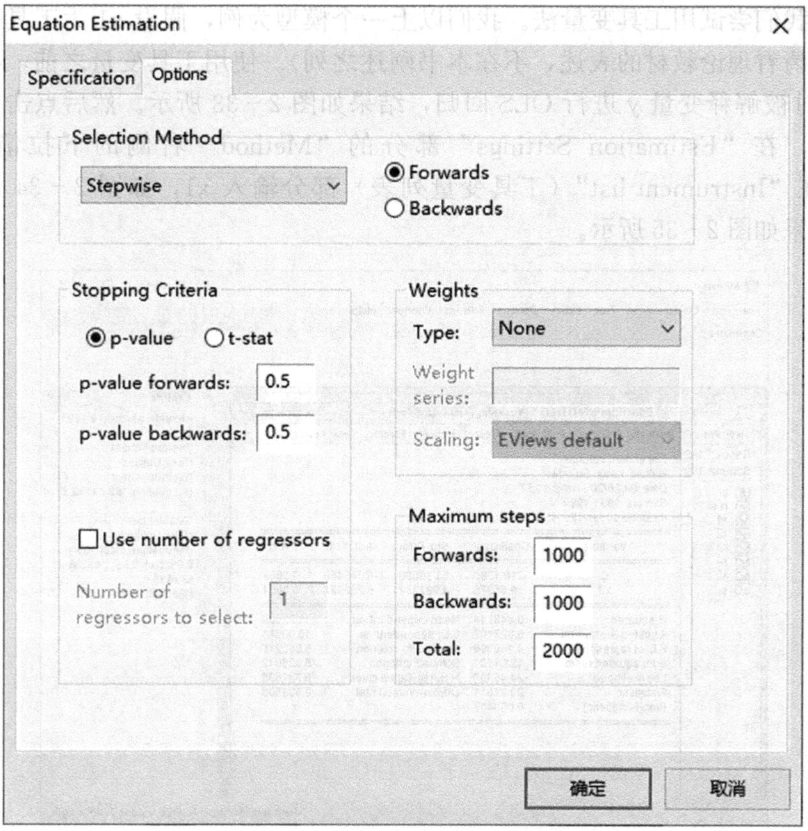

图 2-31 逐步回归法相伴概率的约束

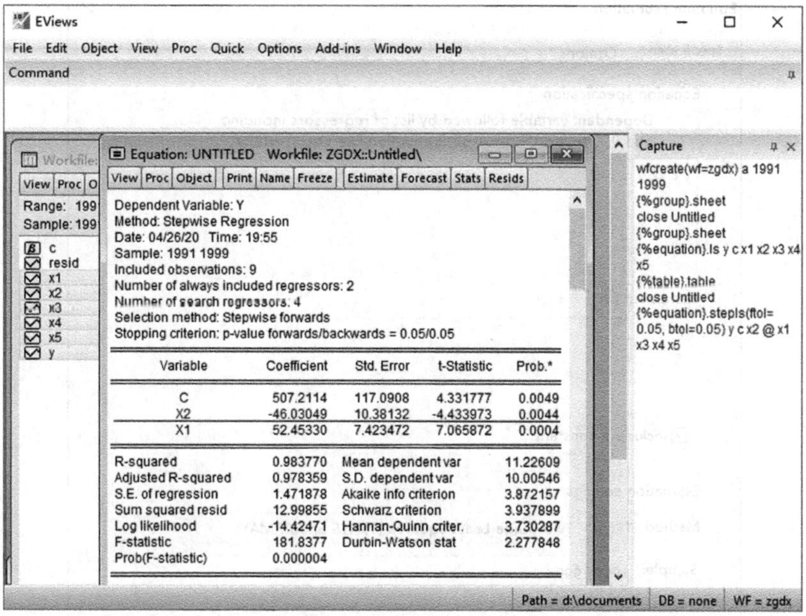

图 2-32 逐步回归法的结果

上述结果说明，除了 x1 被保留外，x3、x4、x5 均被删除。

接下来我们尝试用工具变量法。我们以上一个模型为例，假设 x1 为工具变量（工具变量的选择请看理论教材的表述，不在本书阐述之列）。使用工具变量之前，我们先用解释变量 x2 对被解释变量 y 进行 OLS 回归，结果如图 2-33 所示。然后点击回归窗口的“Estimate”，在“Estimation Settings”部分的“Method”右侧的下拉箭头中选择“TSLS”，在“Instrument list”（工具变量列表）部分输入 x1，如图 2-34 所示，点击“确定”，结果如图 2-35 所示。

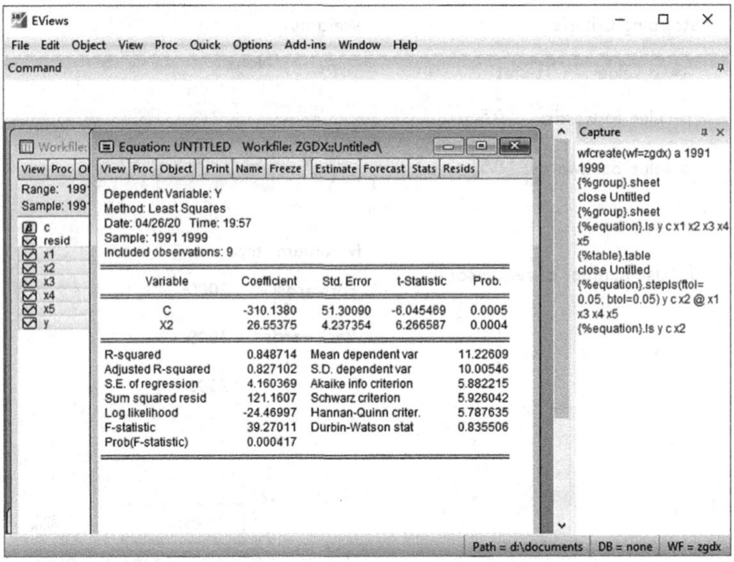

图 2-33　OLS 的一元回归

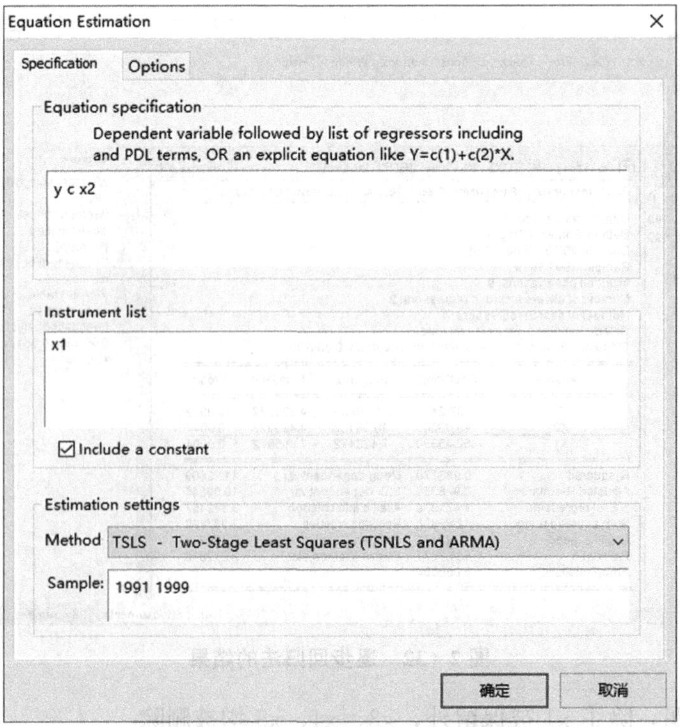

图 2-34　工具变量法的对话窗口

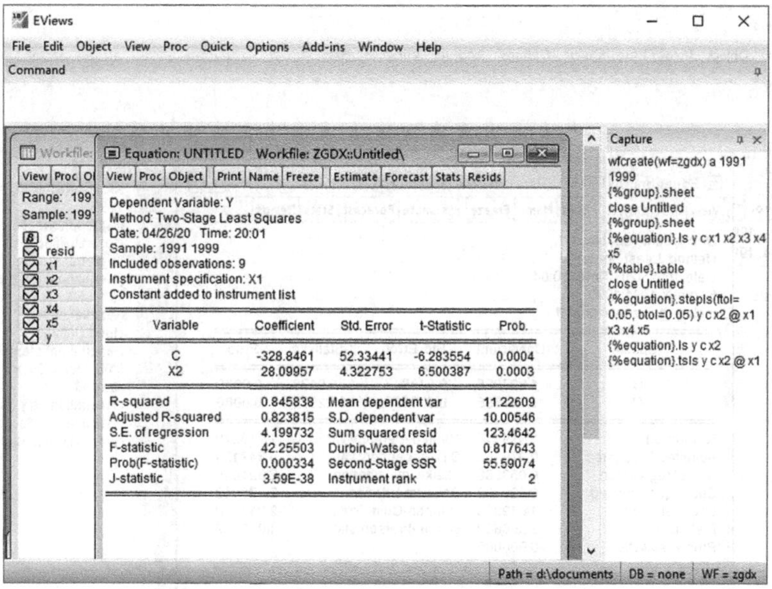

图 2-35　工具变量法的回归结果

我们比较没有使用工具变量的结果（见图 2-33）和使用工具变量的结果（见图 2-35），综合各项统计指标，发现使用工具变量后的回归结果得到了改善。

仍然以上述模型为例，我们尝试用两阶段最小二乘法。第一阶段，先用选定的工具变量 x2 对解释变量 x1 做 OLS 回归，结果见图 2-36，点击“确定”后结果如图 2-37 所示。点击图 2-37 回归窗口的“Forecast”，得到第一阶段 x2 的预测值，保存在 x2f 的名称下，如图 2-38 所示。在图 2-38 中点击“OK”，得到预测值 x2f 在两个标准差范围内的图形和各项统计指标，如图 2-39 所示。然后用 y 对 x2f 做 OLS 回归，结果如图 2-40 所示。

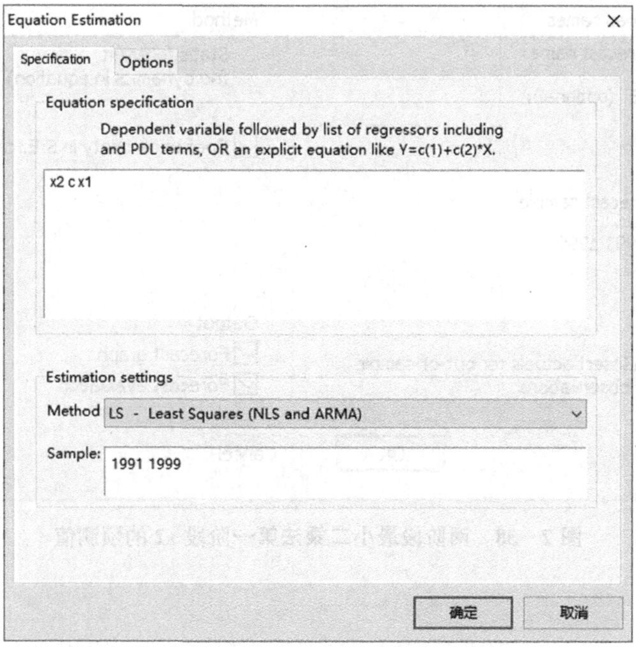

图 2-36　两阶段最小二乘法第一阶段的变量输入窗口

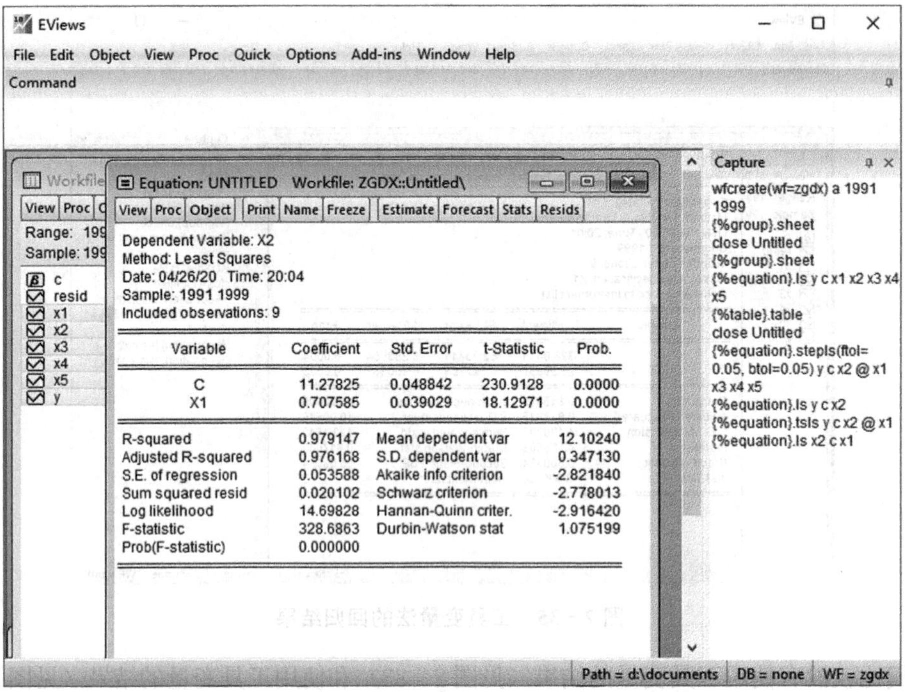

图 2 - 37　两阶段最小二乘法第一阶段的回归结果

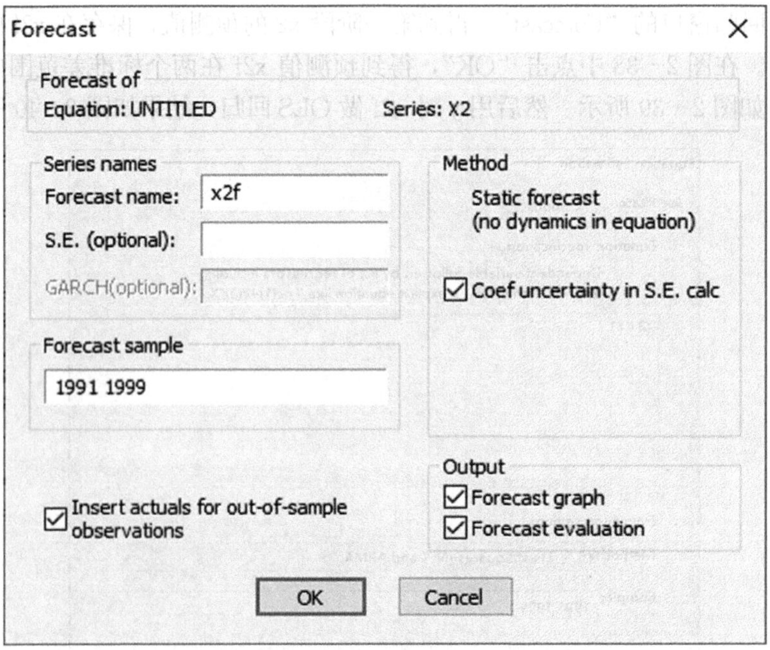

图 2 - 38　两阶段最小二乘法第一阶段 x2 的预测值

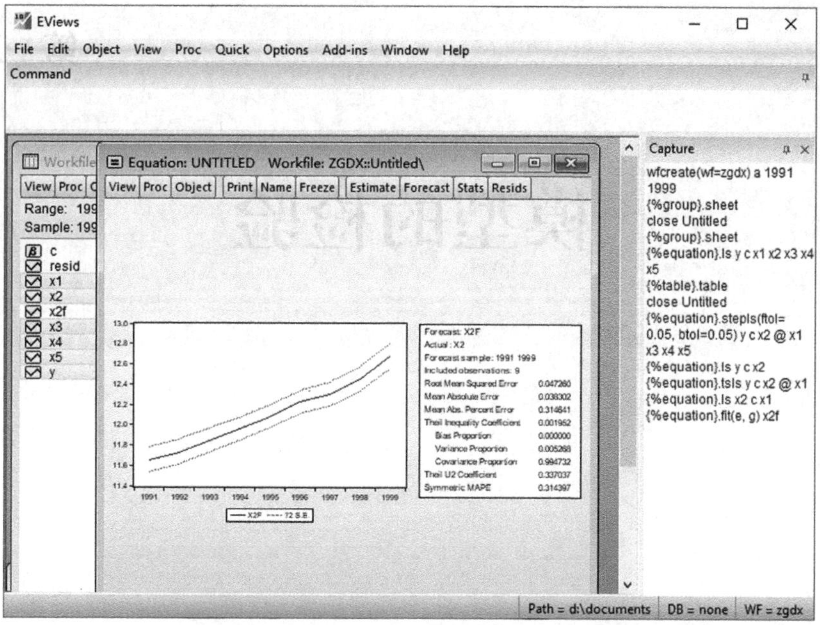

图 2-39　两阶段最小二乘法第一阶段 x2 的预测值的显示结果

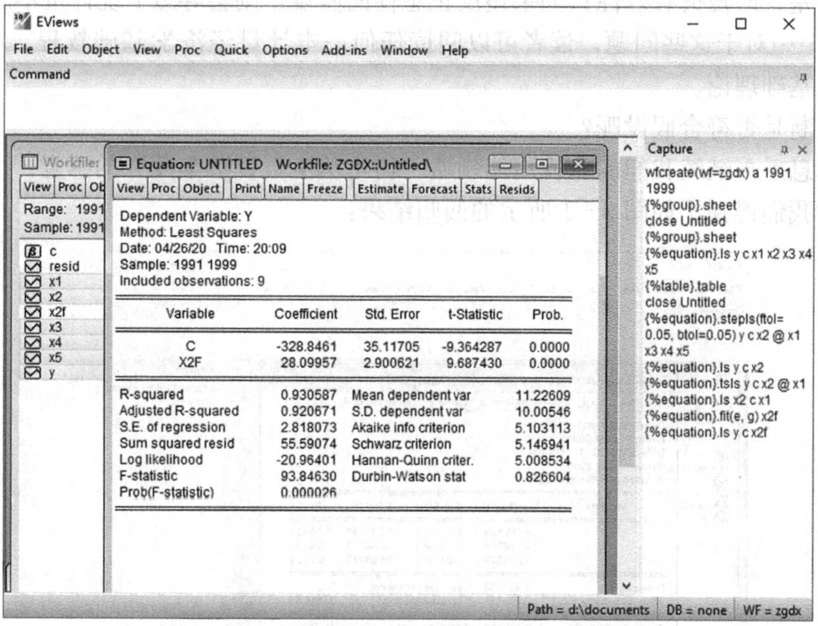

图 2-40　两阶段最小二乘法最后的回归结果

我们可以比较一下直接用 OLS 回归的图 2-33 和用两阶段最小二乘法回归的图 2-40，从各统计指标来看，后者效果比前者更好。

第三章

模型的检验

估计的模型要符合计量理论的前提假设。如果违反经典假设，则会导致参数估计值不具有最小方差，即丧失有效性；如果违反正态性的假设，则会导致 t 统计量不服从 t 分布，t 检验失效……对于这些问题，读者可以阅读任何一本计量经济学基础教程。本书只讲方法，不涉及基础理论。

如何判断是否符合假设呢？

稍作休息后再继续我们的旅程更能领略"树木丛生，百草丰茂"的感觉。

上一章我们得到了如图 3－1 所示的回归结果：

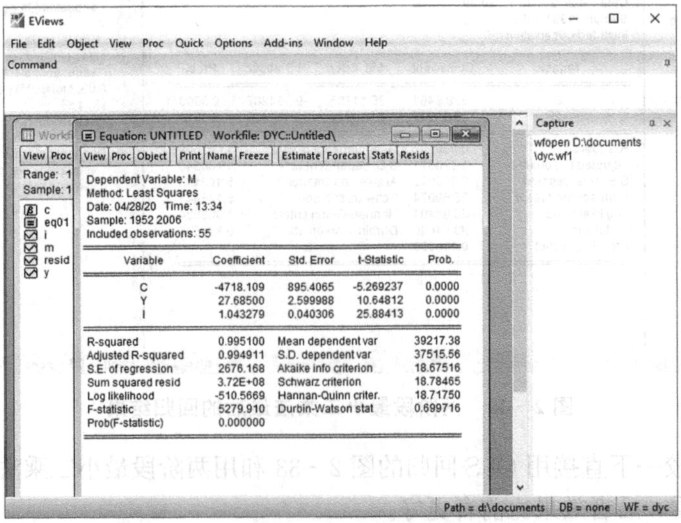

图 3－1　第二章的回归结果（即图 2－20）

图 3－1 只是初步的结果："不识庐山真面目，只缘身在此山中"！模型的好坏还需要检验和判断。

第一节　检验的步骤和过程

对模型的检验包括正态性检验、多重共线性检验、自相关检验和异方差检验。

在图 3－1 中，点击“View”，出现下拉菜单，其中有一项“Residual Diagnostics”，将鼠标放到这个位置，出现二级菜单，如图 3－2 所示。

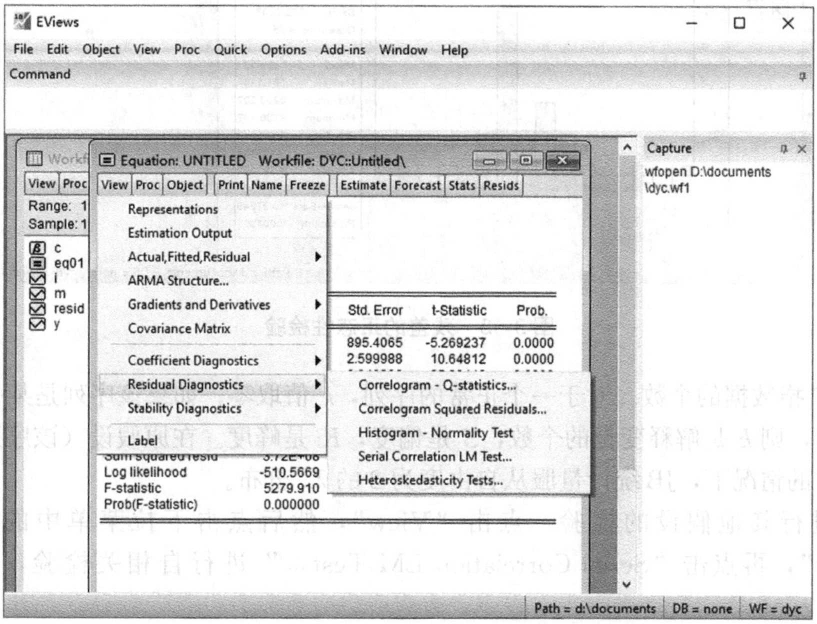

图 3－2　回归方程的残差检验

二级菜单涉及如下几项要检验的内容：

(1)“Correlogram-Q-Statistics…”(各期残差的相关分析)；

(2)“Correlogram Squared Residuals…”(各期残差平方的相关分析)；

(3)“Histogram-Normality Test”(残差的正态性检验)；

(4)“Serial Correlation LM Test…”(序列自相关的 LM 检验)；

(5)“Heteroskedasticity Tests…”(异方差检验)。

我们首先做正态性检验，用鼠标左键单击“Histogram-Normality Test”，出现如图 3－3 所示的图形。

我们看图形右侧的指标，将“Jarque-Bera”项的相伴概率“Probability”和显著性水平 0.05 相比较，如果大于 0.05，则表明随机扰动项服从正态分布的原假设成立，否则表明正态分布假设不成立。现在的结果是 0.001 307，小于 0.05，结论是随机扰动项不服从正态分布。

JB 统计量用来检验序列是否服从正态分布，统计量的计算由下式给出：

$$JB=\frac{T-k}{6}\left[S^2+\frac{1}{4}(K-3)^2\right]\sim\chi^2(2)$$

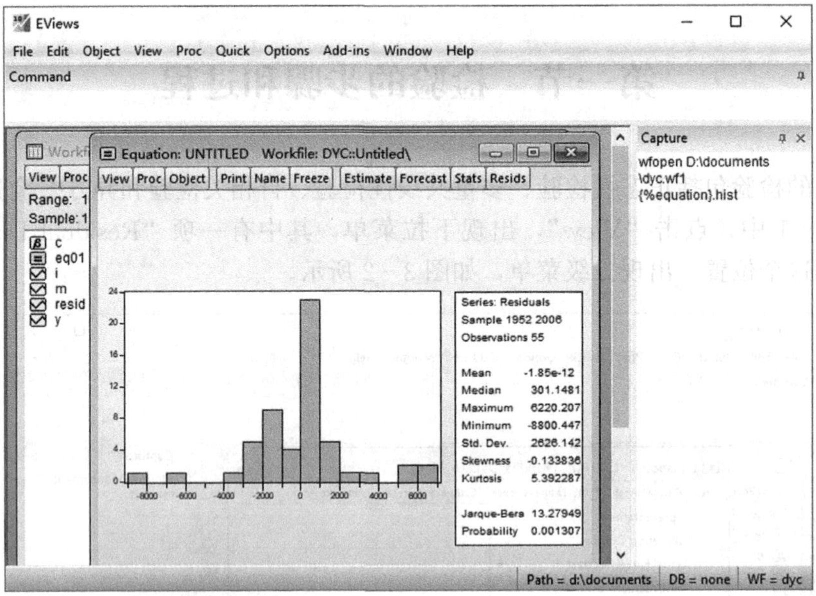

图 3-3 残差的正态性检验

这里 T 指数据的个数。对于一个正常的序列，k 值取零；如果该序列是某一回归方程的残差序列，则 k 是解释变量的个数，S 是偏度，K 是峰度。在原假设（该序列服从正态分布）成立的情况下，JB 统计量服从自由度为 2 的 χ^2 分布。

继续进行其他假设的检验，点击“View”，然后点击下拉菜单中的“Residual Diagnostics”，再点击“Serial Correlation LM Test…”进行自相关检验，如图 3-4 所示。

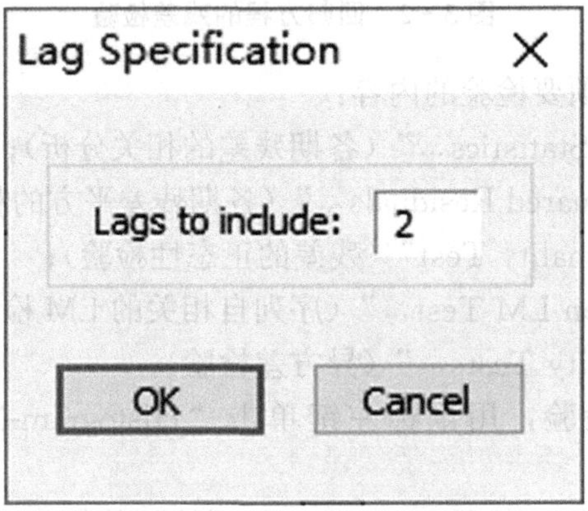

图 3-4 自相关的滞后期数

图 3-4 中询问的是要进行几阶自相关检验，一般来说，常见的是进行一阶和二阶自相关检验。如果是进行一阶自相关检验，则在空白处输入“1”。图 3-4 中空白处输入的是“2”，表明要进行二阶自相关检验。输入数据后，点击“OK”，一阶自相关和二阶自相关检验结果分别如图 3-5 和图 3-6 所示。

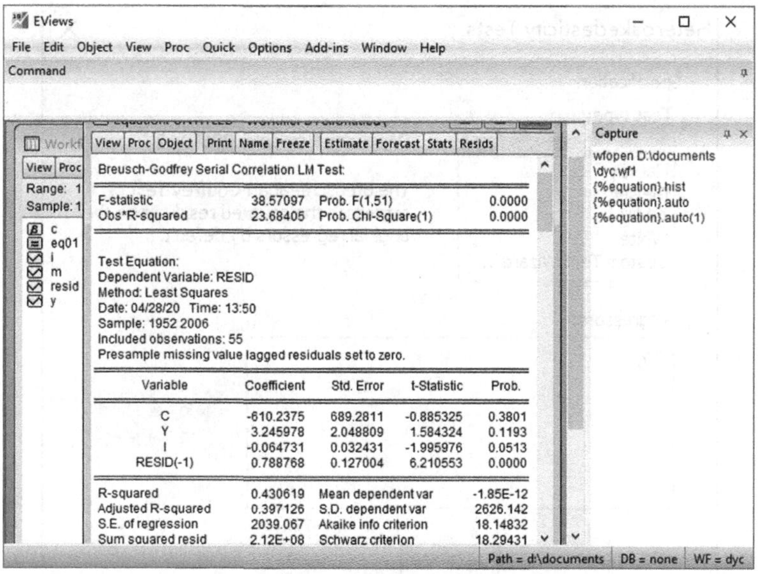

图 3-5 一阶自相关检验的结果

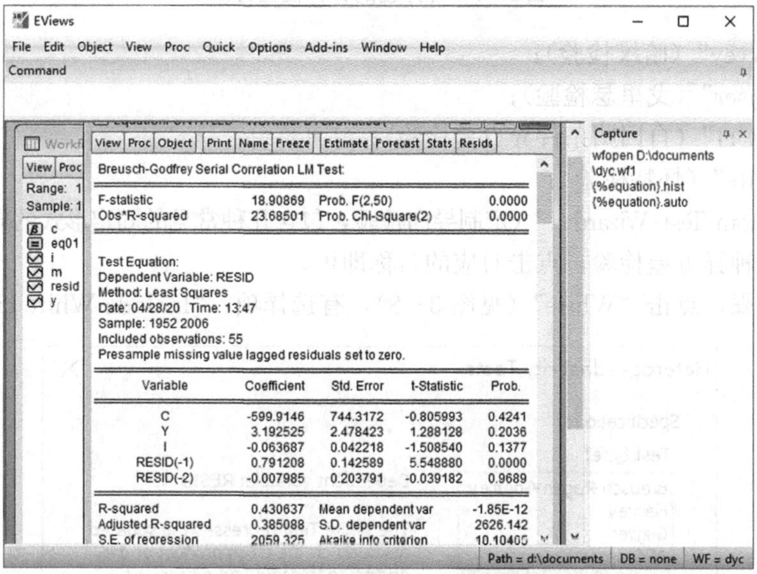

图 3-6 二阶自相关检验的结果

与一阶自相关比较，二阶自相关只多了一项“RESID(−2)”，检验方法相同。就是要将“Obs * R-squared”项后面对应的相伴概率和 0.05 的显著性水平相比较，如果大于 0.05，则表明接受不存在（一阶或者二阶）自相关的原假设，反之则表明存在（一阶或者二阶）自相关。现在的结果是 0.000 0，同样小于 0.05，说明不仅存在一阶自相关，还存在二阶自相关。

自相关的问题先讨论到这里，现在进行异方差检验。异方差检验包含如图 3-7 所示的内容。

（1）“Breusch-Pagan-Godfrey”（布劳什-帕甘-戈弗雷检验，BPG 检验）；

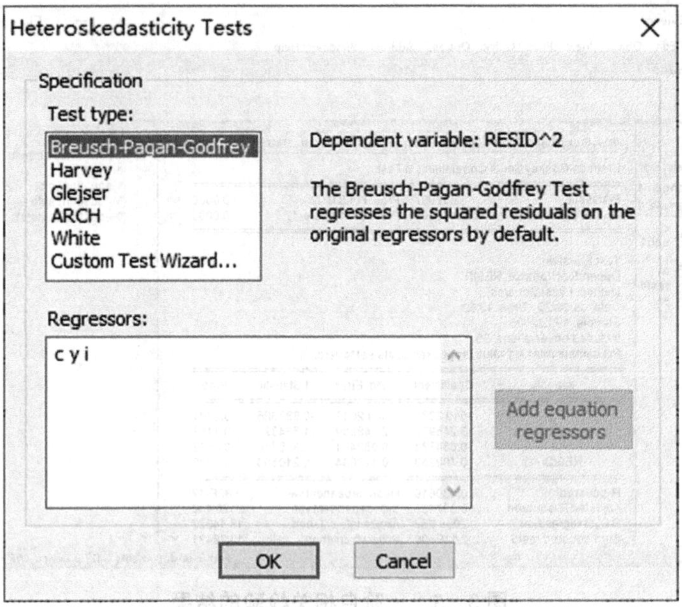

图 3-7　异方差的各种检验方法

（2）“Harvey”（哈维检验）；

（3）“Glejser”（戈里瑟检验）；

（4）“ARCH”（自回归条件异方差检验）；

（5）“White”（怀特检验）；

（6）“Custom Test Wizard…”（定制导向检验，包含几种常见的固定形式的异方差检验）。

想进行哪种异方差检验，点击对应的名称即可。

同样的步骤，点击“White”（见图 3-8），有选择项：“Include White cross terms”

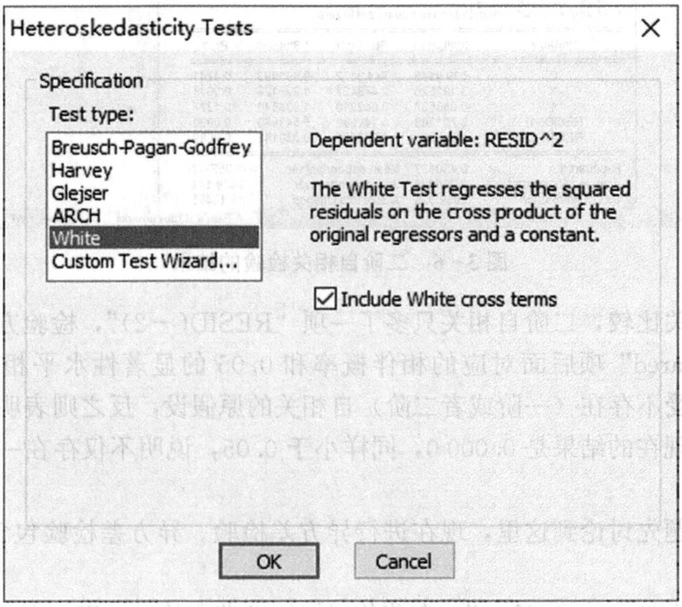

图 3-8　White 异方差检验

（勾选该项表示含交叉项的 White 异方差检验，否则表示不含交叉项的 White 异方差检验），结果分别如图 3－9 和图 3－10 所示。

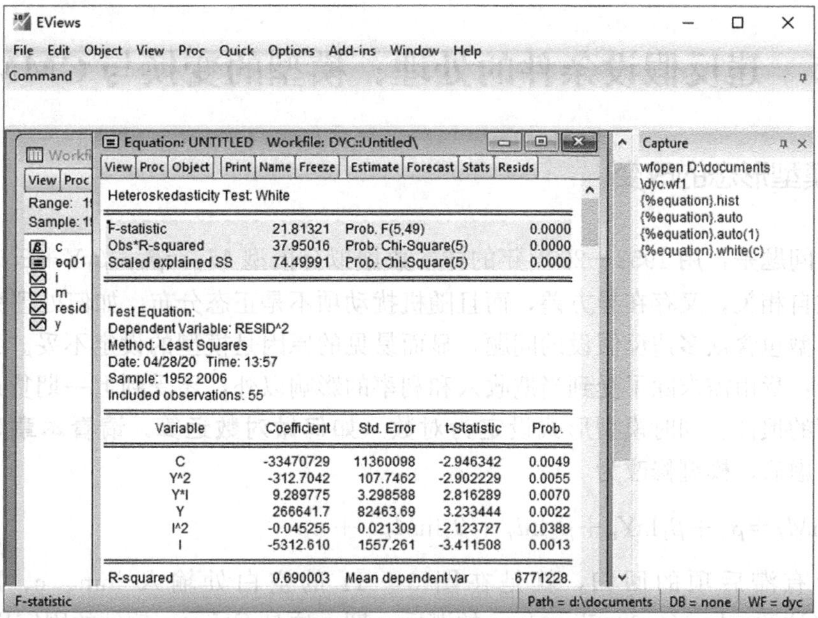

图 3－9　异方差的 White 检验（含交叉项）

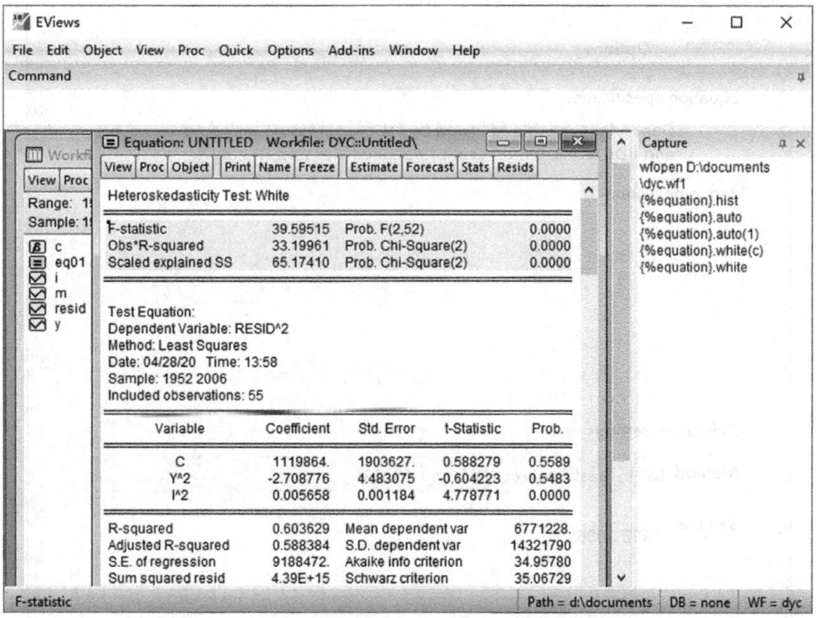

图 3－10　异方差的 White 检验（不含交叉项）

用 White 方法检验异方差就是要将“Obs * R-squared”项后面对应的相伴概率和 0.05 的显著性水平相比较，如果大于 0.05，则表明接受同方差的原假设，反之则表明存在异方差。现在的三项检验结果是 0.000 0，均小于 0.05，说明存在异方差。

有交叉乘积项和没有交叉乘积项的区别就在于前者的辅助回归式多了一项 Y * I（如

图 3-9 所示），但不影响检验结果。没有交叉乘积项和有交叉乘积项的检验结果都接受存在异方差的备择假设。

第二节 违反假设条件的处理：模型的变换与 GMM 估计

一、模型形态的改变

现在的问题是，用 1952—2006 年的样本数据拟合模型 $M_d=\beta_0+\beta_1 Y+\beta_2 i+u$。这个模型既存在自相关，又存在异方差，而且随机扰动项不是正态分布。如何处理呢？

一个模型包含众多违反假设的问题，显而易见的原因是模型的设定不妥。我们回头思考经济理论：货币需求除了受到当期收入和利率的影响以外，还受到上一期货币需求的影响，即所谓的惯性。同时模型形式设定为对数（**如何做对数运算，请看本章附录**）线性的，这样考虑后，模型修改为

$$\ln M_t=\beta_0+\beta_1\ln Y_t+\beta_2\ln i_t+\beta_3\ln M_{t-1}+u_t$$

对于含有滞后项的回归，就是在图 3-11 的空白处输入 lnm、c、lny、lni 和 lnm(−1)（注意，lnm(−1) 表示 lnm 的滞后一期，这是 EViews 软件的固定用法）。

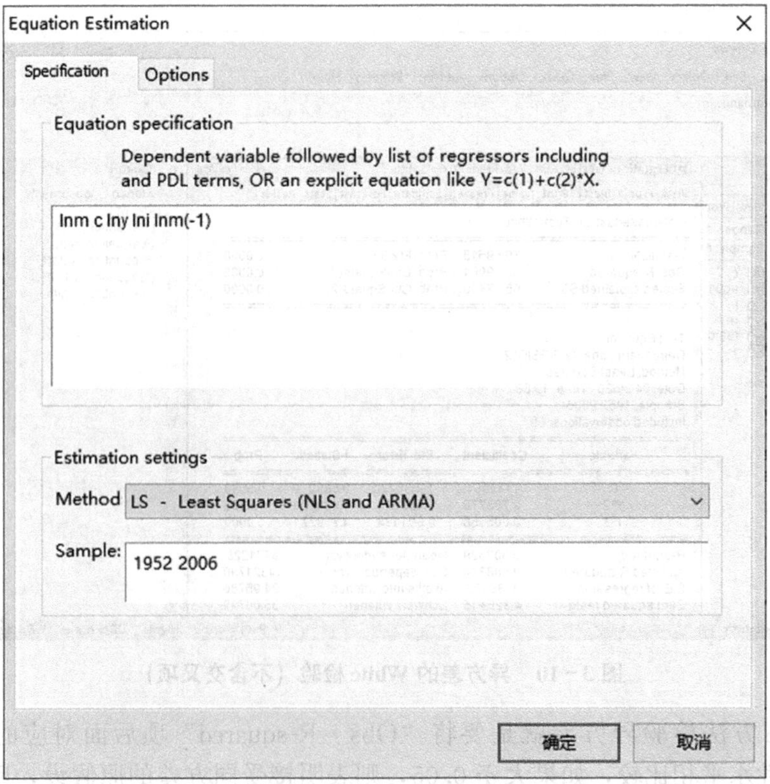

图 3-11 新模型变量的输入

然后点击“确定”，结果如图 3-12 所示。

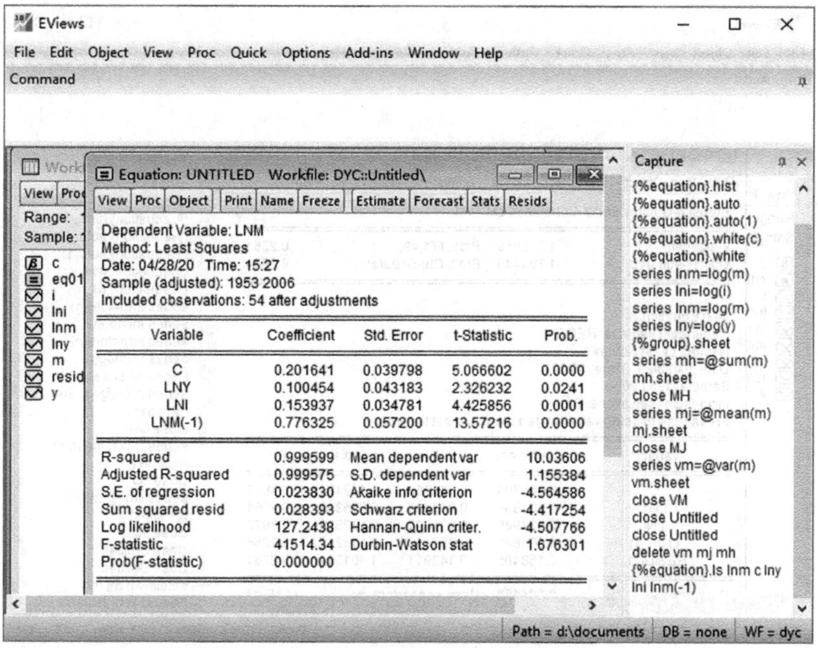

图 3-12 新模型的回归结果

再对这个回归结果的残差进行正态性检验，结果如图 3-13 所示。

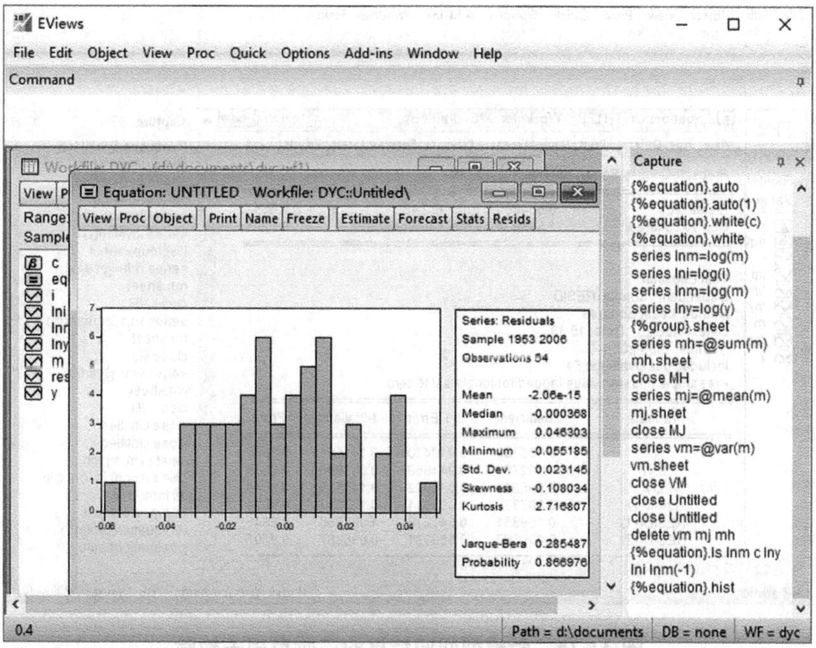

图 3-13 新模型回归结果的残差正态性检验

“Jarque-Bera”项的相伴概率“Probability”大于显著性水平 0.05，表明随机扰动项服从正态分布的假设成立。

继续进行自相关检验，一阶和二阶自相关结果分别如图 3－14 和图 3－15 所示。

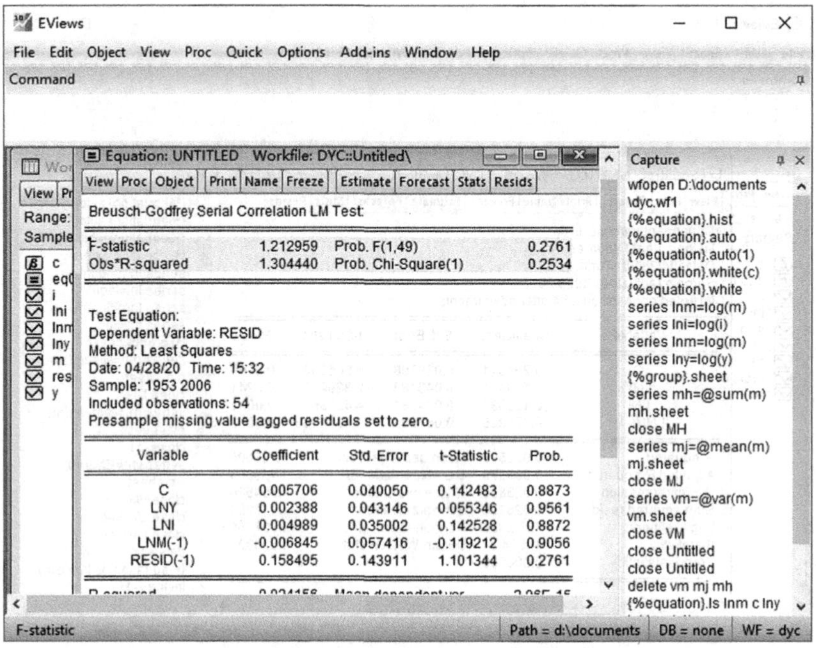

图 3－14　新模型回归结果的一阶自相关检验

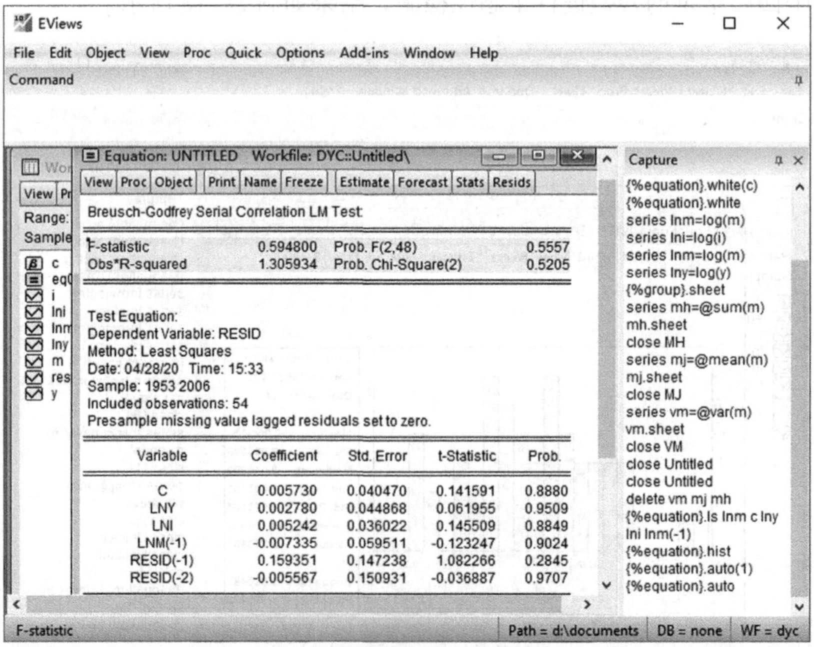

图 3－15　新模型回归结果的二阶自相关检验

一阶和二阶自相关“Obs * R-squared”项后面对应的相伴概率都大于 0.05 的显著性水平，因此不存在一阶和二阶自相关。

再进行异方差检验，不含交叉乘积项和含交叉乘积项的 White 检验结果分别如图 3-16 和图 3-17 所示。

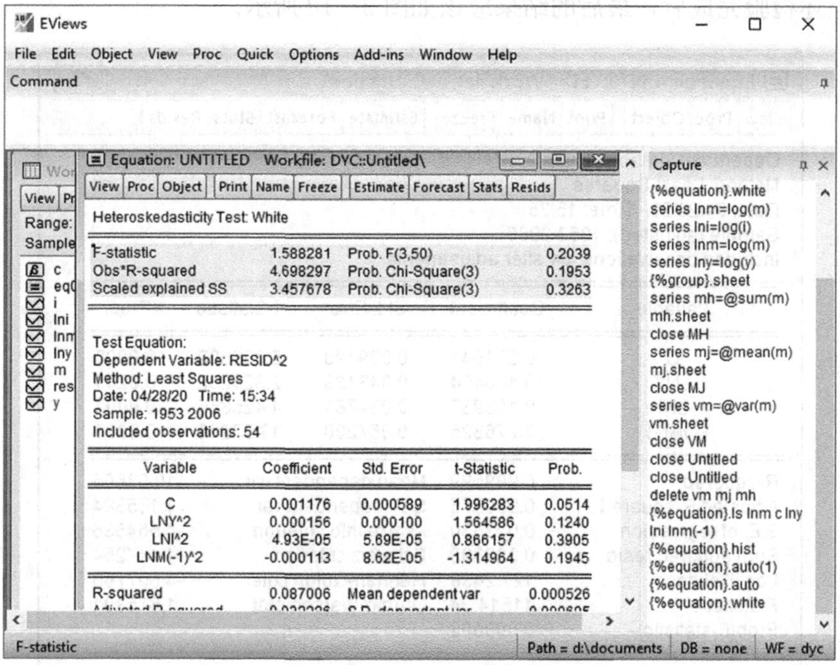

图 3-16 新模型回归结果的异方差检验（不含交叉项）

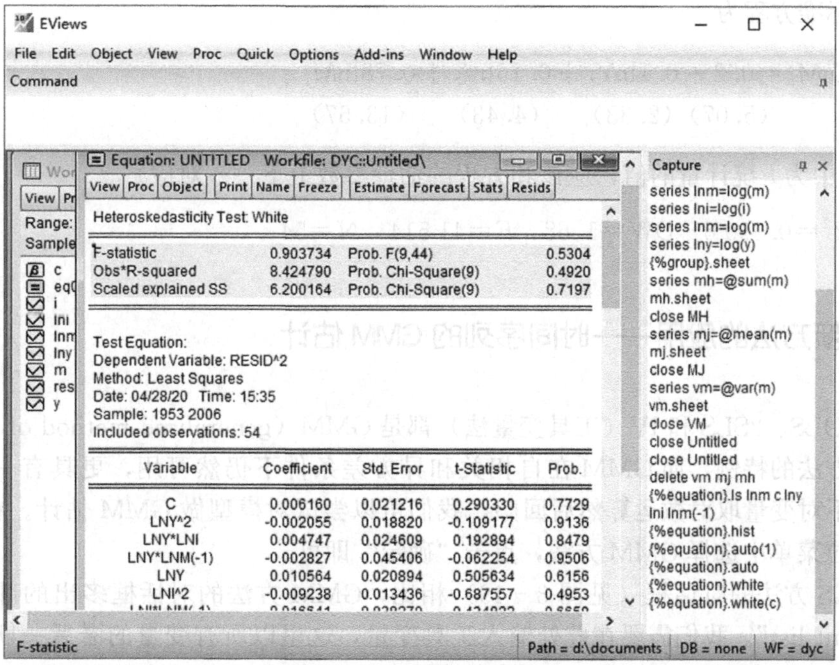

图 3-17 新模型回归结果的异方差检验（含交叉项）

不含交叉项和含交叉项的 White 检验结果“Obs * R-squared”项后面对应的相伴概率（分别为 0.195 3 和 0.492 0）都大于 0.05，说明不存在异方差。

所以上述检验完成后，最后的结果应该如图 3-18 所示。

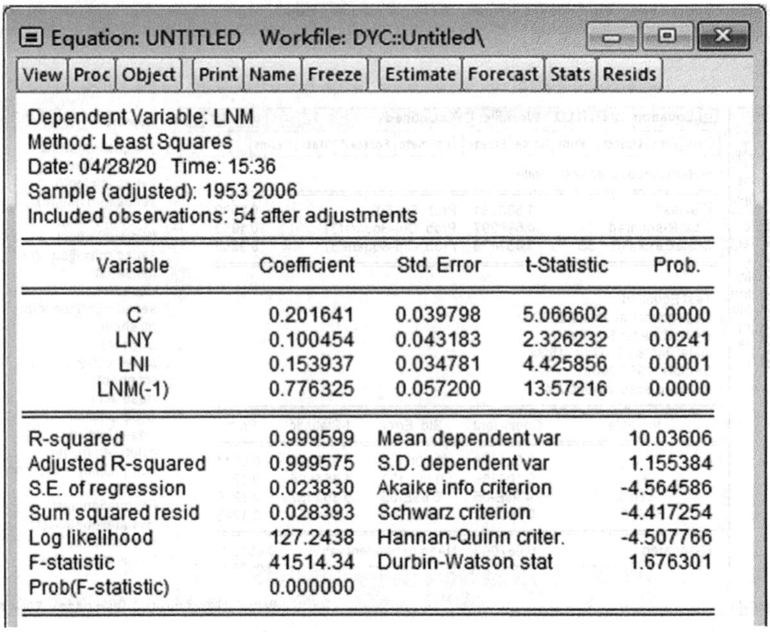

Dependent Variable: LNM
Method: Least Squares
Date: 04/28/20 Time: 15:36
Sample (adjusted): 1953 2006
Included observations: 54 after adjustments

Variable	Coefficient	Std. Error	t-Statistic	Prob.
C	0.201641	0.039798	5.066602	0.0000
LNY	0.100454	0.043183	2.326232	0.0241
LNI	0.153937	0.034781	4.425856	0.0001
LNM(-1)	0.776325	0.057200	13.57216	0.0000

R-squared	0.999599	Mean dependent var	10.03606
Adjusted R-squared	0.999575	S.D. dependent var	1.155384
S.E. of regression	0.023830	Akaike info criterion	-4.564586
Sum squared resid	0.028393	Schwarz criterion	-4.417254
Log likelihood	127.2438	Hannan-Quinn criter.	-4.507766
F-statistic	41514.34	Durbin-Watson stat	1.676301
Prob(F-statistic)	0.000000		

图 3-18 不违反假设条件的模型最后的回归结果

标准方程为

$$\ln M_t = 0.2 + 0.1\ln Y_t + 0.15\ln i_t + 0.78\ln M_{t-1}$$
$$(5.07)\quad(2.33)\qquad(4.43)\qquad(13.57)$$

（括号中为 t 统计量的值，应该和方程的估计参数上下一一对应）

$R^2=0.999\,6\quad DW=1.68\quad F=41\,514\quad N=54$

二、新方法的应用——时间序列的 GMM 估计

由于 OLS、2SLS 和 IV（工具变量法）都是 GMM（generalized method of moments，广义矩）方法的特例，而 GMM 在自相关和异方差条件下仍然可用，更具有一般性，因此，如果不对变量取对数运算然后回归，我们可以尝试对模型做 GMM 估计。在“Method”的下拉菜单中选择 GMM 方法，点击“确定”即可。

与 OLS 方法的对话框（见图 3-19）相比，GMM 方法的对话框多出的部分之一是“Instrument list”。我们需要在此处输入工具变量，这里以所有变量的滞后一期作为工具变量（要求工具变量的个数不少于估计参数的个数），如图 3-20 所示。

在图 3-20 中点击“确定”，结果如图 3-21 所示。

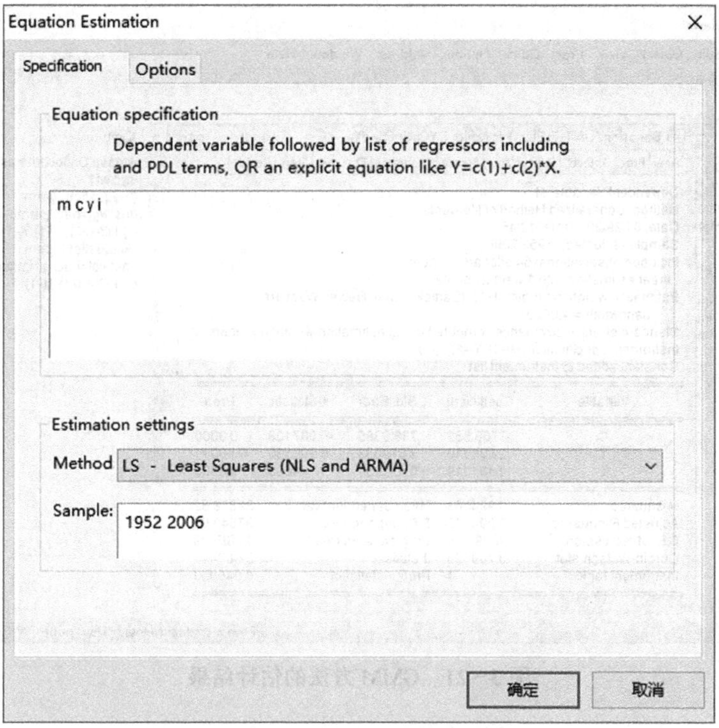

图 3-19　OLS 估计方法对话框

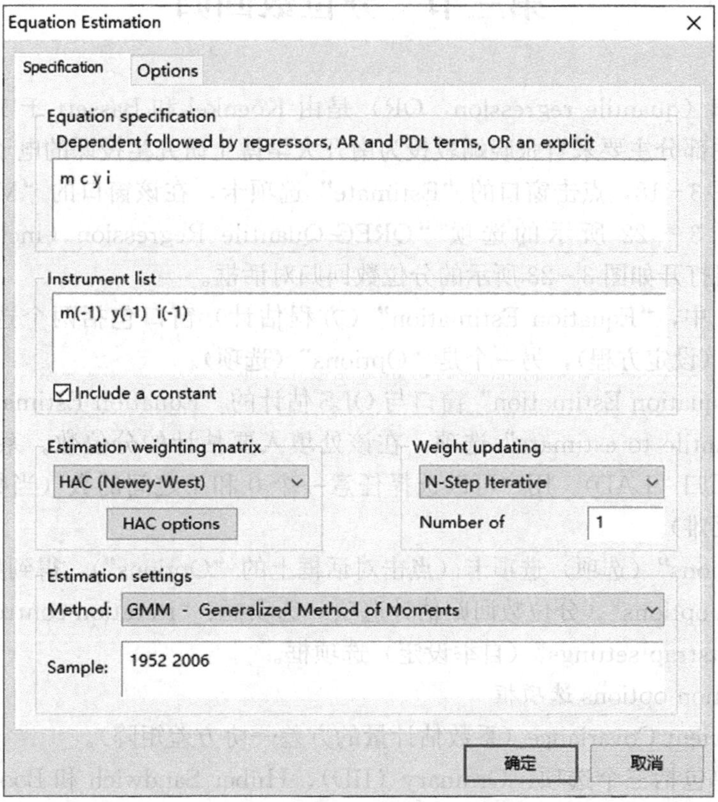

图 3-20　GMM 估计方法对话框

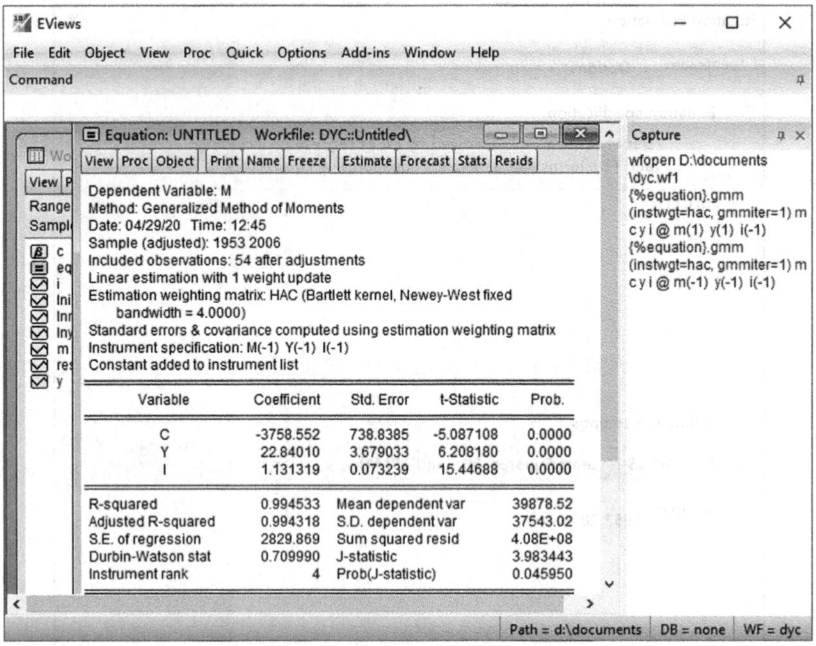

图 3-21　GMM 方法的估计结果

第三节　分位数回归

分位数回归（quantile regression，QR）是由 Koenkel 和 Bassett 于 1978 年提出的。下文的文字说明部分主要来自张晓峒教授为南开大学博士研究生授课的电子教案。

我们回到图 3-18，点击窗口的“Estimate”选项卡，在该窗口的“Method”下拉菜单中选择如图 3-22 所示的选项“QREG-Quantile Regression（including LAD)”，EViews 10.0 将打开如图 3-23 所示的分位数回归对话框。

在图 3-23 中，“Equation Estimation”（方程估计）窗口包括两个选项卡，一个是“Specification”（设定方程），另一个是“Options”（选项）。

这里的“Equation Estimation”窗口与 OLS 估计的“Equation Estimation”窗口相比只是多了“Quantile to estimate”选项。在该处填入要估计的分位数。系统默认为 0.5，即进行中位数回归（LAD)。用户可以选择任意一个 0 和 1 之间的数（当数值接近 0 和 1 时估计会变得困难）。

激活“Options”（选项）选项卡（点击对话框上的“Options”），得到如图 3-24 所示的“Estimation options”（分位数回归估计选项）选项框、“Iteration control”（迭代控制）选项框和“Bootstrap settings”（自举设定）选项框。

1. Estimation options 选项框

(1) Coefficient Covariance（系数估计量的方差—协方差矩阵）。

其下拉菜单包括三个选项：Ordinary（IID)、Huber Sandwich 和 Bootstrap，它们代表了可选的估计回归系数方差—协方差矩阵的方法。EViews 10.0 默认的是 Huber Sandwich 方法。

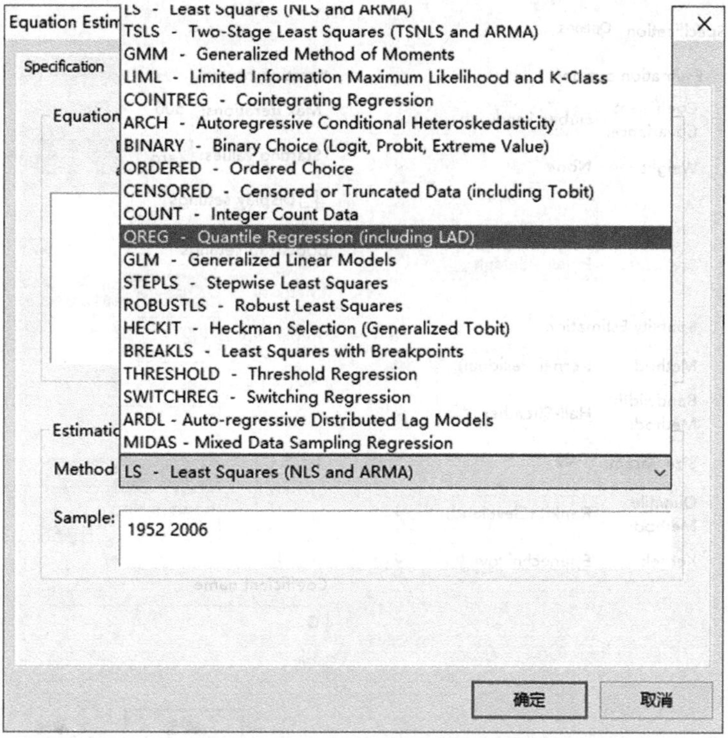

图 3-22　分位数回归方法入口

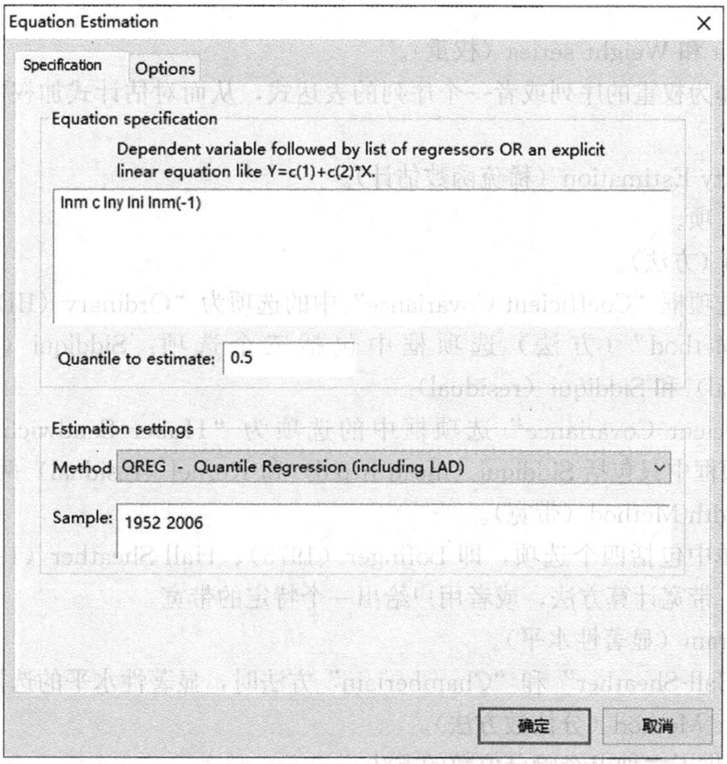

图 3-23　分位数回归对话框

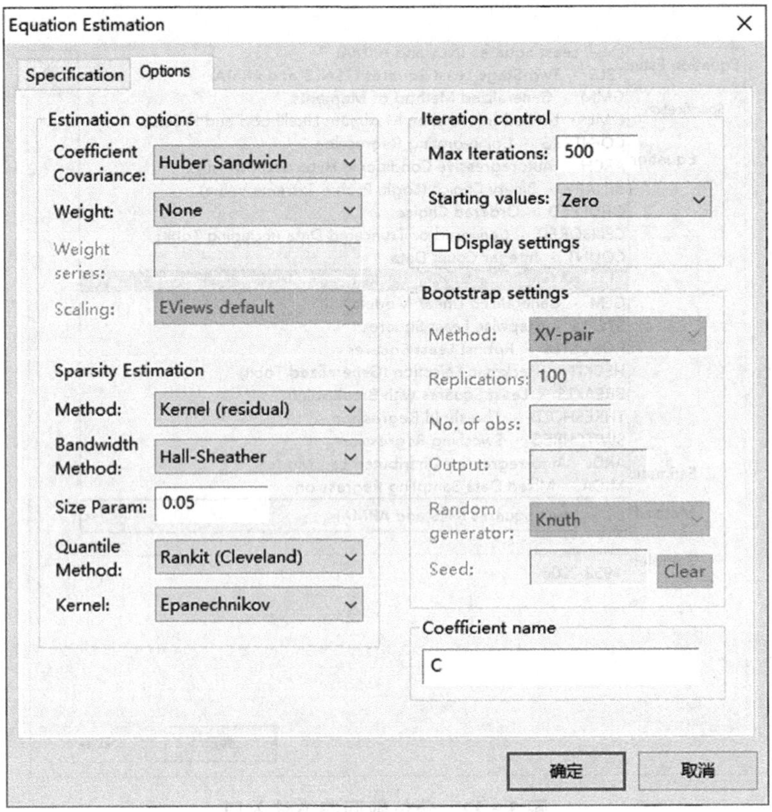

图 3-24　分位数回归选项框

(2) Weight 和 Weight series（权重）。

可以输入作为权重的序列或者一个序列的表达式，从而对估计式加权（用于 WLS 估计）。

(3) Sparsity Estimation（稀疏函数估计）。

其中包括 5 项。

◇ Method（方法）。

当第一个选项框"Coefficient Covariance"中的选项为"Ordinary（IID）"或"Bootstrap"时，"Method"（方法）选项框中包括三个选项：Siddiqui（mean fitted）、Kernel（residual）和 Siddiqui（residual）。

当"Coefficient Covariance"选项框中的选项为"Huber Sandwich"时，这里的"Method"选项框中只包括 Siddiqui（mean fitted）和 Kernel（residual）两种选择。

◇ Bandwidth Method（带宽）。

其下拉菜单中包括四个选项，即 Bofinger（1975）、Hall-Sheather（1988）和 Chamberlain（1994）带宽计算方法，或者用户给出一个特定的带宽。

◇ Size Param（显著性水平）。

当选择"Hall-Sheather"和"Chamberlain"方法时，显著性水平的选择默认为 0.05。

◇ Quantile Method（分位数方法）。

EViews 提供了六种求经验分位数的方法。

◇ Kernel（核函数）。

表示核函数的选用种类。EViews 中可以选择的核密度函数有 Epanechnikov 核函数、Uniform（均匀核函数）、Triangular（三角核函数）、Biweight（二权核函数）、Triweight（三权核函数）、Normal（正态核函数）和 Cosinus（余弦核函数）。

注意：不管系数方差—协方差矩阵（Coefficient Covariance）是否会用到，每次进行分位数回归时，系统都会自动给出一个稀疏函数估计值。

2. Iteration control（迭代控制）选项框

（1）Max Iterations（最大）。迭代的最大次数，默认为 500。

（2）Starting values（初始值）。表示迭代的初始值，默认为 0，也可以选择其他选项，如下拉菜单中的 OLS，即用 OLS 估计量作为初始值进行迭代。

（3）Display settings（设定显示）。选择是否需要在输出结果中给出这些设置。

3. Bootstrap settings（自举设定）选项框

（1）Method（方法）。代表不同的自举方法。EViews 10.0 提供了四种方法，分别是 Residual、XY-pair、MCMB 和 MCMB-A。系统默认的方法为 XY-pair。

（2）Replications（循环次数）。EViews 10.0 默认为 100 次。用户可以自己设定次数。

（3）No. of obs（自举样本容量）。空白表示与原样本容量一致。Koenker（2005）的研究表明，选择自举样本容量小于数据样本容量时，能够获得更加准确的结果，特别是当数据样本容量较大时。

（4）Output（输出）。在这里键入一个名称可以得到自举的样本矩阵。

（5）Random generator（生成随机数）和 Seed（种子）。本选项用于控制随机数的生成。其中前者用于选择随机数产生的方法，“Seed”用于选择随机数种子，“Clear”（清除）按钮用于清空以往选定的随机数种子。

“Options”（选项）部分不变，选择系统默认值，“Quantile to”的值设定为 0.7，回归结果如图 3－25 所示。

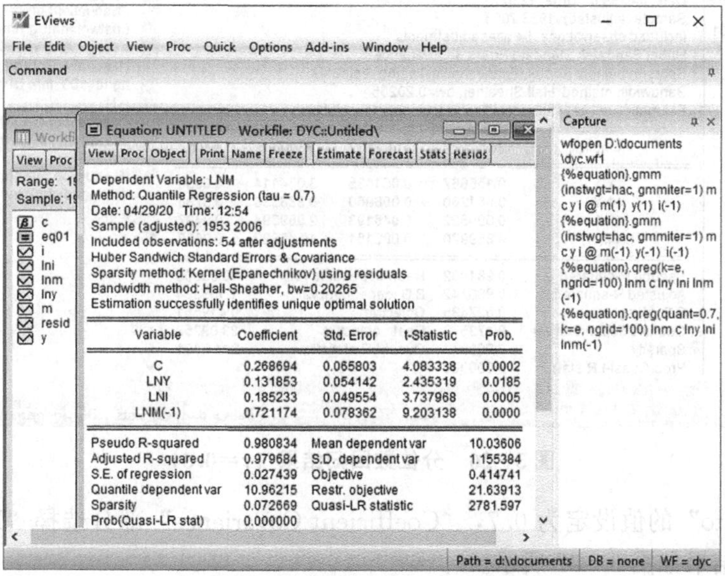

图 3－25 分位数回归结果（$\tau=0.7$）

输出结果的第一部分给出的是估计设定，其中包括（按顺序）被解释变量（lnm）、方法（分位数回归，$\tau=0.7$）、操作日期、样本范围、样本容量（54）、标准误差和方差—协方差矩阵估计方法（Huber Sandwich 方法）、稀疏函数估计方法（Kernel 方法）、带宽方法（Hall-Sheather 方法，带宽＝0.202 65）以及对估计结果的评价。

输出结果的中间部分给出的是回归系数估计值、标准误差、t 统计量的值及其相应的 p 值，这与 OLS 估计完全一样。

输出结果的第三部分给出的是对分位数回归估计式的评价统计量，分别为：

Pseudo R-squared：伪拟合优度（伪 R^2）；

Adjusted R-squared：调整后的伪拟合优度；

S. E. of regression：分位数回归式的标准误差；

Quantile dependent var：分位数回归式中只有常数项存在时的系数估计值（即被解释变量的分位数估计值）；

Objective：目标函数极小值；

Restr. objective：分位数回归式中只有常数存在的目标函数极小值；

Sparsity：分位数密度函数（稀疏函数）估计值（本例是用核估计法计算的）；

Quasi-LR statistic：准似然比统计量；

Prob（Quasi-LR stat）：准似然比统计量的值所对应的概率值。

"Quantile to" 的值设定为 0.3，其余不变，回归结果如图 3－26 所示。

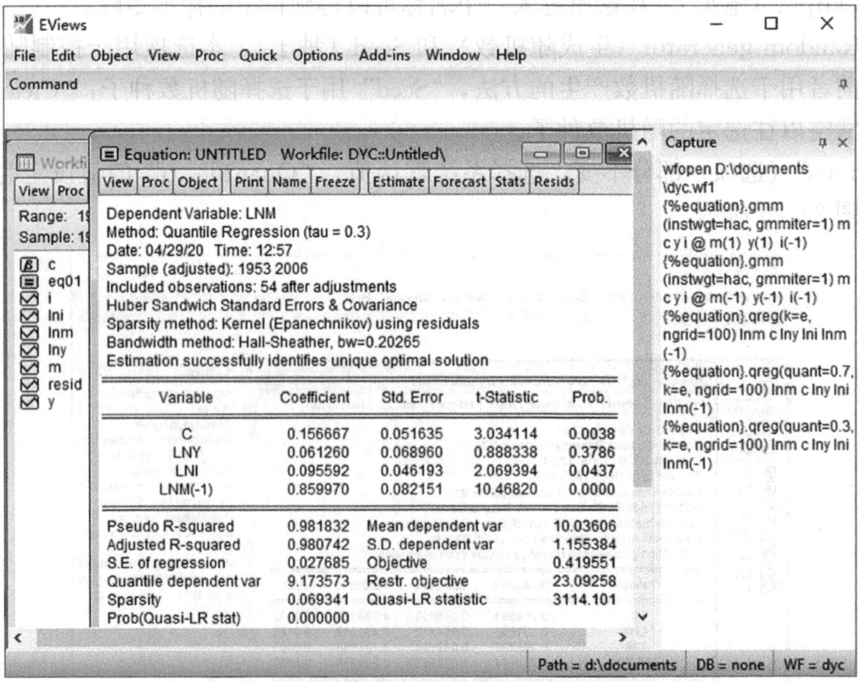

图 3－26　分位数回归结果（$\tau=0.3$）

"Quantile to" 的值设定为 0.7，"Coefficient Covariance" 部分选择 "Bootstrap"，其余不变，回归结果如图 3－27 所示。

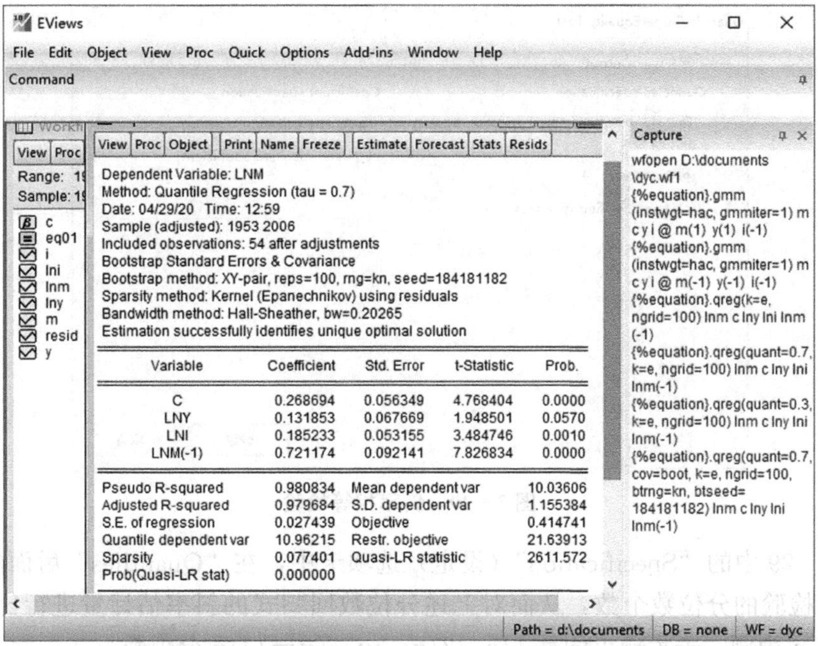

图 3-27 分位数回归结果（$\tau=0.7$ 的另一个组合）

我们对图 3-27 的回归结果进行相关检验：

1. Slope Equality Test（斜率相等检验）

在分位数回归结果窗口中点击“View”，选“Quantile Process”→“Slope Equality Test ...”，可以进行 Koenker and Bassett（1982）提出的斜率相等检验，见图 3-28 和图 3-29。

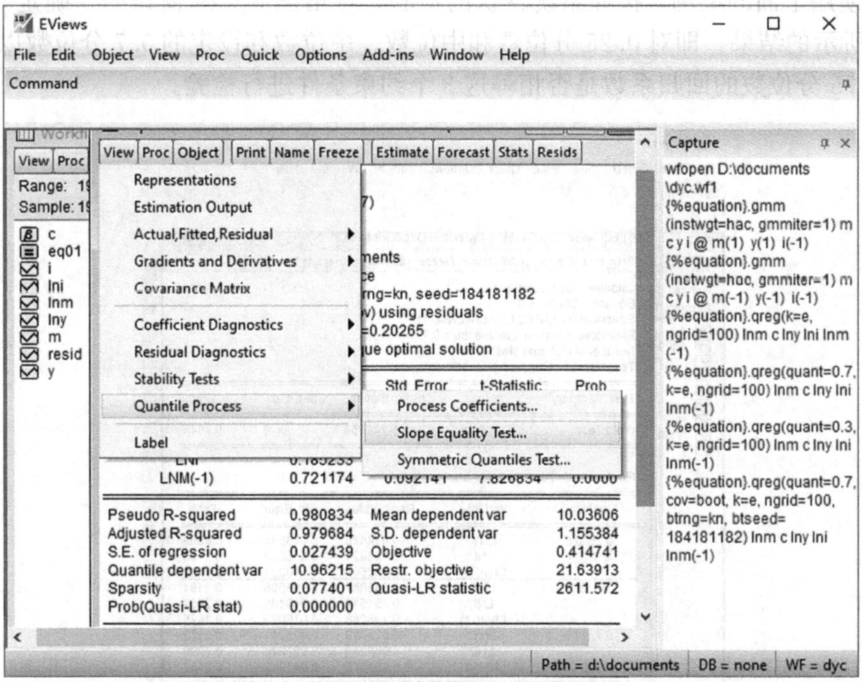

图 3-28 分位数回归结果的检验

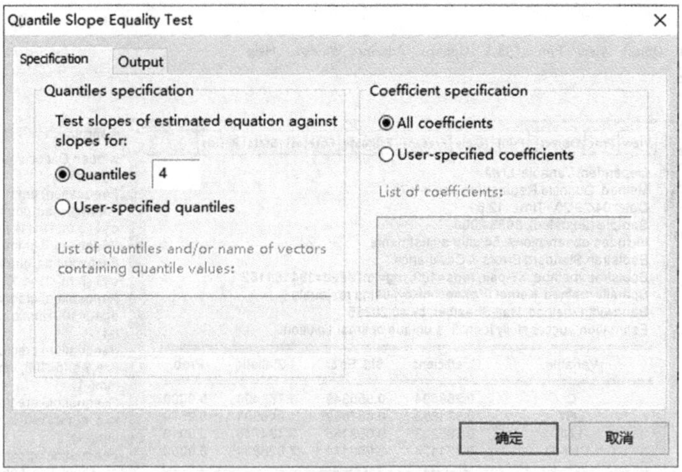

图 3-29 斜率相等检验

在图 3-29 中的“Specification”（设定）选项卡中，在“Quantiles”后面的框中用户可以填入要检验的分位数个数，从而对上述分位数回归式的斜率估计量进行比较和检验。以填入数字 n 为例，表示输出的是 $1/n$，$2/n$，…，$(n-1)/n$ 分位数。

EViews 默认的是 4，即检验 1/4 分位数回归式与 2/4 分位数回归式之间、2/4 分位数回归式与 3/4 分位数回归式之间相应的回归系数是否相等。用户还可以选择“User-specified quantiles”，并在下面的框中输入想要检验的分位数条件下的回归系数是否相等。

该窗口中的“Output”选项卡的功能与“Quantile Process”对话框中的“Output”选项卡的功能相同。

仍然使用上面的案例，按照系统默认的检验，点击图 3-29 窗口的“确定”，得到如图 3-30 所示的结果，即对 0.25 分位数和中位数、中位数和设定的 0.7 分位数以及 0.7 分位数和 0.75 分位数的回归系数是否相等这 3 个约束条件进行检验。

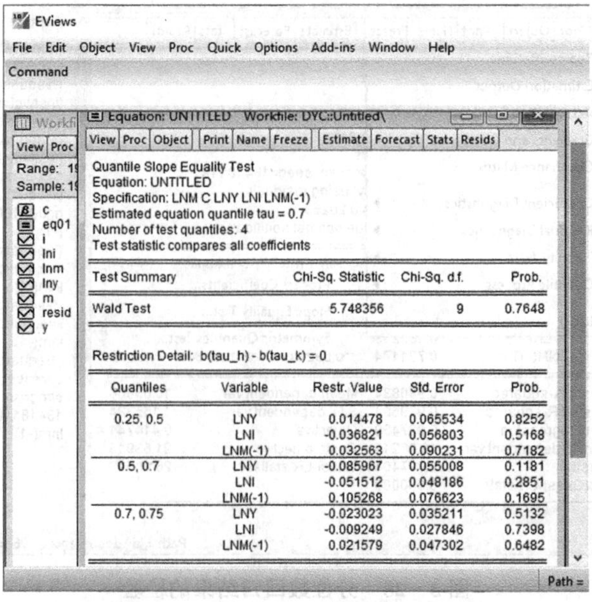

图 3-30 斜率相等检验的结果

输出结果中第一部分是对 Wald 检验的总结，这里斜率相等检验的 Wald 统计量为 5.75，自由度为 9，概率为 0.76。这表明 0.25 分位数和中位数、中位数和 0.7 分位数以及 0.7 分位数和 0.75 分位数回归式的斜率相等。这意味着，相同条件的不同分位数回归的被解释变量拟合值的分布是相同的。

2. Symmetric Quantiles Test（对称性检验）

在分位数回归估计结果窗口中（见图 3－27）点击“View”，在下拉菜单中选“Quantile Process”→“Symmetric Quantiles Test…”，可以进行以中位数回归式为中心的分位数回归式对称性检验，如图 3－31 所示。

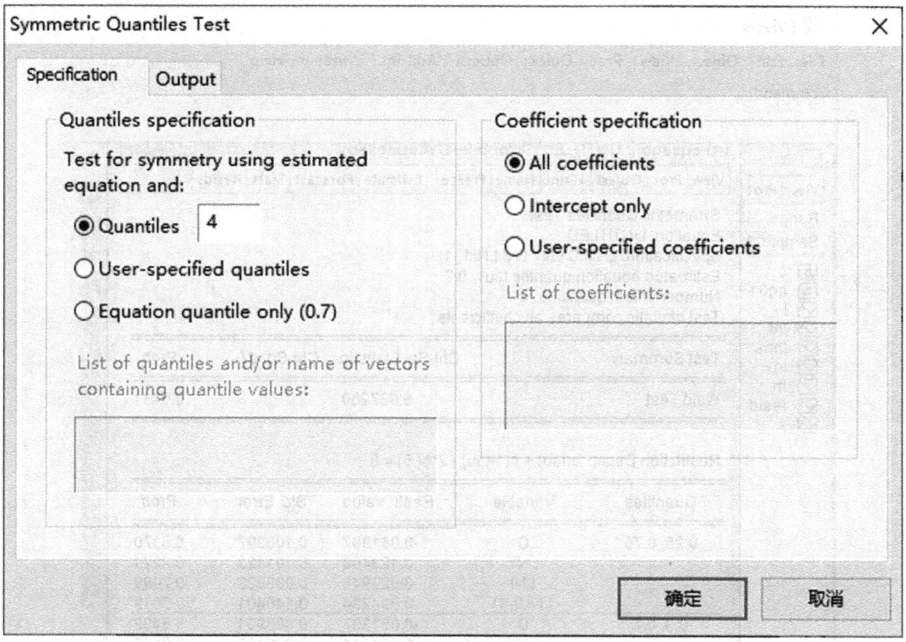

图 3－31　对称性检验

依据 Newey 和 Powell（1987）方法，

$$\frac{\beta_{(\tau)}+\beta_{(1-\tau)}}{2}=\beta_{(0.5)}$$

关于对称性检验的设置可以在“Specification”选项卡中完成，其默认选项如图 3－31 所示。如果“Quantiles”（分位数回归式个数）后面的框中填 4，则检验的约束条件只有一个，即

$$\frac{\beta_{(0.25)}+\beta_{(0.75)}}{2}=\beta_{(0.5)}$$

如果分位数回归式拟合的是 0.6，则除了以上约束条件外，还会增加对如下约束条件的检验：$\dfrac{\beta_{(0.4)}+\beta_{(0.6)}}{2}=\beta_{(0.5)}$

与上述两个检验类似，用户还可以选择“User-specified quantiles”，并在下面的框中输入要检验的分位数 τ，EViews 10.0 将估计 τ 和 $1-\tau$ 两个分位数回归式，并与中位数回归式做比较。按照 $(\beta_{(\tau)}+\beta_{(1-\tau)})/2=\beta_{(0.5)}$ 进行检验。

此外，还可以通过“Intercept only”或者“All coefficients”单选框选择是仅对常数项进行对称性检验还是对所有参数估计量进行对称性检验。同样，该窗口中的“Output”选项卡的功能与“Quantile Process”对话框中的“Output”选项卡的功能相同。

本例按照默认设置，点击图 3-31 窗口的“确定”，检验结果如图 3-32 所示。

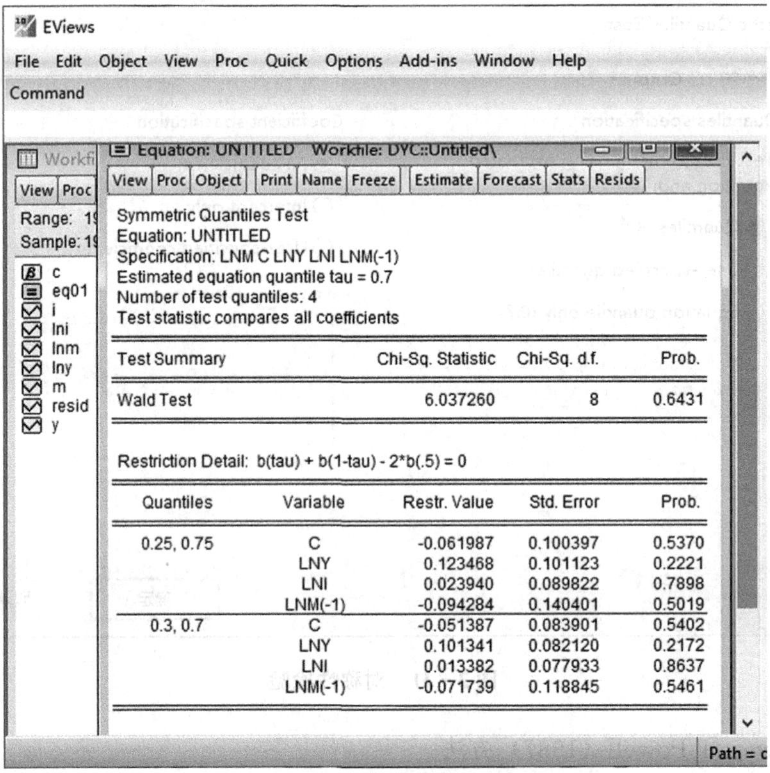

图 3-32 对称性检验的结果

从输出结果中可以看出，这里我们检验的是 0.25 分位数和 0.75 分位数回归以及 0.3 分位数和 0.7 分位数回归的系数估计量是否关于中位数对称。Wald 检验表明它们是对称的，概率值是 0.64。

3. Process Coefficients（回归系数检验）

在分位数回归输出结果窗口点击“View”，在下拉菜单中选“Quantile Process”→“Process Coefficients...”，可以得到图 3-33，在弹出的对话框中点击“确定”，得到 9 个分位数回归式，如图 3-34 所示，除了 lny 在 $\tau=0.1\sim0.6$ 时未通过检验，其余均通过检验。

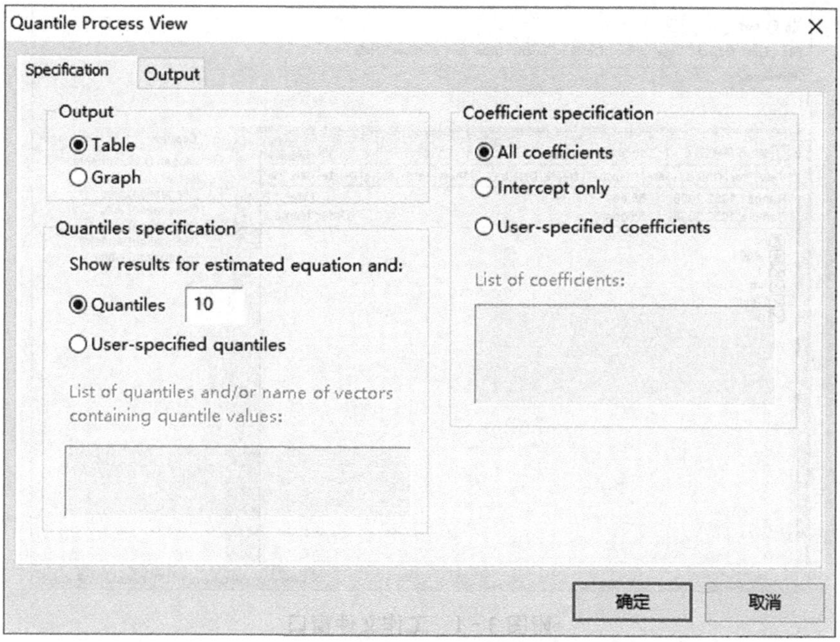

图 3 - 33 回归系数检验

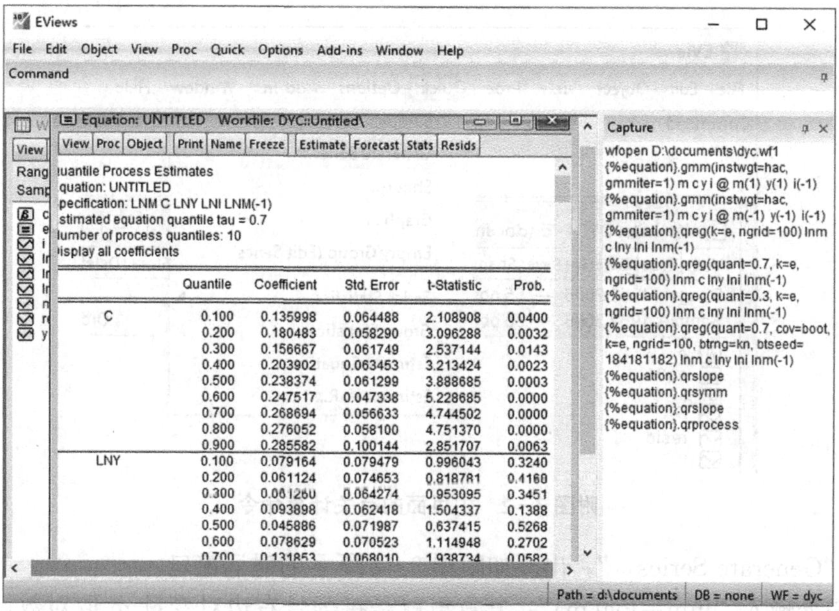

图 3 - 34 回归系数检验的结果

本章附录 1：如何做对数运算

对变量取对数的 EViews 运算过程如下。

文件窗口如附图 3 - 1 所示。

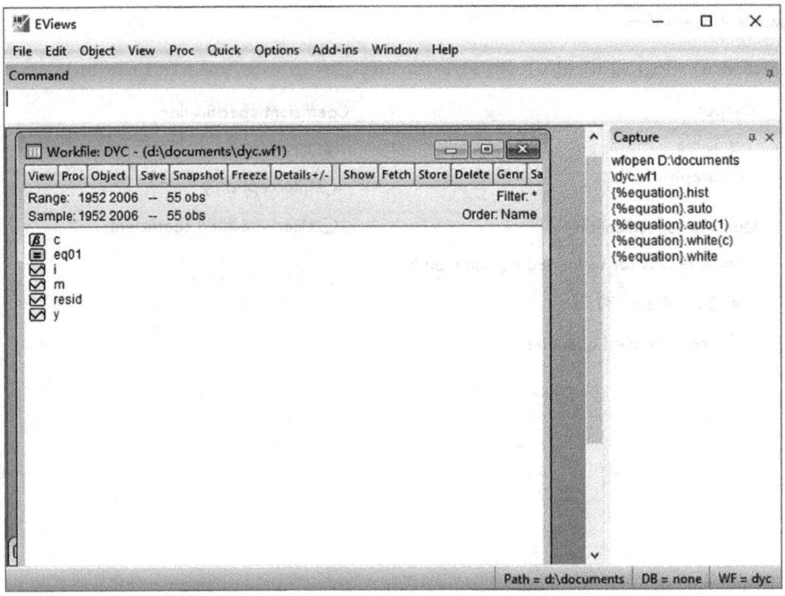

附图 3-1　工作文件窗口

在这个窗口中点击主页面中的“Quick”，出现如附图 3-2 所示的下拉菜单。

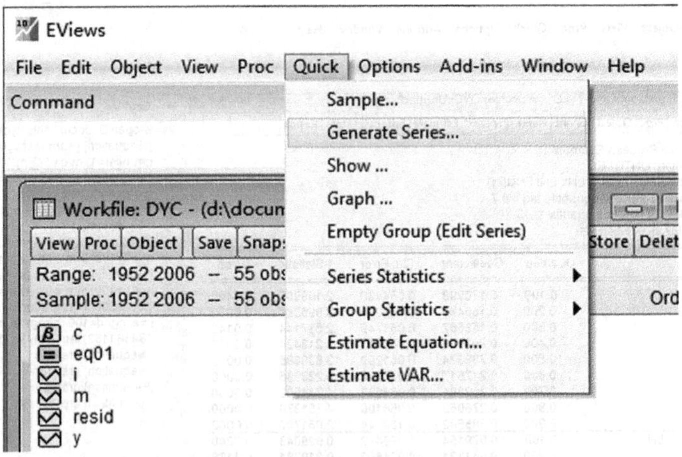

附图 3-2　主页面的有关计算命令

点击“Generate Series…”，出现如附图 3-3 所示的对话窗口。

在空白处输入“lnm=log(m)”，其意思就是将等号右边对变量 m 取对数计算的结果保存在名称 lnm 下，如附图 3-4 所示。（注意，上述等式等号右边的括号为英文键盘输入。）

然后点击“OK”。依此类推，计算 lny=log(y)、lni=log(i)，最后显示结果如附图 3-5 所示。

这样在文件窗口下就有了 lni、lnm、lny 三个变量，可以打开三个变量，操作如附图 3-6 所示。

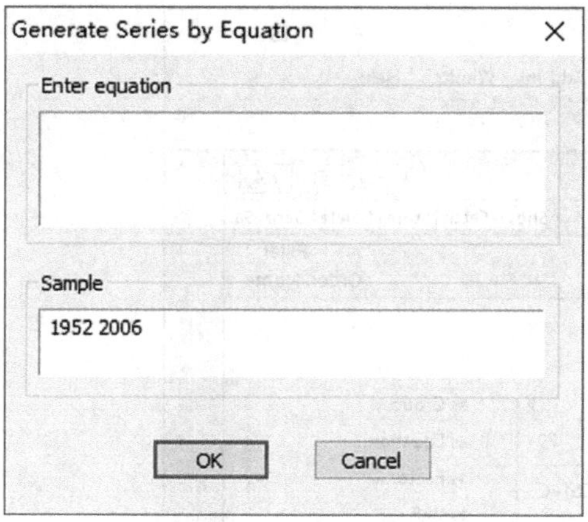

附图 3-3　变量的计算窗口

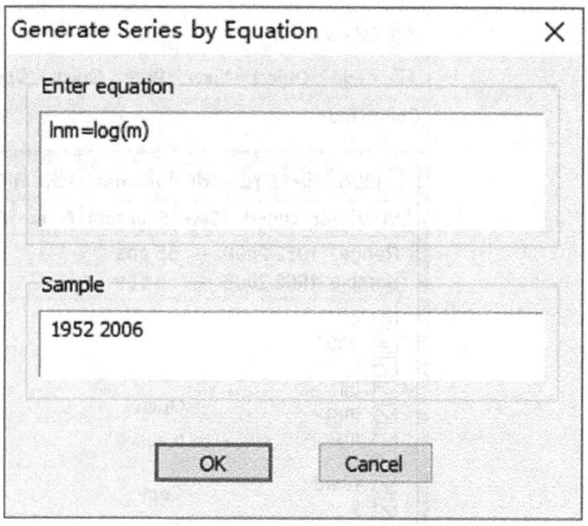

附图 3-4　对数计算的输入方法

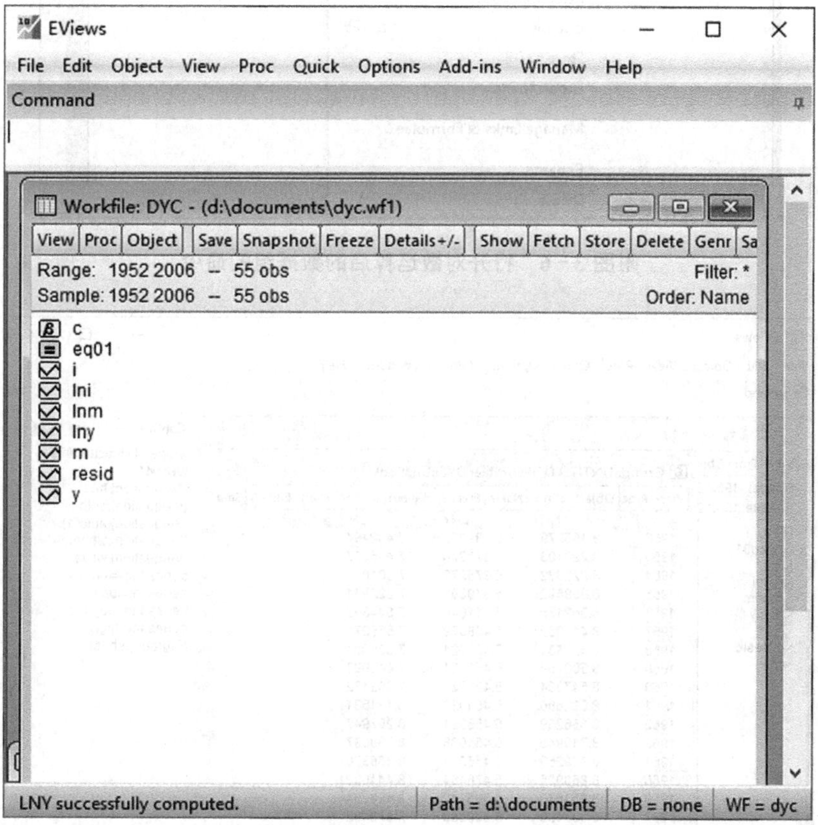

附图 3-5　变量取对数后的工作文件窗口

显示的数据组窗口如附图 3-7 所示。

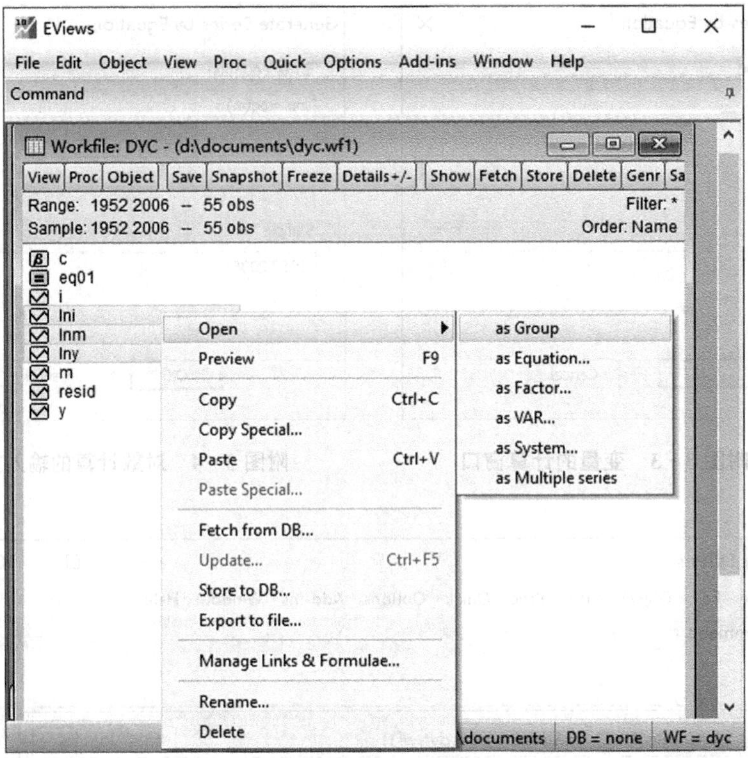

附图 3-6　打开对数运算后的数据组的命令

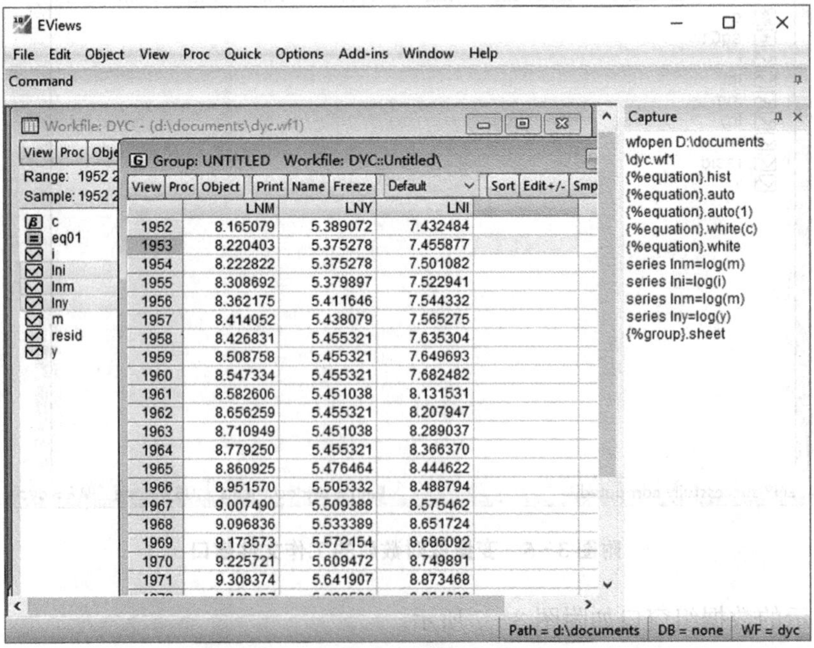

附图 3-7　对数运算后的数据组窗口

本章附录 2：生成新序列和@函数的应用

第一节　生成新序列

用公式生成新序列，首先在工作文件窗口的工具栏中点击“Genr”功能键，之后在弹出的对话框中输入公式表达式（如附图 3-8 和附图 3-9 所示）。先输入所需生成的序列的名称，再输入等号“=”及描述生成新序列的公式。点“OK”以后，等号左边新序列的名称立即显示在工作文件窗口的对象目录中，此时新序列已经生成。

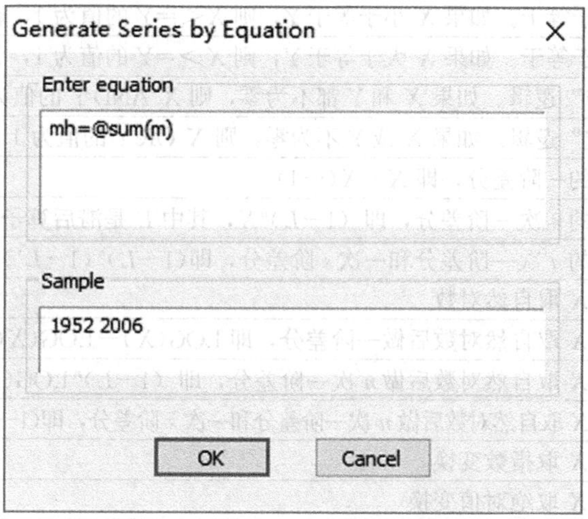

附图 3-8　对变量 M 的@函数求和运算

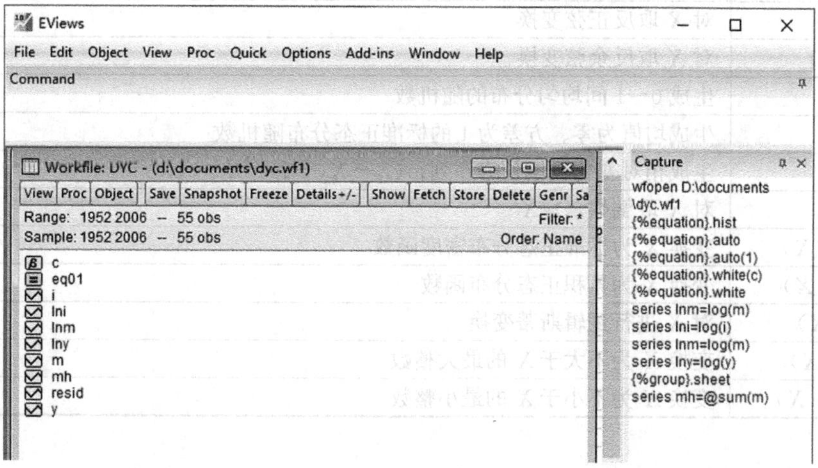

附图 3-9　对变量 M 进行@函数求和运算后保存的名称

最常用的运算符号及其功能如附表 3-1 所示。

附表 3-1　运算符号及其功能

运算符号	功能
+	加
−	减
*	乘
/	除
^	乘方
>	大于。如果 $X>Y$，则 $X>Y$ 的值为 1，否则为 0
<	小于。如果 $X<Y$，则 $X<Y$ 的值为 1，否则为 0
=	等于。如果 $X=Y$，则 $X=Y$ 的值为 1，否则为 0
<>	不等于。如果 $X\neq Y$，则 $X<>Y$ 的值为 1，否则为 0
<=	小于等于。如果 X 小于等于 Y，则 $X<=Y$ 的值为 1，否则为 0
>=	大于等于。如果 X 大于等于 Y，则 $X>=Y$ 的值为 1，否则为 0
AND	“与”逻辑。如果 X 和 Y 都不为零，则 X AND Y 的值为 1
OR	“或”逻辑。如果 X 或 Y 不为零，则 X OR Y 的值为 1
D(X)	X 的一阶差分，即 $X-X(-1)$
D(X，n)	X 的 n 次一阶差分，即 $(1-L)^n X$，其中 L 是滞后算子
D(X，n，s)	X 的 n 次一阶差分和一次 s 阶差分，即 $(1-L)^n(1-L^s)X$
LOG(X)	对 X 取自然对数
DLOG(X)	对 X 取自然对数后做一阶差分，即 LOG(X)−LOG($X(-1)$)
DLOG(X，n)	对 X 取自然对数后做 n 次一阶差分，即 $(1-L)^n$LOG(X)
DLOG(X，n，s)	对 X 取自然对数后做 n 次一阶差分和一次 s 阶差分，即 $(1-L)^n(1-L^s)$LOG(X)
EXP(X)	对 X 取指数变换
ABS(X)	对 X 取绝对值变换
SQR(X)	对 X 取平方根变换
SIN(X)	对 X 取正弦变换
COS(X)	对 X 取余弦变换
@ASIN(X)	对 X 取反正弦变换
@ACOS(X)	对 X 取反余弦变换
RND	生成 0~1 间均匀分布的随机数
NRND	生成均值为零、方差为 1 的标准正态分布随机数
@PCH(X)	生成相对变化或增长率序列，$(X-X(-1))/X(-1)$
@INV(X)	对 X 取倒数，$1/X$
@DNORM(X)	变换 X 为标准正态分布密度函数
@CNORM(X)	变换 X 为累积正态分布函数
@LOGIT(X)	对 X 进行逻辑斯蒂变换
@FLOOR(X)	变换 X 为不大于 X 的最大整数
@CEILING(X)	变换 X 为不小于 X 的最小整数

第二节　@函数与应用

EViews 软件有一组以@开头的特殊函数。这些以@开头的函数可用来计算一个序列的描述性统计量的值或者最近一个回归方程的一些统计量的值，如附表 3-2 所示。

附表 3-2　@函数及其含义

@函数	含义
@SUM(X)	序列 X 的和
@MEAN(X)	序列 X 的均值
@VAR(X)	序列 X 的方差
@SUMSQ(X)	序列 X 的平方和
@OBS(X)	序列 X 中有效观测值的个数
@COV(X，Y)	序列 X 和序列 Y 的协方差
@COR(X，Y)	序列 X 和序列 Y 的相关系数
@CROSS(X，Y)	序列 X 和序列 Y 的交叉积
@DNORM(X)	X 的标准正态分布密度函数
@CNORM(X)	X 的标准累积正态分布函数
@TDIST(X，d)	自由度为 d 时，大于 X 的 t 统计量的概率
@FDIST(X，n，d)	分子、分母自由度分别为 n、d 时，大于 X 的 F 统计量的概率
@CHISQ(X，d)	自由度为 d 时，大于 X 的 χ^2 统计量的概率
@R2	R^2 统计量
@RBAR2	调整后的 R^2 统计量
@SE	回归函数的标准误差
@SSR	残差平方和
@DW	DW 统计量
@F	F 统计量
@LOGL	对数似然函数值
@REGOBS	回归函数中用到的观测值组数，即样本容量
@MEANDEP	被解释变量的均值
@SDDEP	被解释变量的标准差
@NCOEF	被估参数个数
@COVARIANCE(i，j)	回归参数 β_i 和 β_j 的协方差
@RESIDCOVA(i，j)	VAR 模型或系统方程中方程 i 和方程 j 的残差的协方差
@MOVAV(X，n)	X 的 n 期移动平均，其中 n 为整数
@MOVSUM(X，n)	X 的 n 期移动总和，其中 n 为整数
@TREND(d)	生成 d 期为零的时间趋势变量，其中 d 为日期（适用于时间序列数据）或观测值个数（适用于截面数据）
@SEAS(d)	季节虚拟变量，当季节或月份等于 d 时为 1，其余为 0

如何进行@函数运算？我们以附表 3-2 的前三行为例。回到附图 3-8，在空白处输入“mh=@sum(m)”。

然后点击“OK”，结果如附图 3-9 所示。

双击附图 3-9 中的变量名称 mh，得到如附图 3-10 所示的结果。

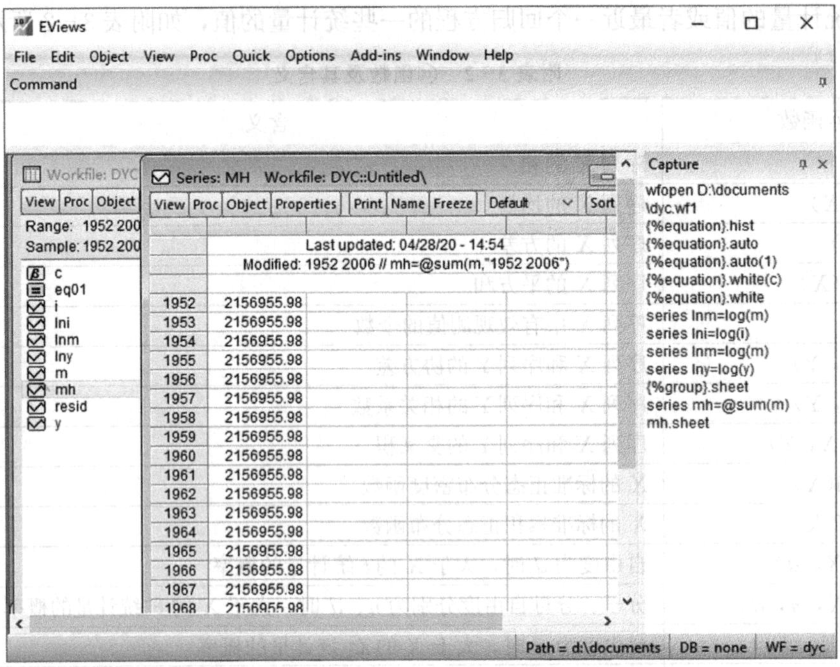

附图 3-10 对变量 M 进行@函数求和运算后的结果

上述结果表明对变量 M 的求和运算，保存名称为“mh”，求和结果是 2 156 955.98。

依此类推，输入“mj=@mean(m)”，点击“OK”，得到变量 M 的均值为 39 217.38，如附图 3-11 所示。

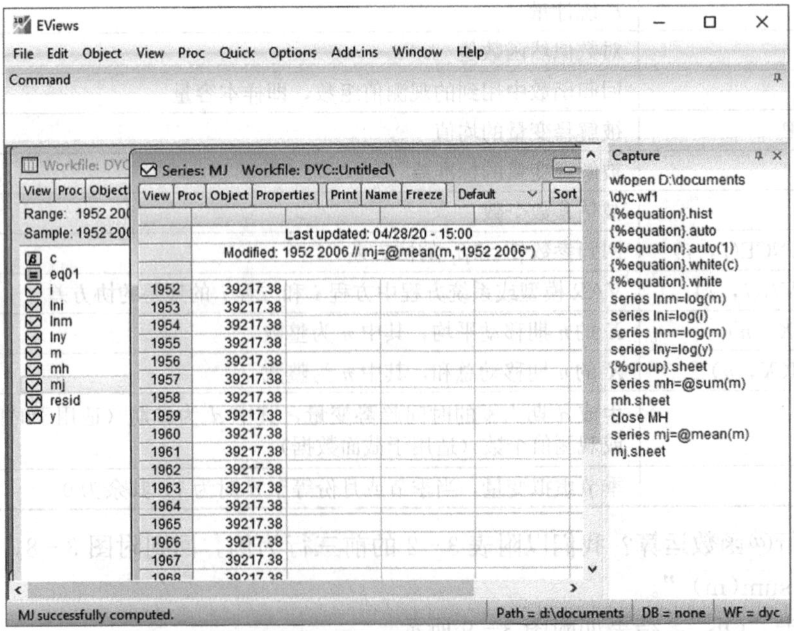

附图 3-11 对变量 M 进行@函数求均值运算后的结果

输入“vm=@var(m)”，点击“OK”，得到变量 M 的方差为 1.38E+09（**天文计数**

法或者科学计数法，表示 1 380 000 000；如果是 1.38E−03，则表示 0.001 38)，如附图 3-12 所示。

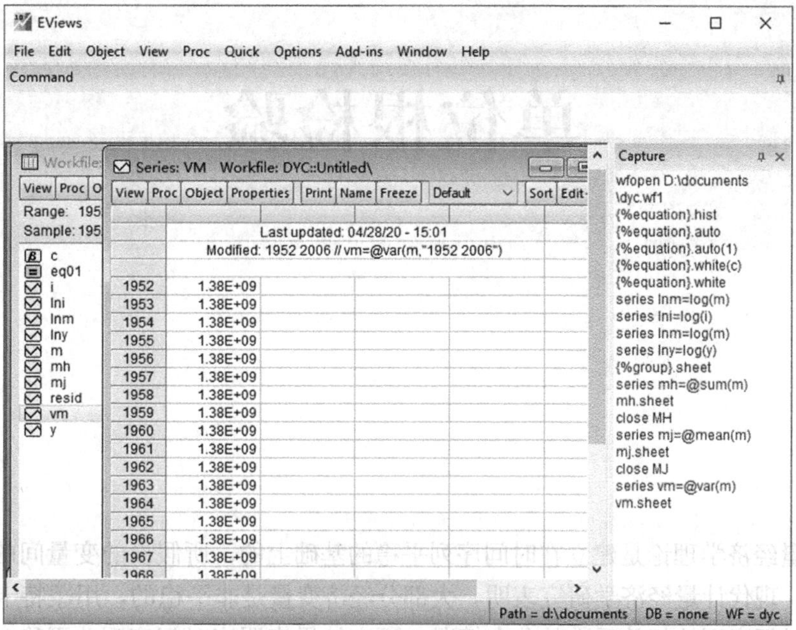

附图 3-12　对变量 *M* 进行@函数求方差运算后的结果

上述变量名称“mh”、“mj”和“vm”由运算者自己确定，只要不和 EViews 软件自带的变量名称冲突即可。读者可以尝试其他形式的@函数运算。

第四章

单位根检验

经典计量经济学理论是建立在时间序列平稳的基础上的，所假设的变量间的相关系数服从正态分布。现代计量经济学研究表明，大部分经济变量是非平稳的，用蒙特卡罗模拟方法分析非平稳时间序列的相关系数的分布情况，研究结果表明当时间序列非平稳时，相关系数实际上服从的是倒 U 形和 U 形分布，因此增加了拒绝解释变量系数为零的假设的概率，并且随着样本容量和时间序列单整阶数的增加，拒绝概率随之增大。这样，就降低了检验的功效，增加了纳伪的可能性。也就是说，在大样本和较高单整阶数的条件下，随意检验本来独立的两个变量的相关系数的显著性，结论都变得非常显著，直接结果是导致在相关系数的分布呈现倒 U 形和 U 形的情况下，得出不相关的两个非平稳变量具有相关关系的结论。因此，用非平稳变量进行回归分析，尤其在大样本和较高单整阶数的情况下，结论全部是变量之间具有相关关系，用实际上不相关的两个非平稳变量进行回归分析是一种虚假回归（伪回归）。因此，对非平稳变量进行回归分析，首先应该考虑和检验变量的平稳性。

如果您对上述文字性表述有些不明白，没有关系，只需记住：

对变量必须进行单位根检验！

酒困路长惟欲睡，日高人渴漫思茶。

第一节　单位根检验的过程

对于一个模型，比如 $\ln M = f(\ln Y, \ln i)$，先在软件里输入三个变量的数据。

打开 $\ln M$ 的数据窗口，结果如图 4－1 所示（所用数据请见附表）。

在图 4－1 的数据窗口下，点击左上角的“View”键，出现下拉菜单，其中有一项为“Unit root test”，即单位根检验。点击“Unit root test”，出现如图 4－2 所示的窗口。

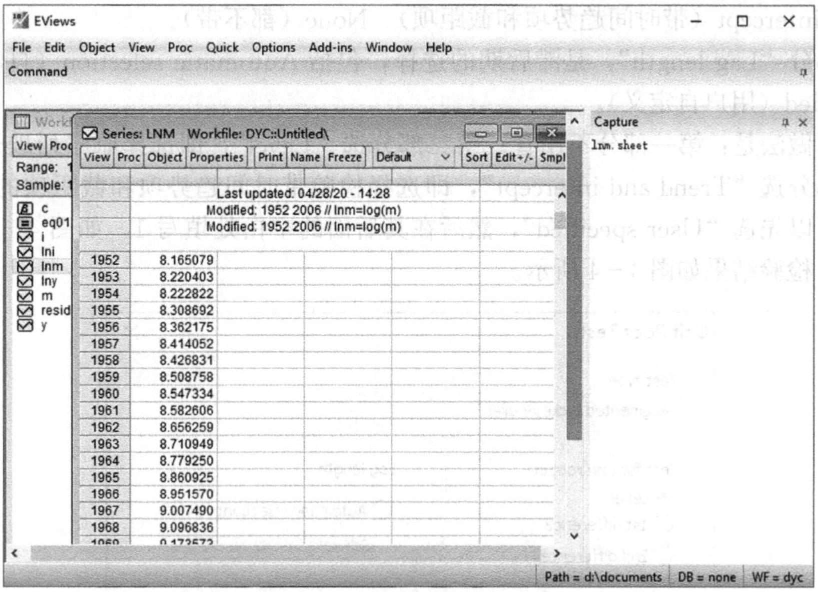

图 4-1 打开变量的数据窗口

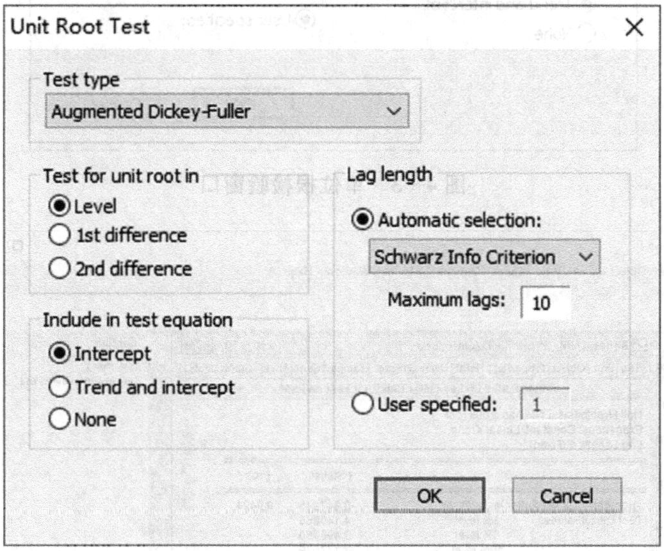

图 4-2 单位根检验窗口

图 4-2 的窗口分为四部分：

第一部分“Test type”，是检验方法，我们常用的或者系统默认的就是“Augmented Dickey-Fuller”（ADF）单位根检验法，这部分不用调整即可使用（检验方法还包括 Phillips-Perron 检验、Kwiatkowski-Phillips-Schmidt-Shin 检验（简称 KPSS 检验）等，可熟练之后再用）。

第二部分“Test for unit root in”，是所检验的序列，包括 Level（原序列）、1st difference（一阶差分序列）、2nd difference（二阶差分序列）三项。

第三部分“Include in test equation”，是模型的形式，包括 Intercept（带截距项）、

Trend and intercept（带时间趋势项和截距项）、None（都不带）。

第四部分“Lag length”，是滞后期的选择，包括 Automatic selection（自动选择）和 User specified（用户自定义）。

通常的做法是：第一部分不用管；第二部分选“Level”，即选择原序列进行单位根检验；第三部分选“Trend and intercept”，即选择检验带时间趋势项和截距项的模型形式；第四部分可以先选“User specified”，然后在其后面的空白处填写 1，如图 4－3 所示，点击“OK”，检验结果如图 4－4 所示。

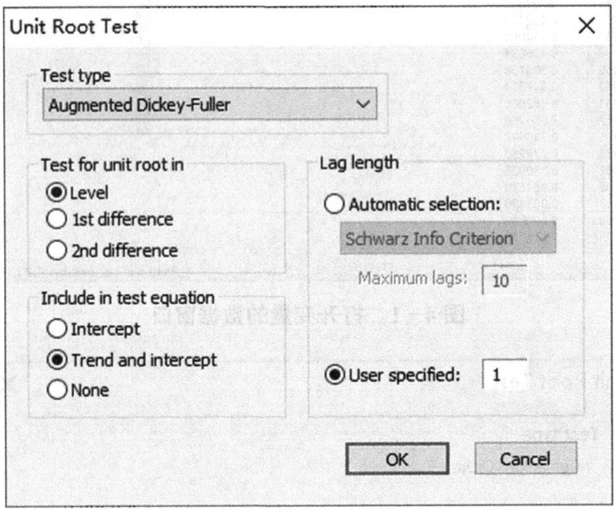

图 4－3　单位根检验窗口

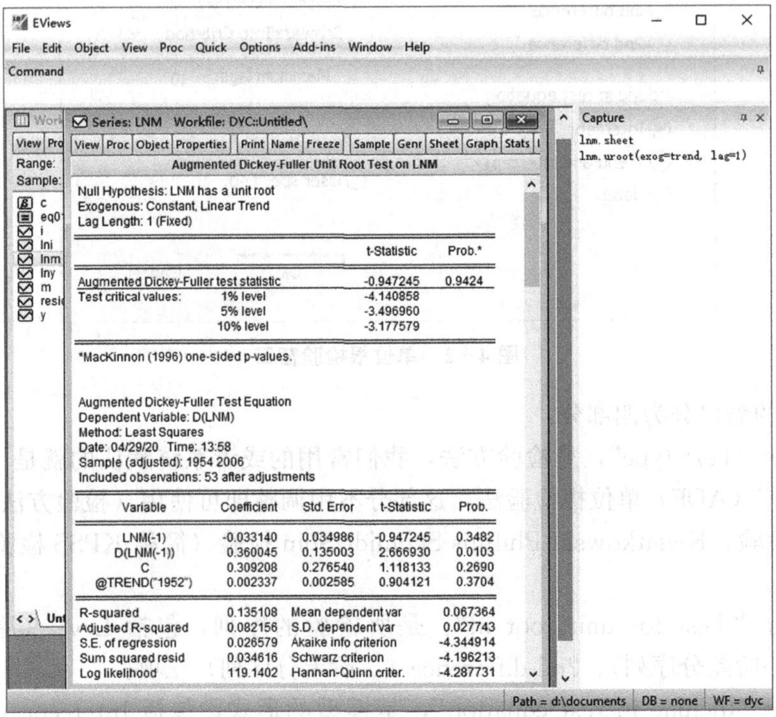

图 4－4　第一次单位根检验的结果

结果分为两部分，上半部分是单位根检验的结果，下半部分是检验方程的形式。

首先要看下半部分是否合适：

先看“Variable”列中“C”（截距项）和“@TREND(“1952”)”（时间趋势项）这两项的“Prob.”数值是否小于 0.05（小于号成立则保留，就不再剔除，然后看上半部分的单位根检验结果），现在结果是 0.269 和 0.370 4，都大于 0.05，说明检验形式不对，改变检验形式重新操作。

回到图 4-2（重复最初的点击操作），只改变第三部分“Trend and intercept”为“Intercept”，其他不动。这样做的意思是虽然两个“Prob.”都大于 0.05，但不是一次把两个都去掉，而是首先去掉趋势项“trend”，如图 4-5 所示。

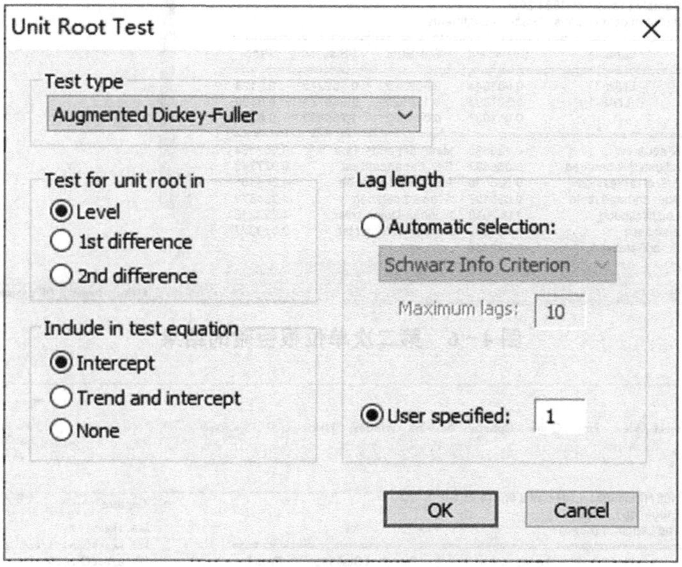

图 4-5 单位根检验窗口

然后点击“OK”，结果如图 4-6 所示。

还是首先看下半部分的“Variable”列中“C”的“Prob.”数值是否小于 0.05，小于号成立则保留，就不再剔除，然后看上半部分的单位根检验结果。现在的结果是 0.078 5，大于 0.05，所以还要剔除“C”，也就是回到图 4-2 或者图 4-5，选择“None”，然后点击“OK”，结果如图 4-7 所示。

到此为止，检验形式部分已经确定为最后形式了，也就是第三部分任务完成了。然后看第四部分。第四部分最初在空白处输入的是“1”，现在看这个“1”是否合适，就是看检验结果中下半部分的“Durbin-Watson stat”的数值是否接近于 2（一般经验应该是 1.8～2.2 之间）。如果结果是否定的，就必须回到图 4-2 或者图 4-5 的“User specified”部分，将空白处的数据改为 2（3，4，…，这个数字一般很少超过 3），然后继续检验，直到答案为肯定的。如果结果为肯定的，则图 4-7 下半部分的任务完成。

现在，回头来比较上半部分的“Augmented Dickey-Fuller test statistic”的数值和“5% level”对应的临界值，现在的结果是 4.198 242 大于 −1.947 119，说明检验的序列（现在检验的是原序列）是非平稳的，至少有一个单位根。否则，如果“Augmented

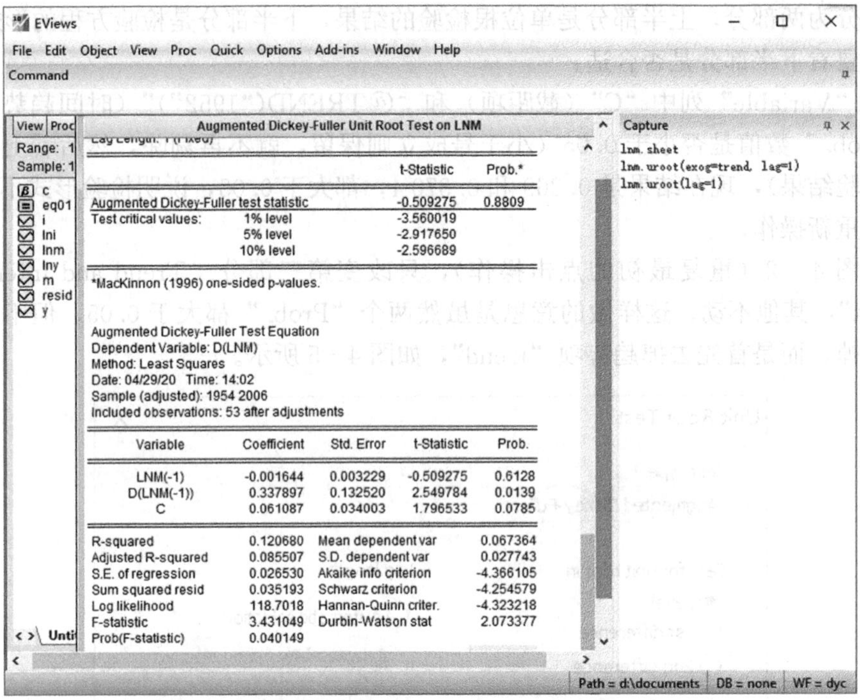

图 4-6　第二次单位根检验的结果

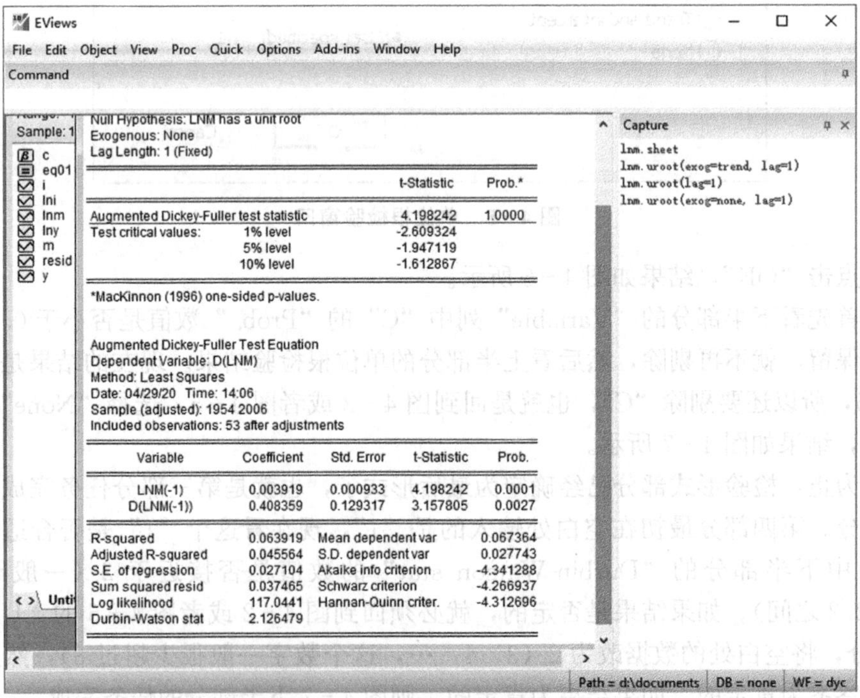

图 4-7　单位根检验的最后结果

Dickey-Fuller test statistic”的数值小于“5% level”对应的临界值，则说明检验的序列是平稳的。现在的结论是原序列非平稳，至少有一个单位根，下面就要再检验以确定单位根到底有几个。回到图 4－2 或者图 4－5：第一部分不用管；第二部分选择序列“1st difference”，即选择一阶差分进行单位根检验；第三部分选择“Trend and intercept”，即选择检验带时间趋势项和截距项的模型形式；第四部分可以先选择在空白处填写 1。然后点击“OK”，检验结果如图 4－8 所示。

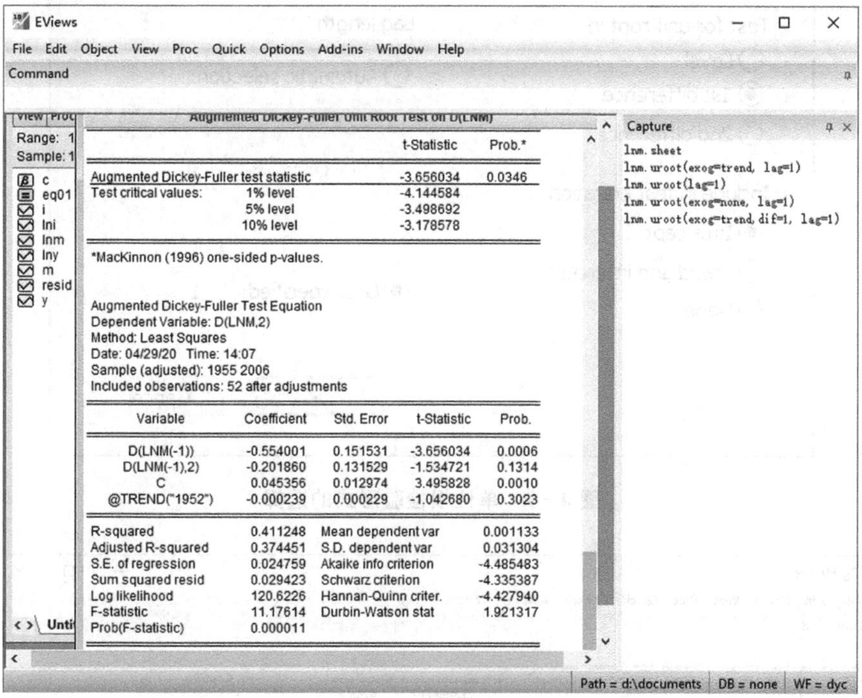

图 4－8　一阶差分后的单位根检验的第一次结果

结果分为两部分，首先要看下半部分是否合适：先看“Variable”列的“C”和“@TREND(“1952”)”这两项的“Prob.”数值是否小于 0.05（小于号成立则保留，就不再剔除，然后看上半部分的结果），现在结果是 0.302 3。说明需要剔除时间趋势项。回到对一阶差分序列进行单位根检验的窗口，选择“Intercept”，如图 4－9 所示。

然后点击“OK”，结果如图 4－10 所示。

现在看来，“C”的 t 统计量的相伴概率为 0.001，可以不用剔除了。再看图 4－10 下半部分的“Durbin-Watson stat”的数值是否接近于 2，现在约是 1.895，说明这部分也没有问题了。至此，图 4－10 下半部分都没有问题了。

回到图 4－10 的上半部分，将“Augmented Dickey-Fuller test statistic”的数值和“5% level”对应的临界值进行比较，结果是－3.588 小于－2.92（而且也小于 1%显著性水平下的－3.56），说明检验的序列（现在检验的是一阶差分序列）是平稳的。（如果一阶差分序列仍然是不平稳的，则仿照上面的方法进行“2nd difference”序列的平稳性检验。一般经济序列都有 1 个或者不超过 2 个单位根，所以一般进行“2nd difference”序列检验就一定有结果了，不需要进行“3rd difference”序列检验，所以软件没有该项。）

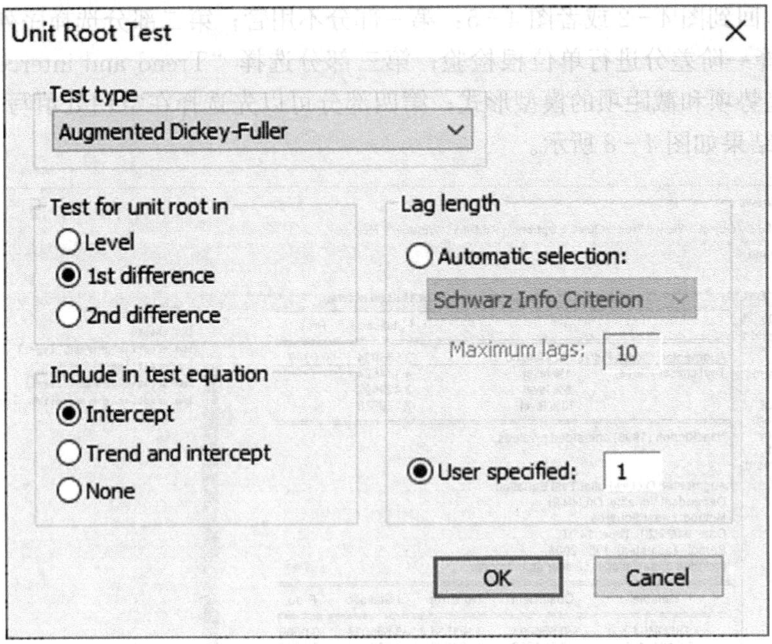

图 4-9　单位根检验形式的选择

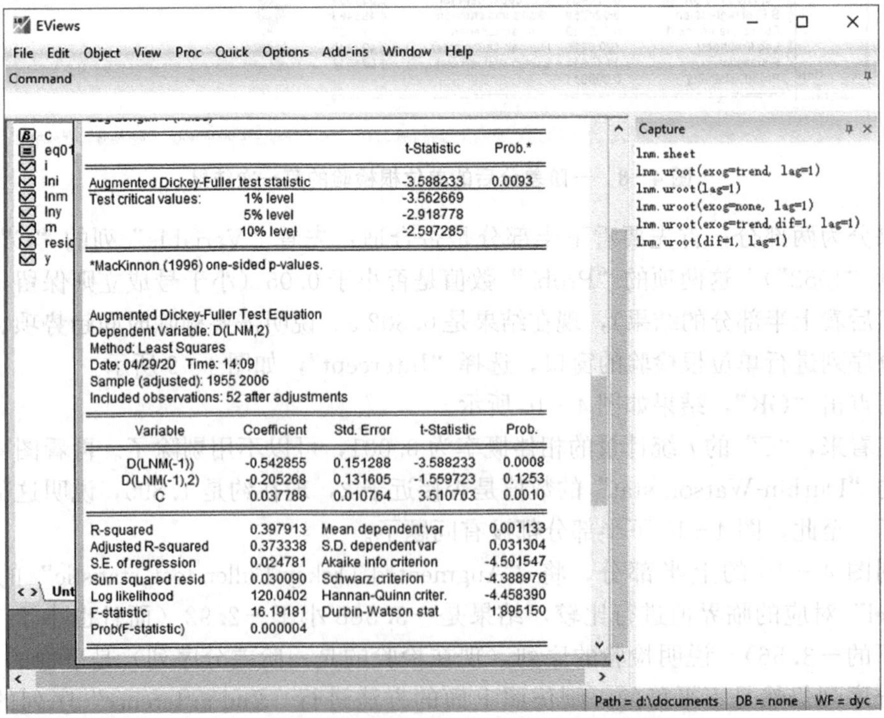

图 4-10　变量一阶差分后的单位根检验的最后结果

第二节　单位根检验的结果

综合前面的检验结论，原序列是不平稳的，一阶差分序列是平稳的，这样的结论说明原序列有一个单位根，即 $\ln M$ 是 I(1) 的。

依此类推，对 $\ln Y$ 序列的单位根检验的最后结果如图 4－11 所示。

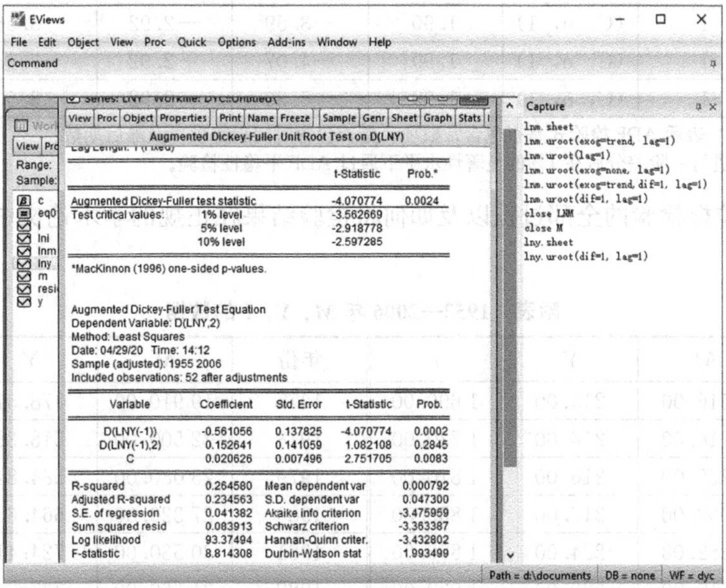

图 4－11　对变量 lnY 的单位根检验的最后结果

上述结果说明 $\ln Y$ 是 I(1) 的。

对 $\ln i$ 序列的单位根检验的最后结果如图 4－12 所示。

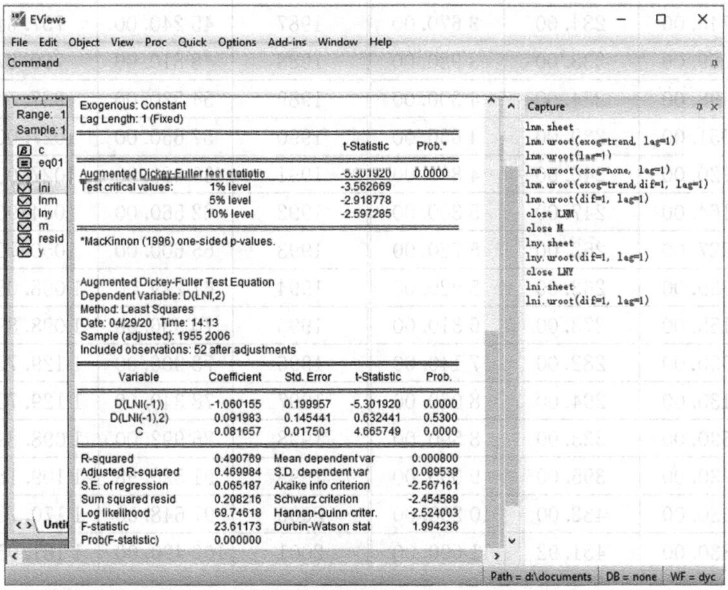

图 4－12　对变量 lni 的单位根检验的最后结果

这个结果说明 ln*i* 是 I(1) 的。

归纳起来，上述检验结果见表 4-1（前面是单位根检验的全部过程，一般来说，对于单位根检验的结果，如果以论文的形式在实证分析部分展示，就要制成如表 4-1 所示的表格）。

表 4-1

变量	差分次数	(C，T，K)	DW 值	ADF 值	5%临界值	1%临界值	结论
ln*M*	1	(C，n，1)	1.90	−3.59	−2.92	−3.56	I (1)***
ln*Y*	1	(C，n，1)	1.99	−4.07	−2.92	−3.56	I (1)***
ln*i*	1	(C，n，1)	1.99	−5.30	−2.92	−3.56	I (1)***

注：(C，T，K) 表示 ADF 检验式是否包含常数项、是否包含时间趋势项以及滞后期数；
*** 表示变量进行一阶差分后在 1%的显著性水平下通过 ADF 平稳性检验。

至此，单位根检验的全部过程以及如何将检验结果在正规的学术论文中展示已经演示完毕。

附表　1952—2006 年 *M*，*Y*，*i* 的数据

年份	*M*	*Y*	*i*	年份	*M*	*Y*	*i*
1952	3 516.00	219.00	1 690.00	1977	19 910.00	478.51	12 820.00
1953	3 716.00	216.00	1 730.00	1978	22 500.00	518.38	13 810.00
1954	3 725.00	216.00	1 810.00	1979	25 080.00	584.84	14 670.00
1955	4 059.00	217.00	1 850.00	1980	27 320.00	664.60	15 700.00
1956	4 282.00	224.00	1 890.00	1981	30 530.00	724.41	16 440.00
1957	4 510.00	230.00	1 930.00	1982	31 660.00	737.71	17 870.00
1958	4 568.00	234.00	2 070.00	1983	34 060.00	751.00	20 780.00
1959	4 958.00	234.00	2 100.00	1984	37 720.00	764.29	22 670.00
1960	5 153.00	234.00	2 170.00	1985	40 150.00	764.29	24 830.00
1961	5 338.00	233.00	3 400.00	1986	42 320.00	744.35	27 070.00
1962	5 746.00	234.00	3 670.00	1987	45 240.00	757.64	29 290.00
1963	6 069.00	233.00	3 980.00	1988	48 810.00	790.87	30 900.00
1964	6 498.00	234.00	4 300.00	1989	54 530.00	987.50	32 450.00
1965	7 051.00	239.00	4 650.00	1990	57 650.00	1027.00	33 570.00
1966	7 720.00	246.00	4 860.00	1991	59 320.00	1027.00	34 580.00
1967	8 164.00	247.00	5 300.00	1992	62 560.00	1034.90	35 280.00
1968	8 927.00	253.00	5 720.00	1993	65 600.00	1050.70	35 910.00
1969	9 639.00	263.00	5 920.00	1994	67 229.00	1 068.08	40 180.30
1970	10 155.00	273.00	6 310.00	1995	70 336.00	1 098.89	42 459.30
1971	11 030.00	282.00	7 140.00	1996	73 906.00	1 129.70	45 052.90
1972	12 130.00	294.00	8 060.00	1997	78 340.00	1 129.70	48 030.00
1973	13 590.00	333.00	8 590.00	1998	86 992.00	1 098.89	52 810.60
1974	14 730.00	395.00	9 050.00	1999	91 520.98	1 109.16	57 120.70
1975	15 980.00	432.00	10 200.00	2000	97 648.00	1 170.78	61 089.00
1976	17 830.00	451.92	11 600.00	2001	100 490.00	1 181.05	69 660.20

续表

年份	M	Y	i	年份	M	Y	i
2002	104 290.00	1 160.51	72 687.00	2005	124 165.00	1 392.30	92 600.00
2003	109 185.00	1 216.80	74 222.00	2006	132 018.00	1 450.80	101 000.00
2004	116 792.00	1 287.00	76 800.00				

做完了单位根检验，您会发现其实计量模型并不难掌握！学会原先认为非常复杂且摸不着头脑的知识是令人兴奋的！

大弦嘈嘈如急雨，小弦切切如私语。嘈嘈切切错杂弹，大珠小珠落玉盘。

第五章

协整检验

为什么要进行协整检验呢？因为没有协整关系的单整变量的回归仍然是伪回归。看来，不检验是不行的。不妨记住：不检验不行。这样更简单。

进行协整检验有几个要求：

第一，两个或两个以上的变量才可以进行协整检验；

第二，被解释变量的单整阶数要小于或者等于解释变量的单整阶数；

第三，有两个或者两个以上的解释变量时，解释变量的单整阶数要相同；

第四，只有一个被解释变量和一个解释变量时，两者的单整阶数要相同。

以上四点，记住最好，记不住就到这一页来查一查。

第四章的单位根检验表明三个变量的单整阶数相同，因此可以进行协整检验。

昔我往矣，杨柳依依；今我来思，雨雪霏霏。

第一节　数据的录入与 Johansen 协整检验

首先打开数据窗口，如图 5－1 所示。（做协整检验的变量都要显示出来，包括被解释变量。）

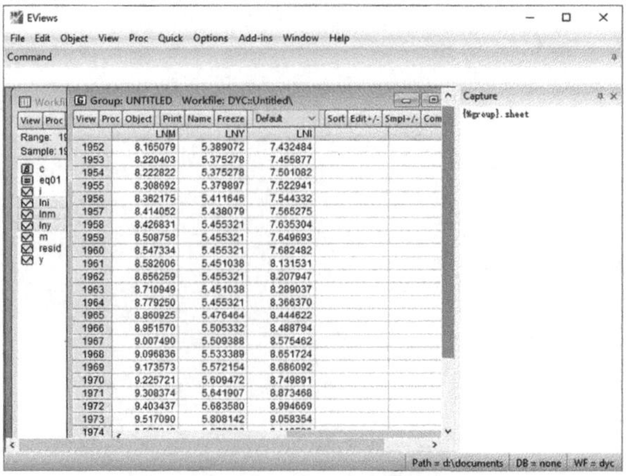

图 5－1　显示变量数据

然后点击“Group”（数据组窗口）左上角的“View”，出现下拉菜单，其中“Cointegration test”就是协整检验，点击该项，结果如图 5-2 所示。

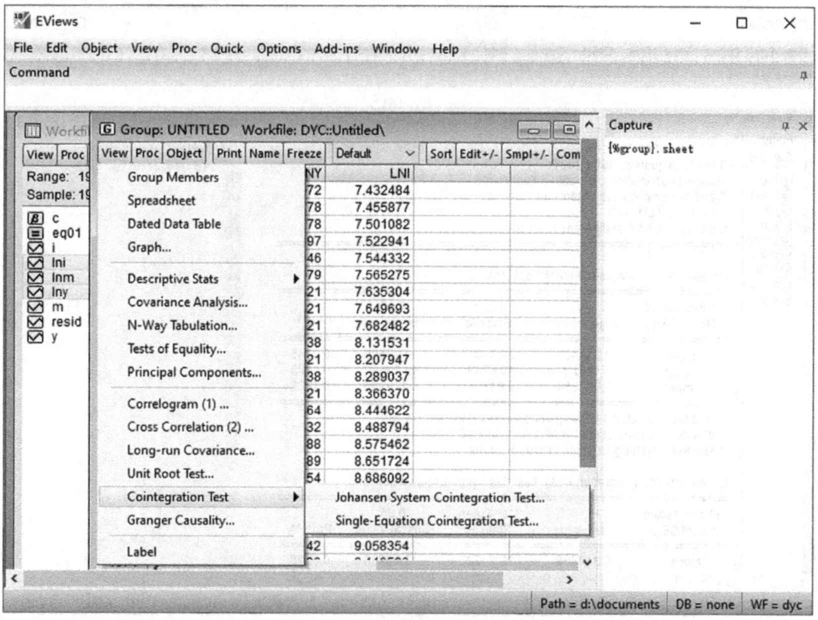

图 5-2 协整检验的方法

图 5-2 显示了两种协整检验方法，分别是：

（1）“Johansen System Cointegration Test…”（Johansen 系统协整检验）；

（2）“Single-Equation Cointegration Test…”（单方程协整检验）。

首先，我们选择点击“Johansen System Cointegration Test…”，结果如图 5-3 所示。

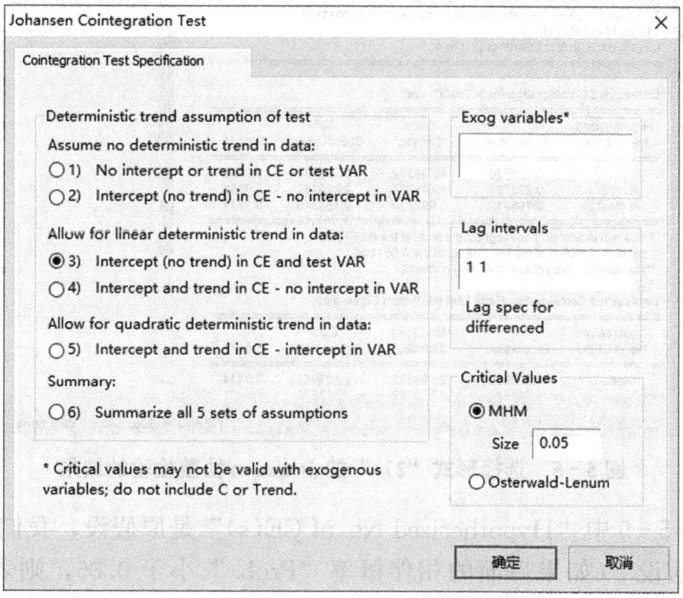

图 5-3 Johansen 协整检验形式的选择

常见的协整方程的检验形式应该是“1）”或者“2）”，所以我们选择“1）”或者“2）”，然后点击“确定”，结果分别如图 5-4 和图 5-5 所示。

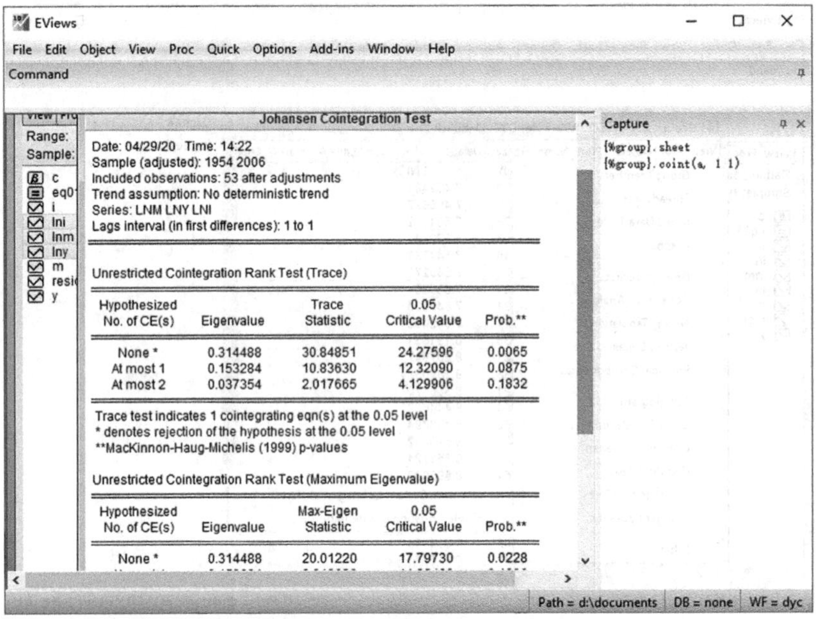

图 5-4 选择形式“1）”的 Johansen 协整检验的结果

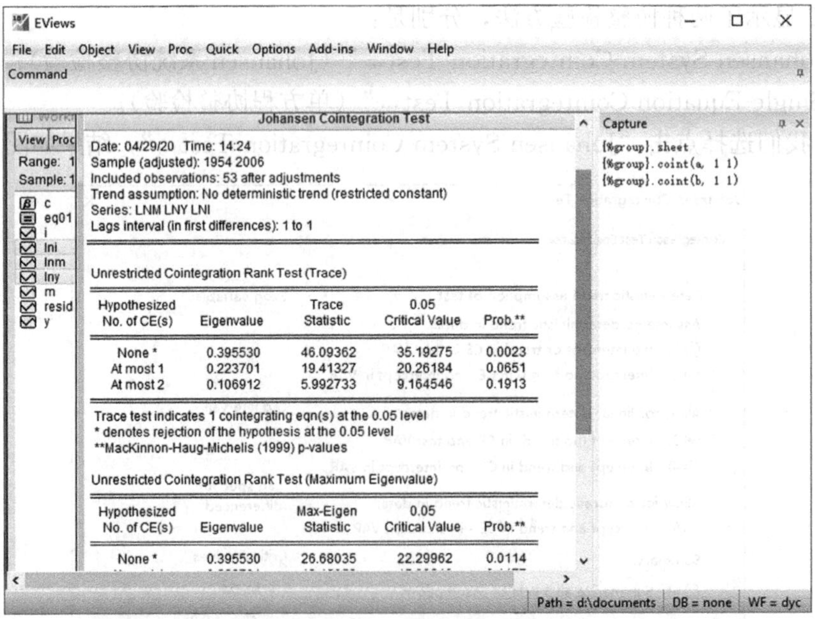

图 5-5 选择形式“2）”的 Johansen 协整检验的结果

图 5-4 和图 5-5 中“Hypothesized No. of CE(s)”是原假设，我们一般翻译为“没有协整关系的原假设”（如果后面的相伴概率“Prob.”小于 0.05，则表示拒绝原假设，说明存在协整关系）；

Eigenvalue 是特征根；

Trace Statistic 是迹统计量；

0.05 Critical Value 是 5%的显著性水平的临界值；

Max-Eigen Statistic 是 λ-max 统计量。

判断是否存在协整关系，就是看图 5－4 中上半部分第三列“Trace Statistic”的第一个数字 30.85 和下半部分第三列“Max-Eigen Statistic”的第一个数字 20.01 是否分别大于 5%的显著性水平的临界值 24.28 和 17.8。如果大于，则说明至少有一个协整关系存在；如果小于，则说明不存在协整关系。或者看“Prob.”第一行的概率是否小于 0.05。如果小于，则表明有协整关系，否则说明没有协整关系。图 5－5 依此类推，只是检验形式不同，但结果相同。

上述协整检验结果表明三个变量 $\ln M$、$\ln Y$ 和 $\ln i$ 存在协整关系。

第二节　单方程协整检验

接下来做“Single-Equation Cointegration Test ...”（单方程协整检验），点击后如图 5－6 所示。

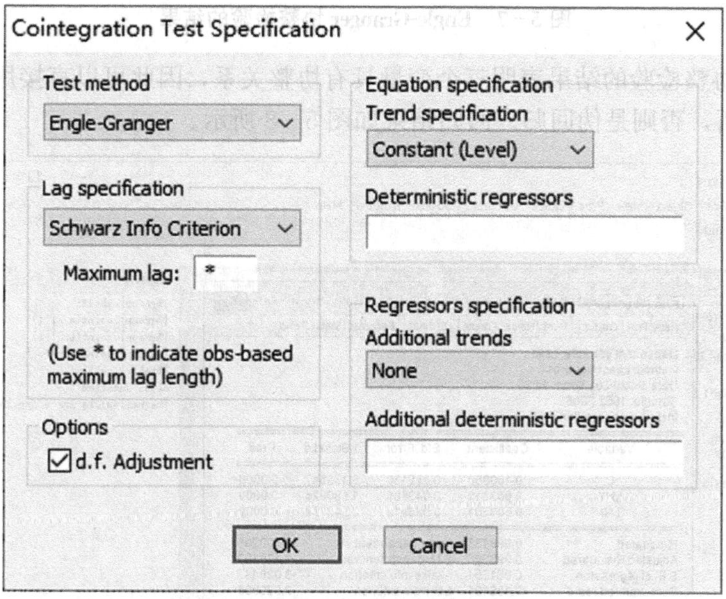

图 5－6　单方程协整检验形式的选择

图 5－6 分为如下几部分：

（1）“Test method”，是检验方法，包括 Engle-Granger 两步法、Philips-Ouliaris 方法；

（2）“Lag specification”，是滞后期的设定，包括我们熟悉的赤池信息准则等；

（3）“Equation specification”，是方程的设定；

（4）“Regressors specification”，是解释变量的设定。

方程的设定是指常数项和时间趋势项进入协整空间还是向量空间。

我们选择“Engle-Granger”（恩格尔-格兰杰两步法），其余不变，遵循默认选择，点击“OK”，结果如图 5－7 所示。

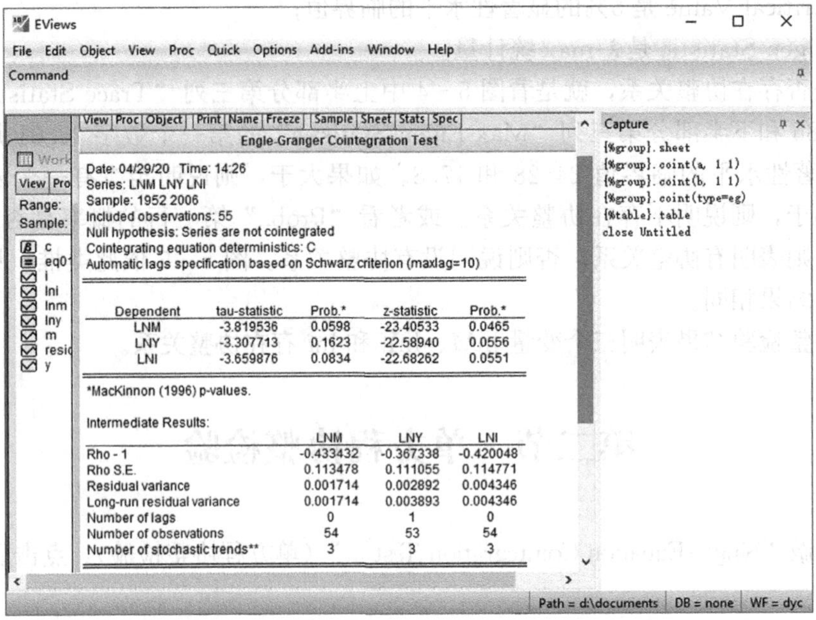

图 5－7 Engle-Granger 协整检验的结果

Johansen 协整检验的结果表明三个变量具有协整关系，因此可以直接用普通最小二乘法进行回归分析，否则是伪回归。回归结果如图 5－8 所示。

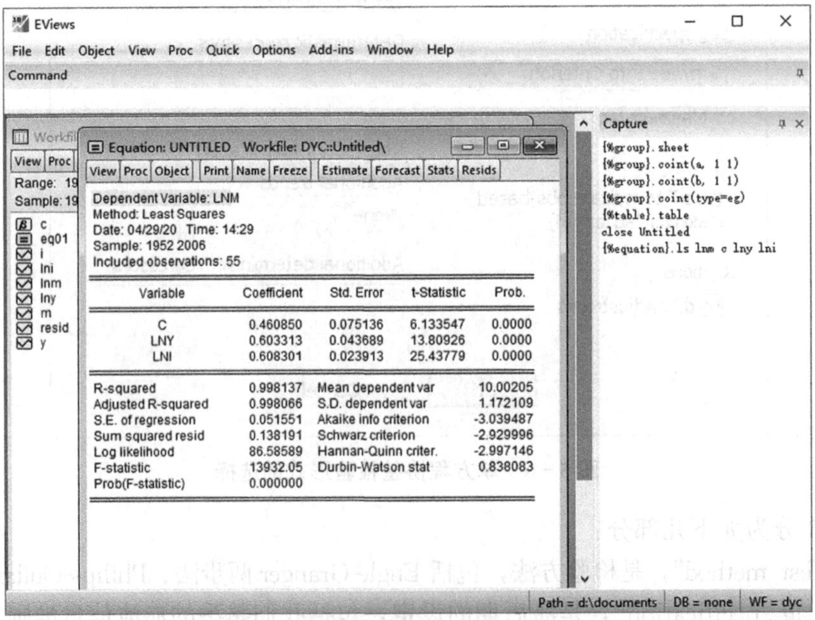

图 5－8 有协整关系的三变量的回归结果

可以对上述结果进行自相关、异方差、正态性、稳定性检验（参见第三章和第四章），然后适当修改，加入 AR 或者 MA 项调整（参见第七章），如图 5－9 所示。

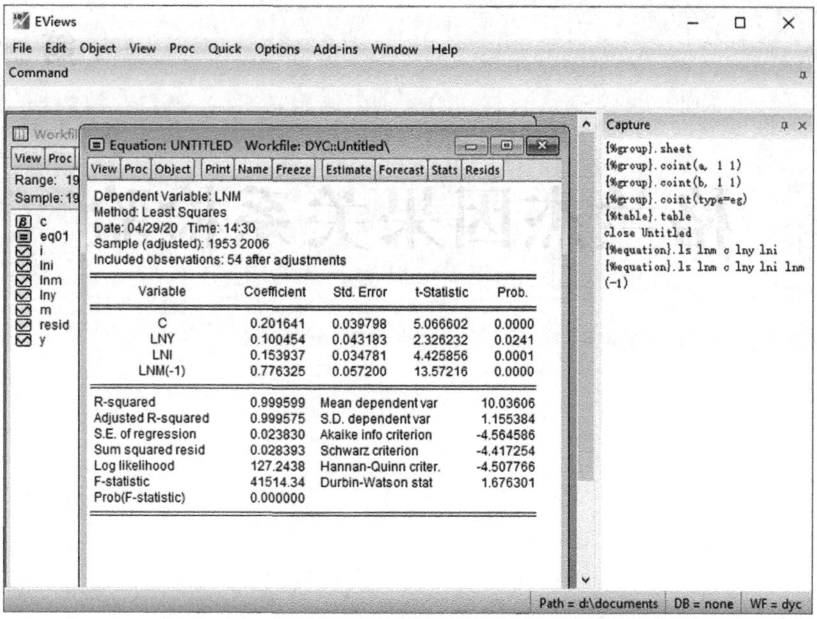

图 5-9 加入被解释变量一期滞后的回归结果

协整检验原来就这样做啊！

明月不谙离恨苦，斜光到晓穿朱户。

第六章

格兰杰因果关系检验

格兰杰因果关系检验不是检验逻辑上的因果关系，而是检验变量间的先后顺序，是否一个变量的前期信息影响了另一个变量的当期信息（请见本章第二节的内容）。

春江潮水连海平，海上明月共潮生！

第一节　软件操作

格兰杰定理表明：存在协整关系的变量至少存在一个方向上的格兰杰因果关系。

首先，打开数据窗口，如图 6-1 所示（变量都要显示出来）。

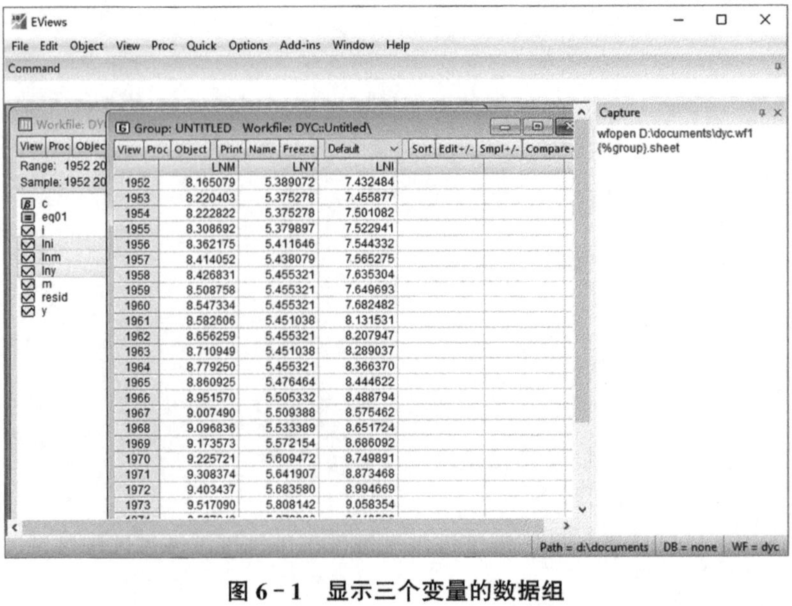

图 6-1　显示三个变量的数据组

然后点击“Group”（数据组窗口）左上角的“View”，出现下拉菜单，其中“Granger Causality…”就是格兰杰因果关系检验，点击该项，结果如图 6－2 所示。

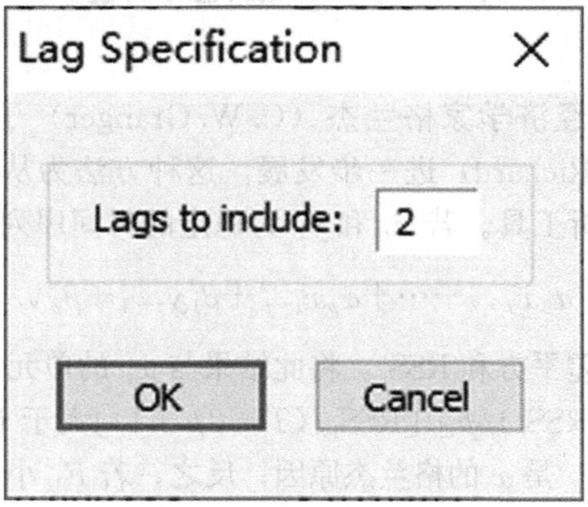

图 6－2　滞后期的选择

空白处需要填写的数字表示的是滞后期数，根据经验，1、2、3、4 这几个数字比较常见，理论上需要做 VAR 模型，用 AIC 或者 SC 确认，经验数字就是理论上多次实验得出的结果。比如取 2，结果如图 6－3 所示。

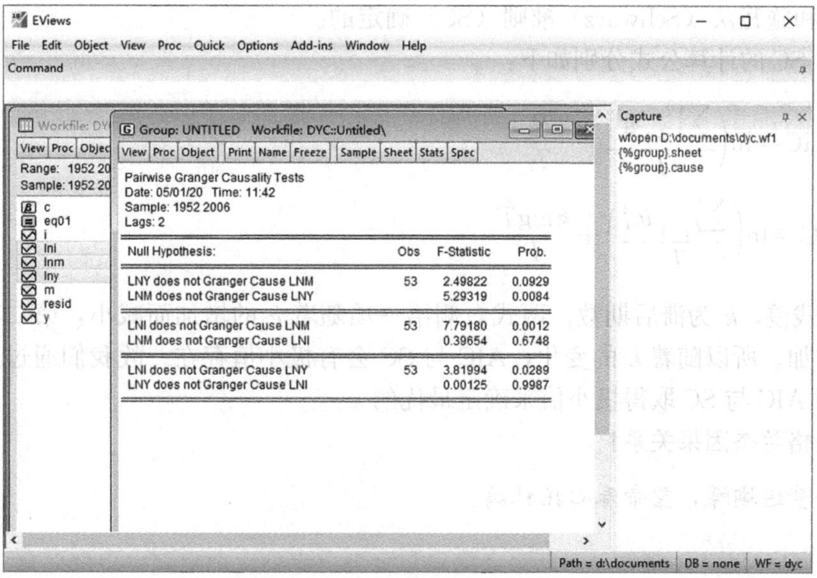

图 6－3　格兰杰因果检验的结果

“Null Hypothesis”是原假设，第一行“LNY does not Granger Cause LNM”说的是 LNY 不是 LNM 的格兰杰原因，相伴概率是 0.092 9，说明在 5%的显著性水平下原假设成立，即 LNY 不是 LNM 的格兰杰原因。第二行“LNM does not Granger Cause LNY”的相伴概率是 0.008 4，表明 LNM 是 LNY 的格兰杰原因。依此类推，在 5%的显著性水平下其他因果关系是，LNI 是 LNM 的格兰杰原因，LNI 是 LNY 的格兰杰原因。其他滞后期的选择依此类推。

第二节 理论表述

因果关系检验由美国经济学家格兰杰（C. W. Granger）于 1969 年提出，后经亨德里（Hendry）和理查德（Richard）进一步发展。这种方法为从统计角度确定变量间的因果关系提供了一种实用分析工具。若 x_t 和 y_t 为稳定的时间序列变量，

$$x_t=c_1+\alpha_1 x_{t-1}+\alpha_2 x_{t-2}+\cdots+\alpha_p x_{t-p}+\beta_1 y_{t-1}+\beta_2 y_{t-2}+\cdots+\beta_p y_{t-p}+u_t$$

则可用 OLS 估计上式的残差平方和 RSS_1。将此结果与 x_t 的单元自回归残差平方和 RSS_0 相比较，如果 $F_1=[(RSS_0-RSS_1)/p]/[RSS_1/(T-2p-1)]$大于 $F(p,\ T-2p-1)$ 分布的 5%的临界值，则我们得到 y 是 x 的格兰杰原因；反之，若 F_1 小于 $F(p,\ T-2p-1)$ 分布的 5%的临界值，则我们拒绝 y 是 x 的格兰杰原因。若 x_t 和 y_t 为非平稳时间序列变量，则需利用误差修正模型判定因果关系。格兰杰指出：如果一对时间序列是协整的，那么至少存在一个方向上的格兰杰原因，在任何非协整情况下，任何原因推断都将是无效的。

格兰杰因果关系检验中最重要的是滞后时间长度的确定。如果随机确定，就会导致检验结果出现错误。在该项研究中，滞后时间长度的确定是按赤池（Akaike）信息准则（AIC）和施瓦茨（Schwarz）准则（SC）确定的。

AIC 和 SC 的计算公式分别如下：

$$AIC=\ln\left(\frac{\sum_{t=1}^{T}\hat{u}_t^2}{T}\right)+\frac{2k}{T}$$

$$SC=\ln\left(\frac{\sum_{t=1}^{T}\hat{u}_t^2}{T}\right)+\frac{k\log T}{T}$$

其中 $\hat{u}_t$ 是残差，k 为滞后期数。两式右侧第一项随着 k 的增加而减小，第二项则随着 k 的增加而增加。所以随着 k 的变化，AIC 与 SC 会有极小值存在。故我们通过连续增加 k 的值，直到 AIC 与 SC 取得极小值来确定最优的 k。

这就是格兰杰因果关系！

庄生晓梦迷蝴蝶，望帝春心托杜鹃。

第七章

如何做 ARFIMA 模型

至此，我们相信您已经学会了软件的很多应用。

临漳水之长流兮，望园果之滋荣。仰春风之和穆兮，听百鸟之悲鸣。

做实证分析要用数据，但如果数据不全或者缺失，这就是一个问题了！不用担心，不用着急，做 ARMA 模型不仅能估计缺失的数据，还可以对数据进行外推预测，扩大样本容量。要对一个序列做 ARMA 模型，一个条件是这个序列是平稳的，比如我们前面分析的 lnm 序列，要对它做 ARMA 模型，单位根检验表明这个序列是一阶单整的，不是平稳序列。

第一节 相关图和偏相关图

另一种检验序列稳定性的方法是相关图和偏相关图。首先打开数据窗口，如图 7-1 所示。

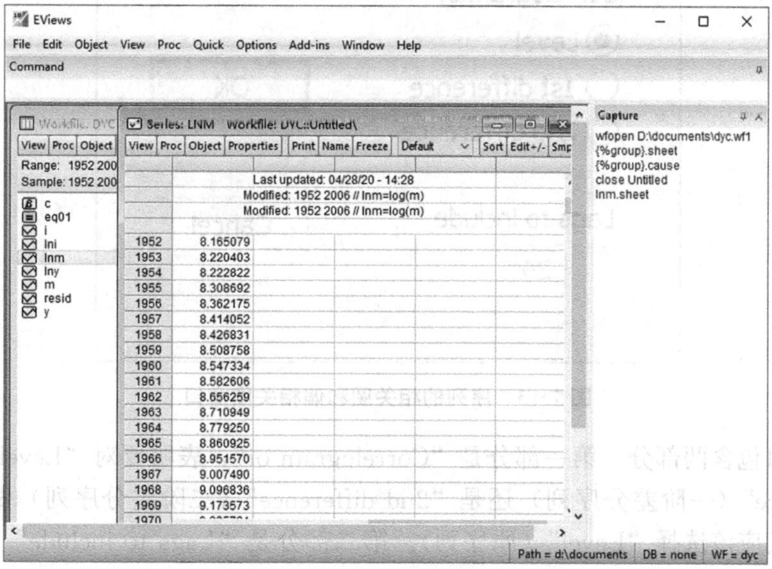

图 7-1 打开序列的数据窗口

然后点击“Series”（序列）窗口下的“View”，出现下拉菜单，如图 7－2 所示。

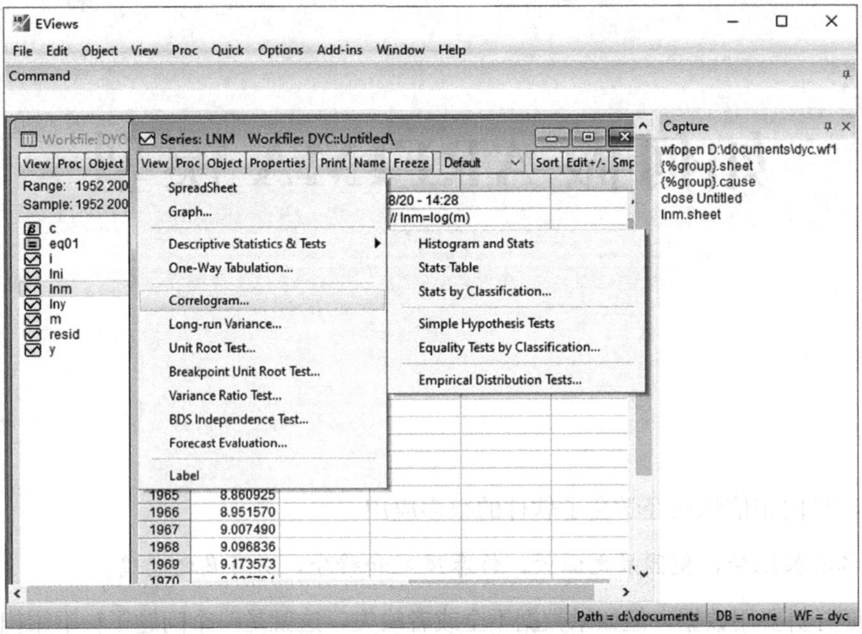

图 7－2　序列相关图有关命令的显示

“Correlogram…”（相关图）右面的二级菜单显示：

（1）“Histogram and Stats”（序列正态性检验和统计指标）；

（2）“Stats Table”（统计量表）等。

点击“Correlogram…”后，出现如图 7－3 所示的窗口。

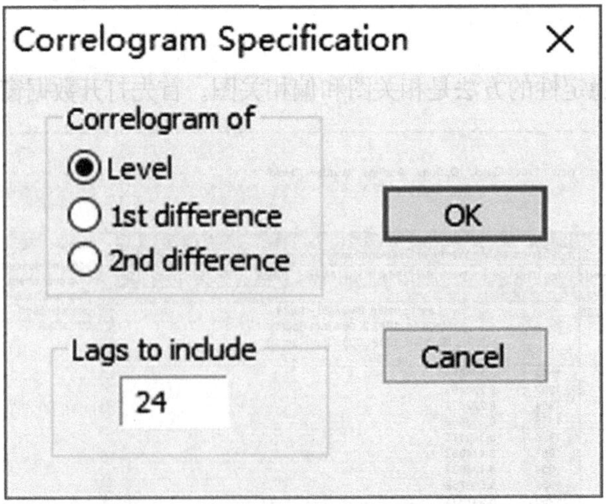

图 7－3　序列的相关图和偏相关图窗口

这个窗口包含两部分。第一部分是“Correlogram of”，表明要对“Level”（原序列）、“1st difference”（一阶差分序列）还是“2nd difference”（二阶差分序列）做相关图和偏相关图，我们应该选择“Level”（原序列）。第二部分是“Lags to include”（滞后期数），一般输入的数据为“8”～“12”（或者样本数的四分之一），我们选择输入“12”。然后点击“OK”，结果如图 7－4 所示。

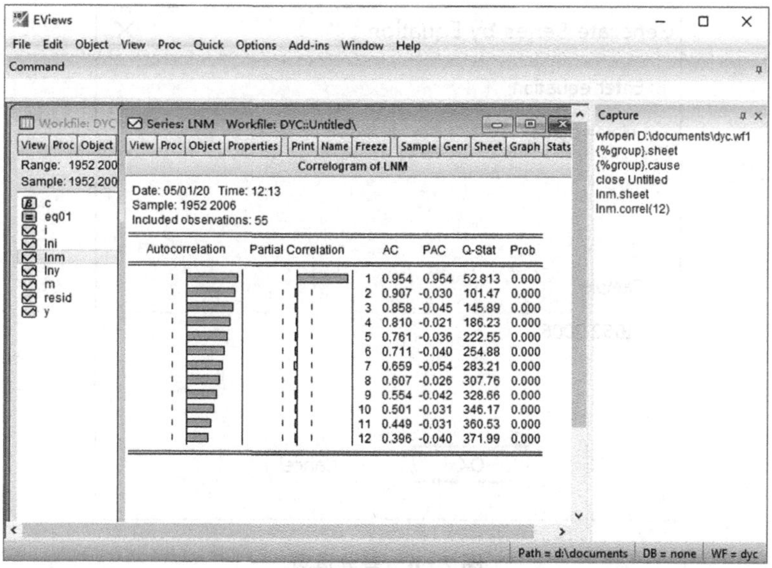

图 7－4　序列的相关图和偏相关图的结果显示

观察图 7－4 中“Prob”的数值，我们发现都是小于 0.05 的，因此需要对这个序列做差分，然后检验差分序列是否平稳。若差分序列平稳，则表明序列是一阶单整的，即 I(1)。否则，继续差分，直至平稳（经济序列一般最多差分两次即可平稳，即最高一般为 I(2) 序列）。

点击主菜单的“Quick”，出现下拉菜单，点击“Generate Series…”，如图 7－5 所示。

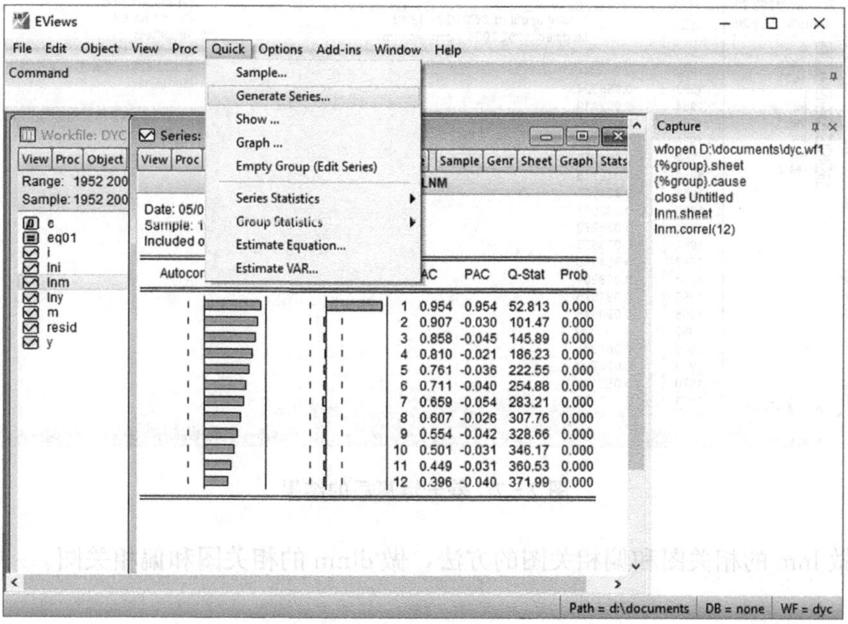

图 7－5　差分运算命令的显示

在图 7－6 所示的窗口里输入“dlnm＝d(lnm)”，表示对等号右边的变量 lnm 进行差分运算，结果保存在“dlnm”中。

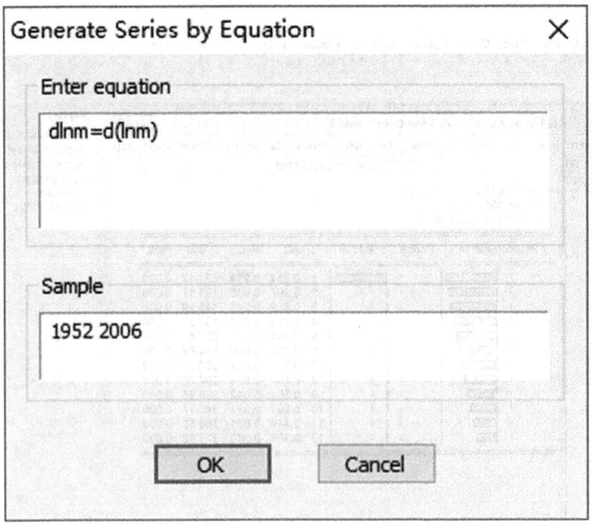

图 7－6　差分运算

点击“OK”，打开数据窗口进行查看，结果如图 7－7 所示。

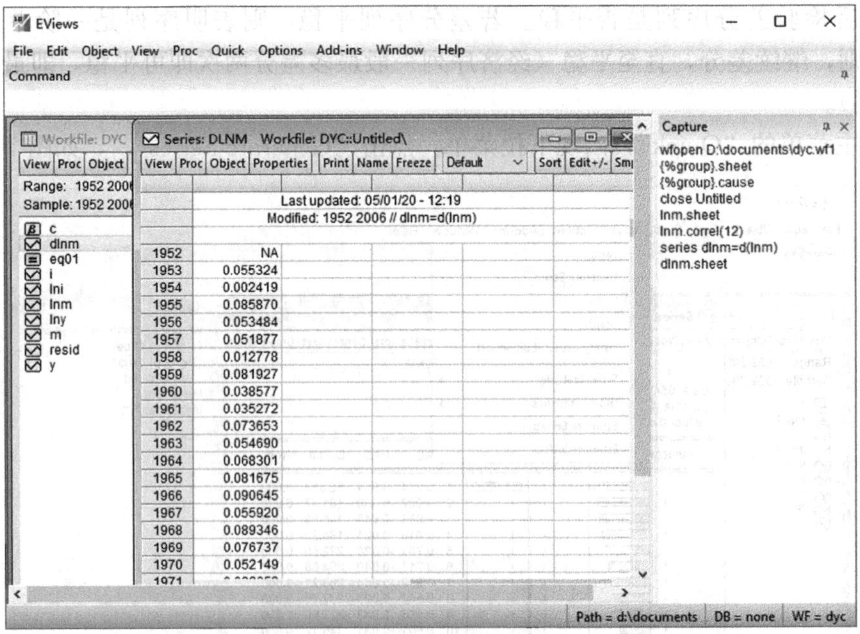

图 7－7　差分运算后的结果

按照做 lnm 的相关图和偏相关图的方法，做 dlnm 的相关图和偏相关图。

第二节　差分序列的单位根检验

按照第四章的方法，可以对 dlnm 做单位根检验，检验过程如图 7－8 至图 7－11 所示。

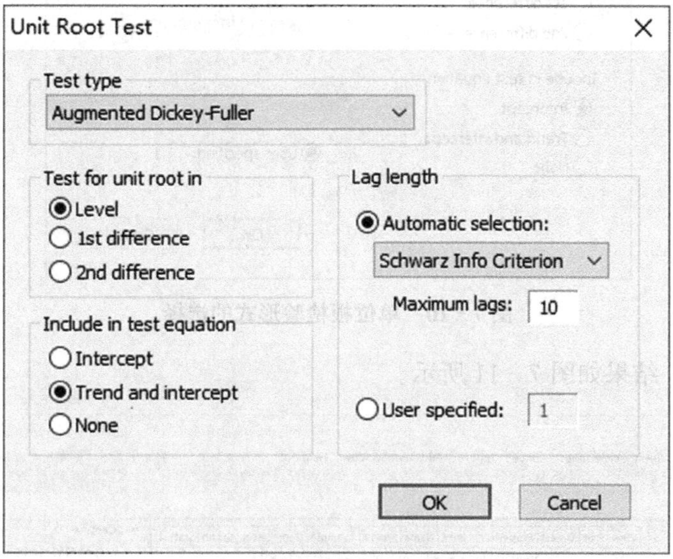

图 7－8　单位根检验窗口

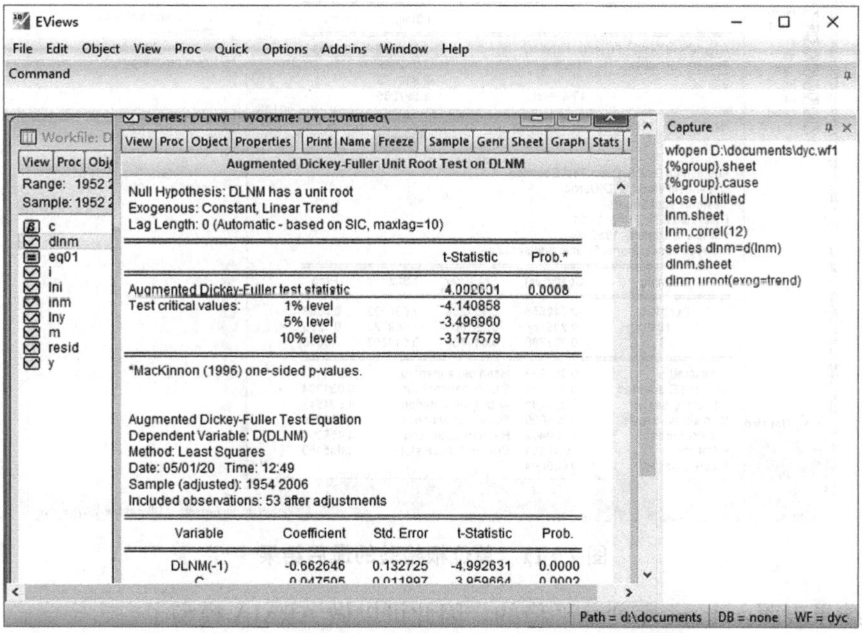

图 7－9　带常数项和时间趋势项的单位根检验结果

发现时间趋势项@TREND（“1952”）未通过 t 检验，剔除时间趋势项之后重新进行单位根检验，结果如图 7－10 所示。

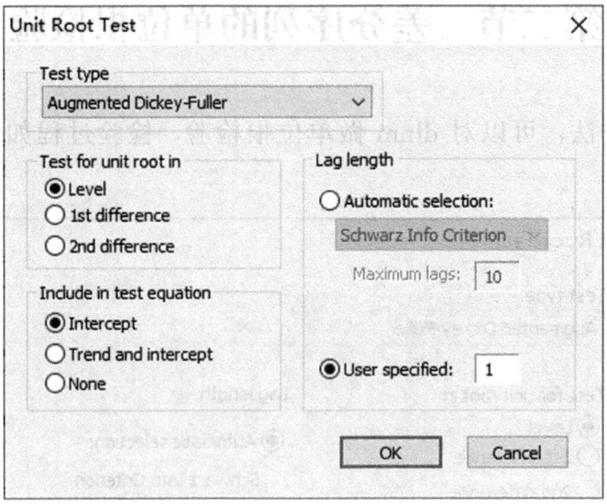

图 7－10　单位根检验形式的选择

点击“OK”，结果如图 7－11 所示。

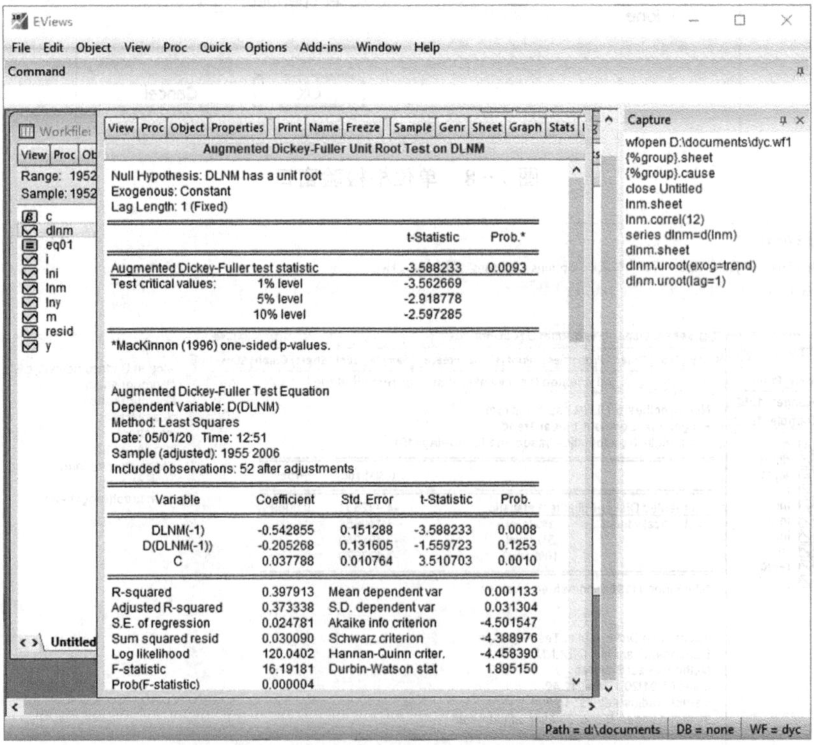

图 7－11　单位根检验的最后结果

上述结果表明，dlnm 序列是平稳的，因此可以做 ARMA 模型了。

第三节　ARMA 建模软件操作过程

点击主菜单“Quick”下拉菜单中的“Estimate Equation…”，出现如图 7－12 所示的窗口，在对话框中依次输入图 7－12 中的示例。

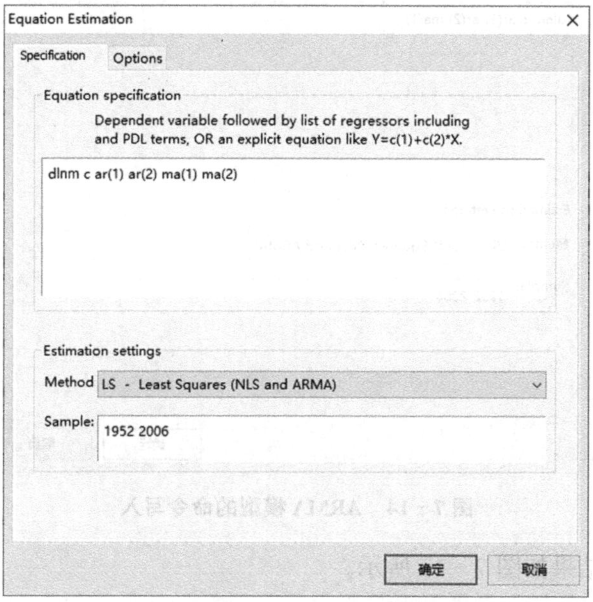

图 7－12　建立 ARMA 模型的命令写入

点击“确定”，结果如图 7－13 所示。

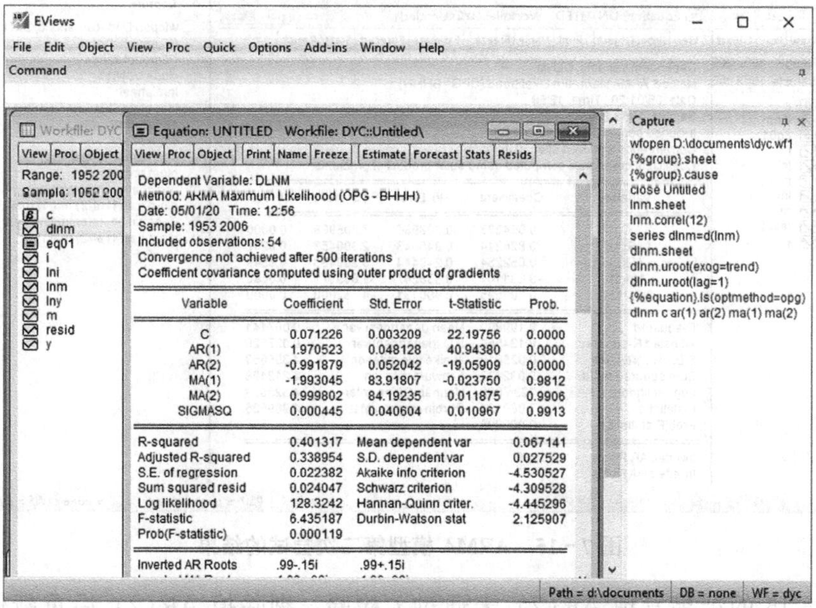

图 7－13　ARMA 模型第一次尝试的结果

由图 7－13 的结果发现 MA(2) 未通过 t 检验，剔除 MA(2) 后重新做，如图 7－14 所示。

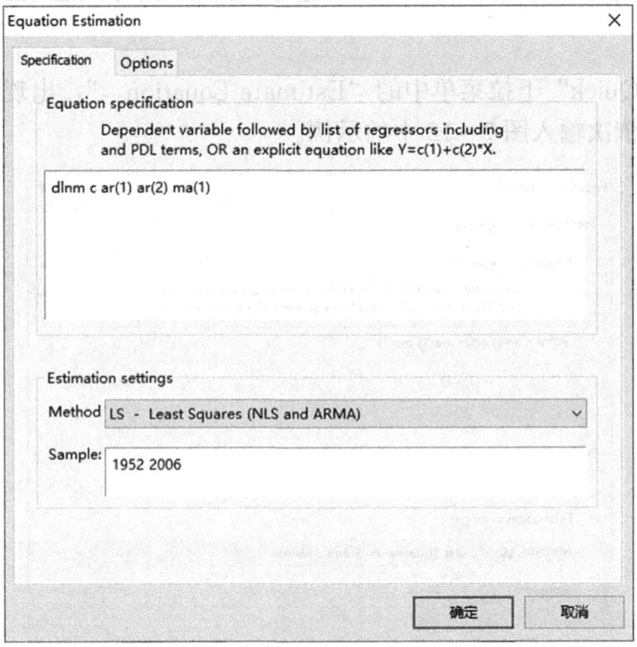

图 7－14　ARMA 模型的命令写入

点击"确定"，结果如图 7－15 所示。

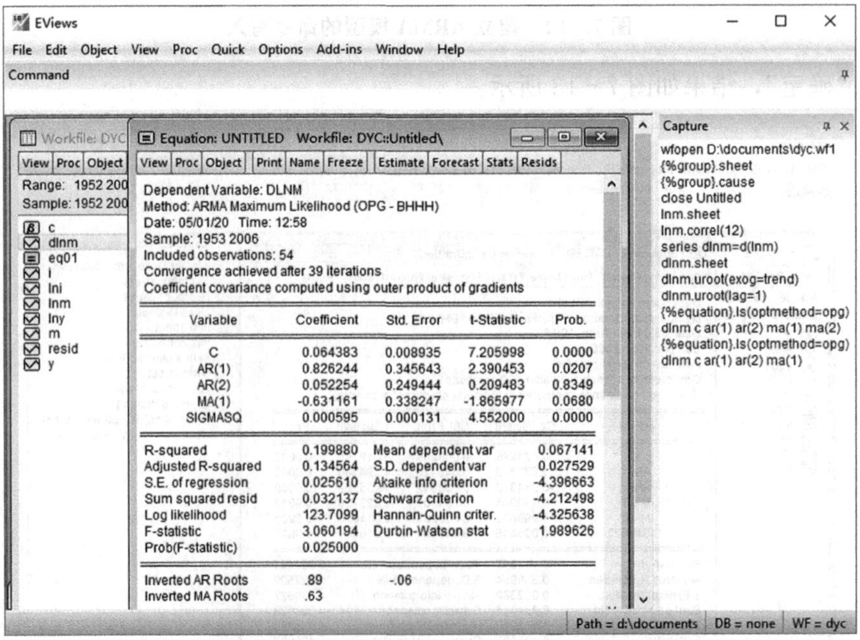

图 7－15　ARMA 模型第二次尝试的结果

由图 7－15 的结果发现 AR(2) 未通过 t 检验，剔除掉 AR(2) 后重新做，结果如

图 7 - 16 所示。

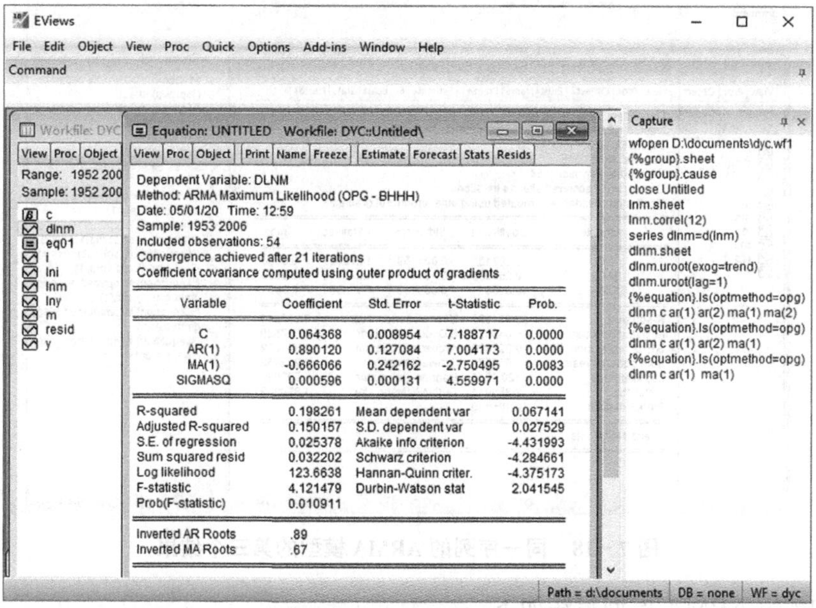

图 7 - 16　ARMA 模型的一个结果

图 7 - 16 即为一个 ARMA 模型，这个模型的写法如下：

$$\Delta \ln m_t = 0.06 + (AR(1) = 0.89, MA(1) = -0.666)$$

由于 ARMA 模型不唯一，因此我们可以尝试做几个 ARMA 模型，如图 7 - 17 和图 7 - 18 所示。

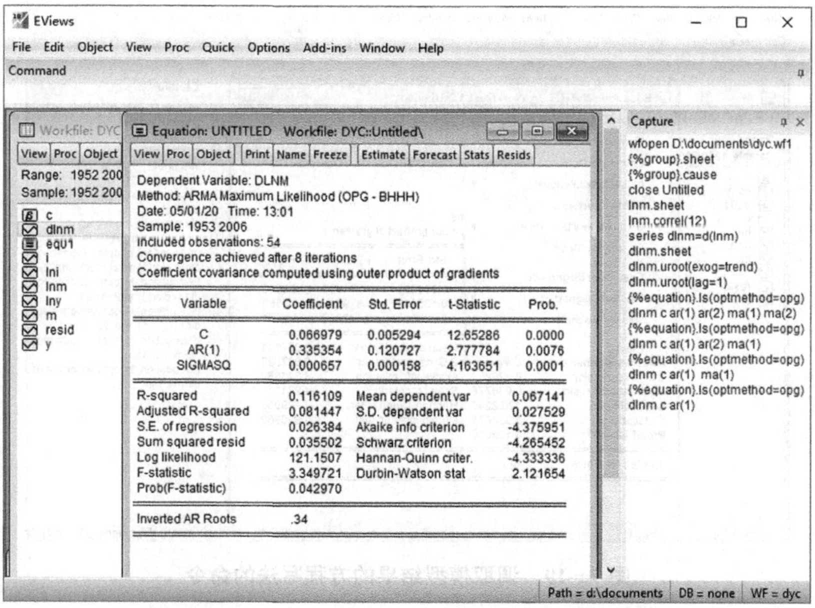

图 7 - 17　同一序列的 ARMA 模型的第二个结果

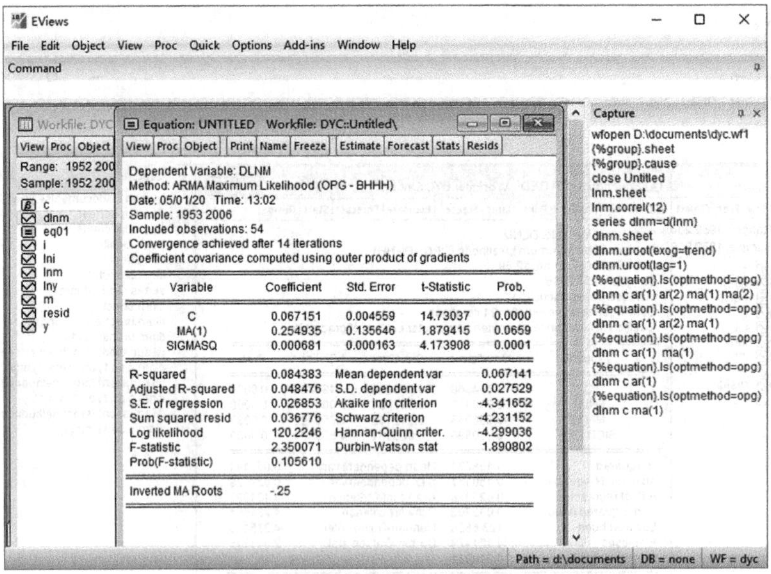

图 7－18　同一序列的 ARMA 模型的第三个结果

图 7－17 的 ARMA 模型写法如下：

$$\Delta \ln m_t = 0.067 + (AR(1) = 0.335)$$

图 7－18 的 ARMA 模型写法如下：

$$\Delta \ln m_t = 0.067 + (MA(1) = 0.255)$$

点击图 7－18 中“Equation”（方程窗口）左上角的“View”，出现图 7－19。

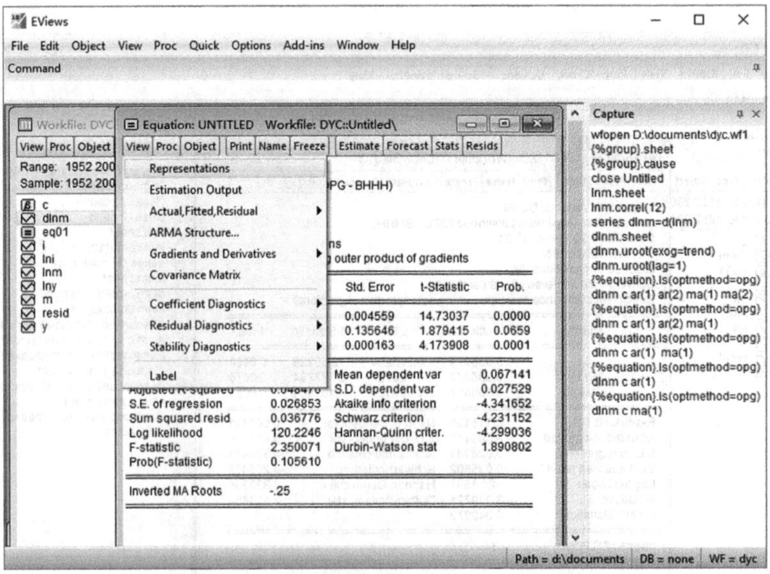

图 7－19　调取模型结果的方程写法的命令

点击“Representations”，结果如图 7－20 所示。

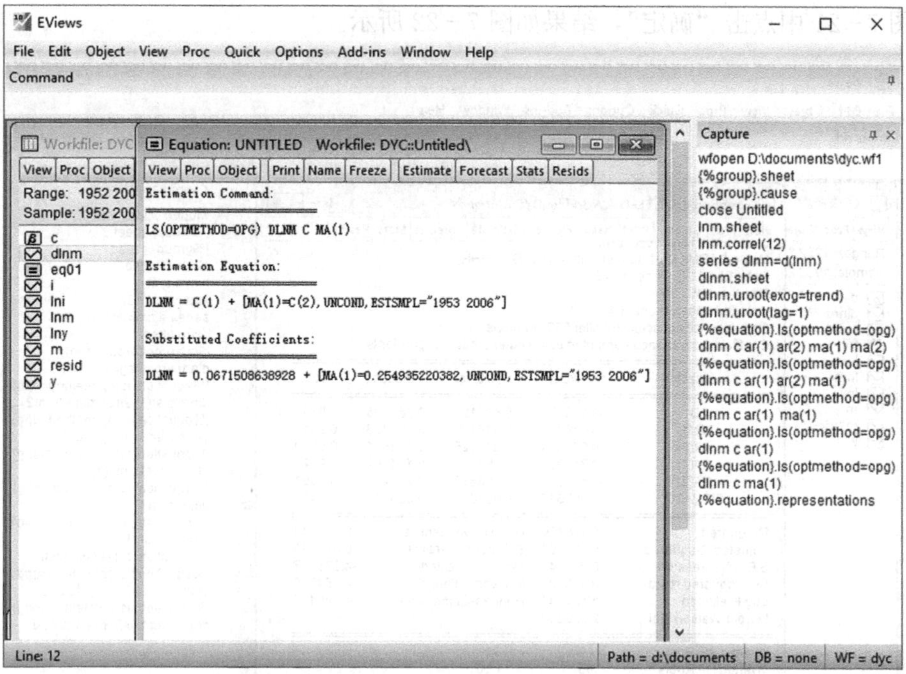

图 7-20 方程的表达式

第四节 ARFIMA 建模软件操作过程

还是利用 lnm 的数据，我们尝试做 ARFIMA（分整自回归移动平均过程），回到方程窗口，我们的做法如图 7-21 所示，其中 d 表示集成参数，其余含义同上。

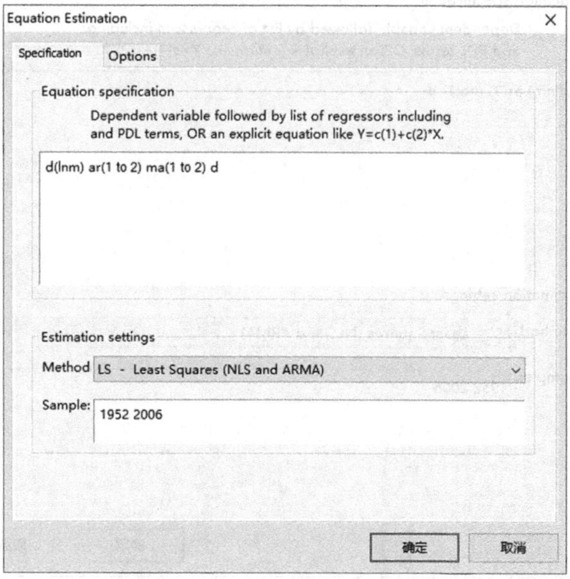

图 7-21 ARFIMA 操作窗口

在图 7－21 中点击“确定”，结果如图 7－22 所示。

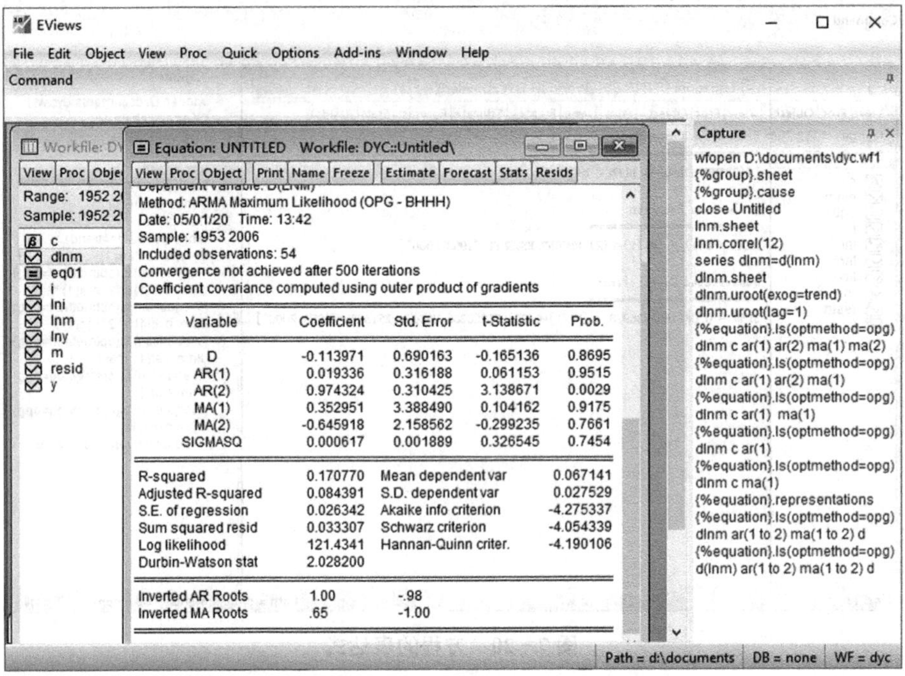

图 7－22 ARFIMA 的第一个回归结果

从图 7－22 中我们发现多个指标的“Prob.”值超过 0.05，未通过 t 检验，因此我们尝试进行处理，结果如图 7－23 所示。

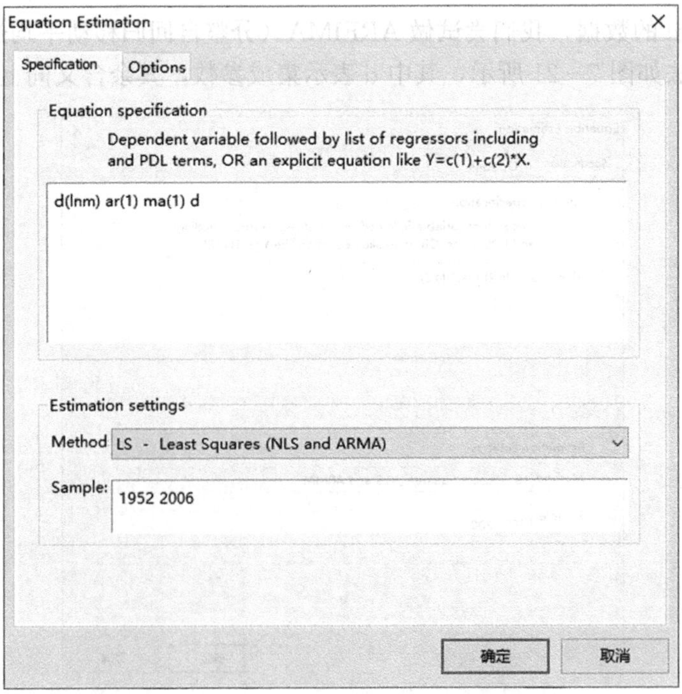

图 7－23 ARFIMA 模型的初步处理

在图 7－23 中点击“确定”，结果如图 7－24 所示。

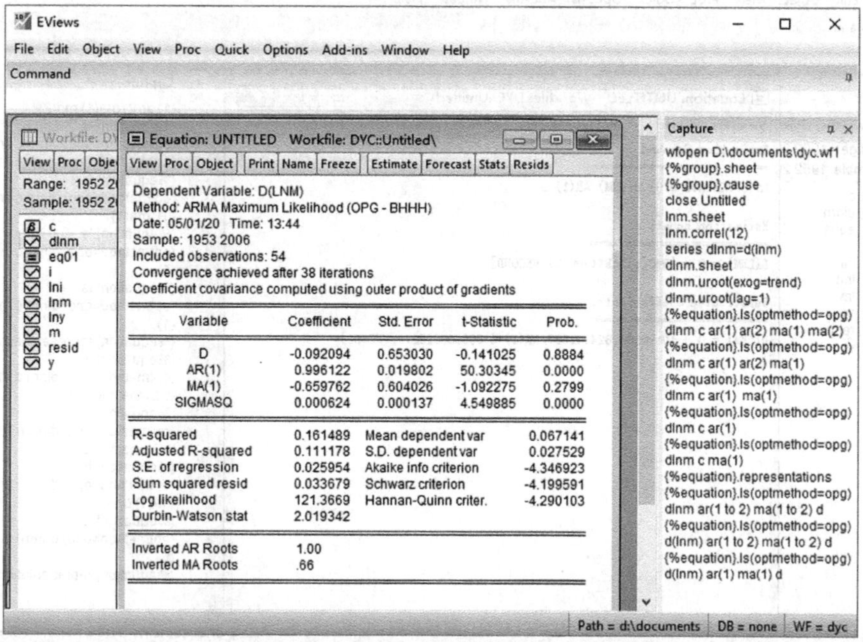

图 7－24 ARFIMA 的第二个回归结果

图 7－24 显示 MA(1) 项仍然没有通过检验，我们将其剔除，结果如图 7－25 所示。

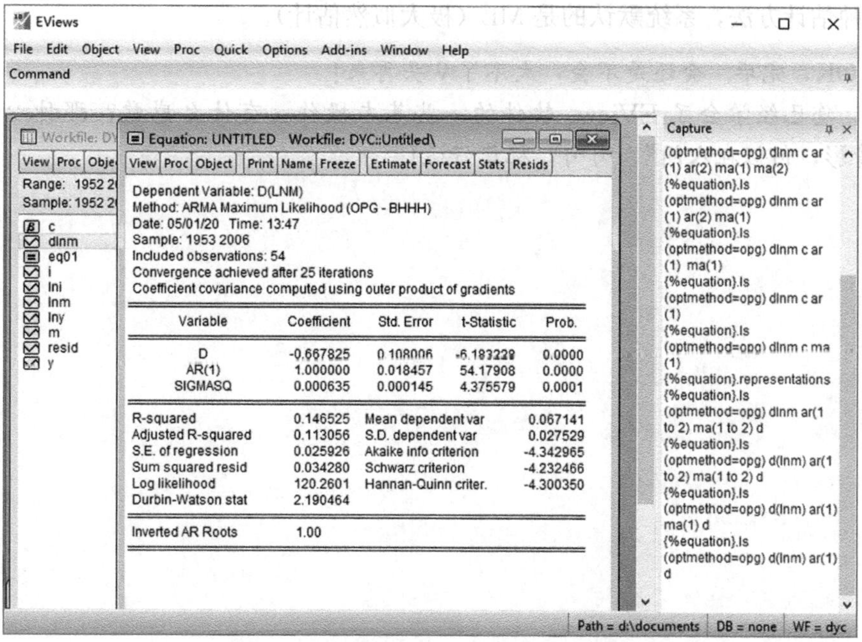

图 7－25 ARFIMA 的最后回归结果

点击图 7－25 中“Equation”（方程窗口）左上角的“View”→“Representations”，结果如图 7－26 所示。

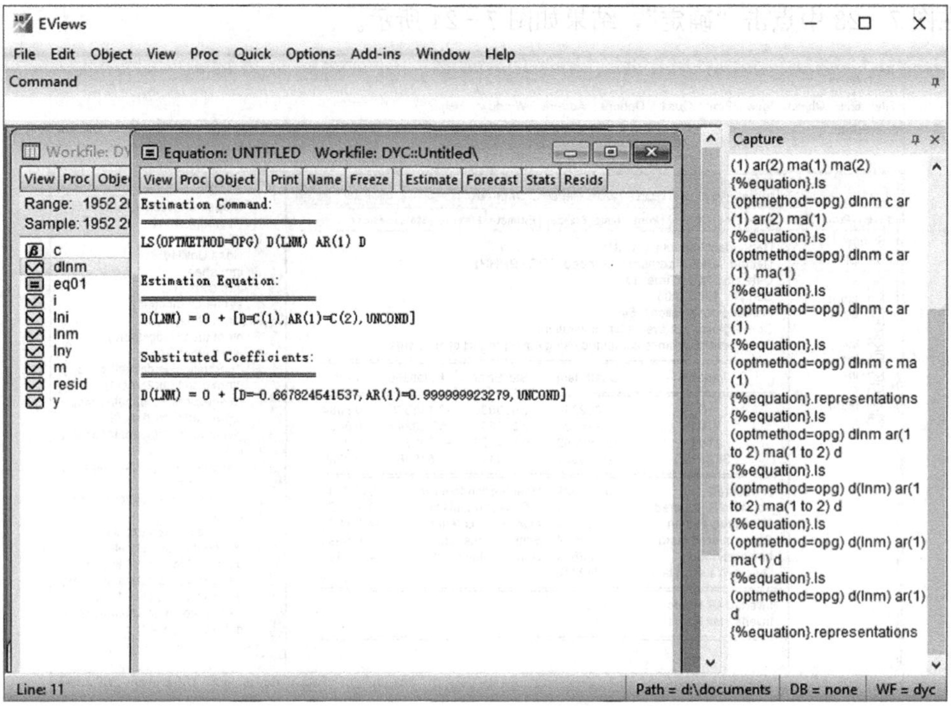

图 7-26　ARFIMA 模型的表达式

在图 7-21 或者图 7-23 中，“Options”（选项）部分可以选择“Method”方法选项框中的几种估计方法，系统默认的是 ML（极大似然估计）。

一切 OK，完毕。会还是不会，大不了从头再来！

至此，您已经学会了 EViews 软件的一些基本操作。有什么感觉？那种心情，恰如“起舞弄清影，何似在人间”。呵呵，祝您好运！

第八章

VAR 模型、脉冲响应与方差分解、VEC 模型

传统的经济计量方法是以经济理论为基础来描述变量关系。但是，经济理论通常并不足以对变量之间的动态联系提供一个严密的说明，而且内生变量既可以出现在方程的左端，又可以出现在方程的右端，使估计和推断变得更加复杂。为了解决这些问题，一种用非结构化方法来拟合各个变量之间关系的模型出现了。1980 年 Sims 提出的向量自回归（Vector Autoregression，VAR）模型和向量误差修正（Vector Error Correction，VEC）模型就是非结构化的多方程模型。

向量自回归（VAR）是基于数据的统计性质建立模型。VAR 模型把系统中每一个内生变量作为系统中所有内生变量的滞后值的函数来构造模型，从而将单变量自回归模型推广到由多元时间序列变量组成的“向量”自回归模型。VAR 模型是处理多个相关经济指标的分析与预测最容易操作的模型之一，并且在一定的条件下，多元 MA 和 ARMA 模型也可转化成 VAR 模型，因此，近年来 VAR 模型受到越来越多的经济工作者的重视。

VAR 模型在建模过程中要明确两件事：①哪些变量是有相互关系的，把有关系的变量纳入 VAR 模型；②确定滞后期 k，使模型能反映出变量间相互影响的绝大部分，一般用 AIC 准则和 SC 准则确定最优滞后期数。

例如，探讨实际有效汇率（REER）与中国对美国的出口（X）的关系问题，假设两个变量相互影响，则可建立如下 VAR 模型：

$$\begin{cases}\mathrm{REER}_t=\alpha_0+\alpha_1\mathrm{REER}_{t-1}+\alpha_2\mathrm{REER}_{t-2}+\cdots+\alpha_k\mathrm{REER}_{t-k}\\ \qquad\qquad +\beta_1X_{t-1}+\beta_2X_{t-2}+\cdots+\beta_kX_{t-k}+\varepsilon_t\\ X_t=\varphi_0+\varphi_1\mathrm{REER}_{t-1}+\varphi_2\mathrm{REER}_{t-2}+\cdots+\varphi_k\mathrm{REER}_{t-k}\\ \qquad +\gamma_1X_{t-1}+\gamma_2X_{t-2}+\cdots+\gamma_kX_{t-k}+u_t\end{cases}$$

式中，α_0，…，α_k，β_1，…，β_k，φ_0，…，φ_k，γ_1，…，γ_k 是待估参数；ε_t，u_t 是随机扰动项。

至于 k 的取值具体是多少，请见下文的软件操作。

第一节　VAR 模型

下文所做的 VAR 模型所用的数据见后记中提供的网址，所用软件为 EViews 10.0。首先，打开 EViews 10.0 的主页面，如图 8－1 所示。

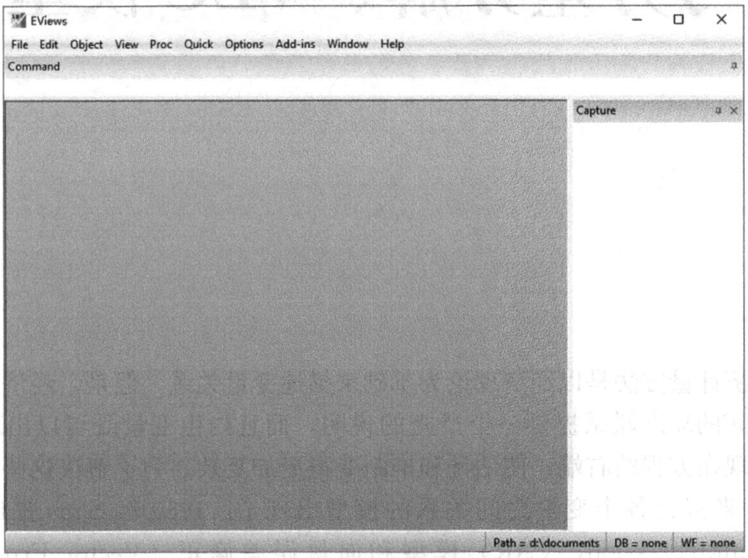

图 8－1　EViews 10.0 软件的主页面

同 EViews 9.0 比较，EViews 10.0 除了左上角的图标显示的颜色和线条不一致以外，其余英文命令名称和位置是一致的。选择“File”→“New”→“Workfile”，可得到如图 8－2 所示的界面。

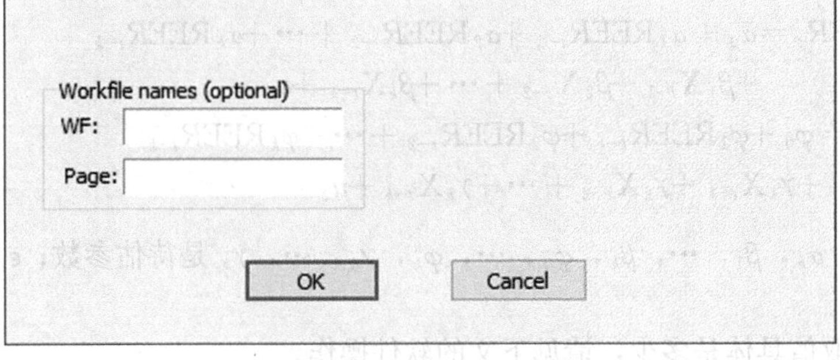

图 8－2　创建工作文件

由于所用数据为月度数据，因此，在图 8－2 中，单击“Date specification”部分的“Frequency”后面向下的箭头，在下拉菜单中选择“Monthly”；在“Start date”（起始时间）部分填入“1994：1”；在“End date”（终止时间）部分填入“2009：12”。在“Workfile names（optional）”部分的“WF”后面的框中填入“VAR”；在“Page”后面的框中填入“Monthly”。然后单击“OK”按钮，结果如图 8－3 所示。

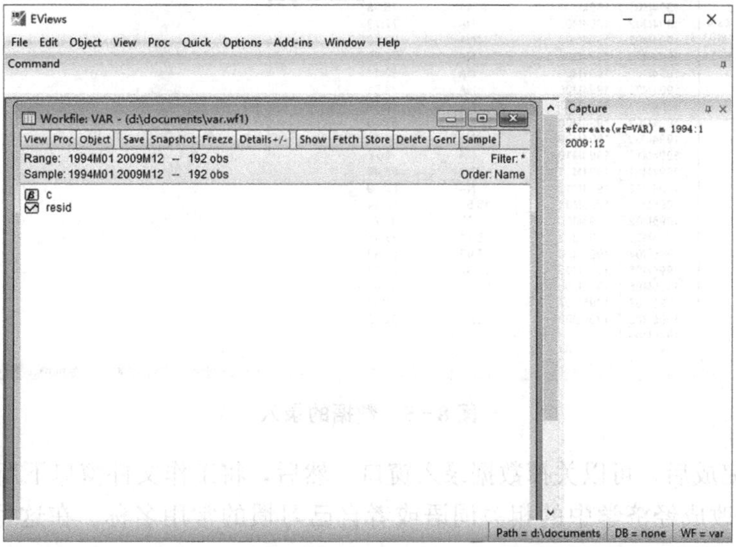

图 8－3　工作文件窗口

接下来录入数据。选择主页面窗口的“Quick”→“Empty Group(Edit Series)”进入数据录入窗口，如图 8－4 所示。

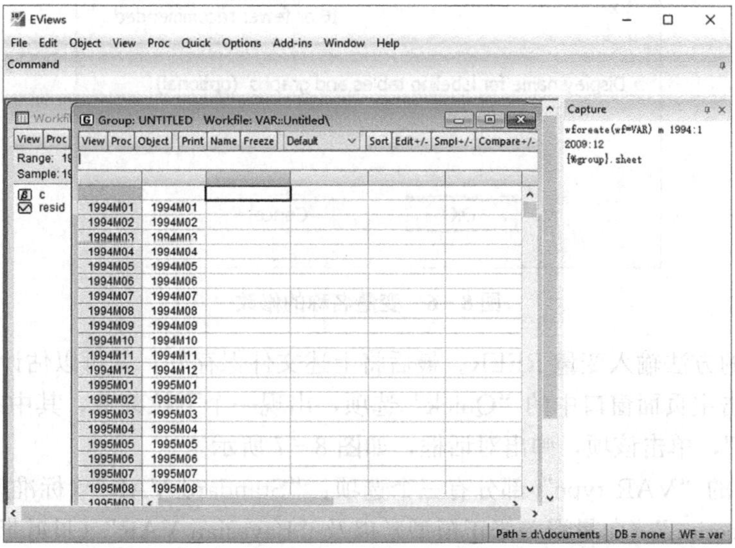

图 8－4　数据录入窗口

将数据复制过来（从 Word 或者 Excel 复制后，在图 8－4 中对应时间的第一列空白处单击右键，在出现的下拉菜单中单击“Paste”项），结果如图 8－5 所示。

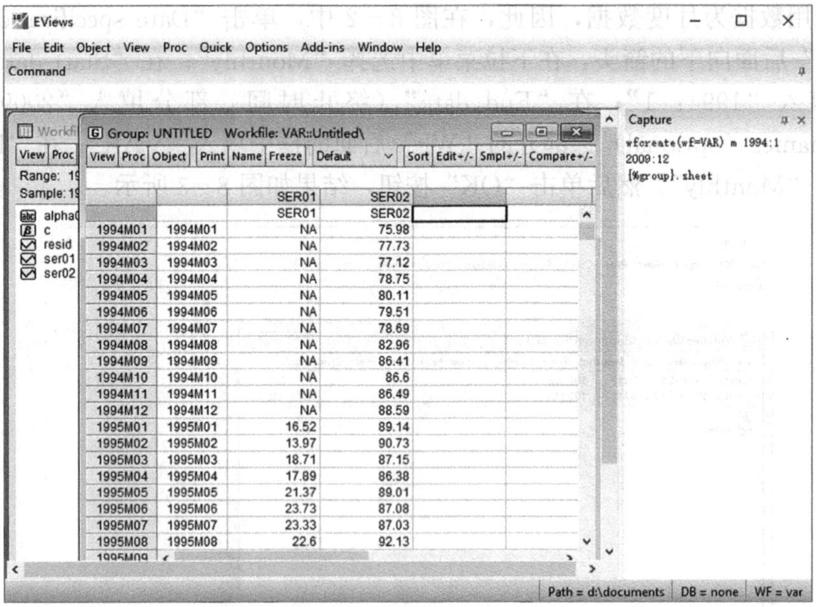

图 8-5 数据的录入

数据录入完成后，可以关掉数据录入窗口。然后，将工作文件窗口下新输入的序列名称“Ser01”修改成经济学中的相关词语或者自己习惯的常用名称。在这里修改为“X”，如图 8-6 所示。

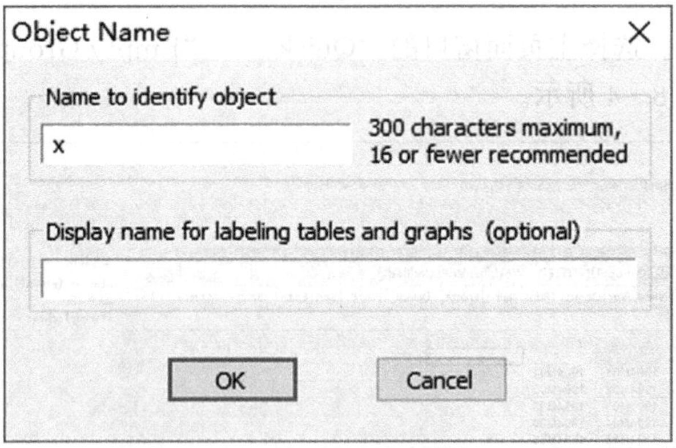

图 8-6 变量名称的修改

按照相同的方法输入变量 REER。最后将上述文件保存好，就可以估计 VAR 模型了。这时候左键单击主页面窗口中的“Quick”选项，出现一个下拉菜单，其中有一项是“Estimate VAR…”，单击该项，弹出对话框，如图 8-7 所示。

在图 8-7 的“VAR type”部分有三个选项：“Standard VAR”（标准 VAR）、“Vector Error Correction”（向量误差修正模型）以及“Bayesian VAR”（贝叶斯 VAR），使用默认选择即可。在“Endogenous variables”部分要填入内生变量的名称，这里的变量名称是“REER”和“X”。在“Lag Intervals for Endogenous”部分要输入变量的滞后期间，默认选择是 1～2 期。在“Exogenous variables”部分要填入外生变量，本节模型的外生变量

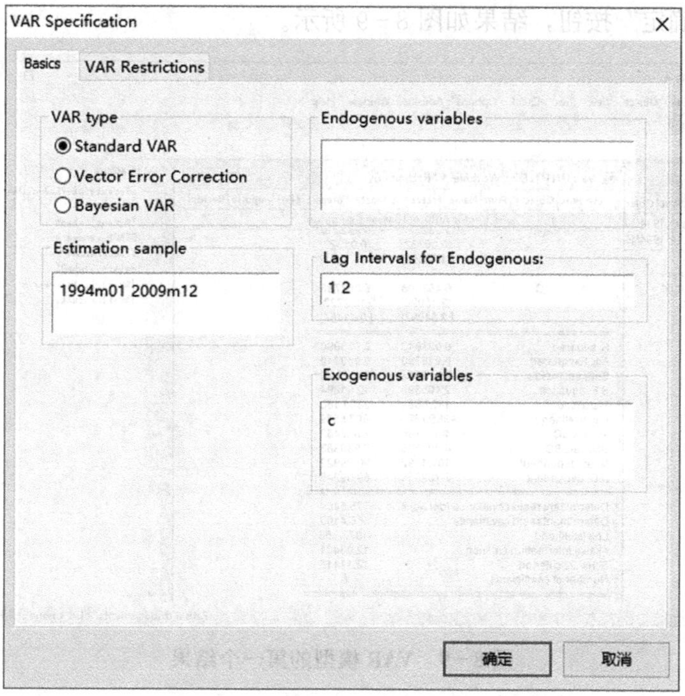

图 8－7 VAR 模型的对话框（一）

为常数项（EViews 10.0 默认常数项名称为 C)。由此，在内生变量部分输入“REER”和“X”；在滞后期间输入“1 1”（注意：这两个数字之间有空格，而不是阿拉伯数字“11”），如图 8－8 所示。

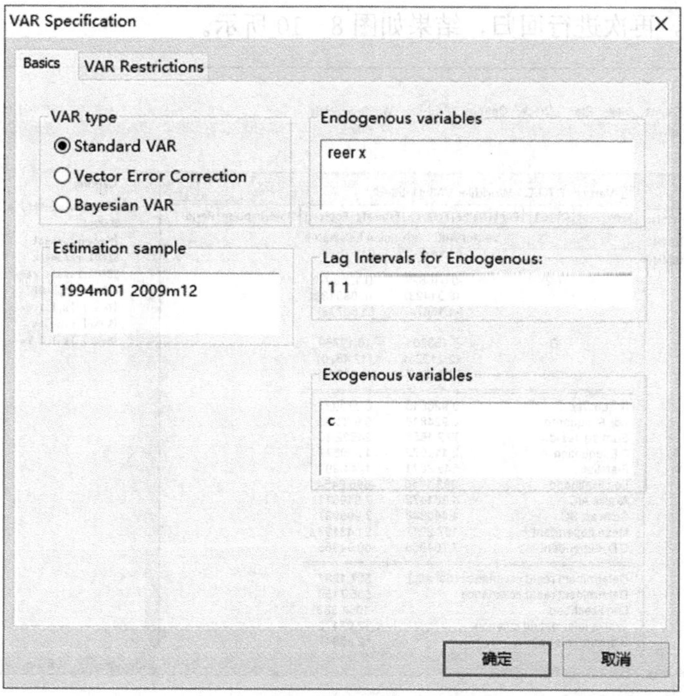

图 8－8 VAR 模型的对话框（二）

然后单击“确定”按钮，结果如图 8-9 所示。

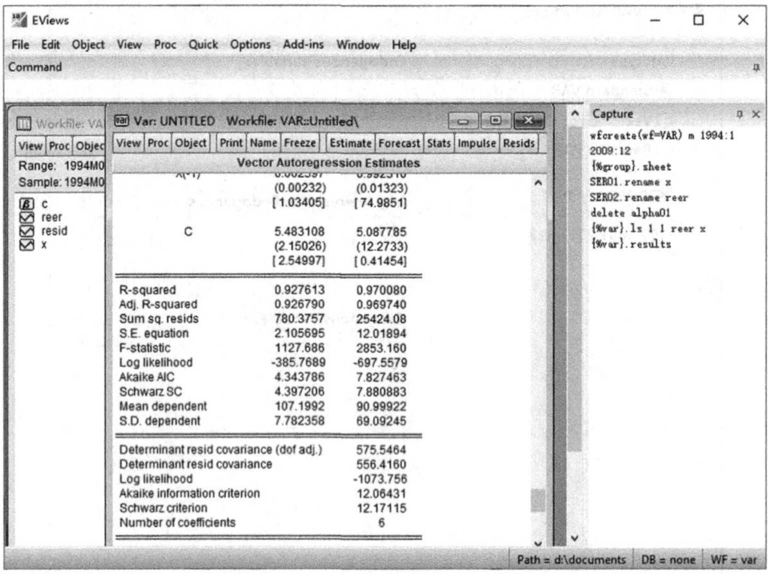

图 8-9　VAR 模型的第一个结果

这里要注意，不要急于写出回归结果的方程形式，因为滞后期间没有作出最后的选择，这里只是主观确定了滞后一期。需要留意两个指标：图 8-9 最下面的“Akaike information criterion”（AIC 准则——赤池信息准则）和“Schwarz criterion”（SC 准则——施瓦茨准则）。记下这两个准则对应的数据，分别是 12.06 和 12.17。

接下来，回到图 8-8 的对话框，原来主观确定的滞后期间为“1 1”，现在将其修改为“1 2”，其余不变，再次进行回归，结果如图 8-10 所示。

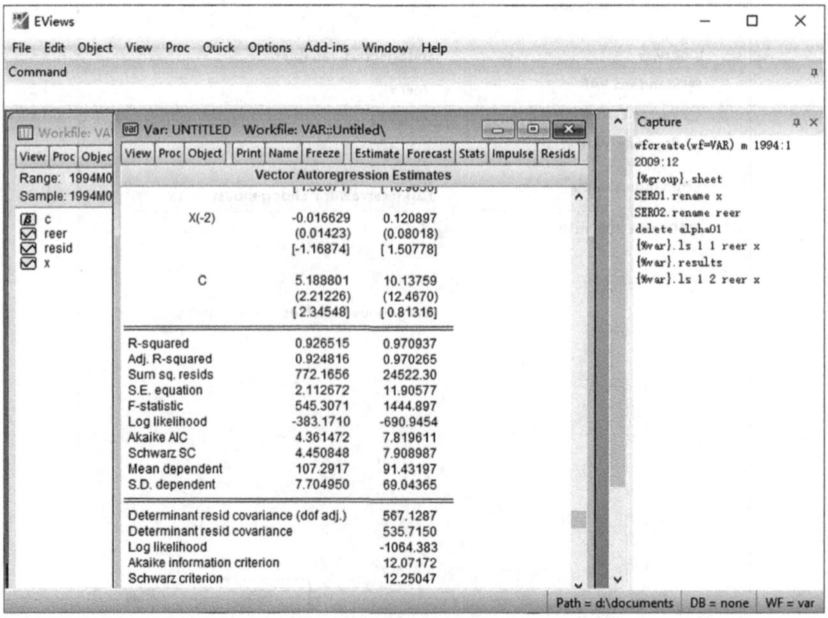

图 8-10　VAR 模型的第二个结果

从图 8-10 中找到 AIC 和 SC 对应的数据，分别为 12.07 和 12.25。为了便于比较，制成表 8-1。

表 8-1　确定最优滞后期的信息准则比较表

	滞后一期	滞后二期	滞后三期	滞后四期
AIC	12.06	12.07		
SC	12.17	12.25		

用上述两个准则确定最优滞后期的一个标准是，最优滞后期应使两个准则的数值最小。

表 8-1 可能会出现以下两种情况：

(1) 两个准则同时达到最小。包括两种可能性：第一，从第一期到某一期（这里选择第四期，可以根据需要，继续延长滞后期的选择），两个准则的数据都遵循“大—小—大”的规律；第二，两个准则的数据遵循“小—大”的趋势，即第一期就是最小值，表 8-1 的结果就符合此条规律。

(2) 两个准则不是同时达到最小。若如此，则需要再依据似然比检验判断最优滞后期。

如果出现第二种情况，则需要构建 LR 统计量（似然比统计量），用 k 表示模型中滞后变量的最大滞后期，$\log L(k)$ 和 $\log L(k+1)$ 分别为 VAR(k) 和 VAR($k+1$) 模型的极大似然估计值。当 LR 大于卡方临界值时，表示统计量显著，即增加滞后值能够显著增加极大似然函数的估计值。

如果 AIC 和 SC 判断的滞后期不同，假设滞后四期的一个准则的数据最小，为 −1 186.594，则计算 LR 统计量为

$$LR=-2(LR_1-LR_4)=-2\times(-1\,073.756+1\,044.018)=59.476$$

式中，$LR_1=-1\,073.756$ 可以从图 8-9 倒数第四行“Log likelihood”查到；$LR_4=-1\,044.018$ 是选取滞后四期得到的 Log likelihood 数值。

本节例子中自由度为 12（滞后四期估计参数个数 18 减去滞后一期估计参数个数 6），所以查自由度为 12、显著性水平为 5% 的卡方临界值表，得值为 21.026，59.476 > 21.026，因而得出应该选择滞后四期的结论。

除此之外，可以用 EViews 10.0 软件的编程窗口输入“=1−@cchisq(59.48, 12)”，然后在编程结尾处按“Enter”键，结果如图 8-11 所示。

注意，图 8-11 的主页面窗口左下角的状态栏里有一个数据“=2.807 437 604 61e−008”，这是 LR 统计量的相伴概率，结果表明拒绝“滞后一期是最优结果”的原假设，因此，应该选择滞后四期。

由于例子中的两个准则在滞后一期时同时达到最小，符合第一种情况，因此，选择的最优滞后期为 1。

因此，图 8-9 就是选择滞后期完成后而得到的 VAR 模型。考虑到两个方程的常数项 C 都不显著，于是，去掉外生变量 C，得到最后的 VAR 模型，如图 8-12 所示。

图 8-12 所示结果中的系数下方有两个括号，上面的小括号里的数字表示标准误差，下面的中括号里的数字表示对应的 t 统计量的值。纵向来看，其中两列数据分别表示每个

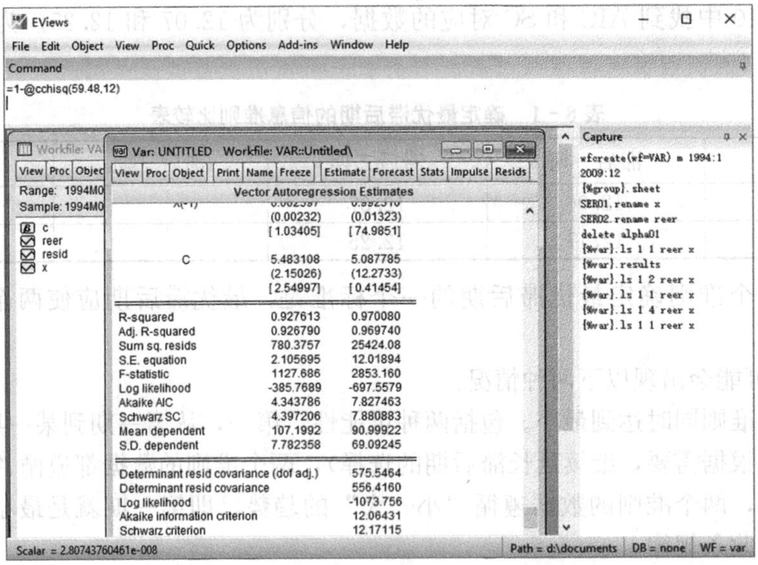

图 8-11　用似然准则确定 VAR 模型最优滞后期的编程方法和结果

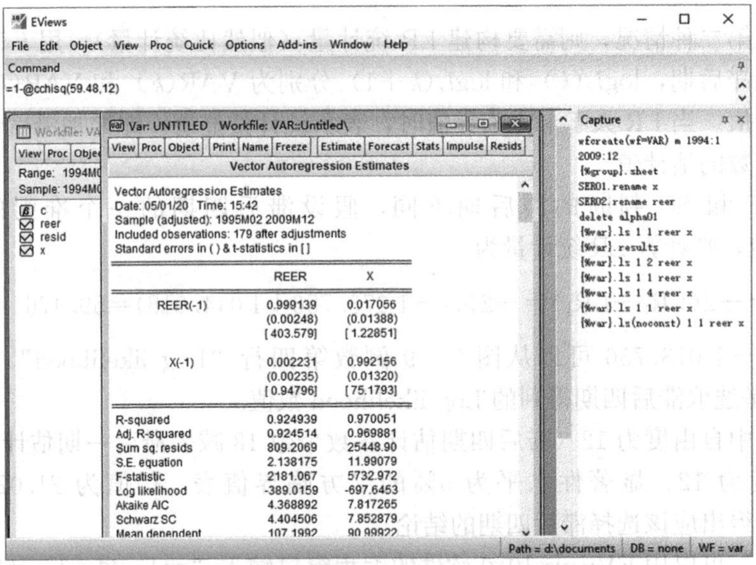

图 8-12　最后选择的 VAR 模型

方程的各种统计指标，只有一列数据的部分表示方程整体的统计指标。上述结果可以写为

$$\mathrm{REER}_t = 0.999\,139\mathrm{REER}_{t-1} + 0.002\,231X_{t-1}$$

$$(403.579) \qquad (0.947\,96)$$

$$\text{Adj. } R^2 = 0.924\,939 \quad F = 2\,181.067 \quad \text{AIC} = 4.368\,892 \quad \text{SC} = 4.404\,506$$

$$X_t = 0.017\,056\mathrm{REER}_{t-1} + 0.992\,156X_{t-1}$$

$$(1.228\,51) \qquad (75.179\,3)$$

$$\text{Adj. } R^2 = 0.970\,051 \quad F = 5\,732.972 \quad \text{AIC} = 7.817\,265 \quad \text{SC} = 7.852\,879$$

忙了很长时间了，总算有了一个结果。您或许感到有些疲倦，想放松一下。没问题，先保存好我们的成果，尤其是保存软件运行结果，这个关键程序可不能忘记。

蝉噪林逾静，鸟鸣山更幽。
式微，式微！胡不归？

第二节　脉冲响应与方差分解

"人生若晨露，天道邈悠悠"。每个人都有自己的追求，"知我者谓我心忧，不知我者谓我何求"。人生需要一步一个脚印地走过，学习也同样要循序渐进，光鲜的背后往往需要汗水和心血的浇灌。"沧海月明珠有泪，蓝田日暖玉生烟"。

一、脉冲响应

做完 VAR 模型，若还想知道变量间的相互影响关系和影响程度如何，一个解决办法是做脉冲响应函数和方差分解。回到第一节的图 8－12，在该窗口的工具栏中有一个选项"Impulse"，单击它，则会弹出如图 8－13 所示的"Impulse Responses"（脉冲响应）对话框。

图 8－13 有两个选项卡：第一个选项卡是"Display"，即脉冲响应的显示；第二个选项卡是"Impulse Definition"，即脉冲的定义。首先单击"Impulse Definition"选项，则出现"Impulse Definition"（脉冲的定义）对话框，如图 8－14 所示。

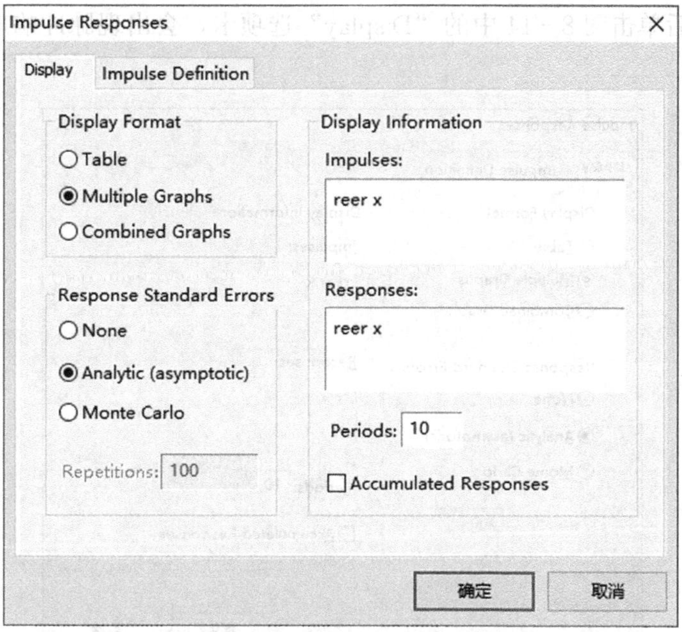

图 8－13　脉冲响应对话框

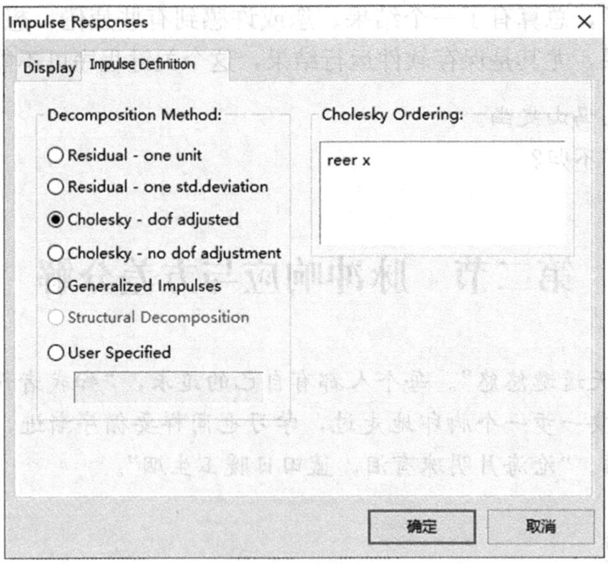

图 8-14　脉冲的定义对话框

图 8-14 左边的“Decomposition Method”（分解方法）有下面几种形式：“Residual-one unit”（残差一个单位的变化）、“Residual-one std. deviation”（残差一个标准差的变化）、“Cholesky-dof adjusted”（经乔利斯基自由度调整）、“Cholesky-no dof adjusted”（未经乔利斯基自由度调整）、“Generalized Impulses”（广义脉冲响应）和“User Specified”（用户指定）。一般选择“Residual-one std. deviation”或者使用系统默认的“Cholesky-dof adjusted”。

假设使用系统默认的选项，即“Cholesky-dof adjusted”，则“Impulse Definition”部分选择完毕，然后单击图 8-14 中的“Display”选项卡，会出现脉冲响应的显示对话框，如图 8-15 所示。

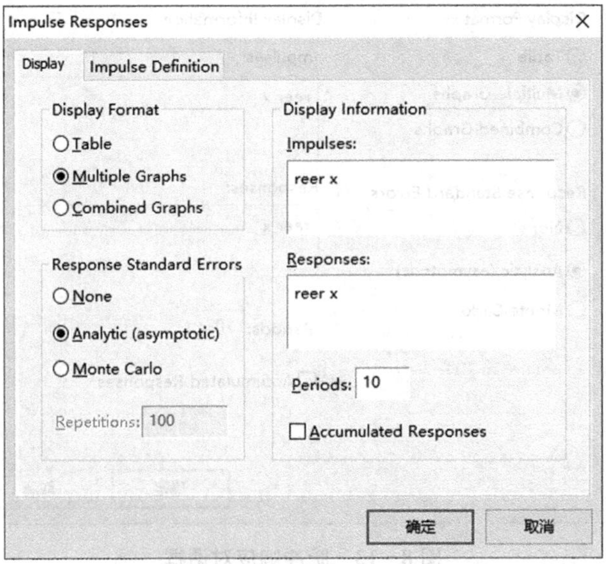

图 8-15　脉冲响应的显示对话框

图 8－15 可以分为三部分：第一部分“Display Format”（显示形式）分为“Table”（表格）、“Multiple Graphs”（多个图）和“Combined Graphs”（组合图）三种形式；第二部分“Response Standard Errors”（响应标准误）分为“None”（没有）、“Analytic(asymptotic)”（渐近解析）和“Monte Carlo”（蒙特卡罗方法）；第三部分“Display Information”（显示信息）里面包含“Impulses”（冲击变量或者脉冲变量）和“Responses”（反应变量或者响应变量）两项内容。

其中，第一部分和第二部分一般都使用默认选择，第三部分如果考虑两个变量的相互影响，即这两个变量既作为脉冲变量又作为响应变量，则需要在第三部分中的两处空白位置填入两个变量的名称，系统也默认这样的情况。单击“确定”按钮，结果如图 8－16 所示。

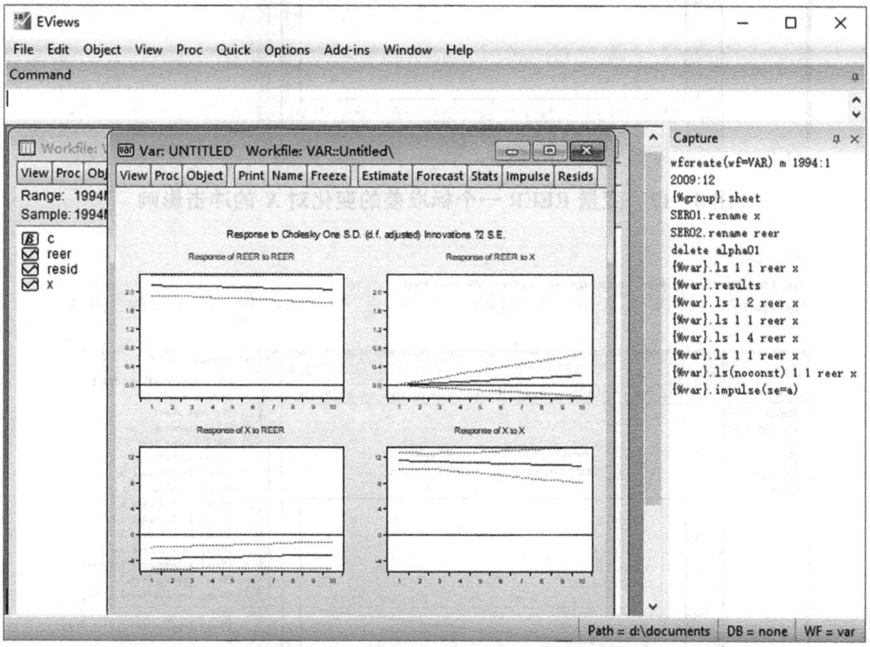

图 8－16　脉冲响应的显示结果

上述结果中有四个脉冲响应图，其中包括“Response of REER to REER”和“Response of X to X”这两个不需要关注的结果，只需要关注“Response of REER to X”和“Response of X to REER”这两个结果，因为这是进行逻辑分析所需要的。

要想单独得到这两个结果，如图 8－15 所示，在“Display Information”部分的“Impulses”中输入“REER”（系统中如果自动带有“REER”和“X”两个变量，则去掉“X”即可），同时在“Responses”中输入“X”（系统中如果自动带有“REER”和“X”两个变量，则去掉“REER”即可），这是考察经过来自“REER”的冲击后“X”的变化情况，如图 8－17 所示。

图 8－17 表明，变量 REER 的变化对 *X* 的冲击影响一开始是负的，随后持续缓慢上升，并且到第 10 期仍然没有达到冲击的峰值，说明 REER 对 *X* 的冲击具有持久性并且作用力持续增加。脉冲响应函数的结果可以说明中美贸易问题存在“J”曲线效应。

如果在“Impulses”中输入“X”，同时在“Responses”中输入“REER”，则是考察经过来自“X”的冲击后“REER”的变化情况，如图 8－18 所示。

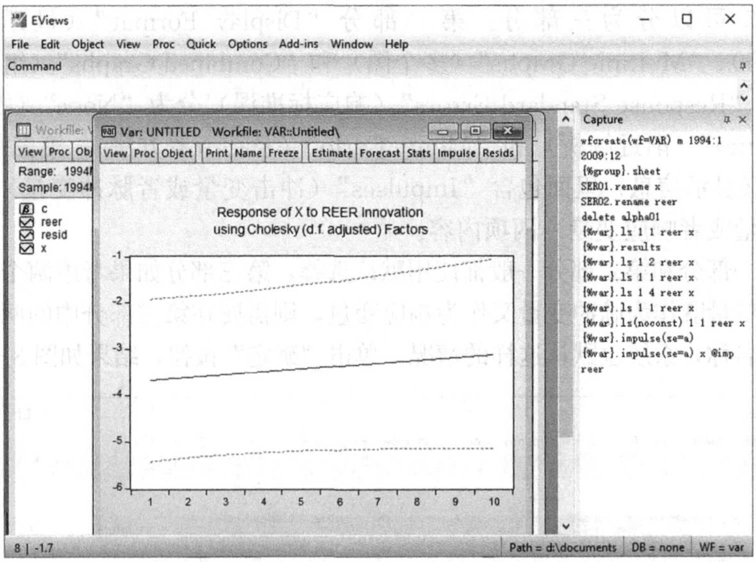

图 8-17　变量 REER 一个标准差的变化对 X 的冲击影响

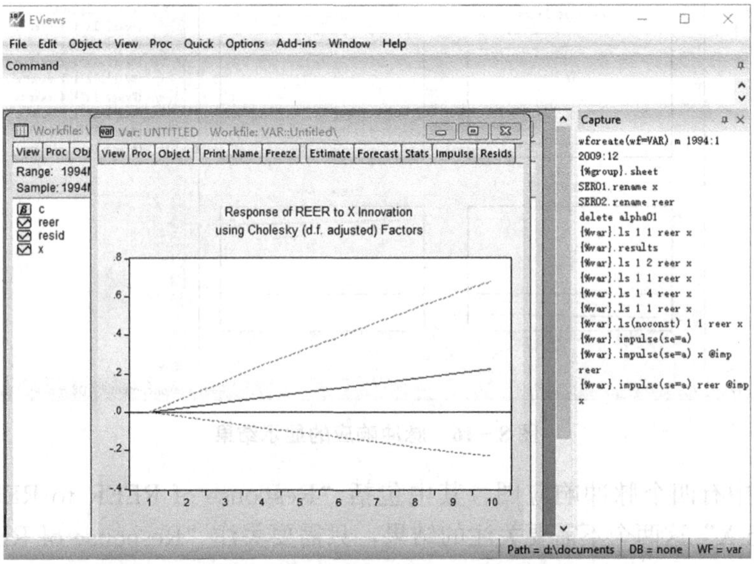

图 8-18　变量 X 一个标准差的变化对 REER 的冲击影响

图 8-18 表明，变量 X 的变化对 REER 的冲击影响开始时为零，作用力随后持续缓慢上升，并且到第 10 期仍然没有达到冲击的峰值，说明"X"对"REER"的冲击具有持久性并且作用力持续增加。脉冲响应结果表明，如果没有贸易逆差的压力，贸易问题对汇率的冲击影响将为零；如果存在贸易逆差，则随着逆差变大，对汇率的冲击影响将越来越大。

二、方差分解

既然已经学会进行脉冲响应分析了，就可以尝试进行方差分解。首先回到如图 8-12 所示的最后选择的 VAR 模型，单击左上角工具栏中的"View"选项，出现下拉菜单，如

图 8-19 所示。其中有一项“Variance Decomposition…”(方差分解),单击它,弹出对话框,如图 8-20 所示。

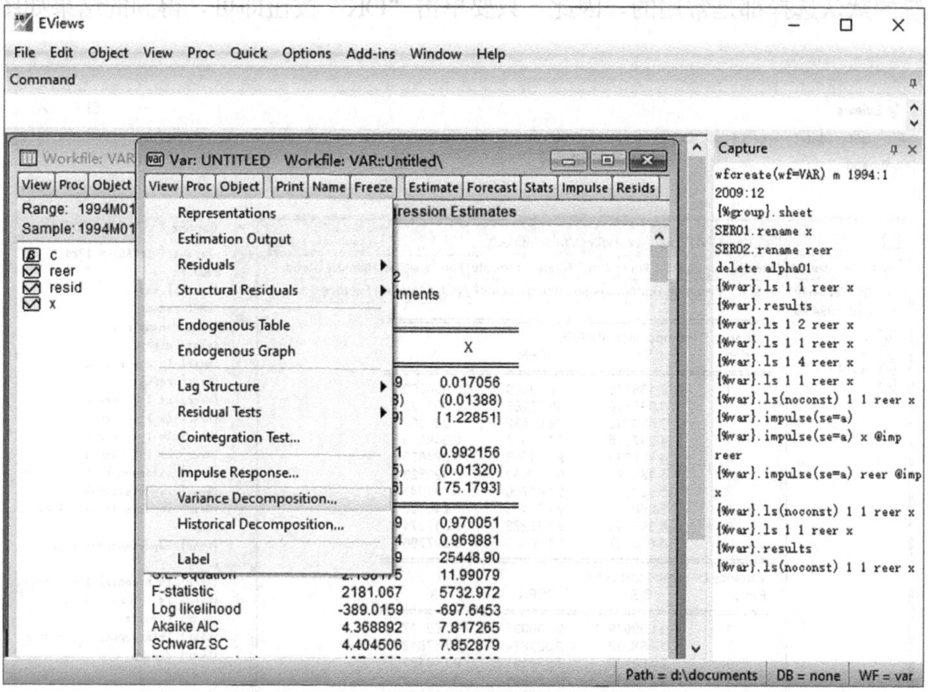

图 8-19 方差分解的路径

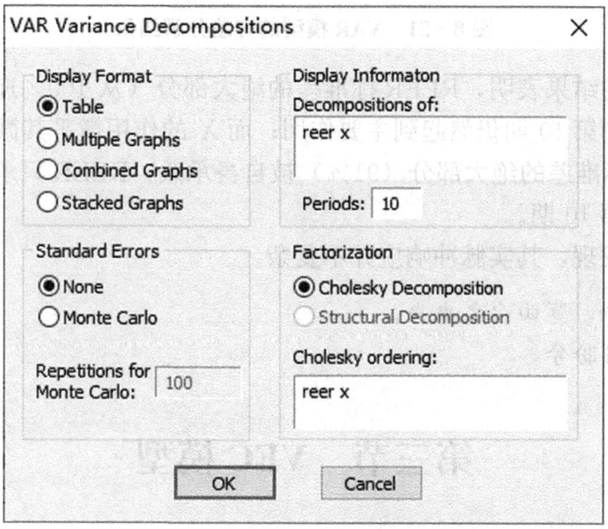

图 8-20 VAR 模型的方差分解对话框

图 8-20 可以分为四部分:第一部分“Display Format”(显示形式)包括“Table”(表格)、“Multiple Graphs”(多个图)、“Combined Graphs”(组合图)、“Stacked Graphs”(堆积图)四种形式;第二部分“Standard Errors”(标准误差)包括“None”(没有)、“Monte Carlo”(蒙特卡罗方法);第三部分“Display Information”(显示信息)包括“Decompositions of”（分解来自）；第四部分“Factorization”（因子分解）包括“Cholesky Decomposition”（乔利斯基分解）和“Cholesky ordering”（乔利斯基排序）。

系统的默认选择都是常用的，因此，只要单击“OK”按钮即可，得到的结果如图 8－21 所示。

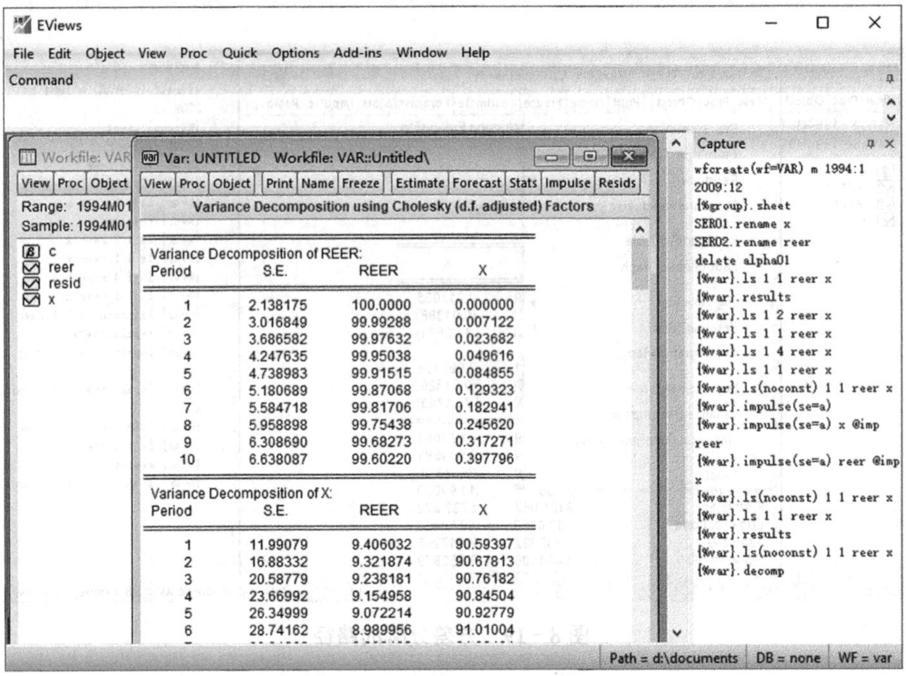

图 8－21　VAR 模型的方差分解结果

上述方差分解的结果表明，REER 标准差的绝大部分（从 100%递减至 99.6%）被自身承载，并且持续到第 10 期仍然起到主要作用；而 X 的作用微乎其微，到第 10 期仍然没有达到 0.4%；X 标准差的绝大部分（91%）被自身承载，REER 只承载了不到 10%，并且这种情况持续到第 10 期。

通过学习可以发现，其实脉冲响应并不复杂。

抚柱媚以从容兮，览曲台之央央。

巧笑倩兮，美目盼兮。

第三节　VEC 模型

对酒当歌，人生几何？譬如朝露，去日苦多。

社会的发展和进步归功于那些默默无闻、勤勤恳恳劳作的人们的不懈努力。我们认为，人的一生最痛苦的事情是“年事梦中休，花空烟水流”，即准备干点什么，却没时间了；而人生更为痛苦的事情则是有时间，却不知道干什么。

昔我往矣，杨柳依依；今我来思，雨雪霏霏。

首先，回到如图 8－8 所示的 VAR 模型的对话框。

向量误差修正（VEC）模型是建立在协整基础上的 VAR 模型。因此，首先要考虑协整性（要对变量的单整性进行检验，之前所得结果表明两个变量——REER 和 X 均是一阶单整序列）。

图 8－8 中的“VAR type”有三个选项，其中第一个选项在前面已经分析过；第二个选项就是 VEC 模型的估计程序入口。选择“Vector Error Correction”（向量误差修正），然后单击“Cointegration”（协整），出现如图 8－22 所示的对话框。

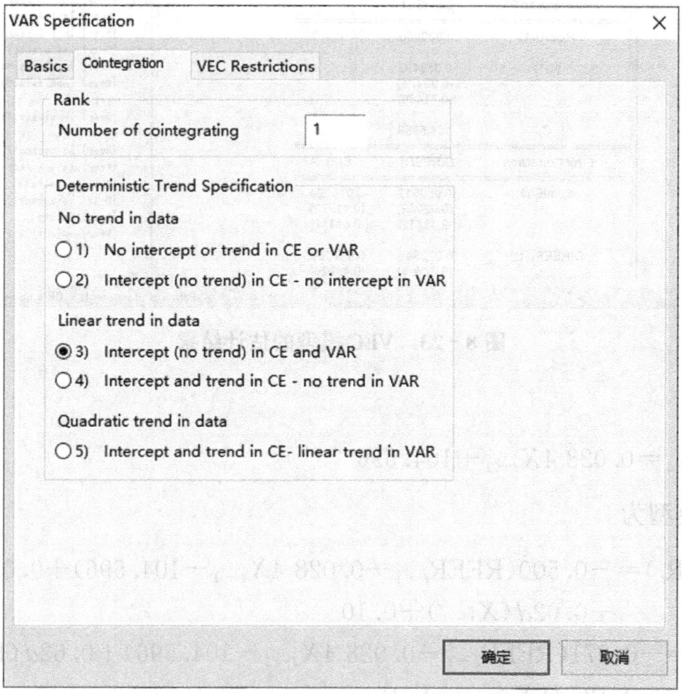

图 8－22 VEC 模型中的协整类型对话框

图 8－22 中的“Deterministic Trend Specification”（确定趋势类型）分为三部分：第一部分“No trend in data”（序列有均值，没有趋势项）包括“1) No intercept or trend in CE or VAR”（协整方程或 VAR 没有截距项或者趋势项）和“2) Intercept (no trend) in CE-no intercept in VAR”（协整方程有截距项，没有趋势项，VAR 没有截距项）；第二部分“Linear trend in data”（序列有均值和线性趋势项）包括“3) Intercept (no trend) in CE and VAR”（协整方程和 VAR 有截距项，没有趋势项）和“4) Intercept and trend in CE-no trend in VAR”（协整方程有截距项和线性趋势项，VAR 没有趋势项）；第三部分“Quadratic trend in data”（序列有均值、线性和二次趋势项）包括“5) Intercept and trend in CE-linear trend in VAR”（协整方程中有截距项和趋势项，VAR 中有线性趋势项）。

至于应该采用哪种形式，需要根据模型中变量的结果综合比较决定，或者说要具体问题具体分析。

采用系统默认的选项，然后单击“确定”，结果如图 8－23 所示。

上述 VEC 模型的结果可以写成如下形式：

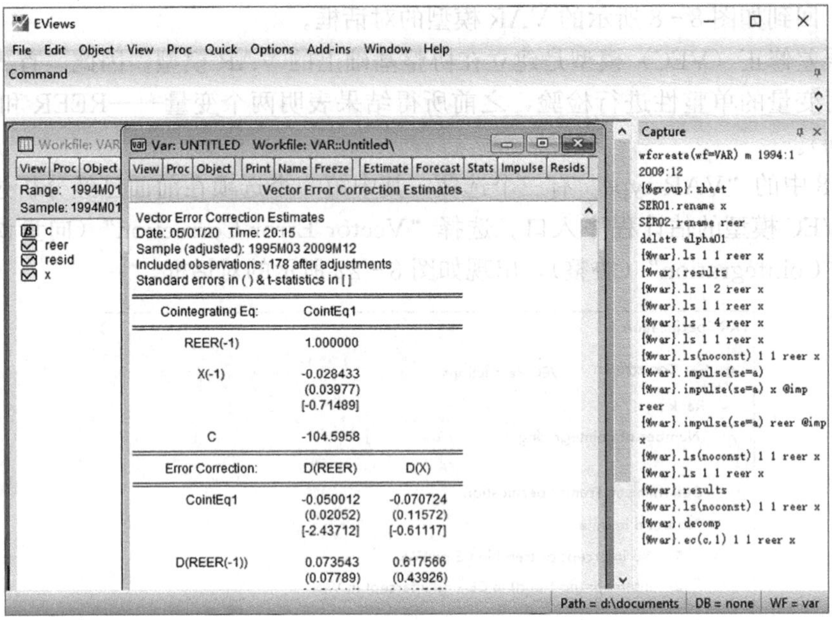

图 8-23　VEC 模型的估计结果

协整方程为

$$\mathrm{REER}_{t-1}=0.0284X_{t-1}+104.596$$

两个 VEC 模型为

$$d(\mathrm{REER}_t)=-0.500(\mathrm{REER}_{t-1}-0.0284X_{t-1}-104.596)+0.07d(\mathrm{REER}_{t-1})+0.02d(X_{t-1})+0.10$$

$$d(X_t)=-0.071(\mathrm{REER}_{t-1}-0.0284X_{t-1}-104.596)+0.62d(\mathrm{REER}_{t-1})-0.125d(X_{t-1})+1.21$$

具体检验指标以及方程的含义在前文 VAR 模型中都有表述，这里不再赘述。

到现在为止，读者应该已经会用很多计量方法，会做很多模型了，连 VAR 模型和脉冲响应都会用了。

雪里已知春信至，寒梅点缀琼枝腻，香脸半开娇旖旎。

第四节　SVAR 模型

回到图 8-12，点击回归结果（“Var”窗口）页面的“Proc”命令，出现一个下拉菜单，如图 8-24 所示。

点击上述下拉菜单的“Estimate Structural Factorization…”命令，出现如图 8-25 所示的页面。在弹出的“SVAR Options”对话框中填入条件约束，图中示例为短期约束矩阵（1，2）为零（注意“Restriction Text”下方的空白处），点击“确定”，SVAR 模型的结果如图 8-26 所示。

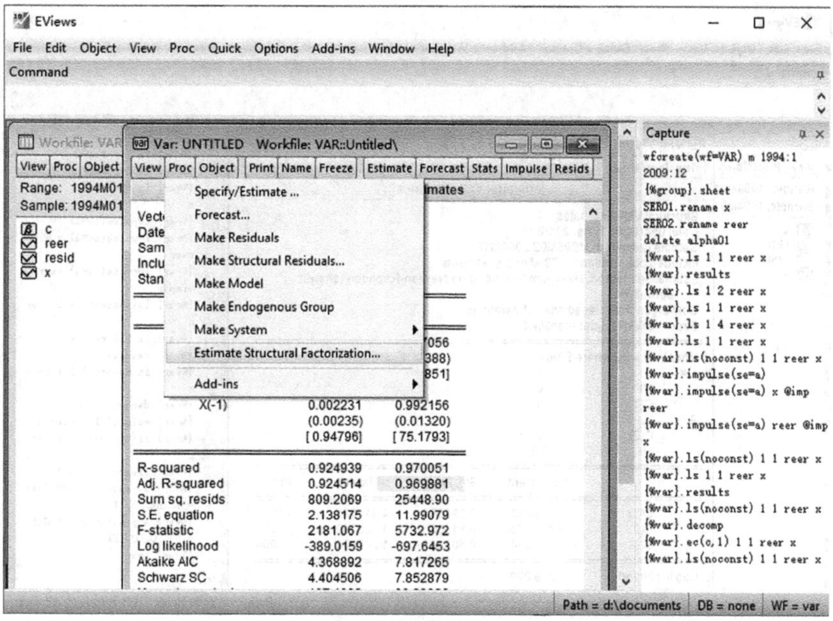

图 8-24 SVAR 模型的命令

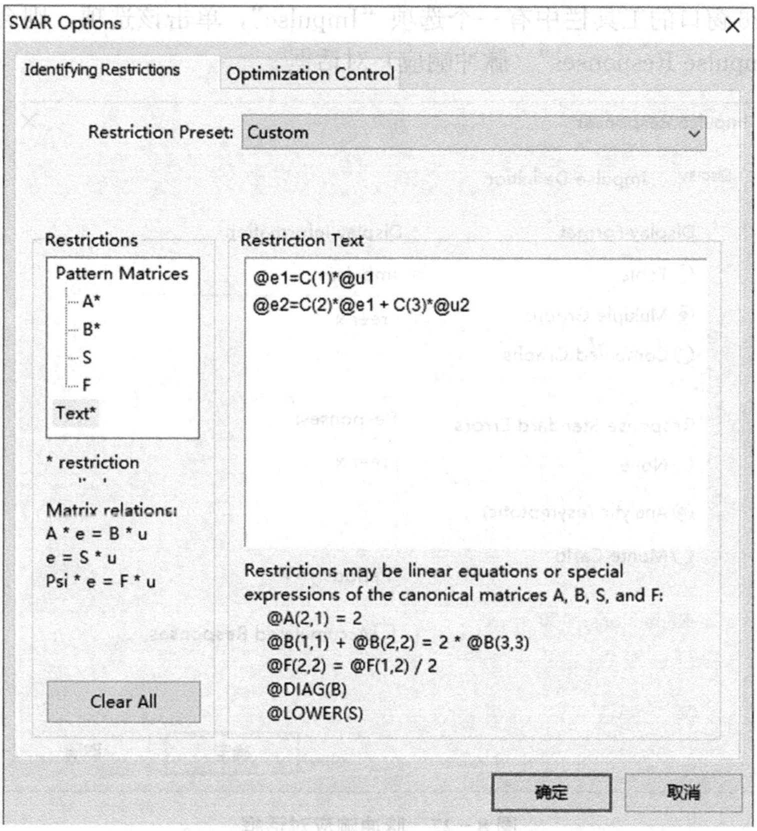

图 8-25 SVAR 模型的条件约束页面

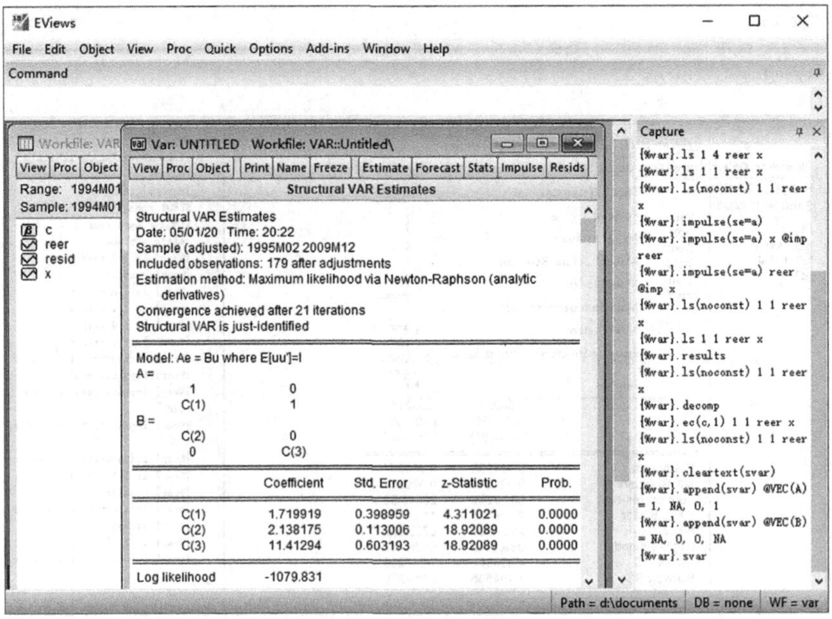

图 8-26 SVAR 模型的结果

在图 8-26 窗口的工具栏中有一个选项“Impulse”，单击该选项，则会弹出如图 8-27 所示的“Impulse Responses”（脉冲响应）对话框。

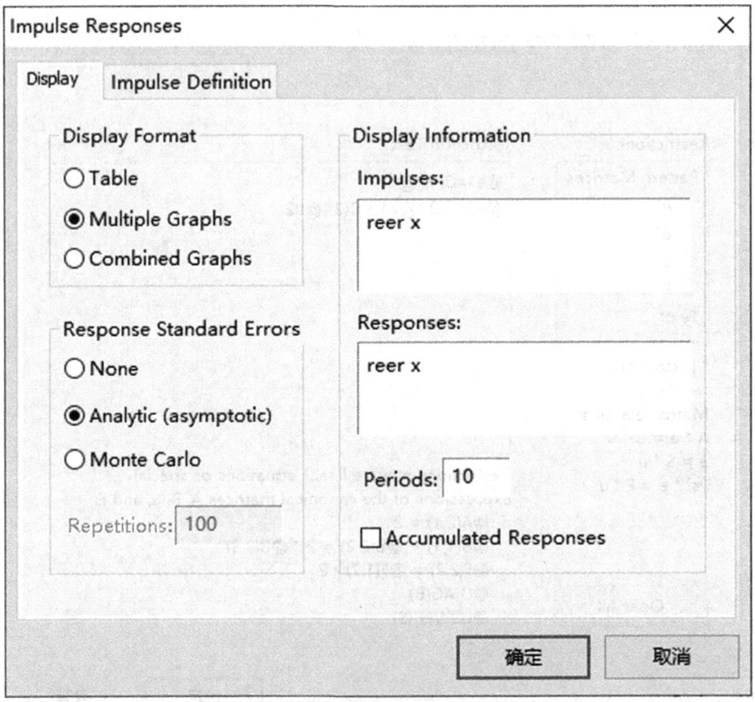

图 8-27 脉冲响应对话框

首先单击“Impulse Definition”选项卡，出现如图 8-28 所示的对话框。

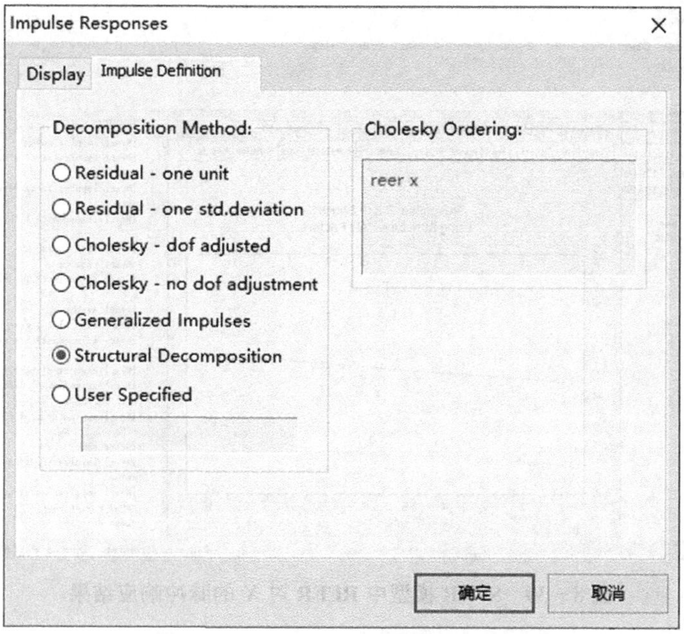

图 8-28　SVAR 模型的脉冲响应对话框

在图 8-28 中我们选择“Structural Decomposition”，点击“确定”，结果如图 8-29 所示。如果在图 8-27 的“Impulses”和“Responses”中分别输入“REER”和“X”，重复一遍 SVAR 模型的过程，则脉冲响应的结果如图 3-30 所示。

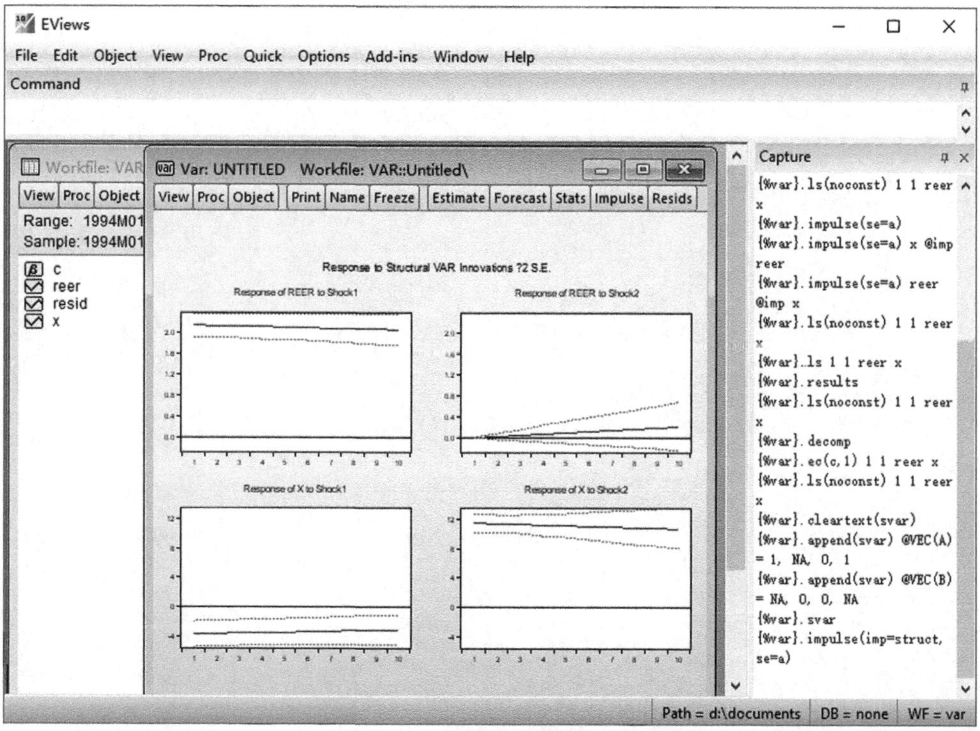

图 8-29　SVAR 模型的脉冲响应结果

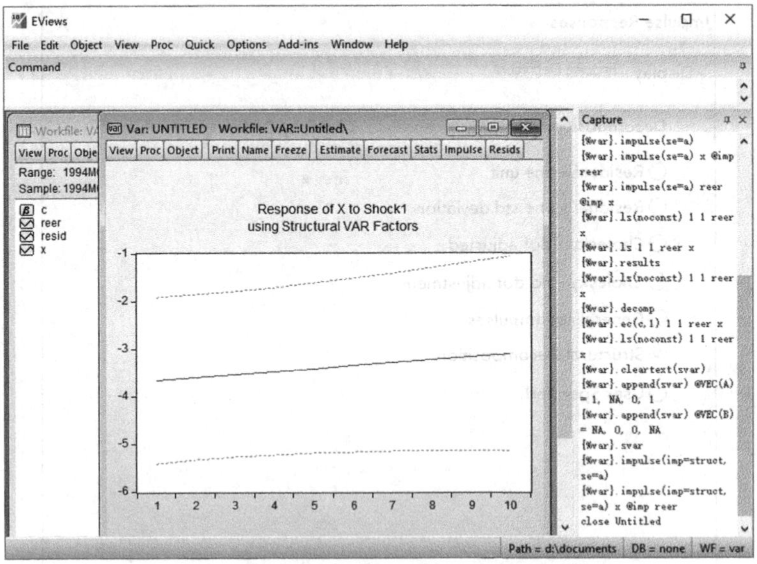

图 8-30 SVAR 模型中 REER 对 *X* 的脉冲响应结果

雨纷纷，旧故里草木深，我听闻，你始终一个人。

第九章

GARCH 族模型的估计

"转轴拨弦三两声，未成曲调先有情"。一个人静静地坐在计算机前，构思着全书的写作脉络，希望能做到简洁明晰，令读者看后耳目一新。

ARCH 是 autoregressive conditional heteroskedasticity（自回归条件异方差）的缩写。ARCH 模型主要用来描述金融数据，如股票指数、汇率、期货指数等的波动性（方差变化），或者从经济学角度来说是用于考察风险问题。

本章之所以称为 GARCH（广义自回归条件异方差）族模型，是因为这里包含众多该形式的模型，其中最基本的形态是 ARCH。除此之外，还有 TARCH（门限 ARCH）、EGARCH（指数 GARCH）等。

邯郸驿里逢冬至，抱膝灯前影伴身。

第一节　ARCH 模型

ARCH 模型是由美国加州大学圣迭戈分校的罗伯特·恩格尔（Robert Engle）教授于 1982 年在《计量经济学》（*Econometrica*）杂志的一篇论文中首次提出的，此后在计量经济学领域中得到了迅速发展。简单地说，该模型将当前一切可利用的信息作为条件，并采用某种自回归形式来刻画方差的变异。对于一个时间序列而言，在不同时刻可利用的信息不同，而相应的条件方差也不同，利用 ARCH 模型，可以刻画出随时间变异的条件方差。

ARCH 模型集中反映了方差变化特点，被广泛应用于金融数据的时间序列分析。ARCH 模型是过去 30 年内金融计量学发展中最重大的创新。后来，波勒斯勒夫（Bollerslev）提出了 GARCH（generalized ARCH）模型；利立安（Lilien）提出了 ARCH-M 模型；罗宾斯（Robbins）提出了 NARCH 模型等。

ARCH 模型的基本思想是在以前的信息集下，某一时刻一个噪声的发生是服从正态分布的，该正态分布的均值为零，方差是一个随时间变化的量（即为条件异方差），并且这个随时间变化的方差是过去有限项噪声值平方的线性组合（即为自回归）。这样就构成了自回归条件异方差模型。

假定考察方差的变化，表达式如下：

$$\sigma_t^2=\omega+\theta_1 e_{t-1}^2$$

$$\mathrm{REER}_t=\alpha_0+\alpha_1\mathrm{REER}_{t-1}+\beta_1 X_{t-1}+e_t$$

前一个是均值方程，表明当期方差是常数项（ω，不变方差）和 ARCH 项（e_{t-1}^2）的加权和。其中，ARCH 项是后一个方程（前一章的 VAR 模型）残差滞后一期的平方。

利用第八章保存好的数据，左键单击主页面窗口下的“Quick”选项卡，出现了一个下拉菜单，其中有一项是“Estimate Equation…”（方程估计），单击该项，弹出对话框，如图 9-1 所示。

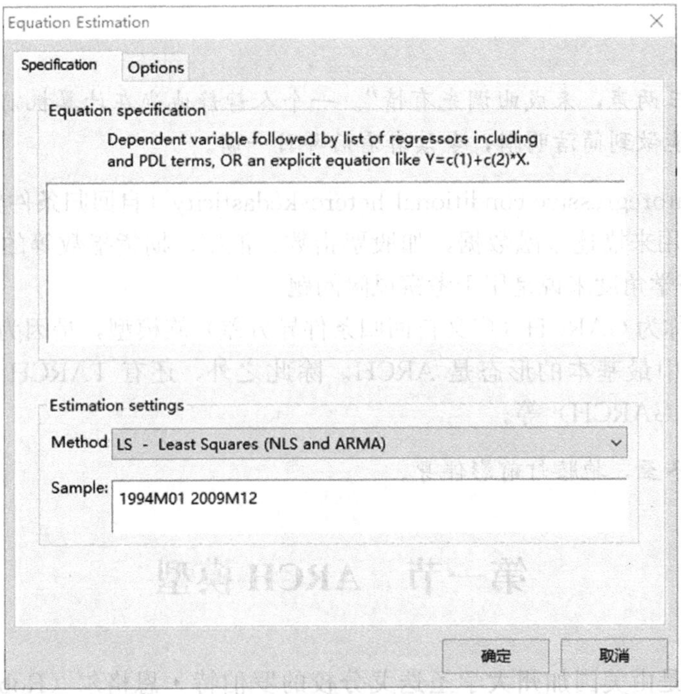

图 9-1 方程估计对话框

单击图 9-1 中“Method”项后面向下的箭头，在下拉菜单中选择“ARCH-Autoregressive Conditional Heteroskedasticity”，弹出如图 9-2 所示的对话框。

在图 9-2 中，“Mean equation”（均值方程）部分包括两项内容：“Dependent followed by regressors & ARMA terms OR explicit equation”（取决于 ARMA 模型或者确定方程）和“ARCH-M”（均值自回归条件异方差）。

“Variance and distribution specification”（方差和分布的说明）部分主要包含“Model”（模型形式的选择）、“Order”（规则）、“Restriction”（限制）、“Variance regressors”（方差回归因子）和“Error distribution”（误差分布）。

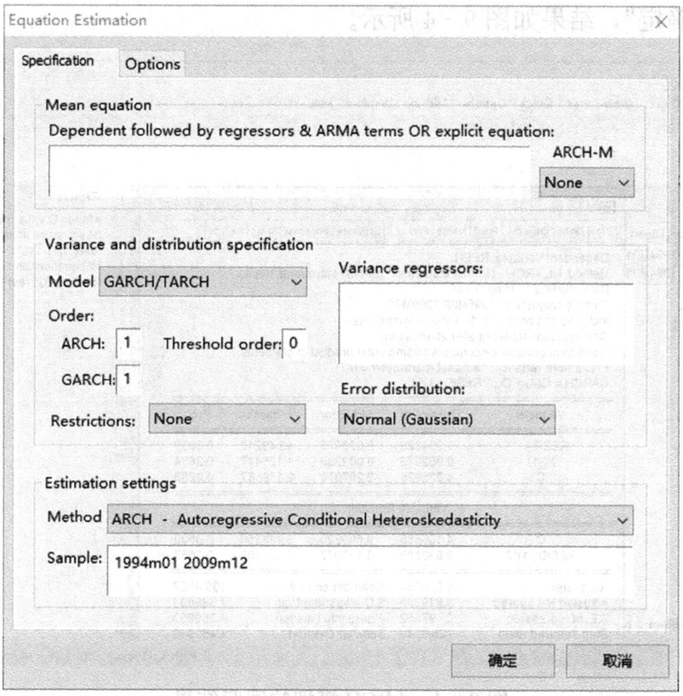

图 9-2　ARCH 模型的对话框

按照预先设定的模型形式，在图 9-2 中“Mean equation”部分的空白处输入“reer reer(−1) x(−1) c”；在“Model”中“ARCH”项后的空白处输入“1”，在“GARCH”项后的空白处输入“0”，结果如图 9-3 所示。

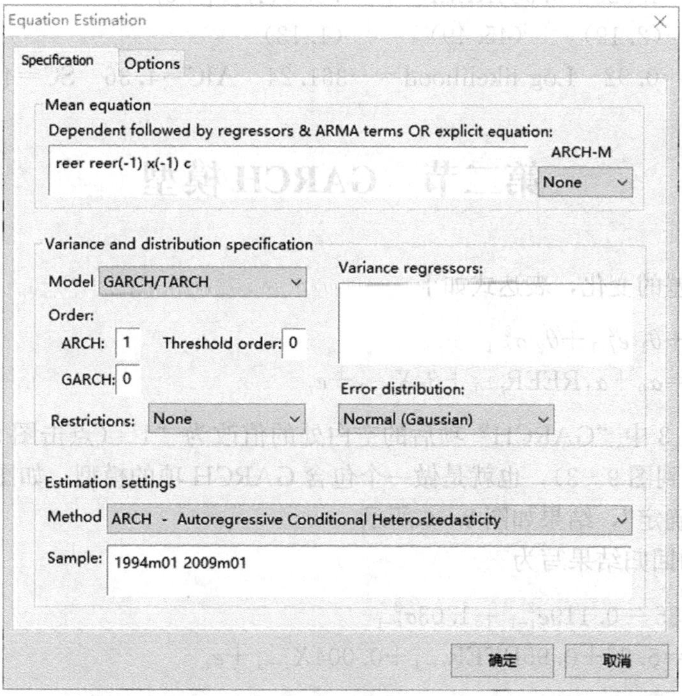

图 9-3　ARCH 模型的输入命令

然后单击“确定”，结果如图 9－4 所示。

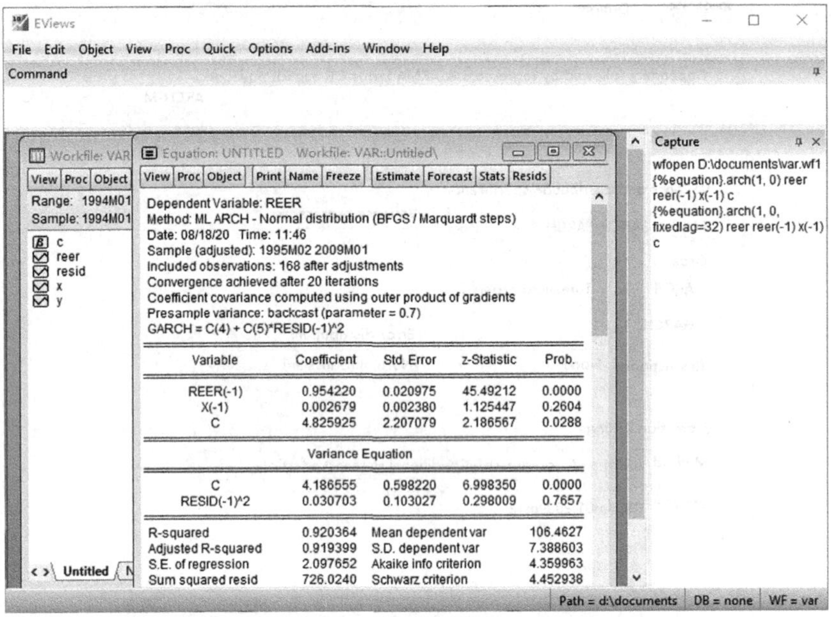

图 9－4　ARCH 模型的回归结果

回归结果写为

$$\sigma_t^2 = 4.1866 + 0.031\, e_{t-1}^2$$
$$(7.00)\quad (0.298)$$

$$\text{REER}_t = 4.826 + 0.954\text{REER}_{t-1} + 0.0027 X_{t-1} + e_t$$
$$(2.19)\qquad (45.49)\qquad (1.13)$$

Adj. R^2＝0.92　Log likelihood＝－361.24　AIC＝4.36　SC＝4.45　DW＝1.94

第二节　GARCH 模型

假定考察方差的变化，表达式如下

$$\sigma_t^2 = \omega + \theta_1 e_{t-1}^2 + \theta_2 \sigma_{t-1}^2$$
$$\text{REER}_t = \alpha_0 + \alpha_1 \text{REER}_{t-1} + \beta_1 X_{t-1} + e_t$$

现在把图 9－3 中“GARCH”项后的空白处的值改为“1”（点击图 9－4 方程窗口的“Estimate”即回到图 9－3），也就是做一个包含 GARCH 项的模型，如图 9－5 所示。

然后单击“确定”，结果如图 9－6 所示。

图 9－6 中的回归结果写为

$$\sigma_t^2 = 0.35 - 0.119 e_{t-1}^2 + 1.03 \sigma_{t-1}^2$$
$$\text{REER}_t = 5.27 + 0.95\text{REER}_{t-1} + 0.004 X_{t-1} + e_t$$

其余检验指标从略。

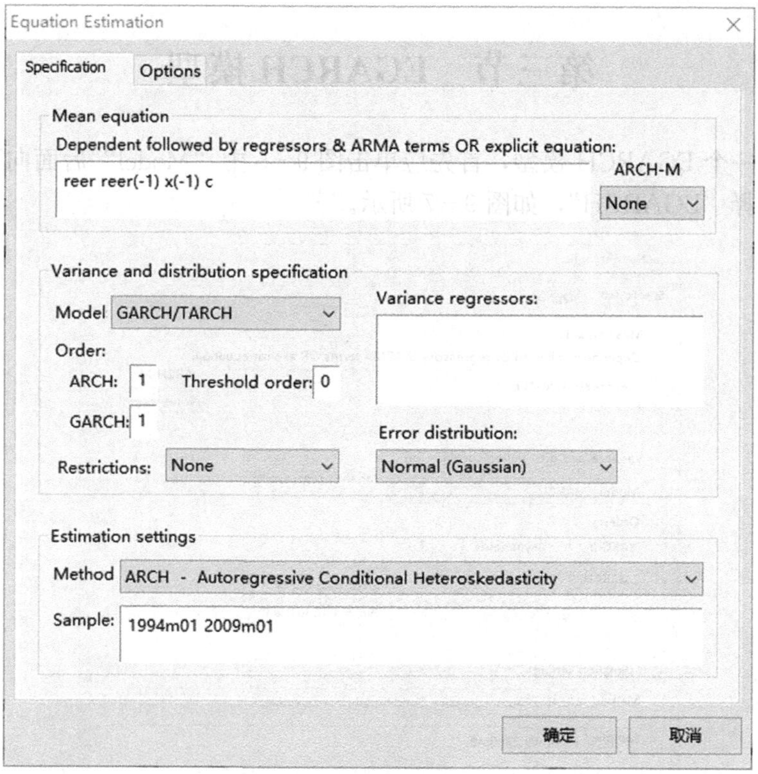

图 9-5　GARCH 模型的输入命令

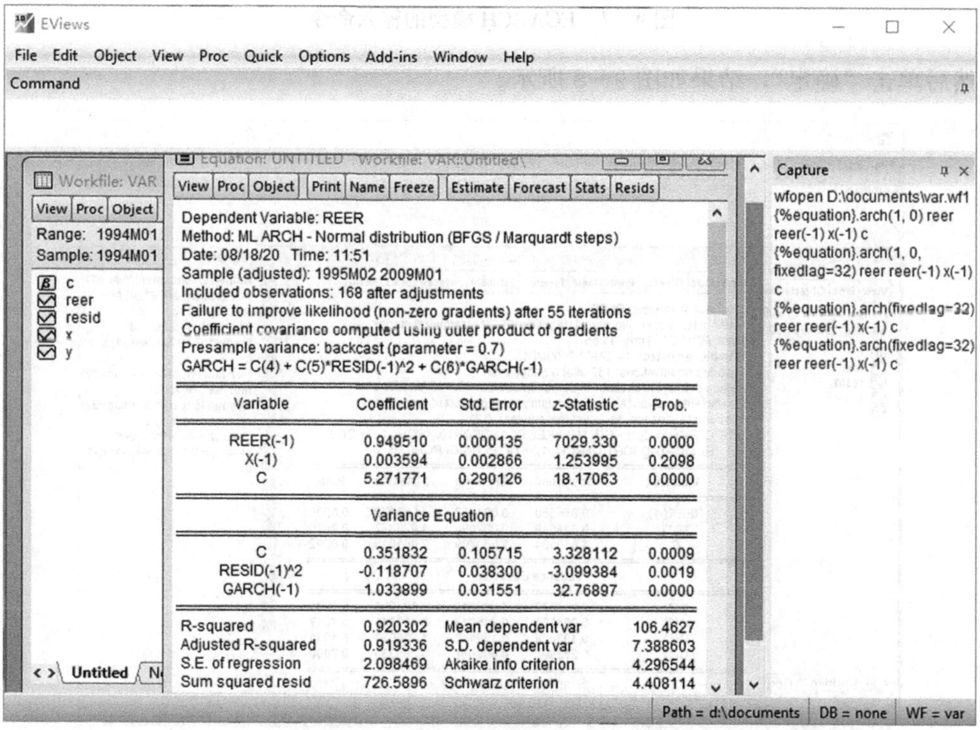

图 9-6　GARCH 模型的回归结果

第三节　EGARCH 模型

如果想做一个 EGARCH 模型，首先应单击图 9－5 中“Model”后面向下的箭头，在下拉菜单中选择“EGARCH”，如图 9－7 所示。

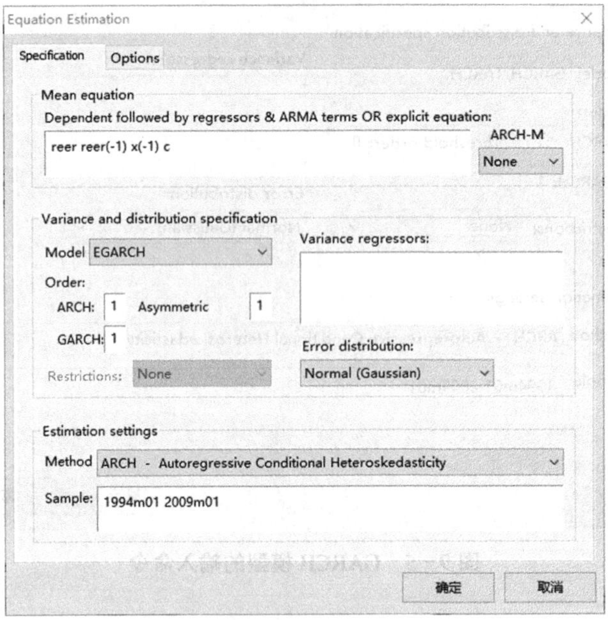

图 9－7　EGARCH 模型的输入命令

然后单击“确定”，结果如图 9－8 所示。

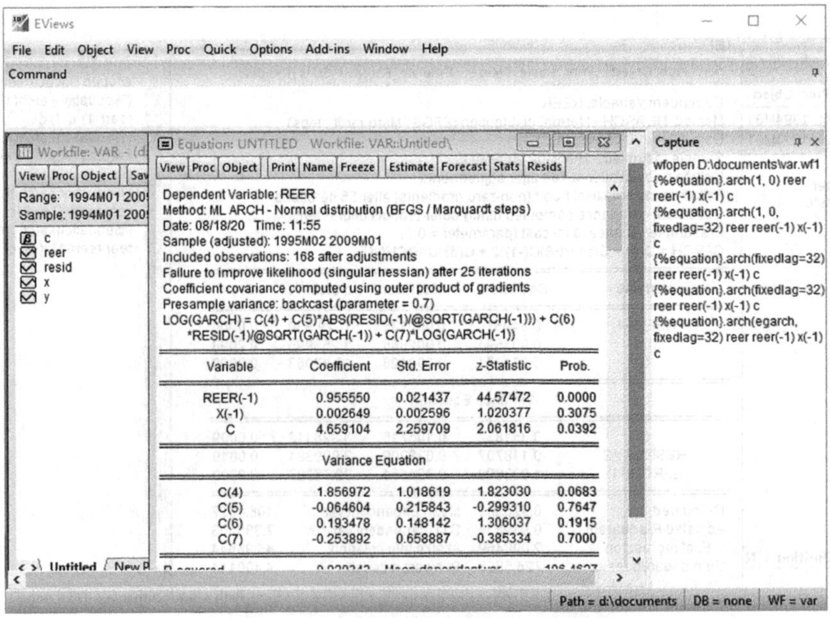

图 9－8　EGARCH 模型的回归结果

上述回归结果写为

$$\log \sigma_t^2 = 1.857 - 0.0646\left|\frac{e_{t-1}}{\sigma_{t-1}}\right| + 0.193\frac{e_{t-1}}{\sigma_{t-1}} - 0.254\log \sigma_{t-1}^2$$

$$\mathrm{REER}_t = 4.659 + 0.9556\mathrm{REER}_{t-1} + 0.0026X_{t-1} + e_t$$

其余检验指标从略。

第四节　PARCH 模型

想做一个 PARCH 模型，首先应单击图 9－7 中“Model”后面向下的箭头，在下拉菜单中选择“PARCH”，如图 9－9 所示。

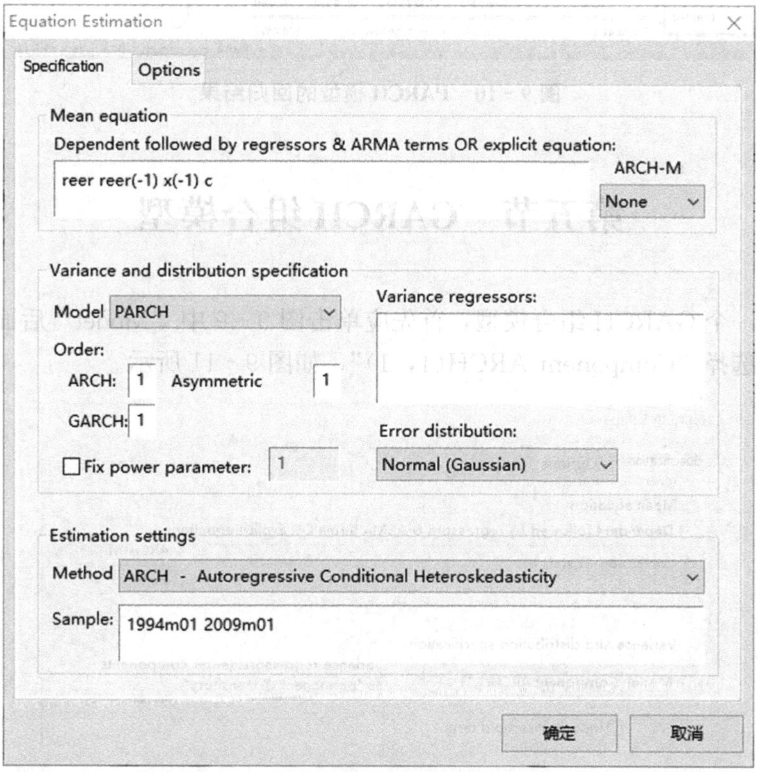

图 9－9　PARCH 模型的输入命令

然后单击“确定”，结果如图 9－10 所示。

图 9－10 中的回归结果写为

$$\sqrt{(\sigma_t^2)^{0.988}} = 2.4976 - 0.0889\left|e_{t-1} - 0.999999e_{t-1}\right|^{0.988} - 0.15\sqrt{(\sigma_{t-1}^2)^{0.988}}$$

$$\mathrm{REER}_t = 4.43 + 0.957\mathrm{REER}_{t-1} + 0.0027X_{t-1} + e_t$$

其余检验指标从略。

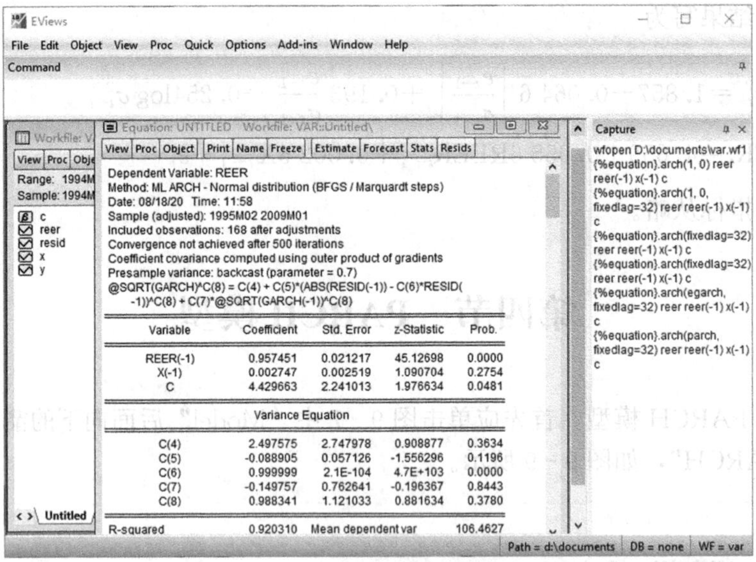

图 9-10　PARCH 模型的回归结果

第五节　GARCH 组合模型

如果想做一个 GARCH 组合模型，首先应单击图 9-9 中“Model”后面向下的箭头，在下拉菜单中选择“Component ARCH(1，1)”，如图 9-11 所示。

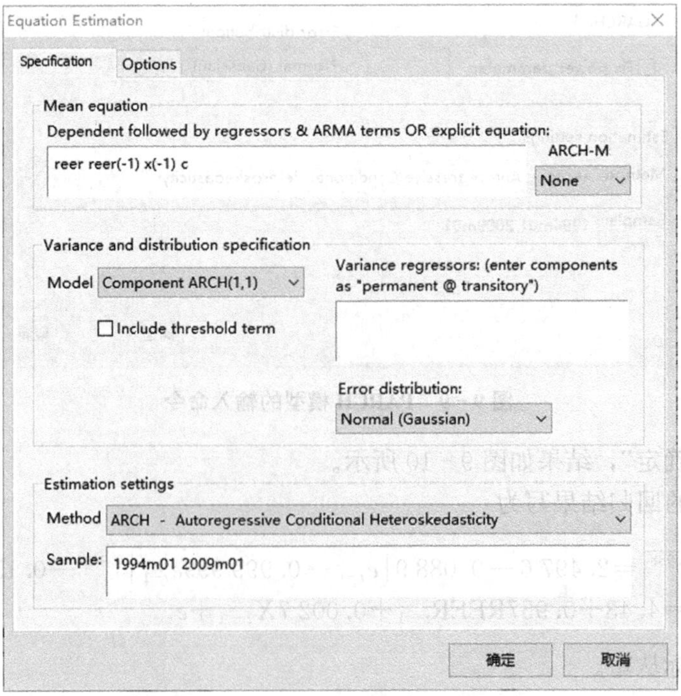

图 9-11　GARCH 组合模型的输入命令

然后单击“确定”，结果如图 9－12 所示。

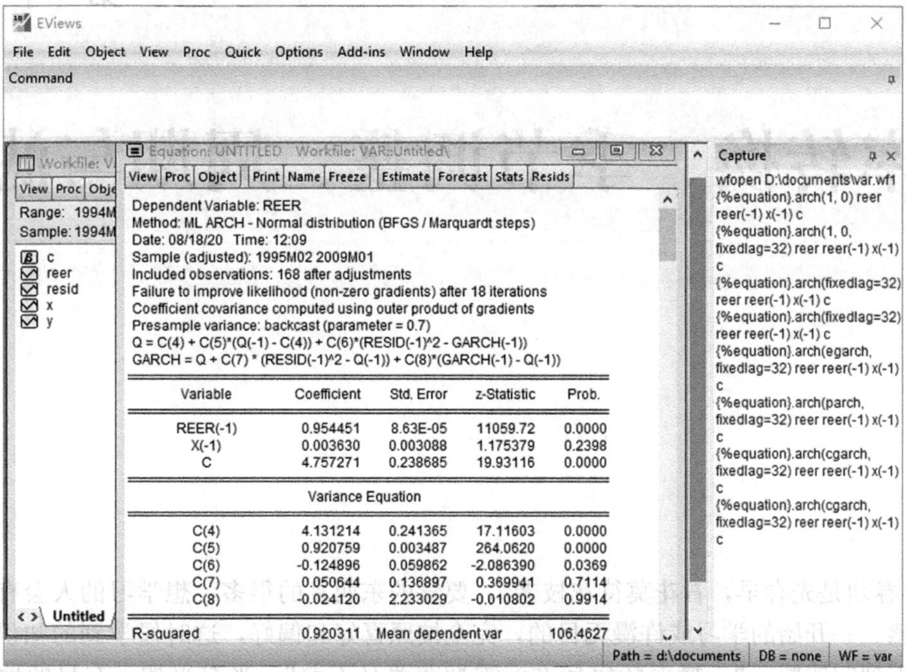

图 9－12　GARCH 组合模型的回归结果

上述回归结果写为

$$\sigma_t^2 = Q_t + 0.050\,64(e_{t-1}^2 - Q_{t-1}) - 0.024(\sigma_{t-1}^2 - Q_{t-1})$$

$$Q_t = 4.131 + 0.921(Q_{t-1} - 4.131) - 0.125(e_{t-1}^2 - \sigma_{t-1}^2)$$

$$\mathrm{REER}_t = 4.757 + 0.954\,5\mathrm{REER}_{t-1} + 0.003\,63X_{t-1} + e_t$$

其余检验指标从略。

至此，我们对主要的 GARCH 族模型都已做了简单介绍。

有了之前的基础，现在计量建模的感觉正是：“嘈嘈切切错杂弹，大珠小珠落玉盘”。

莫道桑榆晚，为霞尚满天。

第十章

频率转换、季节调整、周期与滤波

“寻春须是先春早，看花莫待花枝老”。要学的东西真的很多，想学习的人会有饥饿感和充实感。一开始的学习或许漫无目的，完全按照喜好和偏好，这时候学到的知识有些零散，找不到归属感：“云横秦岭家何在？雪拥蓝关马不前”。当有兴趣、有目的地去学习时，会大大提高学习的效率。

陟彼南山，言采其薇。未见君子，我心伤悲。

第一节　频率转换

有时候人们无法得到所需要的数据。比如，想要某一变量的季度数据，但是只有年度数据；或者想要月度数据，但是只有季度数据；等等。如果没有所需要的数据，就无法进行实证来检验所设定的理论模型，也就不能解释清楚所要说明的问题。

这种问题的处理方法就是利用计量经济学里的数据频率转换——低频数据与高频数据的相互转换问题。

忽如一夜春风来，千树万树梨花开。

一、低频数据向高频数据的转换

假如我们想使用英国 GDP 长序列季度或者月度数据，可是翻遍所有资料仍然无法得到，这时，就需要利用已知的年度数据进行频率转换。

按照自身需求，首先在 EViews 10.0 中建立一个新工作文件，其样本区间为 1830—2009 年，变量名称为 YGDP，如图 10－1 所示。

右键单击工作文件窗口下方的“Untitled”，在出现的下拉菜单中选择“Rename

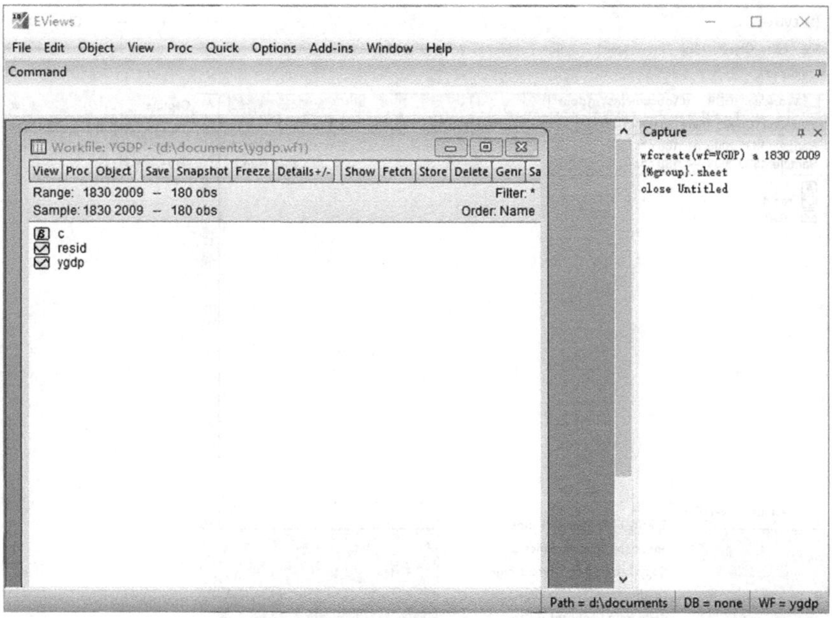

图 10－1　英国年度 GDP 数据（1830—2009 年）工作文件

Workfile Page”，在新窗口中输入“Annual”，然后单击“OK”，结果如图 10－2 所示。

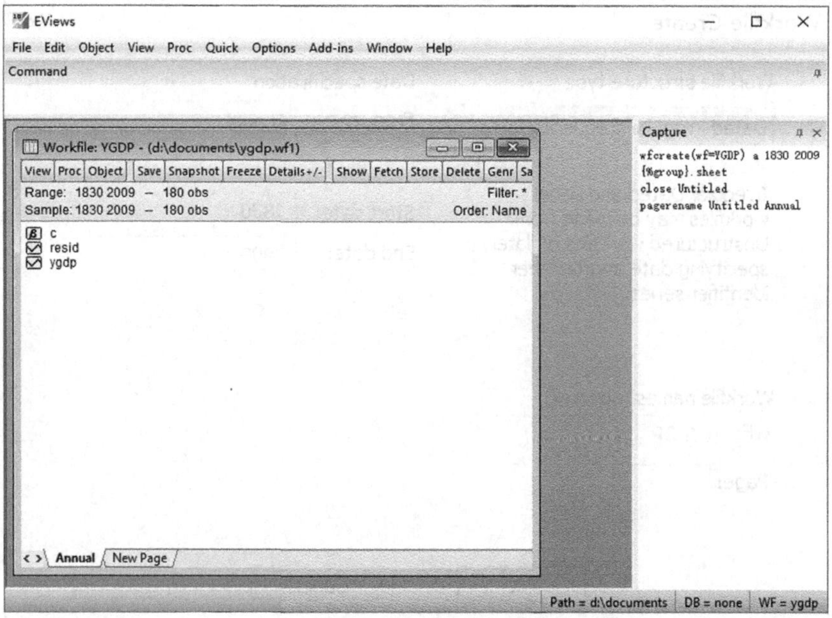

图 10－2　页面重命名

如果想把英国年度 GDP 数据转换成季度和月度数据，首先单击图 10－2 工作文件窗口下方工具栏部分的“New Page”，出现下拉菜单，其中有一项为“Specify by Frequency/Range…”，如图 10－3 所示。

单击“Specify by Frequency/Range…”选项，出现创建工作文件页面窗口，如图 10－4 所示。

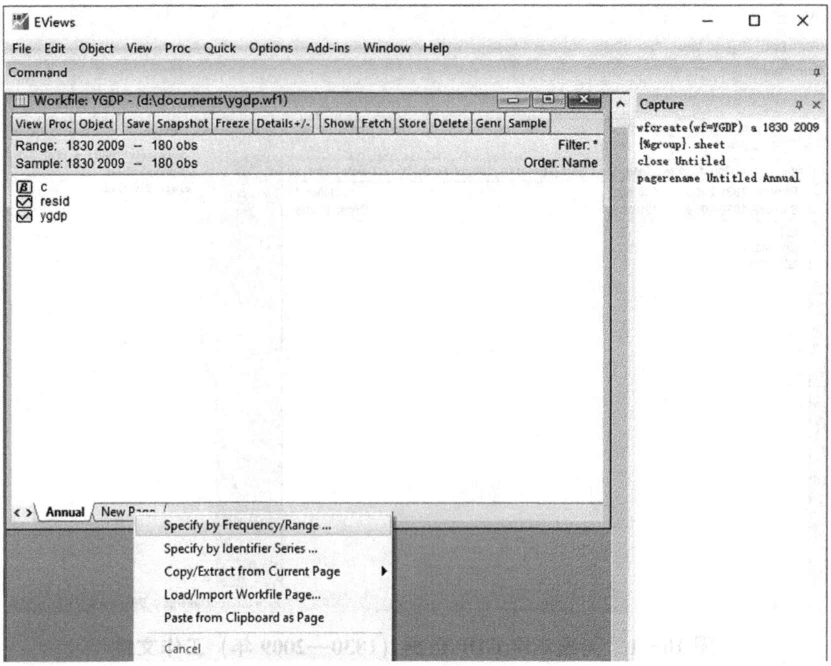

图 10-3　频率转换命令的入口

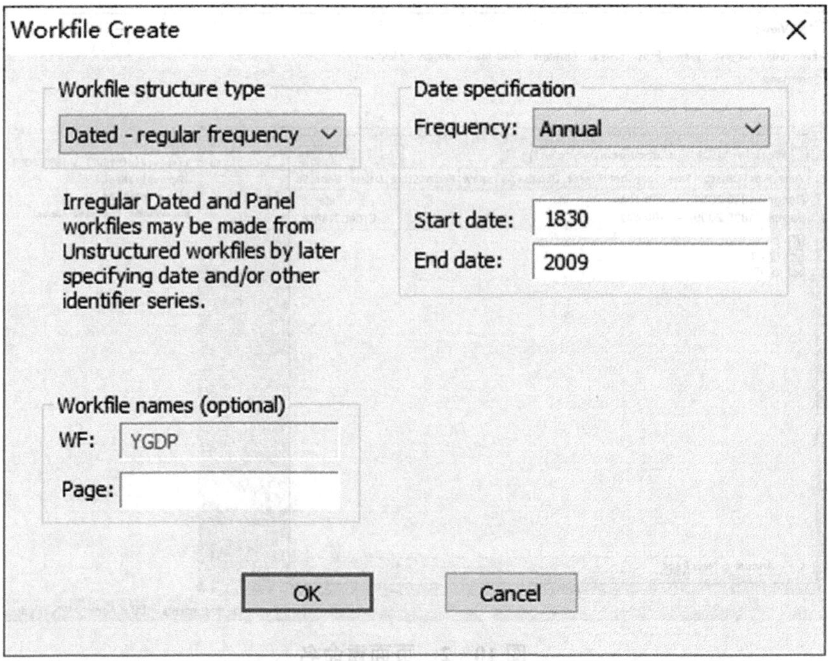

图 10-4　创建新的工作文件

在图 10-4 中，因为要进行频率转换，如进行年度数据向季度数据的转换，所以在“Date specification”部分中的“Frequency”的下拉菜单中选择“Quarterly”项，在“Workfile names (optional)”部分的“Page”中输入“Quarterly”，然后单击“OK”，结果如图 10-5 所示。

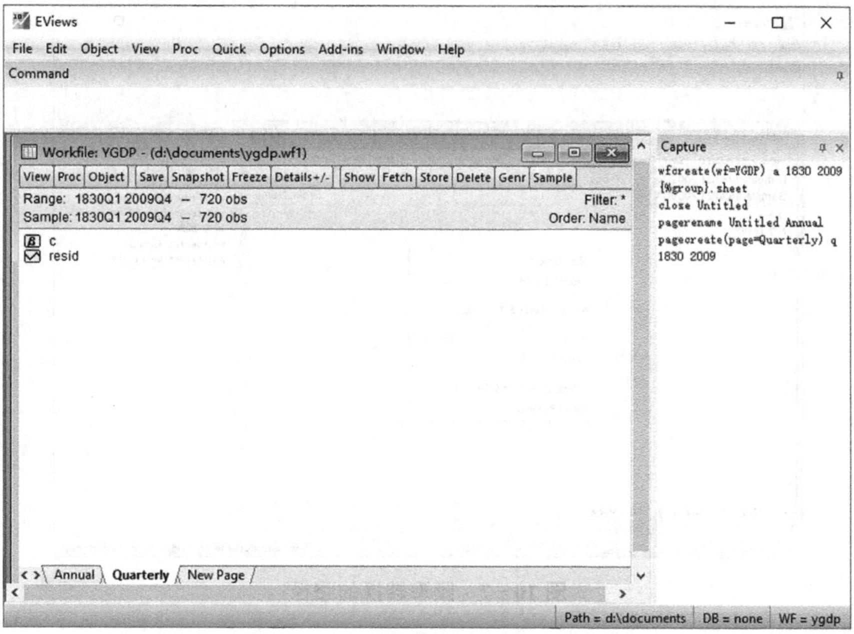

图 10－5　创建季度数据工作页面

单击图 10－5 窗口下方的数据工作页面中的“Annual”，选择“YGDP”，右键单击出现菜单，其中有一选项为“Copy”，如图 10－6 所示。

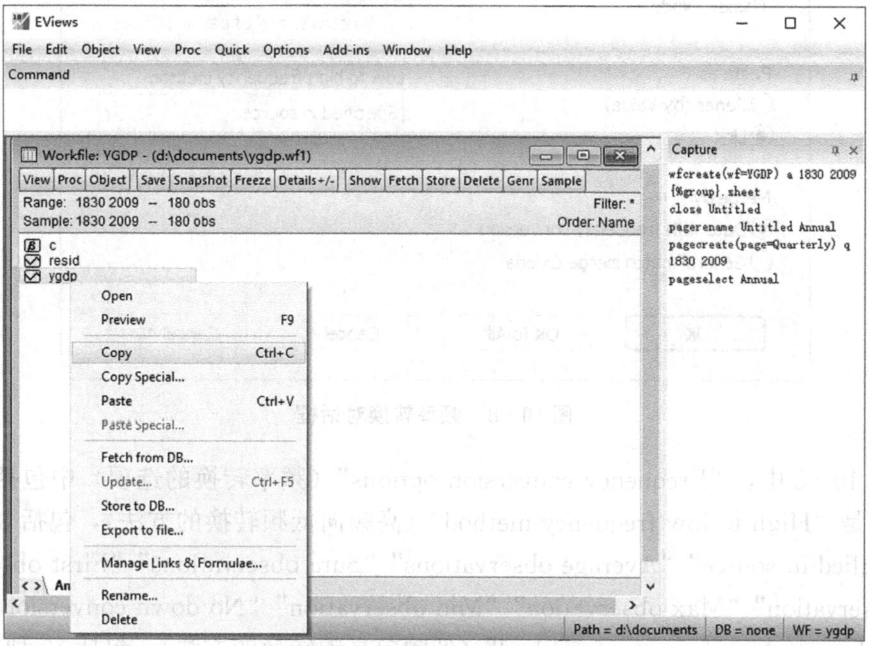

图 10－6　年度数据的复制

单击“Copy”选项后，再单击图 10－6 窗口下方数据工作页面中的“Quarterly”。在“Quarterly”页面的空白处单击鼠标右键，在出现的下拉菜单中单击“Paste Special…”，弹出对话框，如图 10－7 和图 10－8 所示。

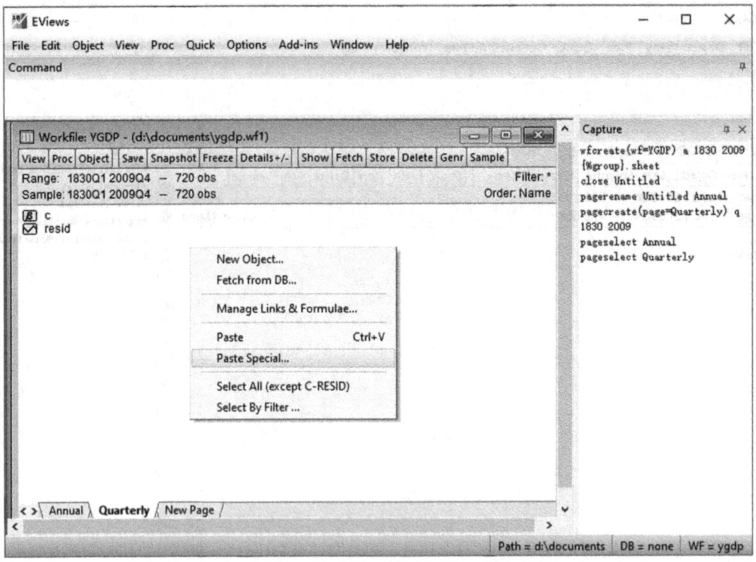

图 10-7 频率转换的路径

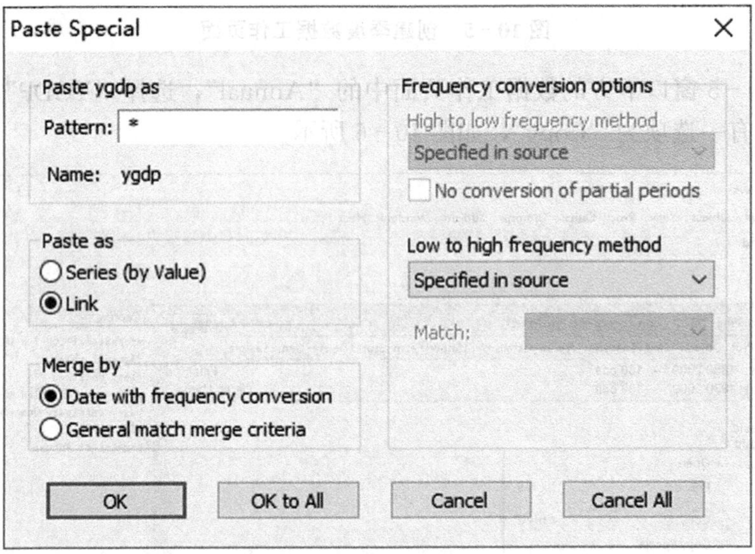

图 10-8 频率转换对话框

在图 10-8 中，“Frequency conversion options”（频率转换的选项）中包括两部分：第一部分是“High to low frequency method”（高频向低频转换的方法），包括 8 种方法，即“Specified in source”“Average observations”“Sum observations”“First observation”“Last observation”“Max observation”“Min observation”“No down conversions”；第二部分是“Low to high frequency method”（低频向高频转换的方法），包括 10 种方法，即“Specified in source”“Constant”“Quadratic”“Linear”“Cubic”“Point”“Denton”“Chow-Lin”“Litterman”“No up conversions”。

由于要将年度数据转化为季度数据，因此，其属于“Low to high frequency method”。这样，不改变“Frequency conversion options”中的第一部分，而在第二部分中选择

“Quadratic”，在“Match”项后选择“Average”，如图10－9所示。（这里需要注意，选择哪种方法较好，由研究对象决定，其结果应该符合当时所在的经济背景和环境。如有违背，则可考虑换一种频率转换的计算方法，或者尝试多种方法的计算结果，从中选择与当时的时代背景基本一致的结果，这方面需要较深厚的经济史学功底。）

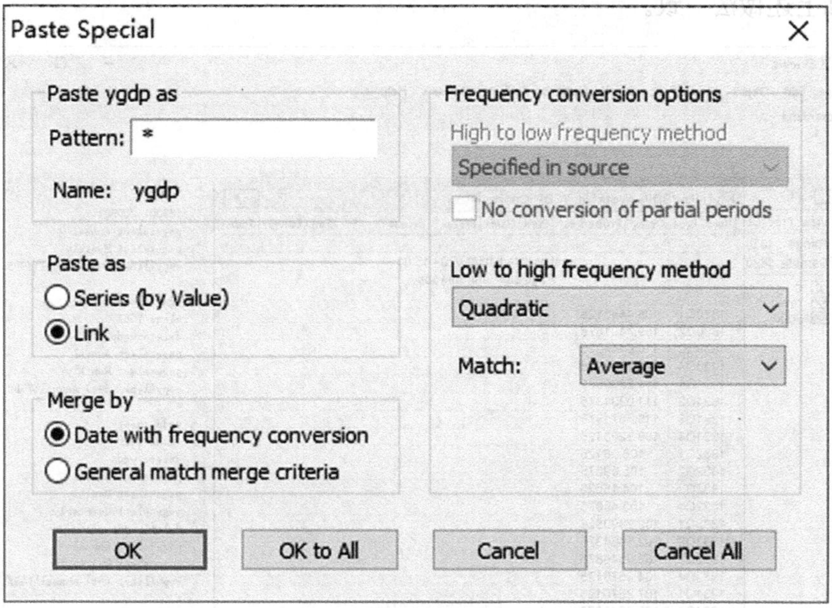

图10－9 低频向高频数据转换的命令选择

然后单击“OK”，结果如图10－10所示。

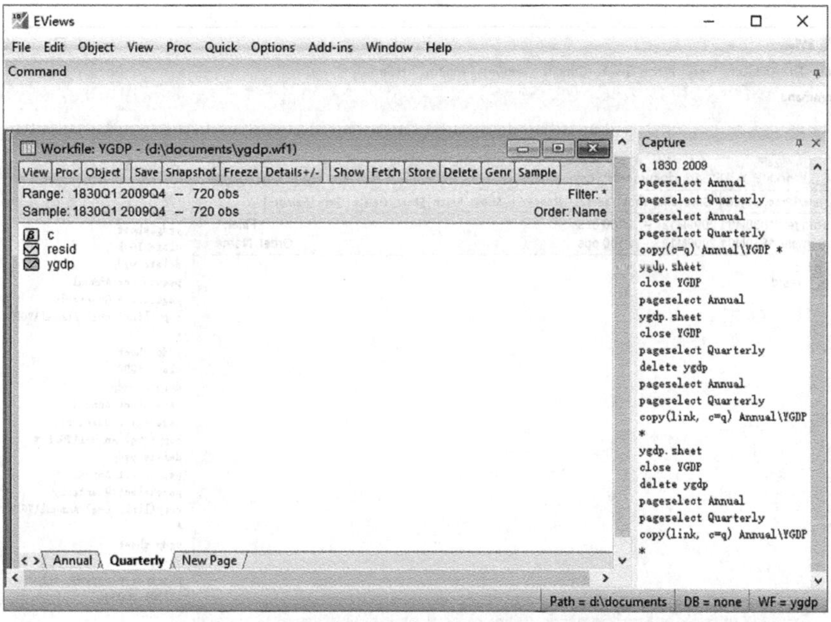

图10－10 频率转换后的YGDP季度数据名称窗口

鼠标左键双击图 10 - 10 中的"YGDP"（该变量在 EViews 10.0 中前面的图标颜色为红色，以区别于频率转换前的 YGDP），就能看到频率转换后的 YGDP 季度数据，结果如图 10 - 11 所示。

同样的道理，可以将 YGDP 的月度数据转换出来，结果如图 10 - 12 至图 10 - 15 所示，程序和上述做法一致。

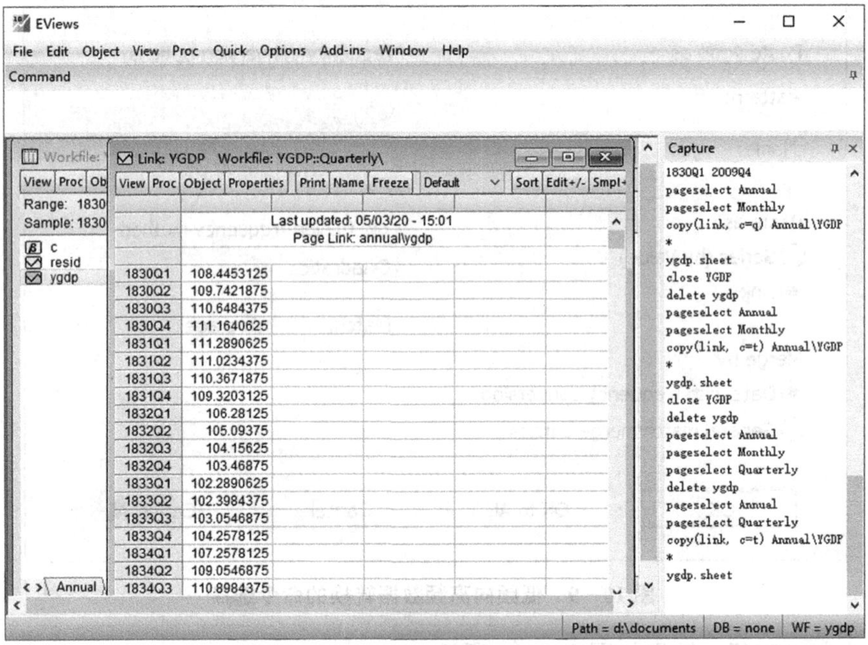

图 10 - 11　频率转换后的 YGDP 季度数据

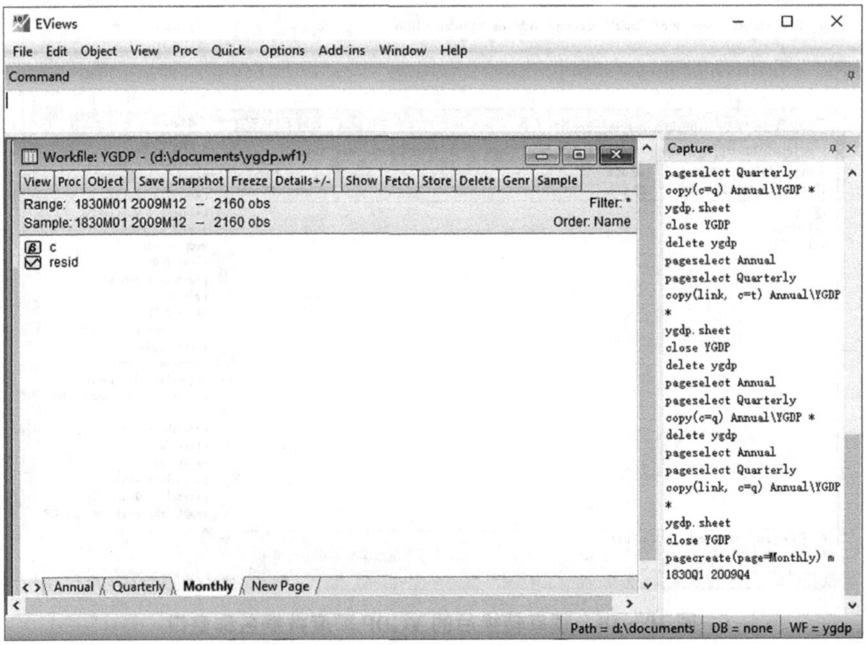

图 10 - 12　创建月度数据工作页面

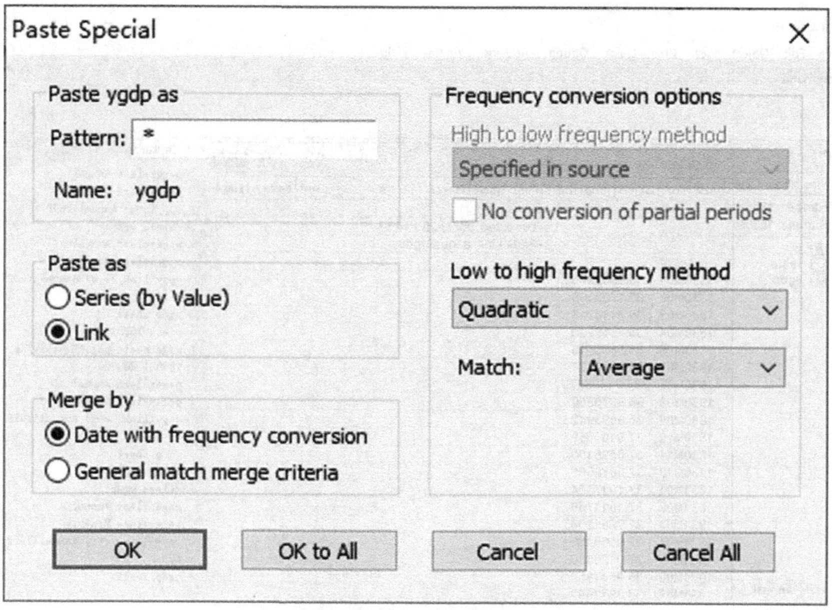

图 10-13　年度数据向月度数据转换的命令选择

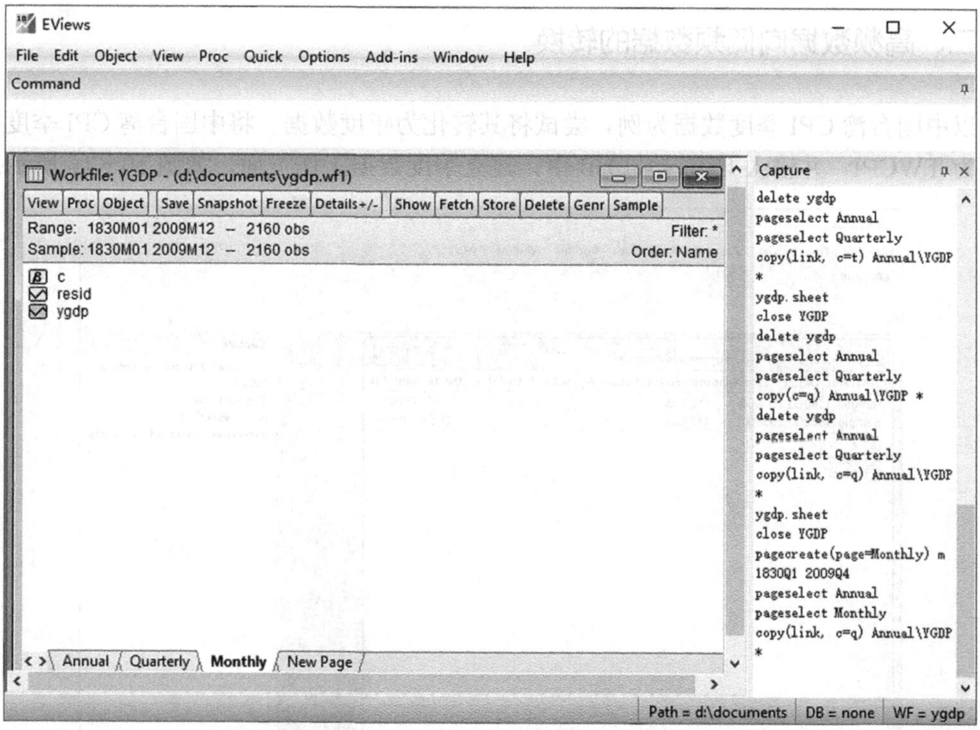

图 10-14　频率转换后的 YGDP 月度数据名称窗口

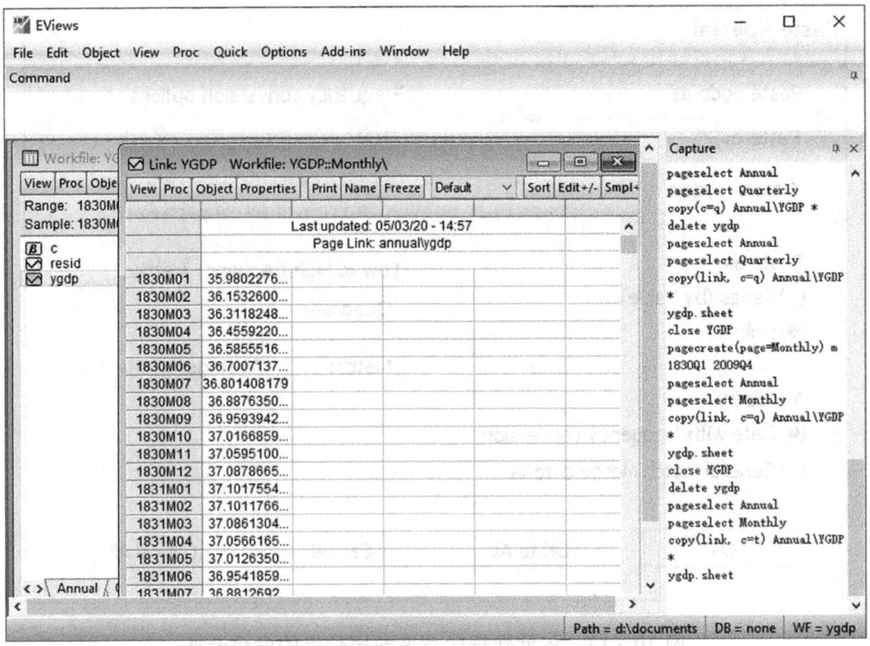

图 10-15 频率转换后的 YGDP 月度数据

二、高频数据向低频数据的转换

以中国台湾 CPI 季度数据为例，尝试将其转化为年度数据。将中国台湾 CPI 季度数据命名为 TWCPI，并输入 EViews 10.0 中，建立季度数据工作页面，如图 10-16 所示。

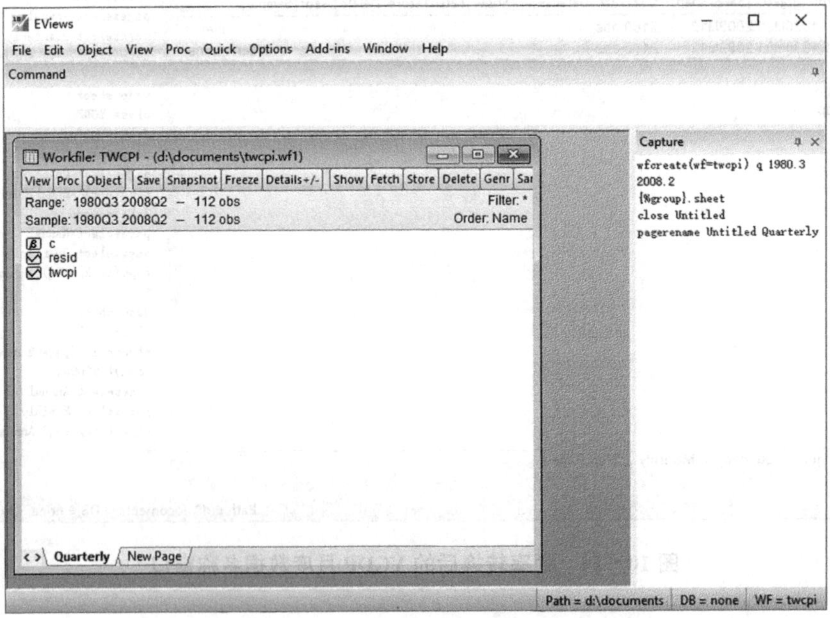

图 10-16 中国台湾 CPI 季度数据工作页面

然后将季度数据向年度数据转换（把季度数据页面下的季度数据名称复制、粘贴到年度数据页面下的空白处），如图 10 - 17、图 10 - 18 和图 10 - 19 所示。需要注意的是“Specify by Frequency/Range…”“Frequency”项下别忘记选择“Annual”。

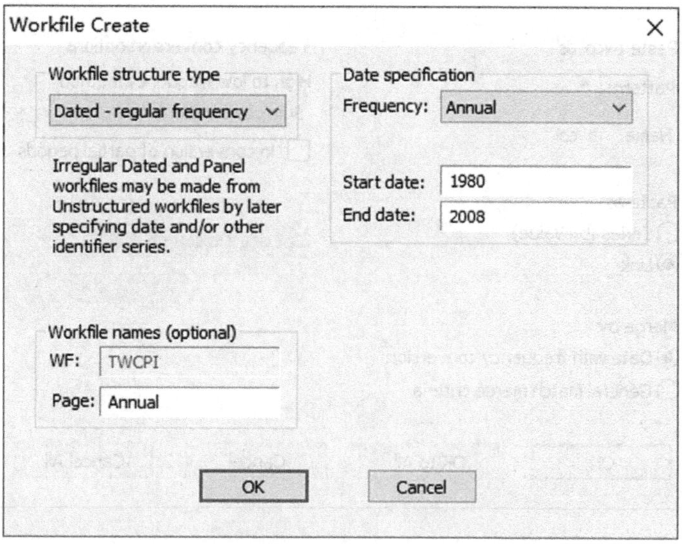

图 10 - 17　季度数据向年度数据转换的命令选择

在图 10 - 17 中，点击“OK”，结果如图 10 - 18 所示。

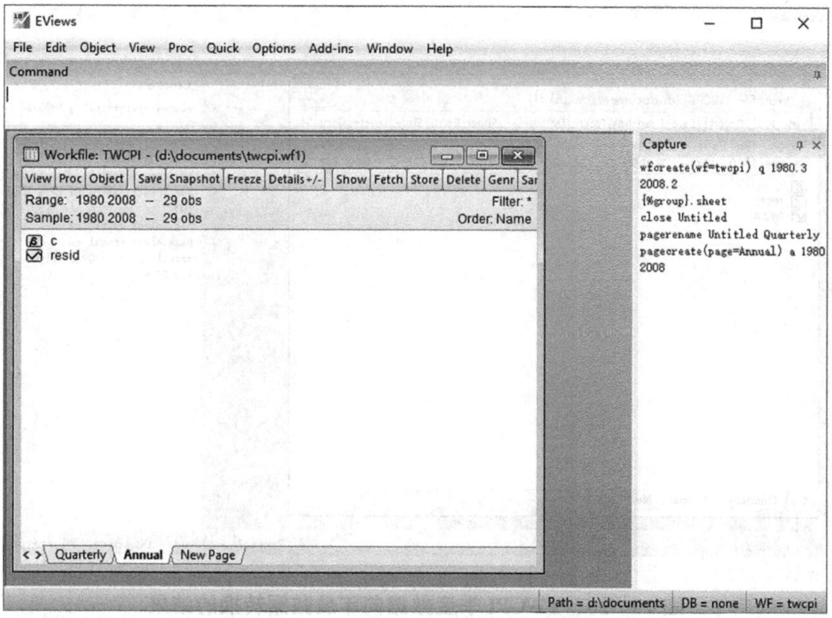

图 10 - 18　TWCPI 年度数据窗口的创建

在图 10－19 中，选择 "High to low frequency method" 中的 "Sum observations"（有 8 种方法可供选择），然后单击 "OK"，结果如图 10－20 所示。

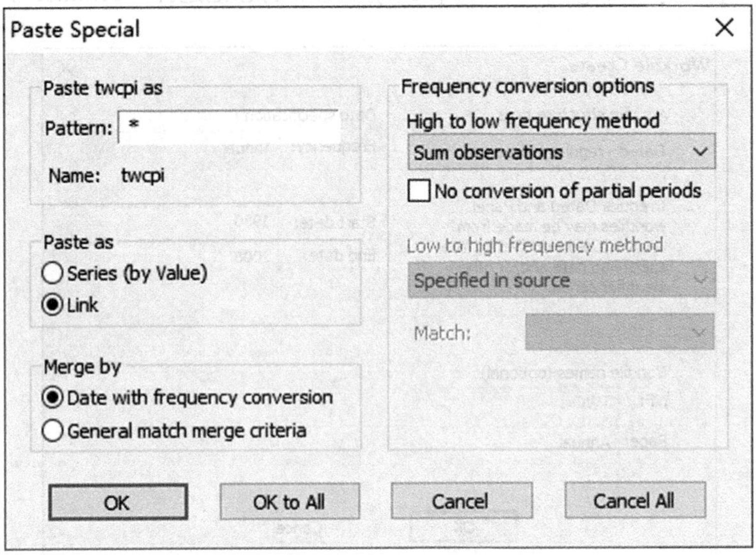

图 10－19 TWCPI 季度数据向年度数据转换的命令选择

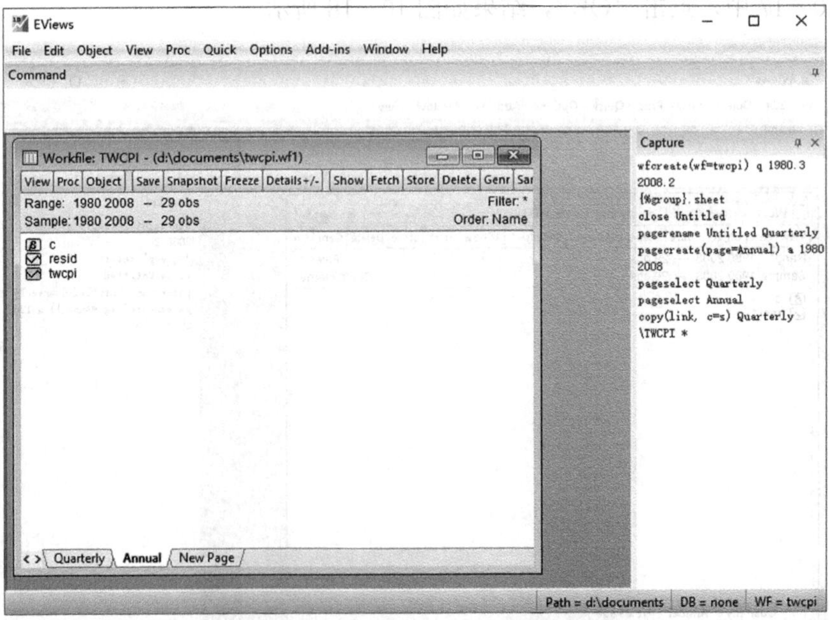

图 10－20 TWCPI 季度数据向年度数据转换的结果

然后打开数据窗口，直接得到频率转换后所需要的数据，如图 10－21 所示。

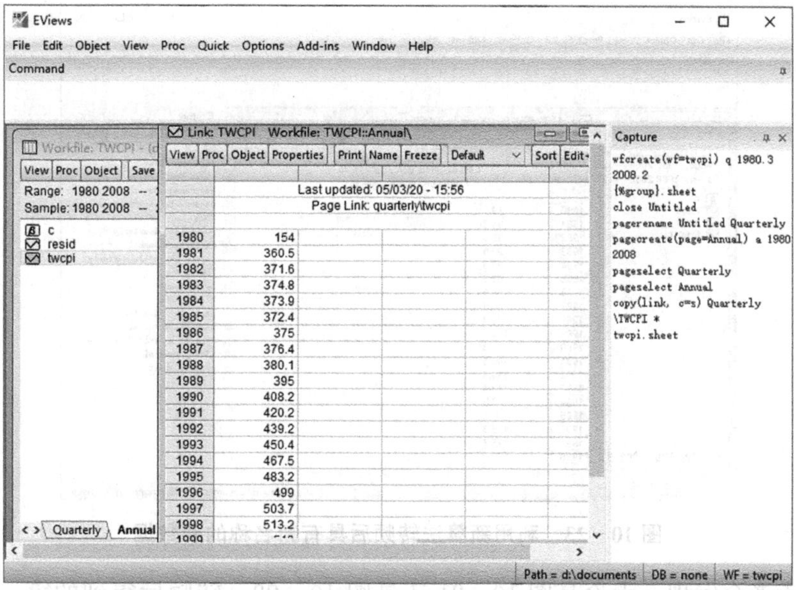

图 10－21　TWCPI 季度数据向年度数据转换后的数据

实际上，经过多次操作以后，我们对整个频率转换方法和过程就很熟悉了，有些内容可以根据自己的需要进行调整。对于图 10－20 所示界面的数据另存，在图 10－19 中“Paste twcpi as”项下的“Pattern”空白处输入“twndcpi”（中国台湾年度 CPI），以区别于季度数据中的同一指标的名称。同时，在“High to low frequency method”中选择“Last observation”。

单击“OK”按钮，结果如图 10－22 所示。

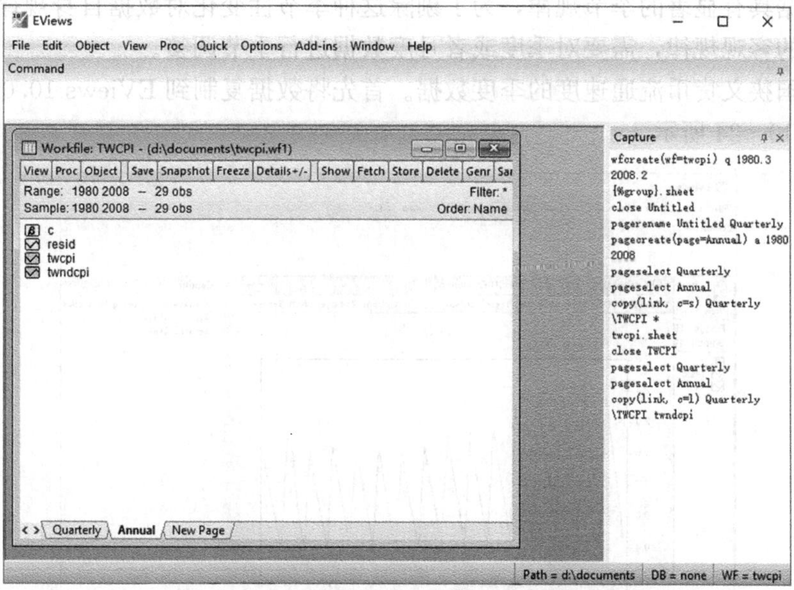

图 10－22　数据重新命名的频率转换后的窗口

鼠标左键双击新算法下得到的新数据的新名称，数据结果如图 10－23 所示。

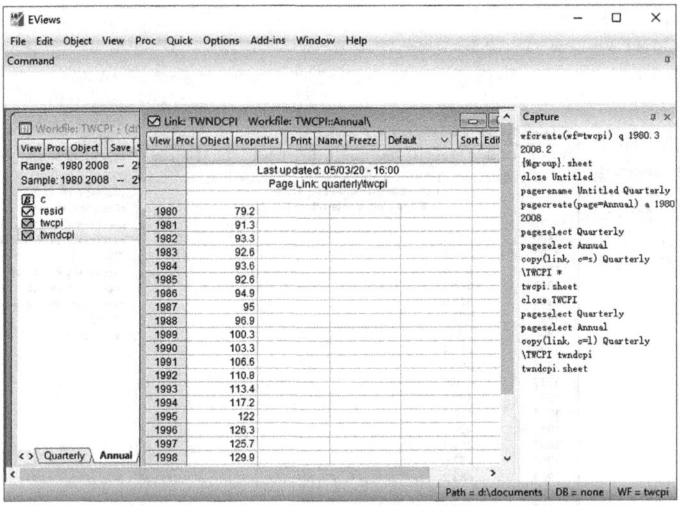

图 10－23　利用新算法转频后具有新名称的新数据

细心的读者会发现，无论是图 10－21 还是图 10－23，转频后得到的第一个年份数据都明显小于其他年份数据，这是因为我们选择的季度数据缺少 1980 年的前两个季度，这是由计算过程导致的。这给数据转频提出了一个基本要求，即转频前的数据应是完整年度、季度和月度的，或者将不完整部分去掉。

第二节　季节调整

很多数据具有显著的季节规律，为了剔除这种季节性变化对数据自身规律的影响，还原经济数据的客观规律，需要对季度或者月度数据进行季节调整。

考察中国狭义货币流通速度的季度数据。首先将数据复制到 EViews 10.0 中，作出其图形，如图 10－24 所示。

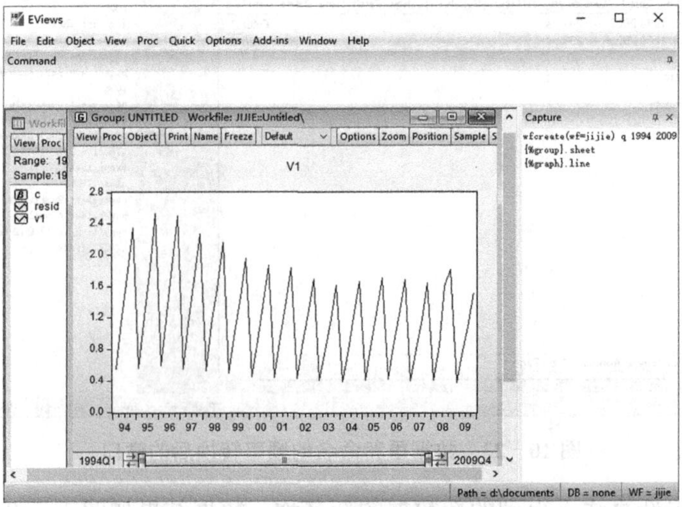

图 10－24　货币流通速度 V1 趋势图

从图 10-24 可以清晰地看出，每到第四季度 V1 就明显上升，这与中国最盛大的节日——春节将要来临，居民家庭和企事业单位普遍开始准备年货有关。为了剔除这种节日对货币流通速度的周期性影响，我们对 V1 使用季节调整方法进行调整。

首先打开数据窗口，如图 10-25 所示。

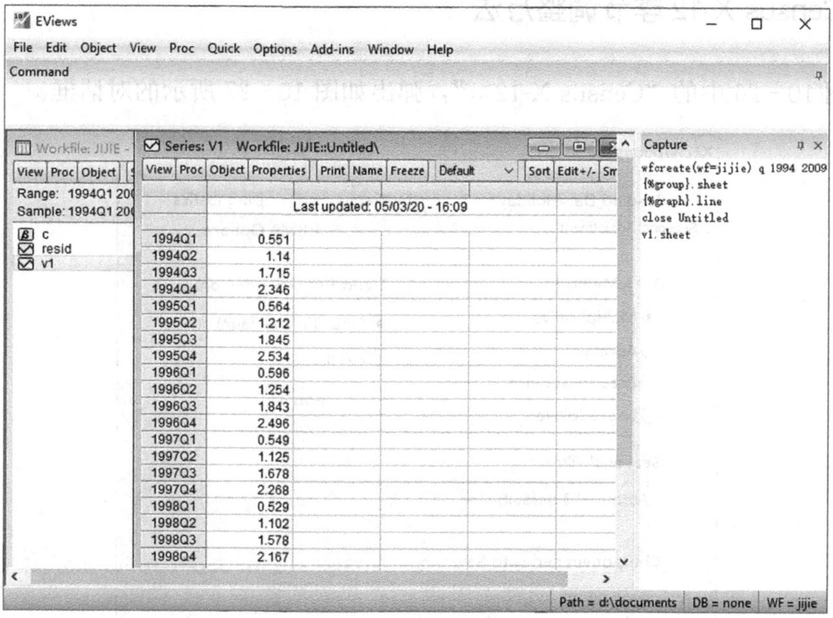

图 10-25 V1 的数据窗口

在数据窗口的工具栏中，单击“Proc”选项，出现下拉菜单，其中有一项为“Seasonal Adjustment”（季节调整）。将鼠标放到这里，会出现一个二级菜单，如图 10-26 所示。

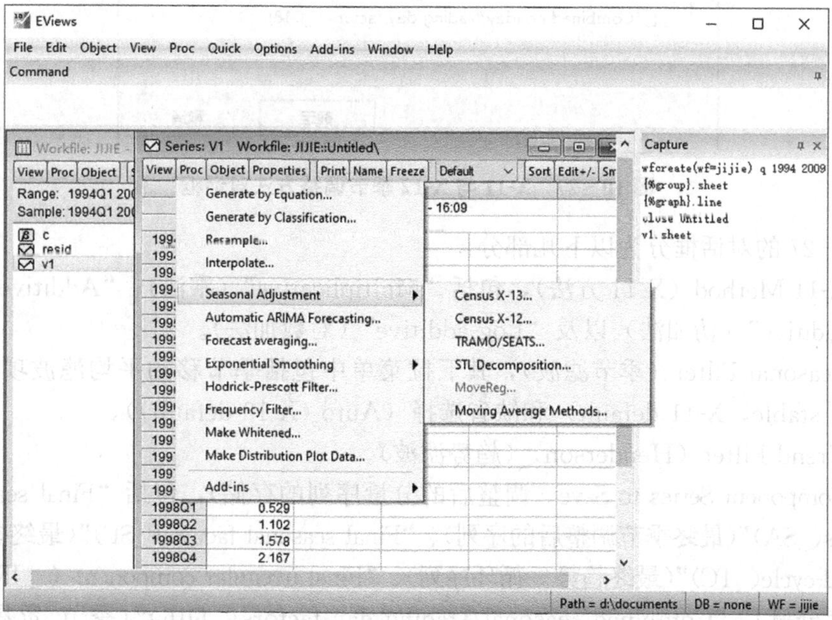

图 10-26 季节调整命令窗口

图 10-26 显示，“Seasonal Adjustment”（季节调整）有六种方法：“Census X-13…”“Census X-12…”“TRAMO/SEATS…”“STL Decomposition…”“MoveReg…”“Moving Average Methods…”。

一、Census X-12 季节调整方法

单击图 10-26 中的“Census X-12…”，弹出如图 10-27 所示的对话框。

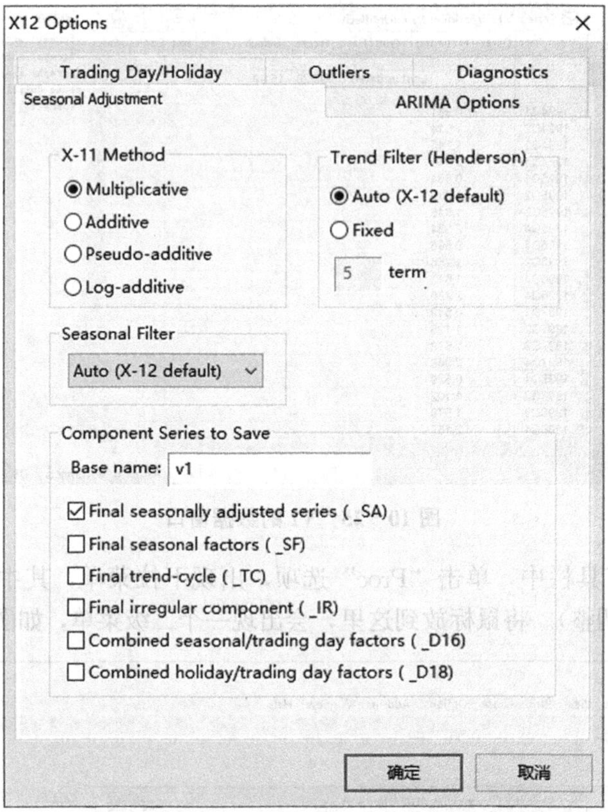

图 10-27　X-11 与 X-12 季节调整方法对话框

图 10-27 的对话框分为以下几部分：

（1）X-11 Method（X-11 方法），包括“Multiplicative”（乘法）、“Additive”（加法）、“Pseudo-additive”（伪加法）以及“Log-additive”（对数加法）。

（2）Seasonal Filter（季节滤波），其下拉菜单中包括季节移动平均滤波项数（1，3，5，9，15，stable，X-11 default）和缺省选择（Auto（X-12 default））。

（3）Trend Filter（Henderson）（趋势滤波）。

（4）Component Series to Save（调整后的分量序列的存储），包括“Final seasonally adjusted series(_SA)”(最终季节调整后的序列)、“Final seasonal factors(_SF)”(最终季节因子)、“Final trend-cycle(_TC)”(最终趋势—循环序列)、“Final irregular component（_IR）”（最终不规则要素分量)、“Combined seasonal/trading day factors(_D16)”(季节/贸易日因子)、“Combined holiday/trading day factors（_D18）”（假日/贸易日因子)。

对于上述情形，采用默认选择，直接单击“确定”，结果如图 10－28 所示。

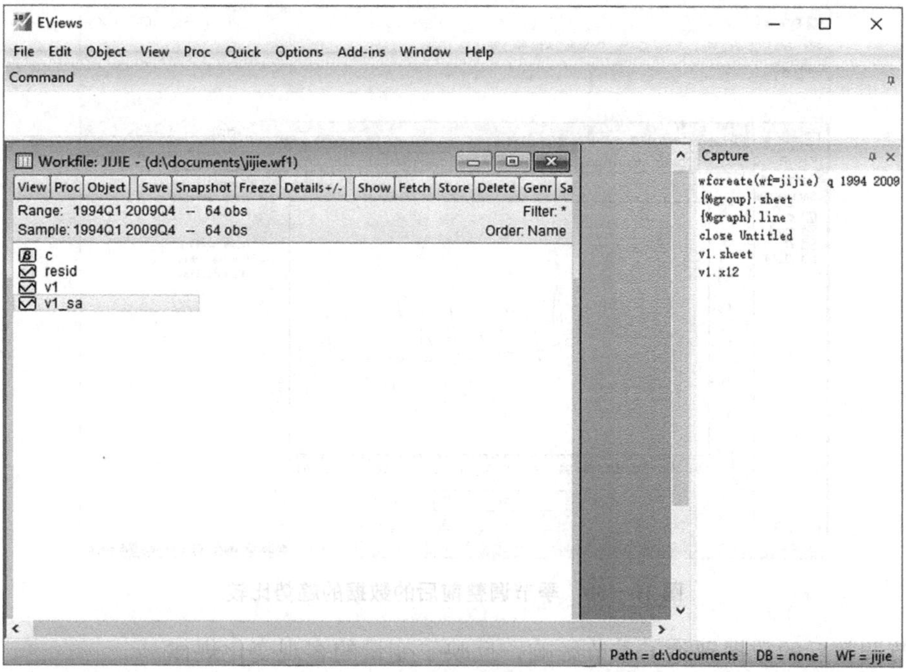

图 10－28　季节调整后的序列

在图 10－28 的窗口中，双击打开“V1 _ SA”序列，如图 10－29 所示。

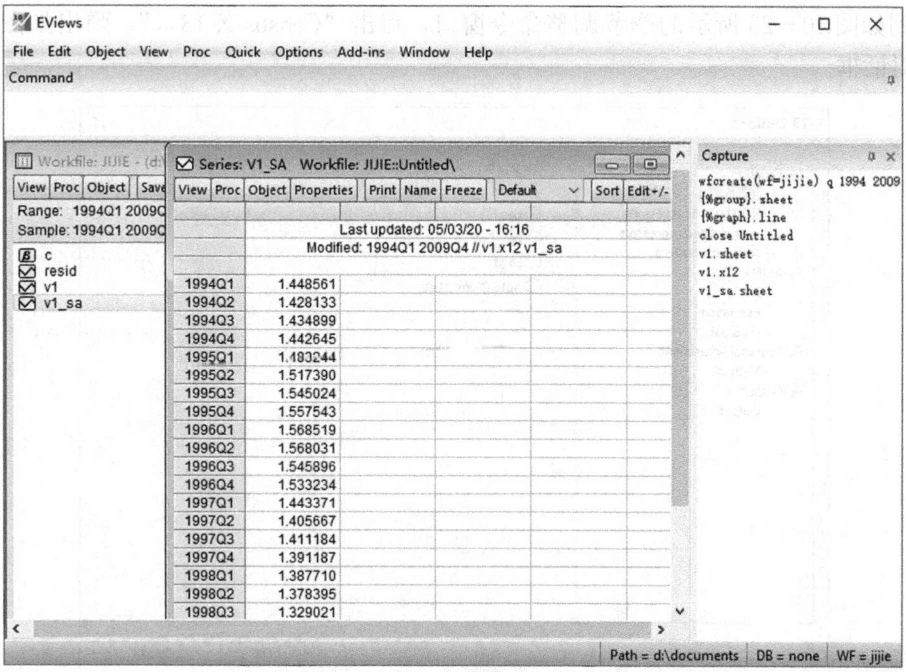

图 10－29　季节调整后的序列的数据

同时打开 V1 和 V1 _ SA 数据，并作出趋势图，结果如图 10 - 30 所示。

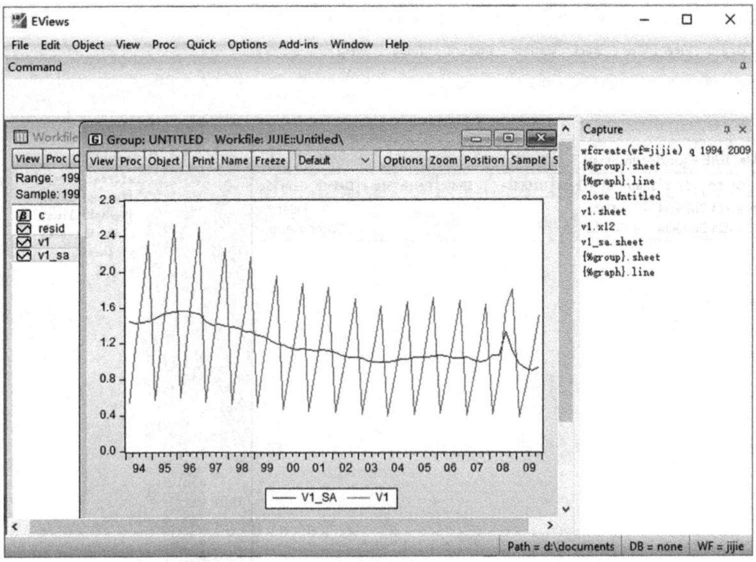

图 10 - 30　季节调整前后的数据的趋势比较

季节调整后的数据剔除了季节影响，反映了变量的客观变化规律。

二、Census X-13 季节调整方法

回到如图 10 - 26 所示的季节调整命令窗口，点击“Census X-13…”，弹出如图 10 - 31 所示的对话框。

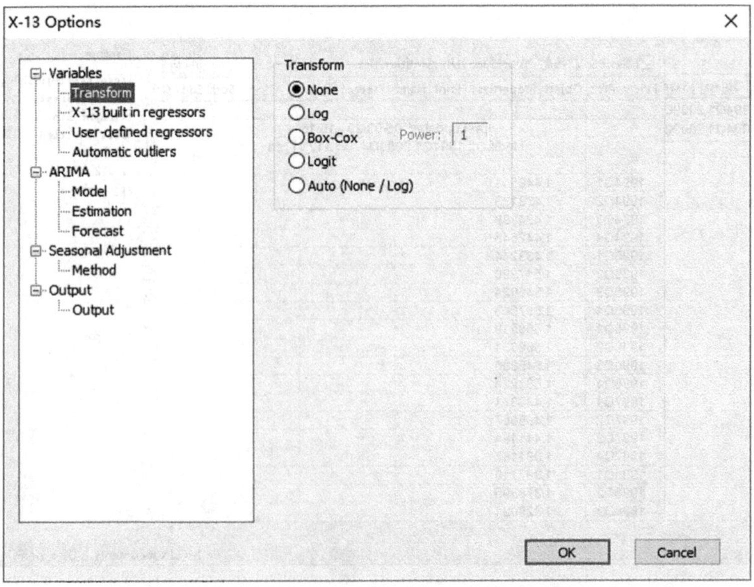

图 10 - 31　X-13 季节调整方法对话框

图 10－31 所示的对话框分为四部分。第一部分："Variables"（变量），比如点击"Transform"（数据变换），右边显示"Transform"，包括"None"（无数据变换）、"Log"（对数变换）、"Box-Cox"（博克斯-考克斯变换）、"Logit"（Logit 变换）、"Auto（None/Log）"（由程序决定是否进行数据变换）。第二部分："ARIMA"（选择 ARIMA 模型），包括"Model"（点击它变蓝色后右边会有具体条目显示，如第一部分所示）、"Estimation"和"Forecast"。第三部分是"Seasonal Adjustment"（季节调整）。第四部分是"Output"，包括："Seasonally adjusted（_D11）"（季节调整序列）、"Trend（_D12）"（趋势序列）、"Seasonal factors（_D10）"（季节因子）、"Irregular component（_D13）"（不规则的组合）。假设我们做 X-13 方法的季节调整都用缺省选择，结果如图 10－32 所示。

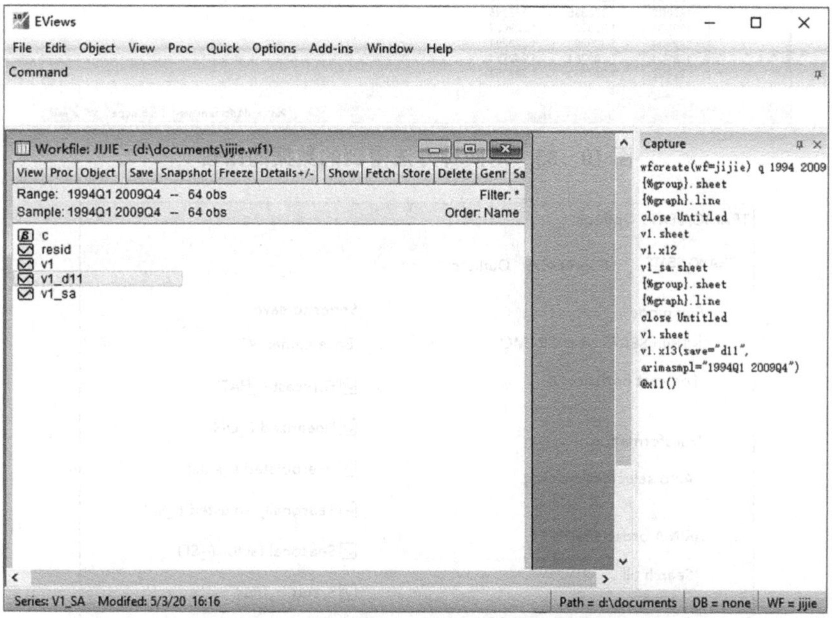

图 10－32　X-13 方法季节调整后的序列

从图 10－32 可以看出，V1 _ SA 表示用 X-12 方法季节调整后的序列名称，V1 _ d11 表示用 X-13 方法季节调整后的序列名称。为了不混淆，或者更容易区分，可以修改名称（右键单击该变量名称，出现下拉菜单，点击"Rename"），如 V1 _ X12。需要注意的是：X-11 方法最少需要 4 个整年的数据，最多能调整 20 年的月度数据和 30 年的季度数据。

观察用两种方法得到的数据的区别，可以同时打开两个数据序列，如图 10－33 所示（有多种方法和结果可供选择）。

三、TRAMO/SEATS 季节调整方法

回到如图 10－26 所示的季节调整命令窗口，单击"TRAMO/SEATS…"，弹出如图 10－34 所示的对话框。

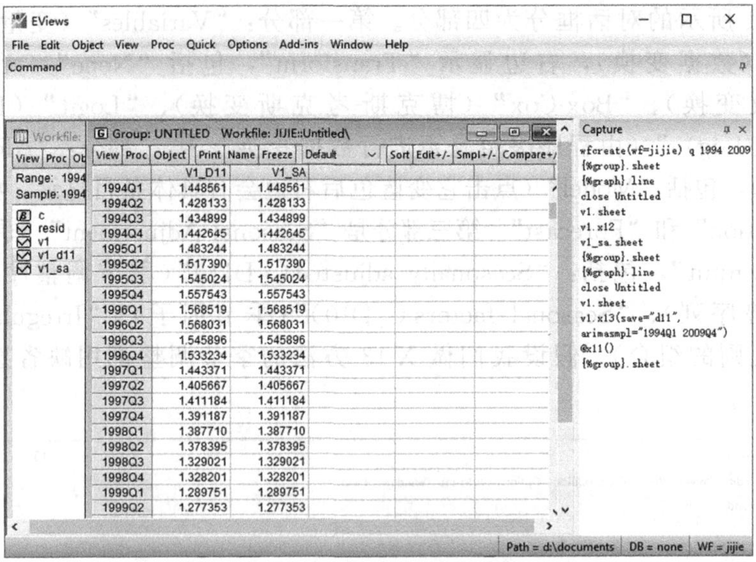

图 10-33 用两种方法得到的数据的比较

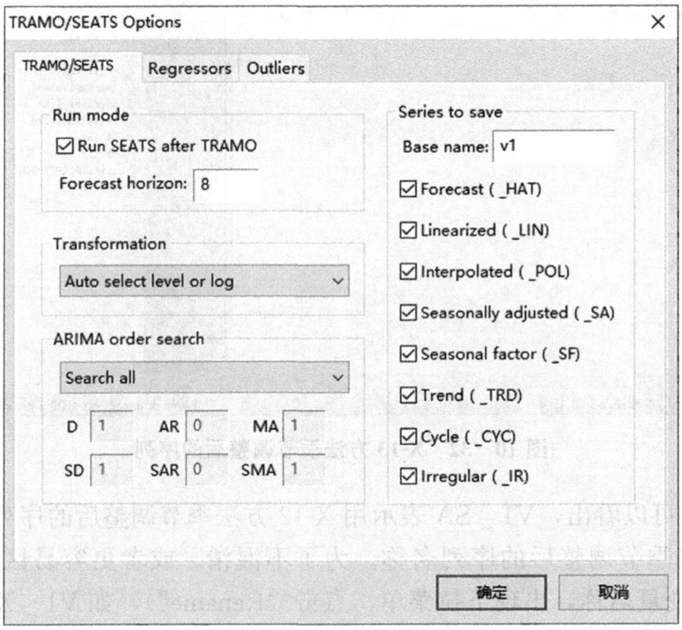

图 10-34 TRAMO/SEATS 季节调整方法对话框

图 10-34 有三个选项卡："TRAMO/SEATS"、"Regressors"（回归变量）和"Outliers"（外部冲击）。其中，第一个选项卡包括四部分。第一部分是"Run mode"（运行模式），如果选择它，则表示运行 TRAMO 程序后继续运行 SEATS 程序，如果不选，则只运行 TRAMO 程序；下一行的"Forecast horizon"是给定样本外预测长度。第二部分是"Transformation"（数据转换），单击向下的箭头出现下拉菜单，其中包括"None (level)"（不进行数据变换）、"Log"（进行对数变换）和"Auto select level or log"（由程序决定是否进行数据变换）。第三部分是"ARIMA order search"（选择 ARIMA 模型的阶

数)，单击向下的箭头出现下拉菜单，其中包括“Fix order”(固定阶数)、“Fix only difference orders”(仅固定差分阶数)、“Search all”(自动选择阶数) 和 “Search all and unit complex roots”(自动选择阶数并且具有单位复根)。第四部分是 “Series to save”(选择需要保存的序列)，包括 “Forecast(_HAT)”(预测序列)、“Linearized (_LIN)”(线性变换序列)、“Interpolated(_POL)”(插值序列)、“Seasonally adjusted (_SA)”(季节调整后的序列)、“Seasonal factor(_SF)”(季节因子)、“Trend (_TRD)”(趋势序列)、“Cycle(_CYC)”(循环序列) 和 “Irregular(_IR)”(不规则序列)。

根据本节的内容要求，只需保留 “Seasonally adjusted(_SA)”(其他序列前面的对号再点击一次，即不勾选)，其他选择默认设置，然后单击 “确定”，结果如图 10-35 和图 10-36 所示。否则，如图 10-37 所示。

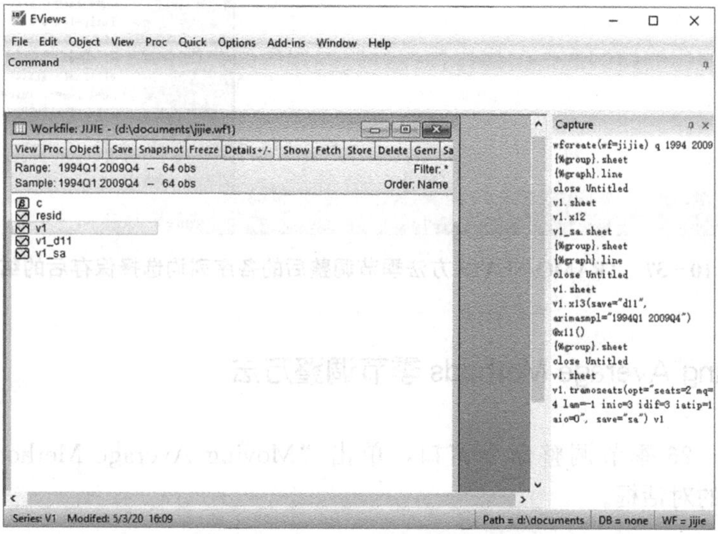

图 10-35　TRAMO/SEATS 方法季节调整序列的选择

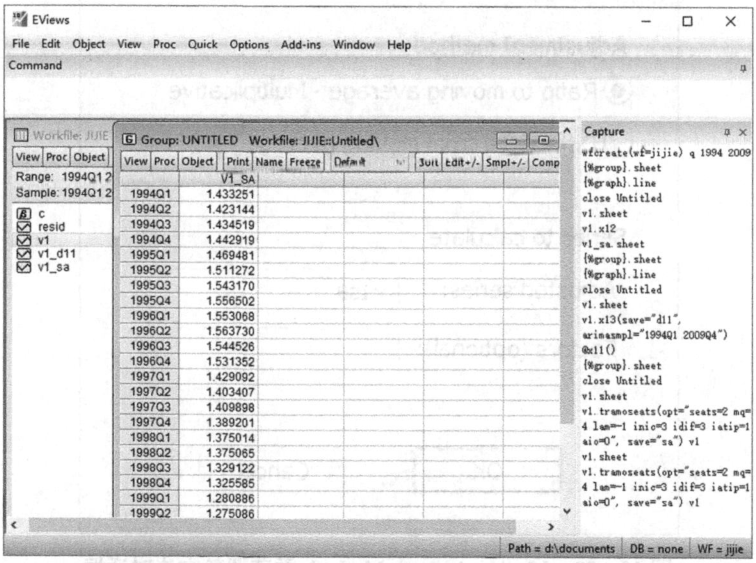

图 10-36　TRAMO/SEATS 方法季节调整后的数据

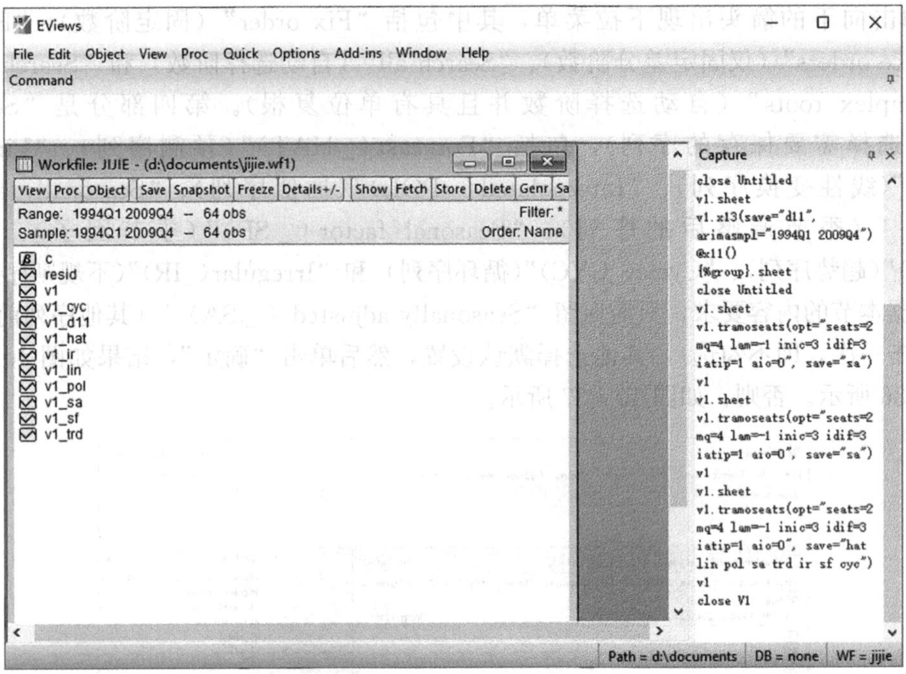

图 10－37　TRAMO/SEATS 方法季节调整后的各序列均选择保存后的结果

四、Moving Average Methods 季节调整方法

回到图 10－26 季节调整命令窗口，单击“Moving Average Methods…”，弹出如图 10－38 所示的对话框。

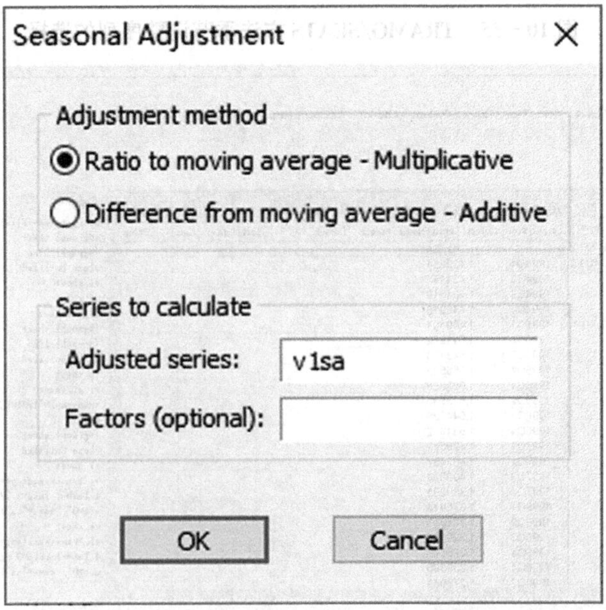

图 10－38　Moving Average Methods 季节调整方法对话框

通过学习 Census X-12 和 X-11 季节调整方法可知，图 10－38 包括两部分：一是“Adjustment method”（季节调整的方法），即乘法模型或者加法模型；二是“Series to calculate”，需要在下方设置季节调整后的序列名称和季节因子名称。为了不和前文冲突，将“Adjusted series”部分修改为“MAMV1SA”。然后单击“OK”按钮，结果如图 10－39 所示。

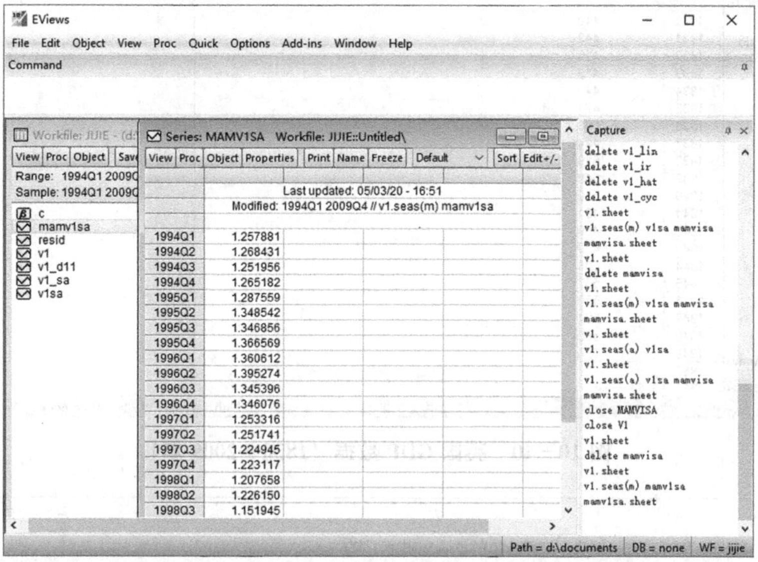

图 10－39　Moving Average Methods 季节调整后的数据

第三节　周期与滤波

有时候人们关注数据的周期变动，因此需要进行周期分解，即将数据分解成周期成分和趋势成分。周期分析的 EViews 分解方法主要有 Hodrick-Prescott Filter（HP 滤波）和 Frequency（Bandpass）Filter（BP 滤波）方法。

一、HP 滤波方法

以英国 1830—2009 年 GDP 数据为例，进行周期分解。首先在 EViews 10.0 中输入数据。然后打开数据窗口，如图 10－40 所示。

在图 10－40 的数据窗口中，单击工具栏中的“Proc”选项，会出现一个下拉菜单，其中有一项为“Hodrick-Prescott Filter…”（HP 滤波），如图 10－41 所示。

单击“Hodrick-Prescott Filter…”选项，弹出如图 10－42 所示的对话框。

图 10－42 中的对话框分为两部分。第一部分是“Output series”（输出序列），需要填入“Smoothed series”（趋势序列）的名称，系统有默认的名称；在“Cycle series”（周期序列）中需要输入指定的名称。第二部分主要是输入“Lambda”的数值，年度数据取 100，季度数据取 1 600，月度数据取 14 400。

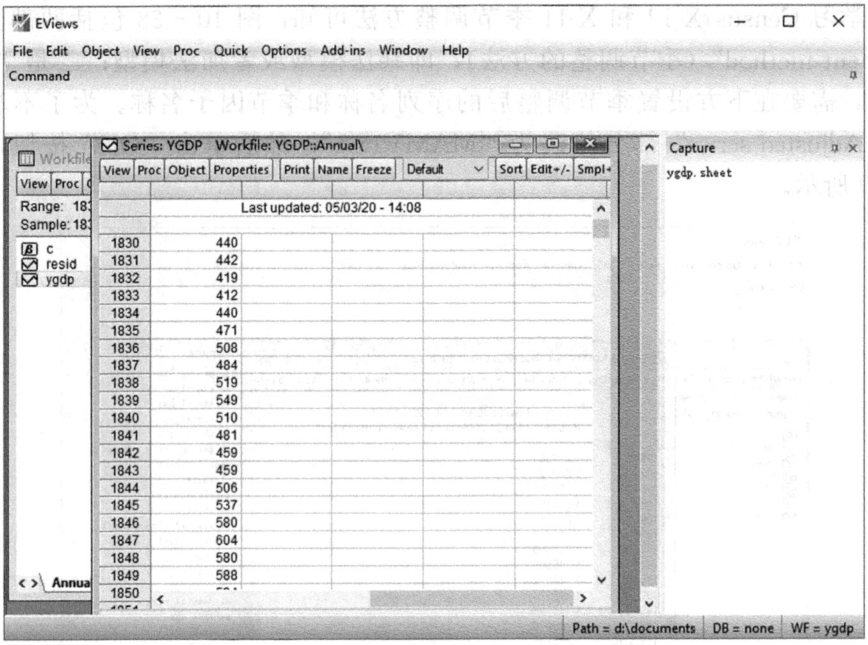

图 10-40 英国 GDP 数据（1830—2009 年）

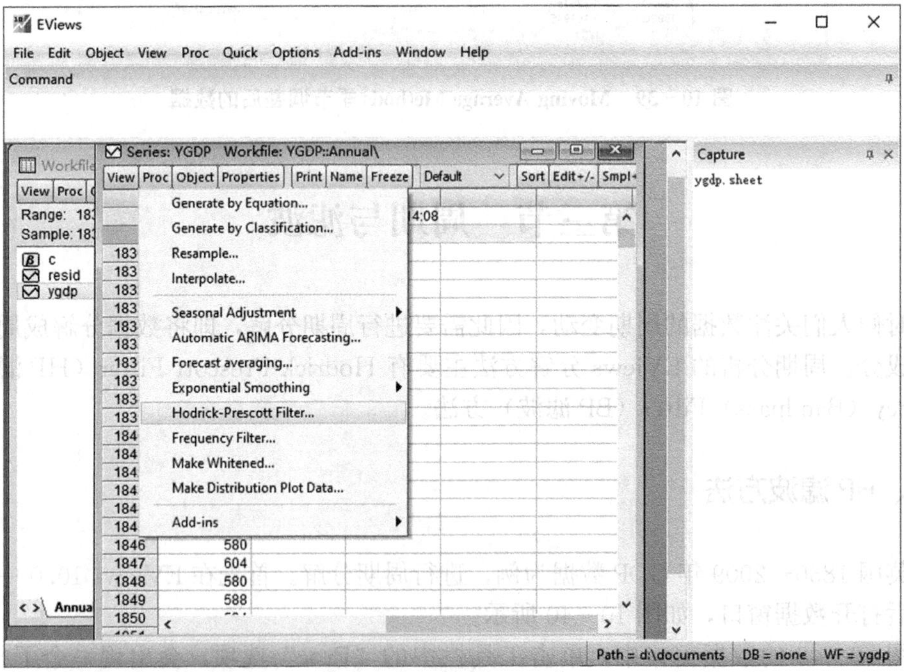

图 10-41 HP 滤波命令窗口

在图 10-42 中第一部分的“Cycle series”后输入名称“YGDPZQ”，由于使用的是年度数据，因此，第二部分的“Lambda”后使用默认选择。然后单击“OK”按钮，结果如图 10-43 所示。

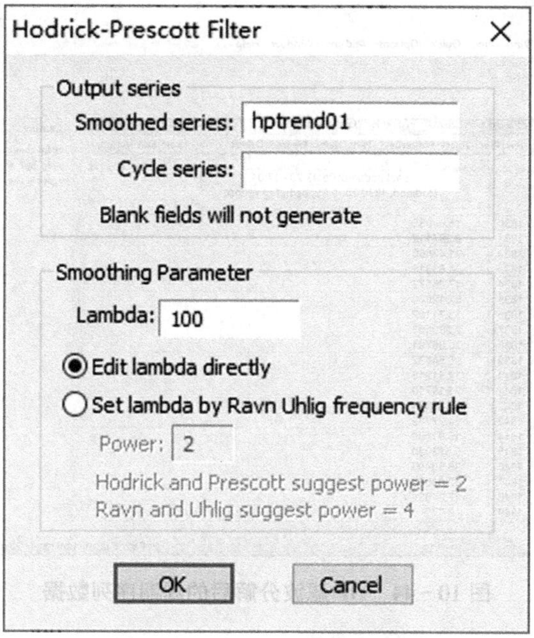

图 10-42　HP 滤波对话框

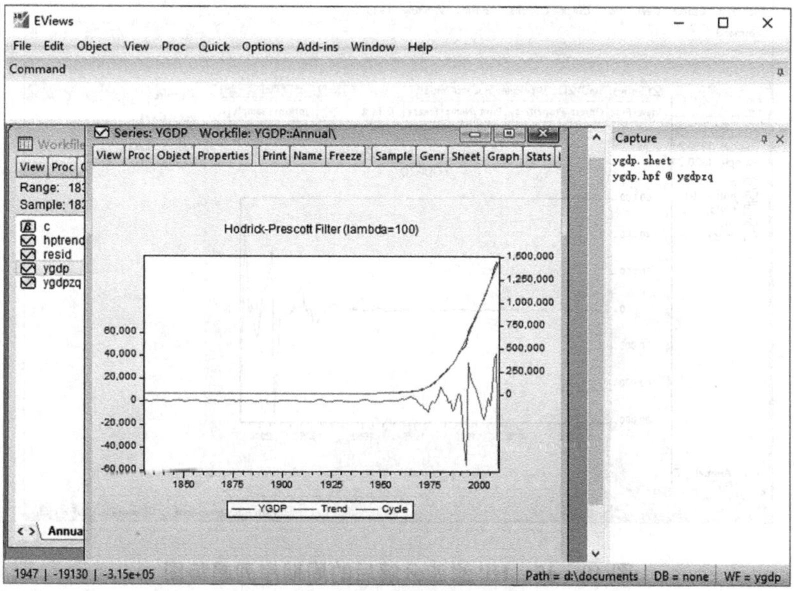

图 10-43　HP 滤波分解后的结果

在图 10-43 中，"YGDP" 表示英国 GDP 序列，"Trend" 表示趋势序列，"Cycle" 表示周期序列。如果想单独进行周期分析，需要调出周期序列数据，这时只要双击工作文件窗口下的 "YGDPZQ" 即可，结果如图 10-44 所示。

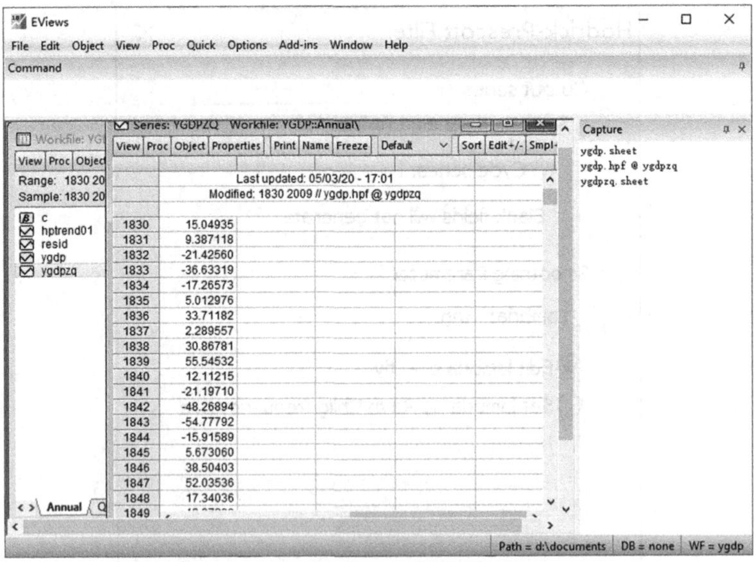

图 10-44 HP 滤波分解后的周期序列数据

可以单独分析上述数据的周期变化趋势，如图 10-45 所示。

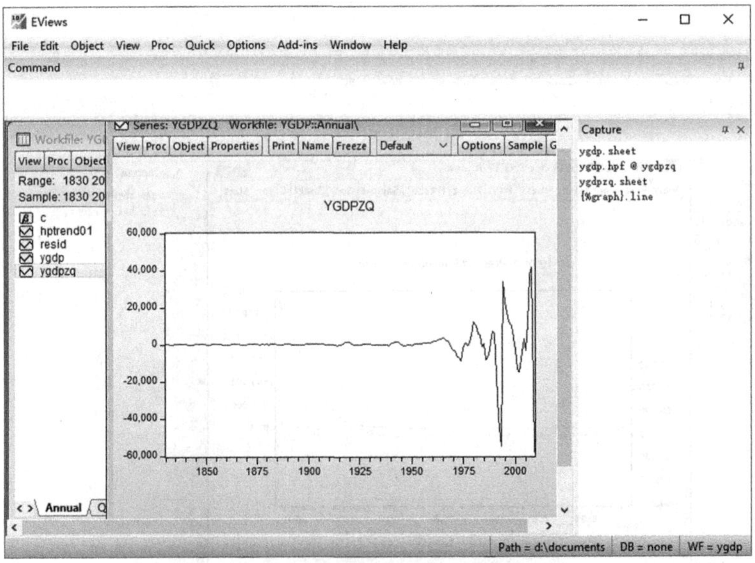

图 10-45 HP 滤波分解后的周期序列趋势图

考虑到数列时间跨度较长，从 1830 年到 2009 年总共 180 个样本数据，在一个图形中观察得不是很清晰，因此，可以分段分析。

二、BP 滤波方法

如果要用 BP 滤波，仍然以英国 GDP 为例，前面的过程和 HP 滤波一致，可以直接参考图 10－41 所示的 HP 滤波命令窗口，在下拉菜单中有一项“Frequency Filter…”，单击该选项，弹出如图 10－46 所示的对话框。

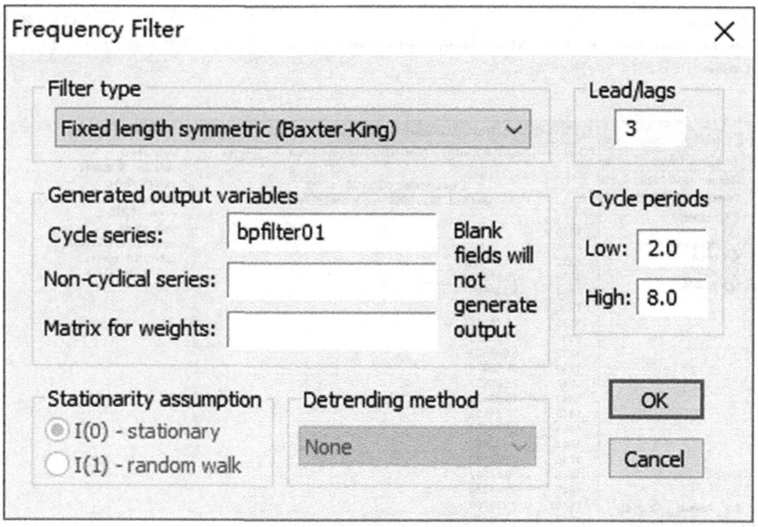

图 10－46　BP 滤波命令对话框

图 10－46 主要分为两部分：

第一部分“Filter type”（滤波类型），包括“Fixed length symmetric（Baxter-King)”（BK 固定长度对称滤波）、“Fixed length symmetric（Christiano-Fitzgerald)”（CF 固定长度对称滤波）和“Full sample asymmetric（Christiano-Fitzgerald)”（CF 全样本非对称滤波）。

第二部分需要在“Generated output variables”下方的“Cycle series”一栏输入循环成分的名称（可以根据个人偏好命名），在“Non-cyclical series”一栏输入趋势成分的名称。

选择默认结果，然后单击“OK”按钮，结果如图 10－47 所示。

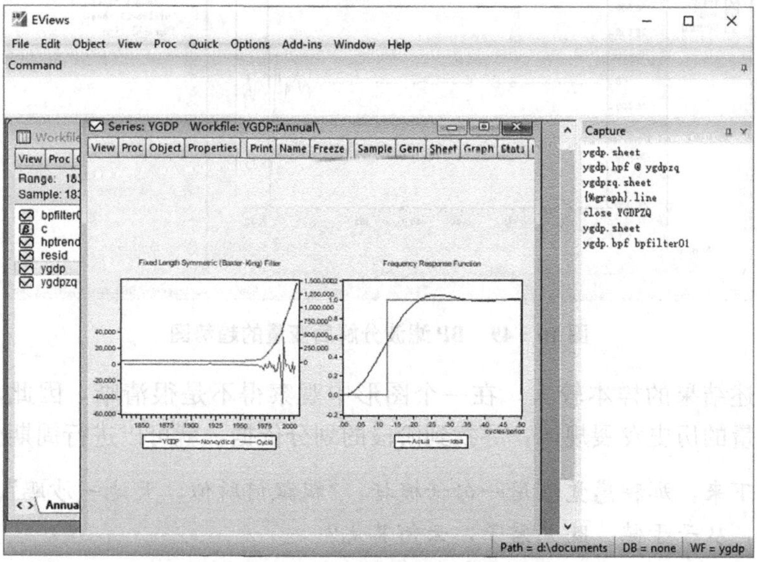

图 10－47　BP 滤波分解后的结果

上面的循环成分使用了默认选择，其名称是“BPFILTER01”。双击打开这个变量，可以观察其数据结构，如图 10 - 48 所示。

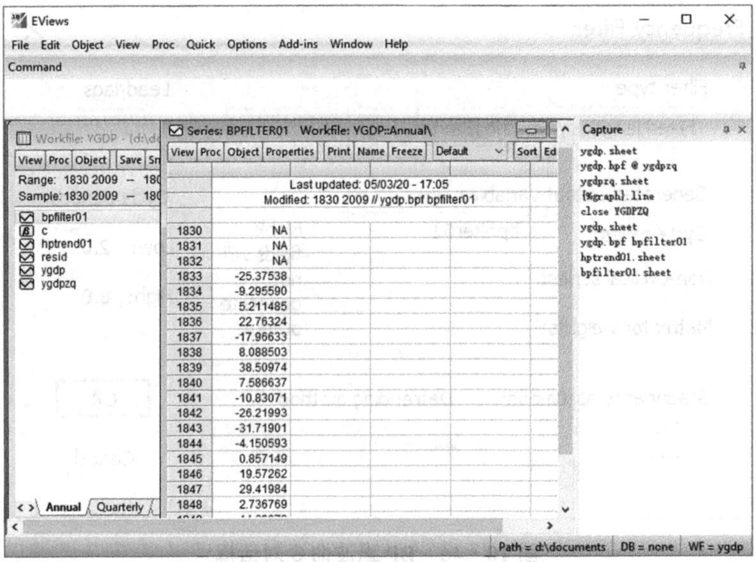

图 10 - 48　BP 滤波分解后的数据

为了观察循环成分的周期变化，可以作出变量的趋势图，如图 10 - 49 所示。

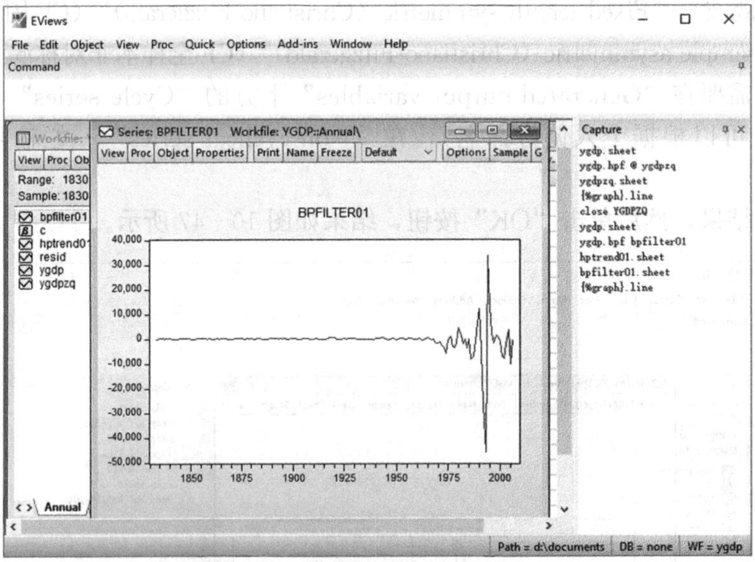

图 10 - 49　BP 滤波分解后变量的趋势图

考虑到上述结果的样本较大，在一个图形中观察得不是很清晰，因此，可以分段分析。根据该变量的历史发展规律，寻找到阶段的划分依据，就可以进行周期分析了。

这一章写下来，那种感觉可用一句话概括：“飘飘何所似，天地一沙鸥”。
素衣朱绣，从子于鹄。既见君子，云何其忧？

第十一章

二元选择模型与逻辑斯蒂曲线模型

线性回归模型给人的直观感觉很单调，只是一条直线；而二元选择模型则呈多种形态，很多曲线形态优美，令人赏心悦目。

汉之广矣，不可泳思。江之永矣，不可方思。

第一节　二元选择模型

在经典计量经济学模型中，被解释变量通常被假定为连续变量。在实际应用中，时常面临选择问题，即人们必须在可供选择的几个方案中作出选择。可选择的方案用离散数据表示，比如投票，有赞成、反对和弃权三种选择。以这样的决策结果作为被解释变量建立的计量经济学模型，称为离散被解释变量计量模型（models with discrete dependent variables），或者称为二元选择模型（binary choice model）。如果被解释变量存在多种选择，则称为多元选择模型（multiple choice model）。McFadden 因为在离散选择模型领域的贡献而获得 2000 年诺贝尔经济学奖。实际应用中常碰到的是二元选择问题，即非此即彼的选择问题。

二元选择模型有多种形式，如 Tobit（线性概率）模型、Probit（概率单位）模型和 Logit 模型。本章中的一部分理论源于张晓峒教授在陈昭攻读博士学位期间为南开大学博士研究生讲授的相关内容。

一、Tobit（线性概率）模型

Tobit 模型的形式如下

$$y_i=\alpha+\beta x_i+u_i$$

式中，u_i 为随机误差项；x_i 为定量解释变量；y_i 为二元选择变量。

此模型由 James Tobin 提出，设

$$y_i=\begin{cases}1 & （若是第一种选择）\\ 0 & （若是第二种选择）\end{cases}$$

假设想做一个中国对美国月度出口额对于汇率改革历史进程的影响问题（或者中国对美国贸易顺差问题）的模型。2005 年 7 月 21 日汇改前的数据（2005 年 7 月及以前）选择为 0，汇改后的数据（2005 年 8 月及以后）选择为 1，样本区间为 1995 年 1 月—2009 年 12 月。

首先输入数据，中国出口数据的输入不再赘述。汇率改革这样的虚拟数据的输入有两种方法：一种方法是传统的数据输入法，就是按部就班地逐个输入数据，按照时间，2005 年 7 月及以前输入 0，此后输入 1。这种方法适合样本数据较少的情况。

另一种方法就是 EViews 10.0 的输入方法，适合于各种样本数据。首先将汇率改革这样的定性变量命名为“Y”，将中国对美国的月度出口额数据输入 EViews 10.0 并命名为“X”，然后单击主页面窗口的“Quick”选项，在下拉菜单中选择“Generate Series…”，如图 11 - 1 所示。

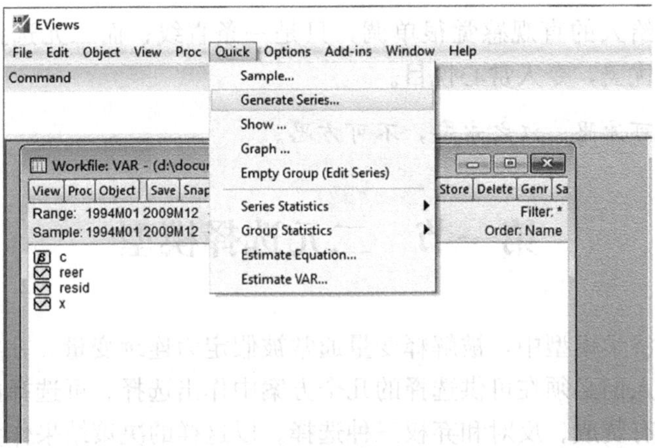

图 11 - 1　虚拟变量的设定路径

单击“Generate Series…”后，弹出如图 11 - 2 所示的对话框。

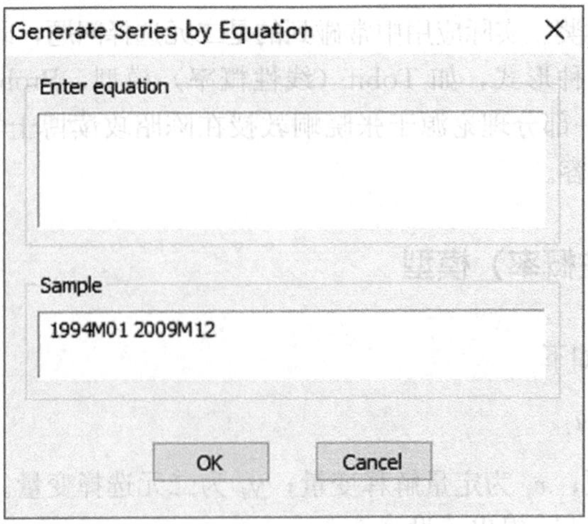

图 11 - 2　变量样本区间的改变

在图 11 - 2 的“Sample”的空白处，将“2009M12”改成“2005M07”，然后在“Enter equation”后的空白处输入“Y=0”，如图 11 - 3 所示。

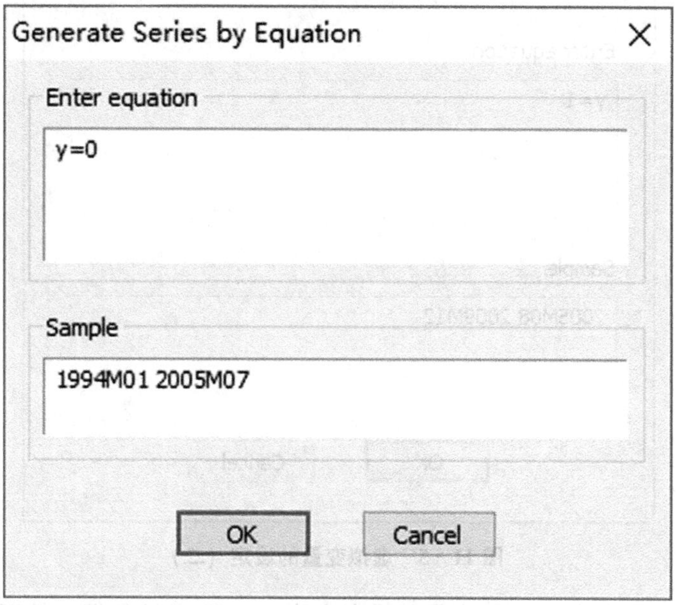

图 11 - 3　虚拟变量的设定（一）

然后单击“OK”按钮，结果如图 11 - 4 所示。

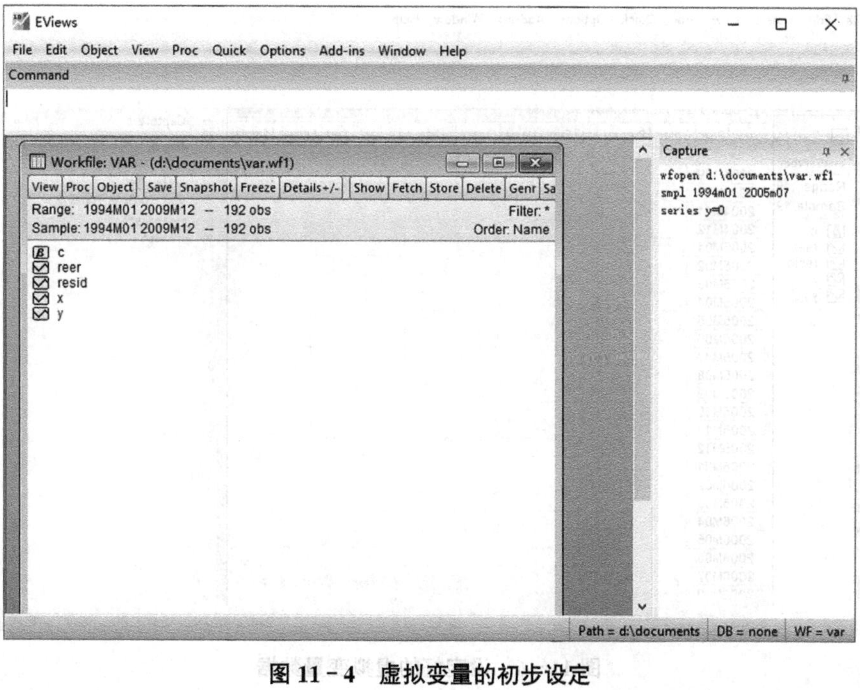

图 11 - 4　虚拟变量的初步设定

依上述思路，再次按照“Quick”→“Generate Series…”的路径，在“Sample”后的空白处将“1994M01”改成“2005M08”，然后在“Enter equation”下面的空白处输入

"Y=1"，如图 11-5 所示。

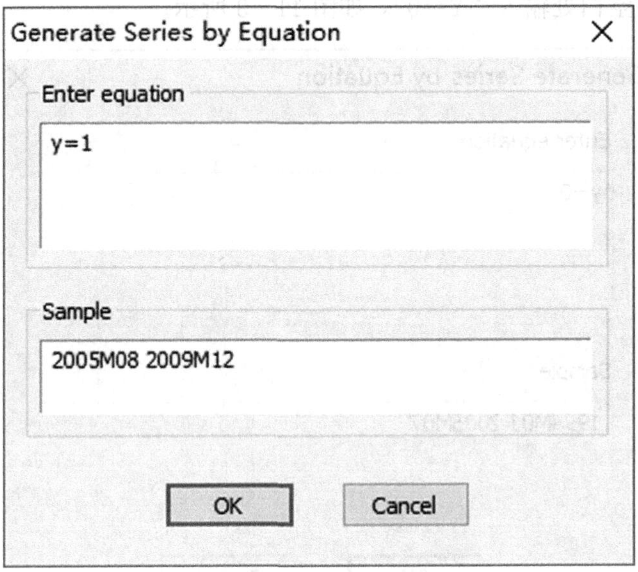

图 11-5　虚拟变量的设定（二）

最后单击"OK"按钮，虚拟变量就设定完毕。打开 Y 的数据，并下拉到数据分界处的 2005 年 7 月、8 月，结果如图 11-6 所示。

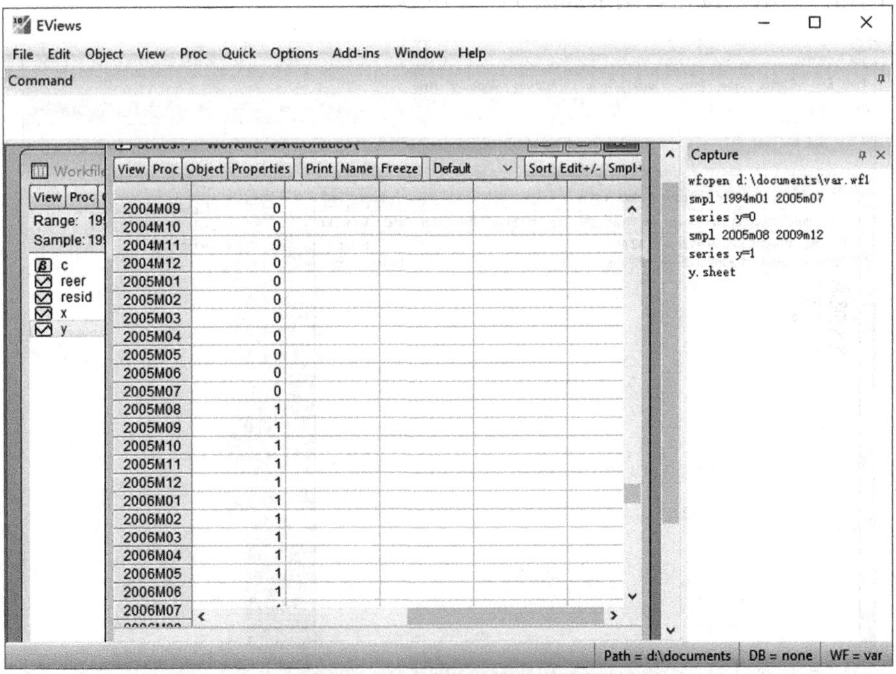

图 11-6　设定好的虚拟变量数据

这样就得到了 X 和 Y 的数据，可以做 Tobit 模型了。单击主页面窗口下的"Quick"选项，出现一个下拉菜单，其中有一项是"Estimate Equation..."（估计方程）。单击这一选项后，弹出如图 11－7 所示的对话框。

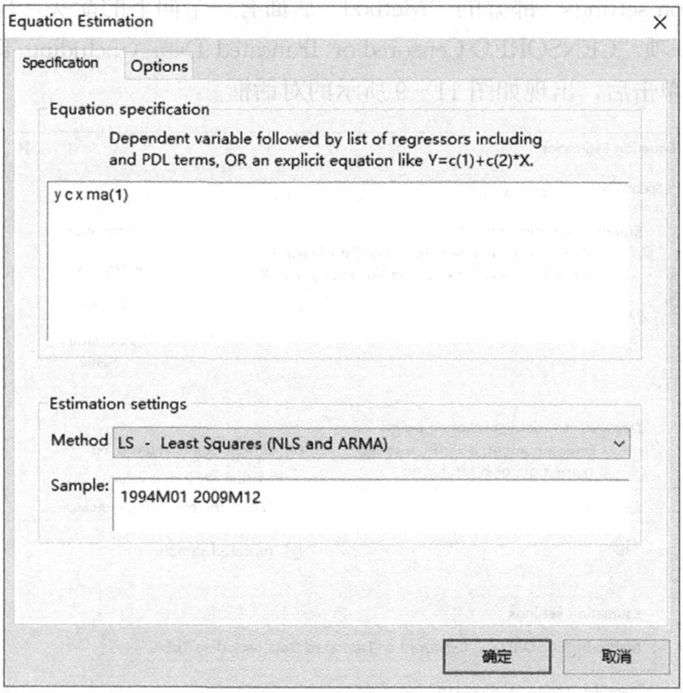

图 11－7　Tobit 模型最小二乘法的估计对话框

如果在图 11－7 中鼠标所在的空白处依次输入“Y C X MA(1)”（注意中间的空格），然后单击“确定”，得到的是最小二乘（LS）法的估计结果，如图 11－8 所示。

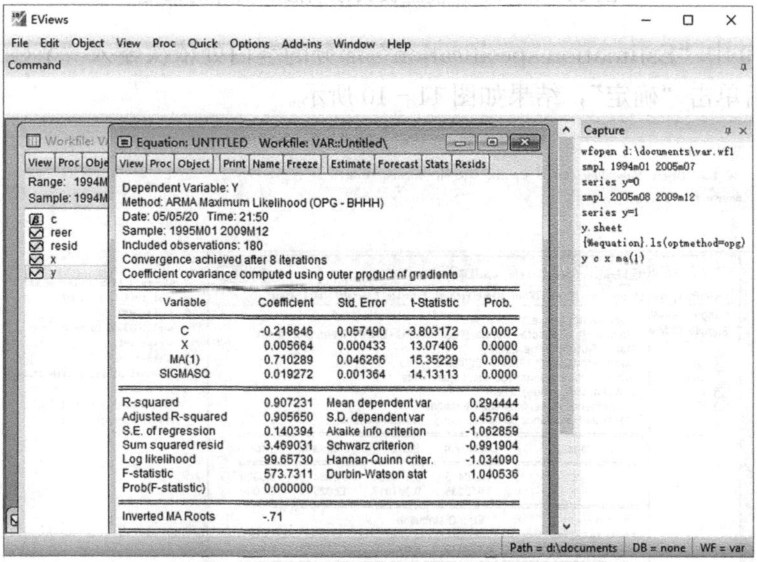

图 11－8　Tobit 模型最小二乘法的估计结果

注意：图 11－8 所示的结果中加入了 MA(1) 项，是为了调整自相关，SIGMASQ 指的是 σ^2。

还可以考虑另一种方法。

在“Estimation settings”部分的“Method”后面有一个向下的箭头，单击后出现一个下拉菜单，其中有一项“CENSORED-Censored or Truncated Data（including Tobit）”（截断数据模型估计方法），单击后，出现如图 11-9 所示的对话框。

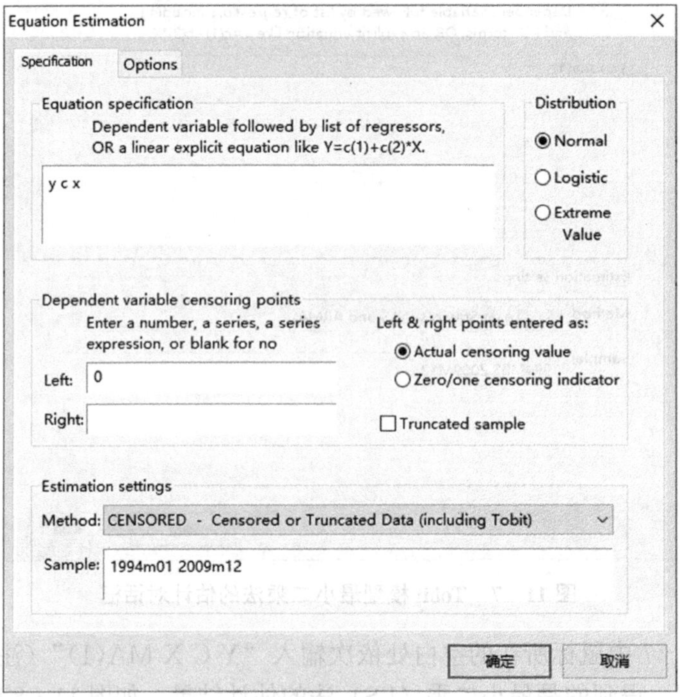

图 11-9　Tobit 模型极大似然法的估计对话框

在图 11-9 中“Estimation specification”部分的空白处依次输入“Y C X”（字母中间有空格），然后单击“确定”，结果如图 11-10 所示。

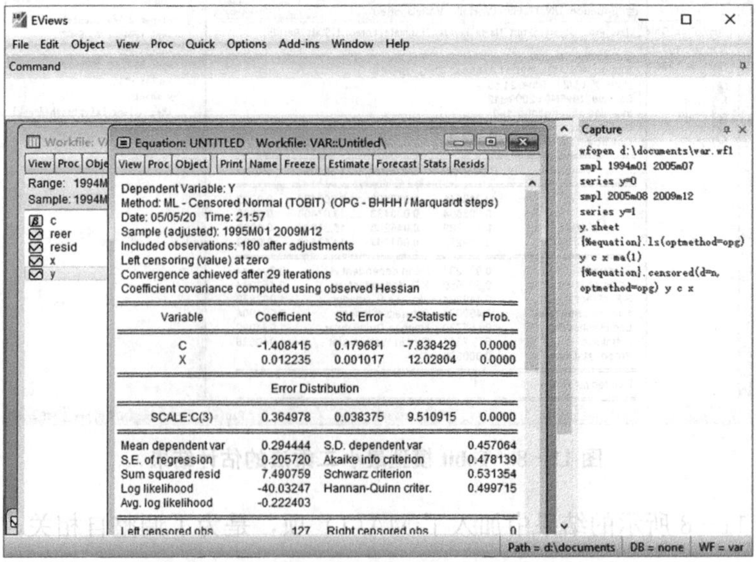

图 11-10　Tobit 模型极大似然法的估计结果

无论是最小二乘法得到的结果，还是极大似然法得到的结果，均表明中美之间的贸易逆差与汇率改革正相关，或者说贸易逆差的确在一定程度上影响着汇率改革的进程。

二、Probit（概率单位）模型

假定

$$y_i=\alpha+\beta x_i$$

而

$$p_i=F(y_i)=\frac{1}{\sqrt{2\pi}}\int_{-\infty}^{y_i}\mathrm{e}^{-\frac{t^2}{2}}\mathrm{d}t$$

累积概率分布函数曲线在 $p_i=0.5$ 附近的斜率最大，其对应 y_i 在实轴上的值，相应的概率值永远大于 0 且小于 1。显然，Probit 模型比 Tobit 模型更合理。Probit 模型需要假定 y_i 服从正态分布。

回到图 11－9，单击“Estimation settings”部分中“Method”后面向下的箭头，出现一个下拉菜单，其中有一项“BINARY-Binary Choice（Logit，Probit，Extreme Value）”（二值因变量模型估计方法），单击后，出现如图 11－11 所示的对话框。

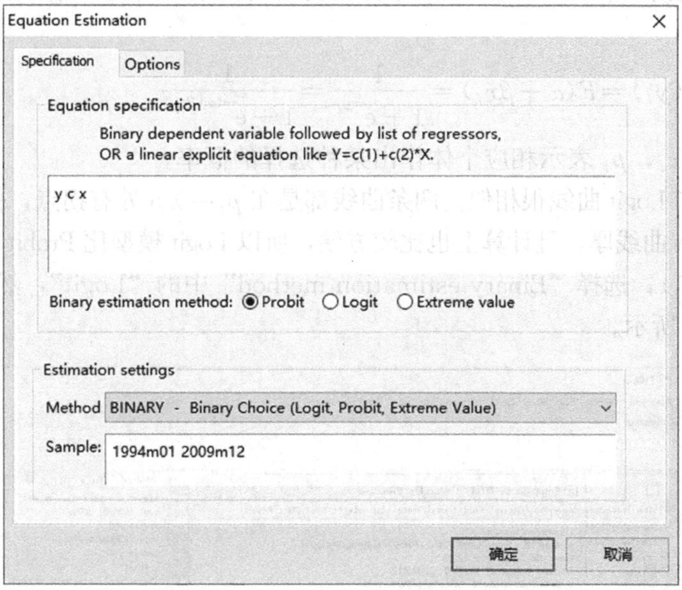

图 11－11　Probit 模型的估计对话框

仍然使用 Tobit 模型的数据，在图 11－11 中“Estimation specification”部分的空白处依次输入“Y　C　X”（字母中间有空格），然后单击“确定”，结果如图 11－12 所示。

Probit 模型的最终估计结果是

$$p_i=F(y_i)=F(-8.748\,551+0.065\,083x_i)$$

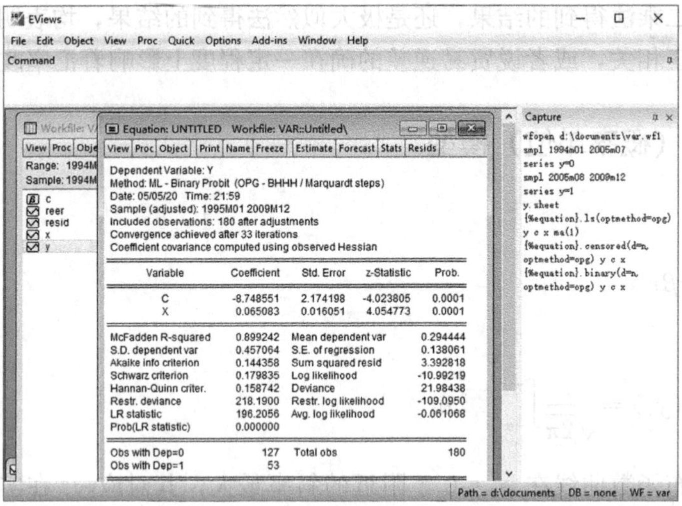

图 11-12 Probit 模型的估计结果

三、Logit 模型

Logit 模型是由 McFadden 于 1973 年首次提出的，采用的是 Logit 概率分布函数。其形式是

$$p_i = F(y_i) = F(\alpha + \beta x_i) = \frac{1}{1+\mathrm{e}^{-y_i}} = \frac{1}{1+\mathrm{e}^{-(\alpha+\beta x_i)}}$$

对于给定的 x_i，p_i 表示相应个体作出某种选择的概率。

Probit 曲线和 Logit 曲线很相似。两条曲线都是在 $p_i=0.5$ 处有拐点，但 Logit 曲线在两个尾部要比 Probit 曲线厚，且计算上也比较方便，所以 Logit 模型比 Probit 模型更常用。

回到图 11-11，选择“Binary estimation method”中的“Logit”，然后单击“确定”，结果如图 11-13 所示。

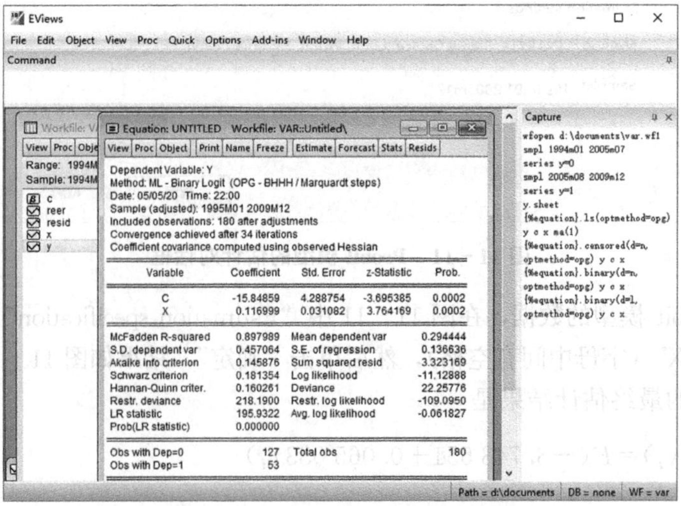

图 11-13 Logit 模型的估计结果

Logit 模型的估计结果如下：

$$p_i = F(y_i) = \frac{1}{1+e^{-(-15.84859+0.116999x_i)}}$$

第二节　逻辑斯蒂曲线模型

逻辑斯蒂（Logistic）曲线模型为

$$y_t = \frac{k}{1+e^{f(t)+u_t}}$$

一般地，$f(t) = a_0 + a_1 t + a_2 t^2 + \cdots + a_n t^n$，常见形式为 $f(t) = a_0 + a_1 t$，

$$y_t = \frac{k}{1+e^{(a_0+a_1 t)+u_t}} = \frac{k}{1+be^{a_1 t+u_t}} \tag{11-1}$$

式中，$b=e^{a_0}$；k 和 0 分别为 y_t 的生长上限和下限，$\lim\limits_{t\to\infty} y_t = k$，$\lim\limits_{t\to-\infty} y_t = 0$；$a_0$，$a_1$，$b$ 为待估参数。

美国人口统计学家 Pearl 和 Reed 广泛研究了有机体的生长，得到了上述数学模型。逻辑斯蒂曲线模型又称生长模型、Pearl-Reed 曲线模型，常用于描述有机体的生长发育过程。

逻辑斯蒂曲线有拐点，坐标为 $\left(\frac{-\ln b}{a_1}, \frac{k}{2}\right)$，曲线的上下两部分关于拐点对称。

假设想用逻辑斯蒂曲线做一个人口增长模型，以考察时间变化对人口增长的影响。先设定人口增长变量为 popu，时间为 t。数据如表 11-1 所示。

表 11-1　中国人口发展曲线（公元前 1046 年—公元 2000 年）

中国人口数据（中华民国元年以前为推定数据）

中国纪年	公元年（t）	人口（popu，亿人）
武王克商（西周建国）	−1 046	0.055 0
周平王元年（东周始）	−770	0.100 0
秦始皇称帝	−221	0.200 0
汉高祖五年（西汉建国）	−201	0.131 0
汉文帝二十三年	−156	0.250 0
汉平帝二年	2	0.630 0
汉桓帝十一年	158	0.720 0
魏文帝（曹丕）元年	220	0.190 0
晋武帝（司马炎）元年	265	0.275 4
晋惠帝十年	300	0.347 9
晋安帝十年	407	0.322 8
隋文帝（杨坚）十年	591	0.453 0
唐玄宗（李隆基）四十四年	756	0.904 5

续表

中国纪年	公元年（t）	人口（popu，亿人）
宋太祖（赵匡胤）元年	960	0.459 8
北宋徽宗十年	1111	1.206 6
南宋丁宗二十八年	1223	1.248 0
明嘉靖四十五年	1567	1.663 0
清顺治十八年	1662	0.906 996 16
清道光十四年	1835	4.000 000 00
中华民国元年（内政年鉴）	1912	4.429 445 29
中华民国八年（申报年鉴）	1919	4.682 874 73
中华民国十八年（内政年鉴）	1929	4.953 811 99
中华民国二十六年	1937	4.967 237 11
中华民国三十五年（户政导报）	1946	5.164 583 01
中华人民共和国（统计局）	1949	5.454 185 98
中华人民共和国（统计局）	1964	7.049 9
中华人民共和国（统计局）	1981	10.007 2
中华人民共和国（统计局）	2001	12.762 7

资料来源：路遇，滕泽之．中国人口通史．济南：山东人民出版社，2001：1218-1234.《中国人口通史》为“九五”期间社科基金重点研究项目成果。

注：数据中－1046 年原为－1100 年，依夏商周断代工程研究成果改动。

要估计逻辑斯蒂曲线，可以先将曲线变换成线性形式。经过变换，可以写成如下模型形式

$$\log\left(\frac{k}{y}-1\right)=\log b+a_1 t+u \tag{11-2}$$

这样，可以将表 11-1 的数据输入 EViews 10.0。由于使用的是断点数据，因此，创建工作文件时，在“Date specification”部分的“Frequency”的下拉菜单中选择“Integer Data”，在“Start date”后面的空白处填入“1”，在“End date”后面的空白处填入“28”，如图 11-14 所示。

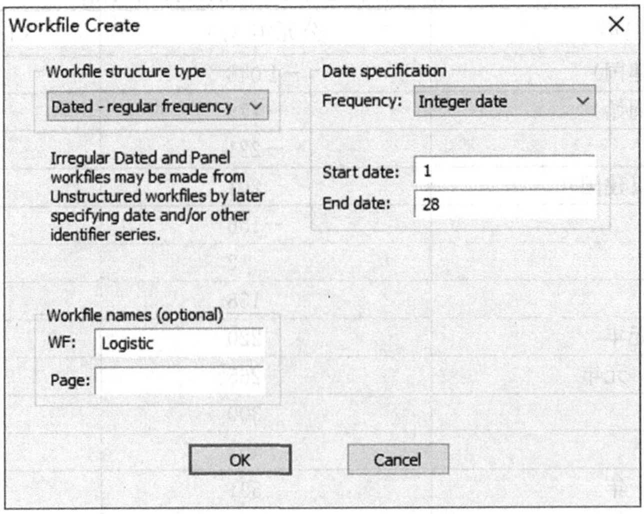

图 11-14 非连续时间序列数据的输入

单击“OK”按钮，结果如图 11－15 所示。

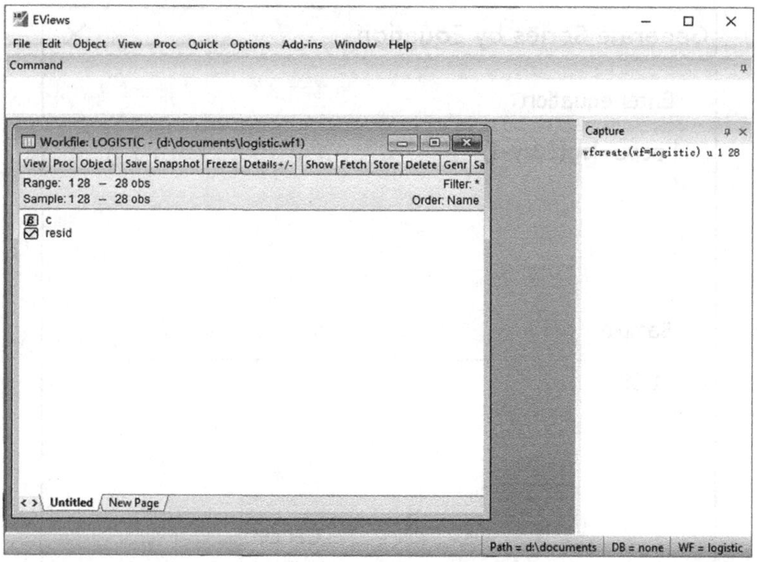

图 11－15 建立的新工作文件

按照“Quick”→“Empty Group（Edit Series)”路径，打开窗口，将表 11－1 中的数据录入 EViews 10.0，结果如图 11－16 所示。

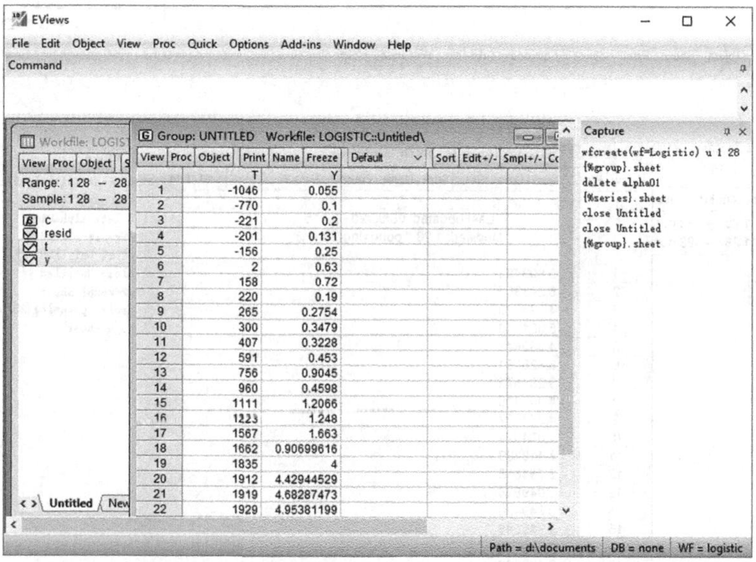

图 11－16 录入后的数据

将式（11－2）等号左侧计算的结果命名为 popu，即

$$popu=\log\left(\frac{k}{y}-1\right)$$

为了能够计算出 popu 的数据，令 $k=20$（其意思就是中国人口增长的上限不能超过 20 亿)，这样在 EViews 10.0 中，可以在图 11－15 主页面窗口中按照“Quick”→“Generate Series…”路径进行计算，结果如图 11－17 所示。

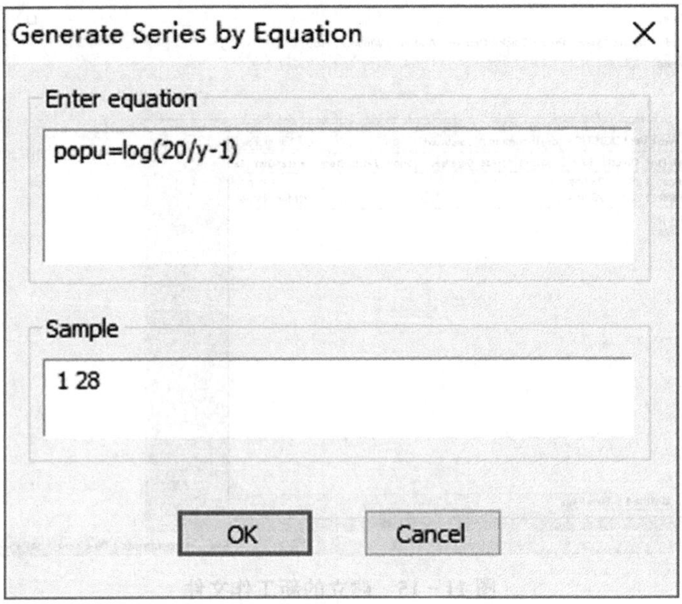

图 11－17　产生新序列窗口

然后单击“OK”按钮，就计算出了 popu 的数据，如图 11－18 所示。

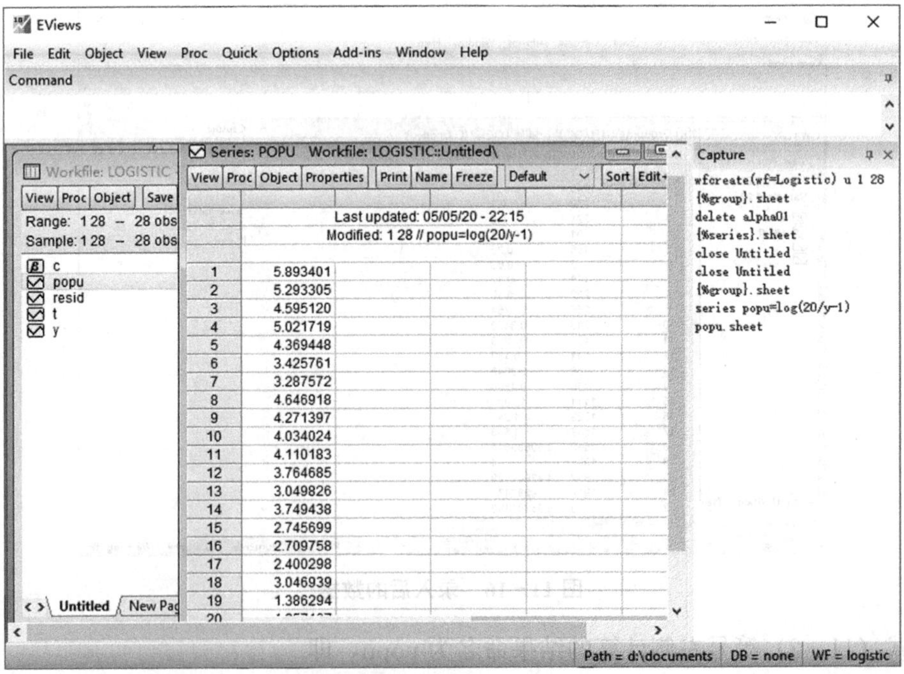

图 11－18　计算得到的 popu 数据

这样，式（11－2）就变成了变量 popu 和时间 t 的一元线性回归模型，结果如图 11－19 所示。

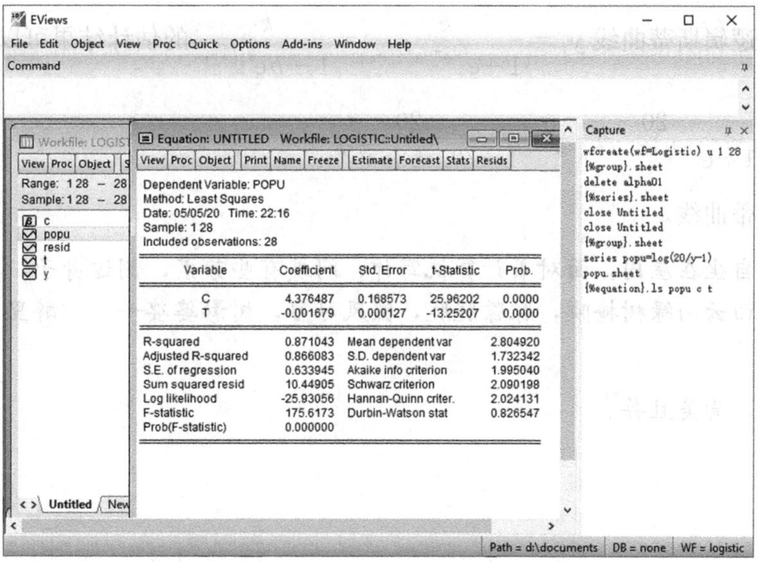

图 11-19　中国人口逻辑斯蒂曲线回归结果

上述回归结果可以写为

$$\text{popu}=4.376\,487-0.001\,68t$$

也就是说，逻辑斯蒂曲线中 a_1 的估计值为 $-0.001\,68$，但是 $\log b=4.376\,487$，需要计算反对数。按照“Quick”→“Generate Series…”路径，计算反对数，如图 11-20 所示。

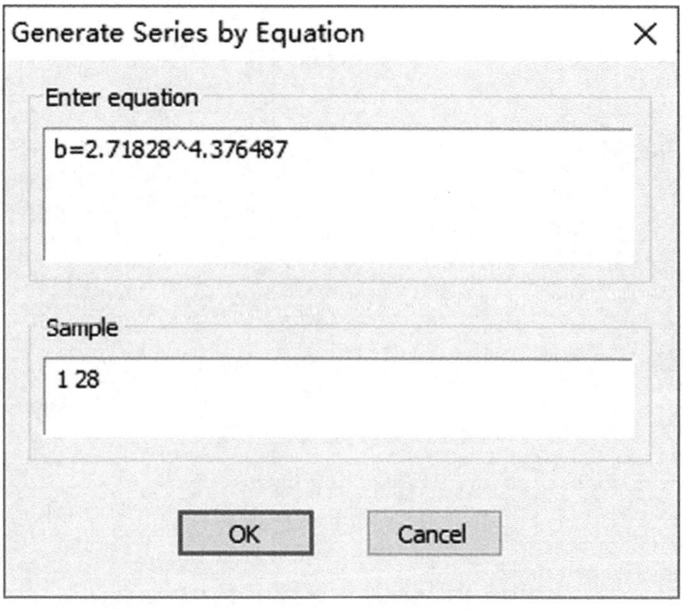

图 11-20　计算反对数

单击“OK”按钮，计算结果为 $b=79.557\,82$。（注意：EViews 10.0 中未指明底数的 log 运算指的是自然对数运算。）

这样，原逻辑斯蒂曲线 $y_t=\frac{k}{1+e^{(a_0+a_1t)+u_t}}=\frac{k}{1+be^{a_1t+u_t}}$ 的估计结果可以写为

$$y_t=\frac{20}{1+e^{4.376\,487-0.001\,68t}}=\frac{20}{1+79.558e^{-0.001\,68t}}$$

这就是逻辑斯蒂曲线。

一个人独自坐在屋内，面对着计算机写作，间或有些劳累，侧过身子，抬头向窗外望去，夜幕下的白云山绿树掩映，朦朦胧胧，微风习习，树影婆娑——“醉里偶摇桂树，人间唤作凉风”。

自牧归荑，洵美且异。

第十二章

模型的诊断与检验

开轩面场圃，把酒话桑麻。

我们已经能做出很多模型了，但是这些做出来的结果是否符合计量经济理论的前提假设呢？这还需要进行诊断和检验。只有确诊无误的模型，才可以用来指导实践，才可以说明经济变量之间的关系与规律，才可以明确经济变量的传导路径、方式和作用强度。“缁衣之宜兮，敝予又改为兮”。

浮生长恨欢娱少，肯爱千金轻一笑。为君持酒劝斜阳，且向花间留晚照。

对于初学者来说，主要应采用正态性的 JB 统计量检验、自相关的 DW 和 LM 统计量检验、异方差的 ARCH LM 和 White 统计量检验、多重共线性的克莱因判别法检验等基础性检验指标。而本书主要介绍其他检验指标。“江南可采莲，莲叶何田田”。

出师一表真名世，千载谁堪伯仲间。

第一节　设定检验和稳定性检验

这部分内容包括 Chow 预测检验、Chow 突变检验、Ramsey RESET 检验和递归估计检验方法——CUSUM 检验和预测检验。我们利用以下模型完成这一节的全部检验（模型所用数据见第二章）：

$$\ln M_t = 00.20 + 0.10\ln y_t + 0.15\ln i_t + 0.78\ln M_{t-1}$$ ①

一、Chow 预测检验和 Chow 突变检验

首先，打开要进行检验的模型的回归结果窗口，如图 12-1 所示。

① 刘巍，陈昭．计量经济学软件 EViews 操作简明教程．广州：暨南大学出版社，2009：40.

在图 12－1 的窗口中，单击回归方程窗口的"View"选项，出现一个下拉菜单，其中有一项是"Stability Diagnostics"（稳定性诊断）。将鼠标放在该选项上，会出现二级菜单，如图 12－2 所示。

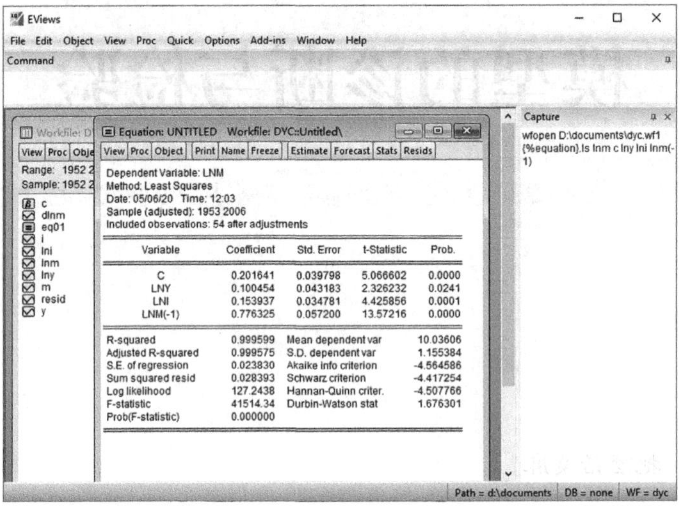

图 12－1 模型的回归结果

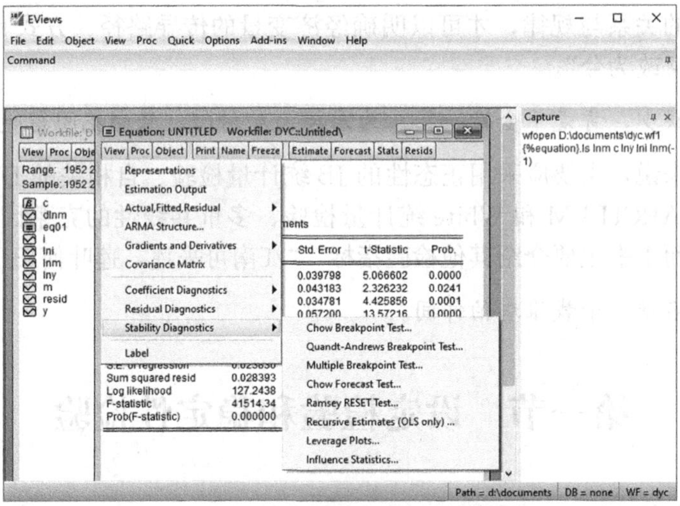

图 12－2 模型的稳定性检验

选择其中的"Chow Breakpoint Test..."（邹（Chow）突变检验，这是以华人计量经济学家邹至庄教授的名字命名的检验方法，用以表彰他在模型稳定性检验方面的贡献，这种检验方法也是邹教授构造的）。该检验方法的步骤和原理就是将样本分成两个子样本，其中一部分用于模型估计，另一部分用于检验。关键问题是如何划分样本。一种常用方法是寻找样本数据期间内的异常事件，如体制改革、立法、经济事件、能源冲击等标志性事件或战争等；另一种方法是从经验上判断，即如果没有第一种情况出现，则选择 90%左右的样本进行估计，用其余 10%左右的样本进行检验。假设选取的样本区间在 2000 年发生了一件大事（这样做既满足第一种情况，也满足第二种情况，目的是让读者能够更清晰地理解和把握)，就以该年份为分界点，将总样本划分为两个子样本。由于选择了滞后一期，因此，样本区间为 1953—2006 年，这样，可以将总样本划分成两段：第一段是 1953—1999 年，第二段是 2000—2006 年。

分析完毕后，单击“Chow Breakpoint Test…”选项，弹出如图 12 - 3 所示的对话框。

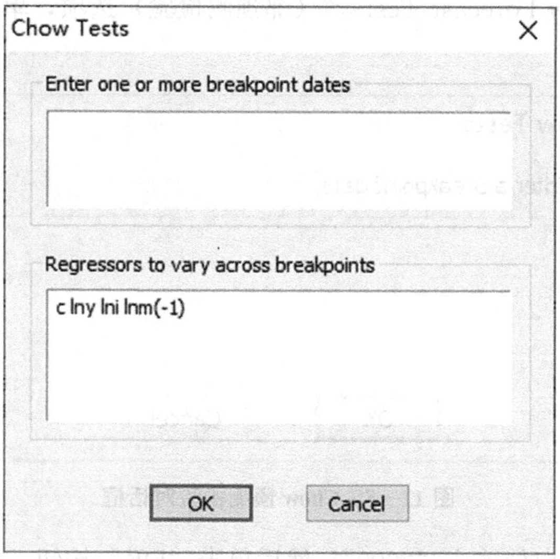

图 12 - 3　Chow 突变检验对话框

在图 12 - 3 中的“Enter one or more breakpoint dates”(输入一个或者多个断点日期)部分输入内容。如果输入两个断点，则把样本划分为三段，依此类推。按照刚才的思路，在空白处输入“2000”，然后单击“OK”按钮，结果如图 12 - 4 所示。

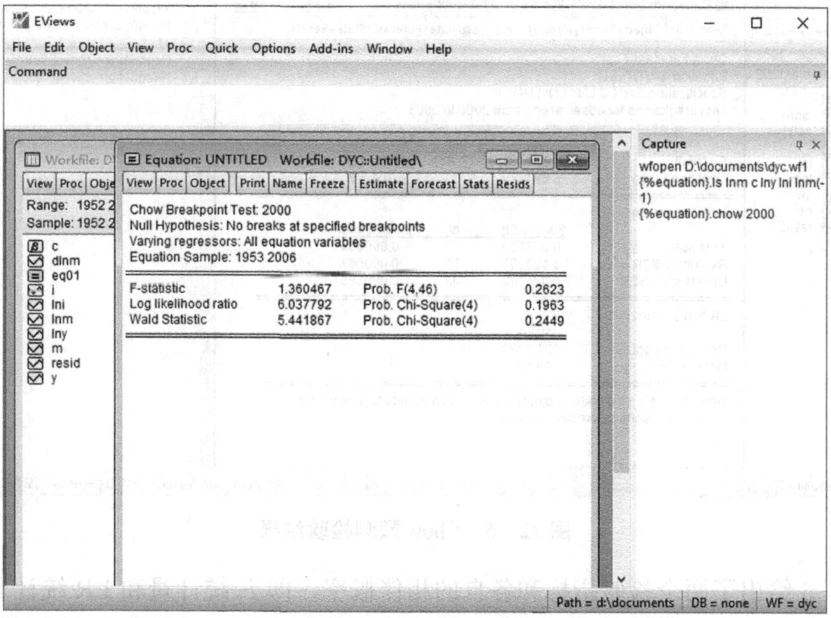

图 12 - 4　Chow 突变检验结果

图 12-4 的结果给出了三个统计量以及各自的相伴概率，即 F 统计量、LR 统计量和 Wald 统计量。只需看后面的相伴概率，发现三个概率均大于 0.05，因此可以断定，接受“不存在结构突变”的原假设。

然后回到图 12-2 的“Stability Diagnostics”，将鼠标放在该命令上，会出现二级菜单，选择其中的“Chow Forecast Test…”（邹预测检验）选项，单击后出现如图 12-5 所示的对话框。

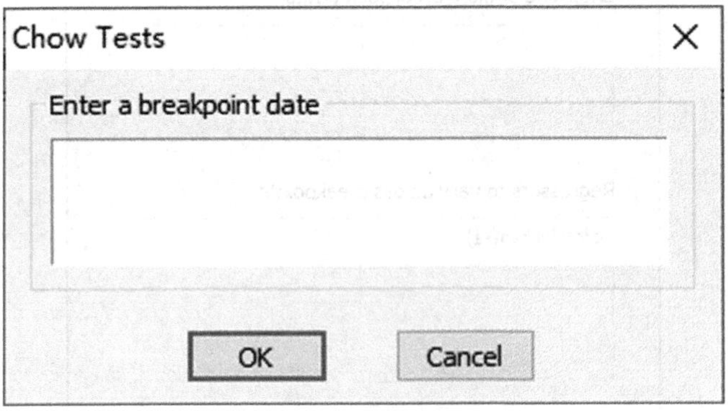

图 12-5　Chow 预测检验对话框

在图 12-5 中的空白处输入“2000”，然后单击“OK”按钮，结果如图 12-6 所示。

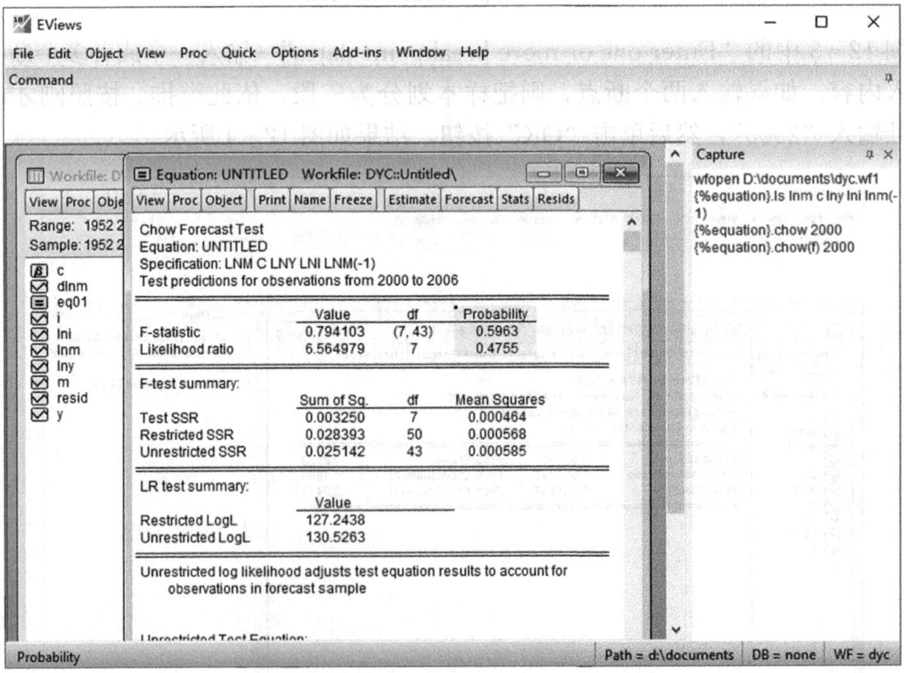

图 12-6　Chow 预测检验结果

图 12-6 给出了两个检验指标和各自的相伴概率，即 F 统计量和 LR 统计量。仍然只分析后面的相伴概率，两项均大于 0.05，因此，接受“不存在结构突变”的原假设。

二、Ramsey RESET 检验

重新回到图 12－2 的“Stability Diagnostics”，将鼠标放在该命令上，会出现二级菜单，其中有一项是“Ramsey RESET Test…”，单击该选项后出现如图 12－7 所示的对话框。

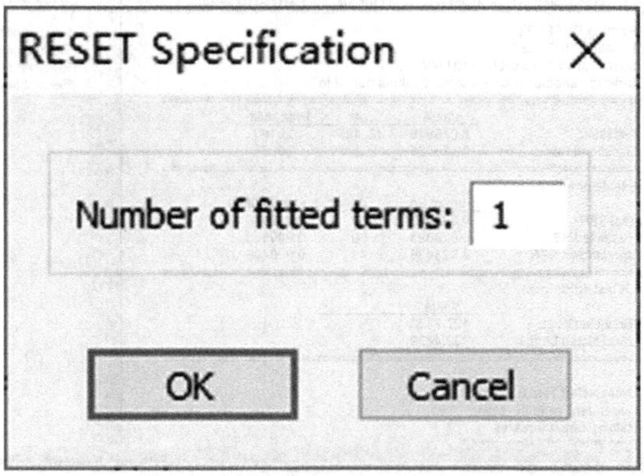

图 12－7 Ramsey RESET 检验对话框

需要在图 12－7 中“Number of fitted terms”后面的空白处输入需要的数字（具体应该填写多少，请参考理论知识，一般是“1”或者“2”）。选择默认结果，直接单击“OK”按钮，结果如图 12－8 所示。

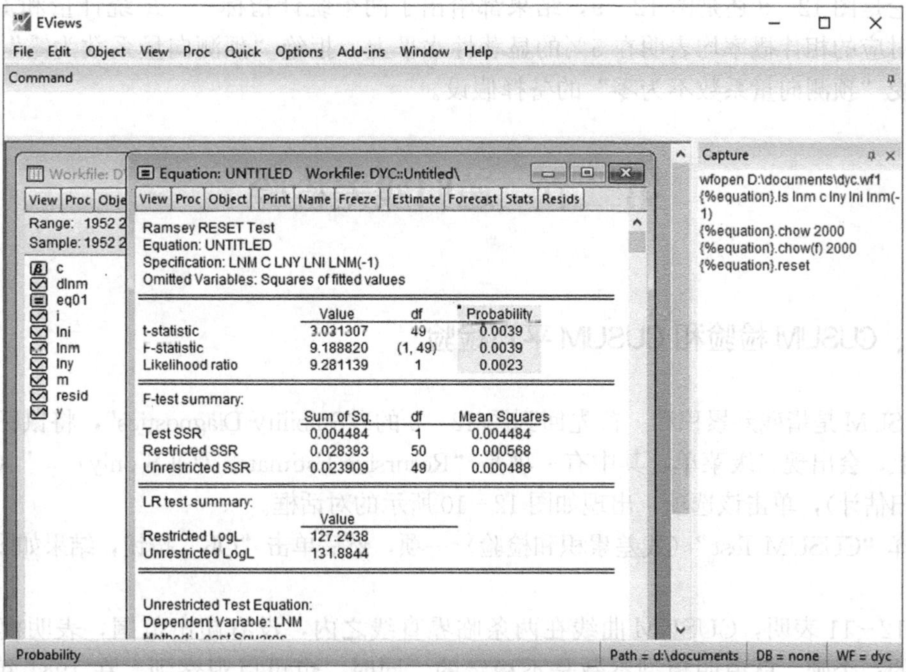

图 12－8 Ramsey RESET 检验窗口（一）

若在图 12 - 7 所示的对话框中填入“2”，然后单击“OK”按钮，结果如图 12 - 9 所示。

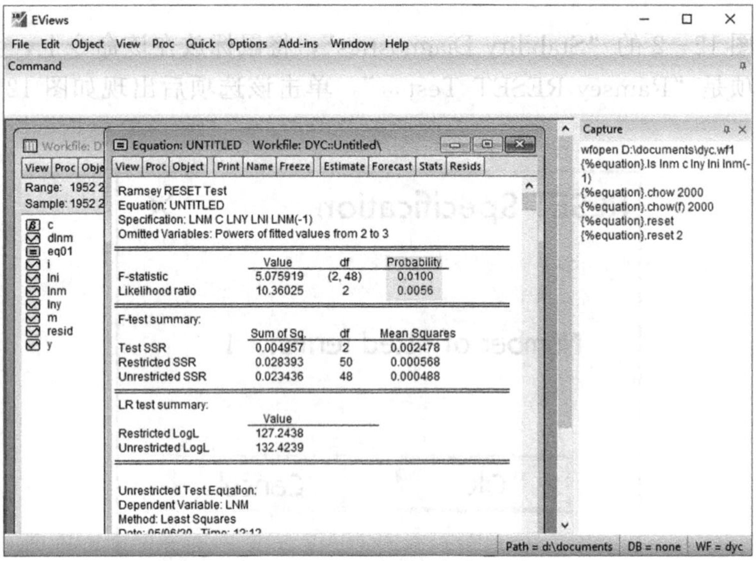

图 12 - 9 Ramsey RESET 检验窗口（二）

注意观察图 12 - 8 和图 12 - 9 中颜色加深的两个长方形区域，对比分析或许有助于理解理论方法的设定问题。比较的结果一方面可以增强理论理解力，另一方面也可以作出判断，选择“1”要比选择“2”更合适（看颜色加深部分的“Probability”）。

无论是图 12 - 8 还是图 12 - 9，结果都给出了两个统计指标——F 统计量和 LR 统计量，其对应的相伴概率均表明在 5%的显著性水平上，拒绝“预测向量系数为零”的原假设，接受“预测向量系数不为零”的备择假设。

第二节 递归残差检验

一、CUSUM 检验和 CUSUM 平方检验

CUSUM 是指残差累积和。首先回到图 12 - 2 的“Stability Diagnostics”，将鼠标放在这个命令上，会出现二级菜单，其中有一项是“Recursive Estimates（OLS only）...”（最小二乘法递归估计），单击该选项，出现如图 12 - 10 所示的对话框。

选择“CUSUM Test”（残差累积和检验）一项，然后单击“OK”按钮，结果如图 12 - 11 所示。

图 12 - 11 表明，CUSUM 曲线在两条临界直线之内，没有超出范围，表明模型参数是稳定的；否则，就说明模型参数是不稳定的。同时，也可以观察到，在 1981 年，CUSUM 曲线变得更为陡峭，因为所用的数据是某国的，所以无法从逻辑理论和经济现实中找到实证结果是否相吻合的证据。

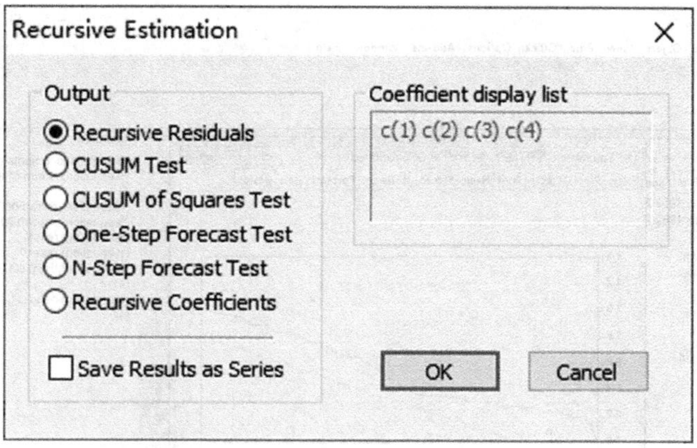

图 12-10　递归估计对话框

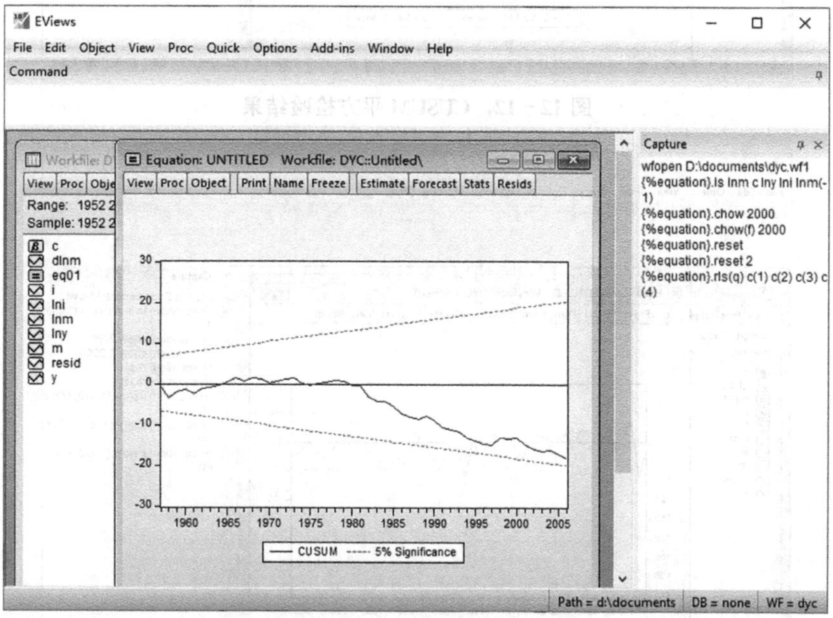

图 12-11　CUSUM 检验结果

重新回到图 12-10，选择“CUSUM of Squares Test”（CUSUM 平方检验），然后单击“OK”按钮，结果如图 12-12 所示。

图 12-12 表明，CUSUM 平方的曲线在两条临界直线之内，没有超出范围，表明模型参数是稳定的；否则，就说明模型参数是不稳定的。同时也可以观察到，在 1981 年，CUSUM 平方的曲线变得更为陡峭，如果所用数据为中国的，则可以分析当时中国货币需求的实际状况有一个大的起伏。

二、一步预测检验和 *N* 步预测检验

再次回到图 12-10，选择其中的“One-Step Forecast Test”（一步预测检验），然后单击“OK”按钮，结果如图 12-13 所示。

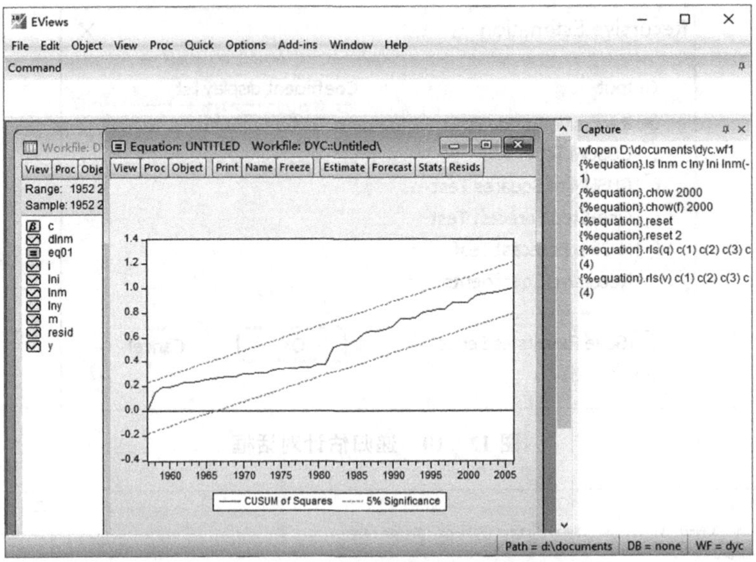

图 12-12　CUSUM 平方检验结果

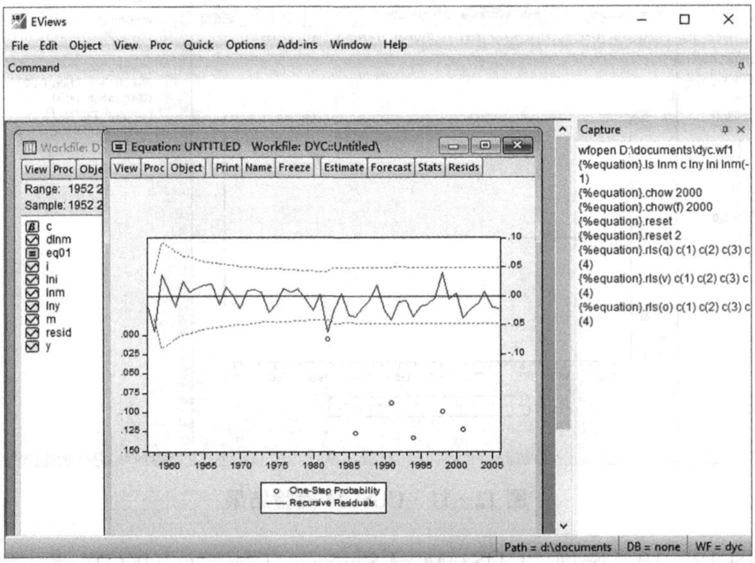

图 12-13　一步预测检验结果

图 12-13 的结果表明，之前分析的 1981 年递归残差有一个很大的变化，这里再次得到验证。1981 年的递归残差明显在两个标准差（两条虚线）的范围之外，并且该点参数恒定的原假设是以小于显著性水平 2.5%的概率被拒绝的。同时，这个模型 1986 年、1991 年、1994 年、1998 年和 2001 年的样本点在 7.5%～15%的显著性水平下拒绝参数恒定的原假设。因此，上述点很可能存在不稳定性，虽然整体模型没有不稳定性，但个别点还是存在不稳定性。如果作前述稳定性检验，选取的样本点可以以这里的结论作为参考。这也验证了 Ramsey RESET 检验和前述其他方法结论不一致的原因所在。

回到图 12-10，选择其中的“N-Step Forecast Test”（*N* 步预测检验），然后单击“OK”按钮，结果如图 12-14 所示。

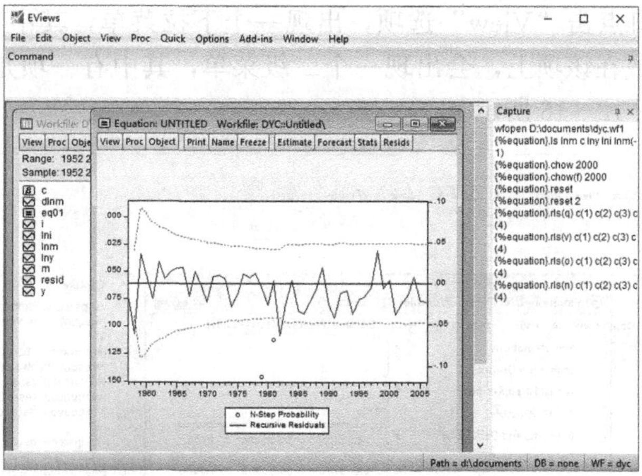

图 12 - 14　*N* 步预测检验结果

N 步预测检验拒绝参数恒定的原假设的样本点仅有两个，明显少于一步预测检验。但是两者有共同的地方，就是再次发现 1981 年的点有异常。同时，还观察到了 1979 年的样本异常问题，这是与一步预测检验的第二个不同之处。

第三节　多重突变点的检验和断点回归

前面对突变点的检验和判断是基于主观分析，先认定突变时间点，再进行检验以判断和确认。下面我们介绍的时间序列的突变点完全未知，在这种情况下进行检验和判断，利用的就是多重突变点检验和断点回归（RD）。

一、多重突变点检验

首先我们回到 OLS 回归结果的页面，如图 12 - 15 所示。

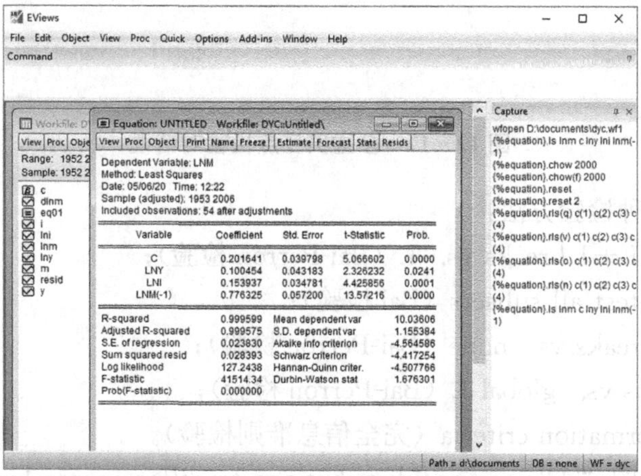

图 12 - 15　OLS 回归结果

在回归方程窗口点击“View”选项，出现一个下拉菜单，其中有一项是“Stability Diagnostics”，鼠标放在该项上，会出现一个二级菜单，其中有一项是“ Multiple Breakpoint Test…”，如图 12－16 所示。

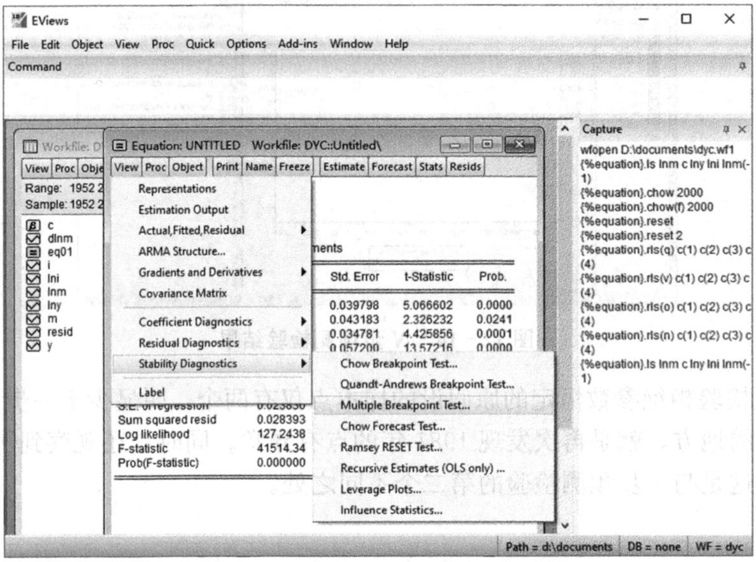

图 12－16　多重突变点命令选择界面

点击图 12－16 中的“Multiple Breakpoint Test …”后，出现如图 12－17 所示的对话框。

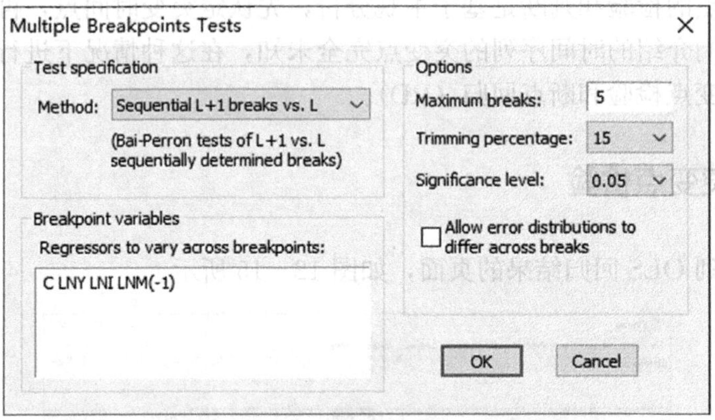

图 12－17　多重突变点检验对话框

Method 包括五种检验方法：

（1）Sequential L+1 breaks vs. L（Bai-Perron 检验）；

（2）Sequential test all subsets（Bai 检验）；

（3）Global L breaks vs. none（Bai-Perron 检验）；

（4）L+1 breaks vs. global L（Bai-Perron 检验）；

（5）Global information criteria（完全信息准则检验）。

勾选图 12－17 的“Allow error distributions to differ across breaks”（允许有异方差），其余选择默认设置，点击“OK”，结果如图 12－18 所示。

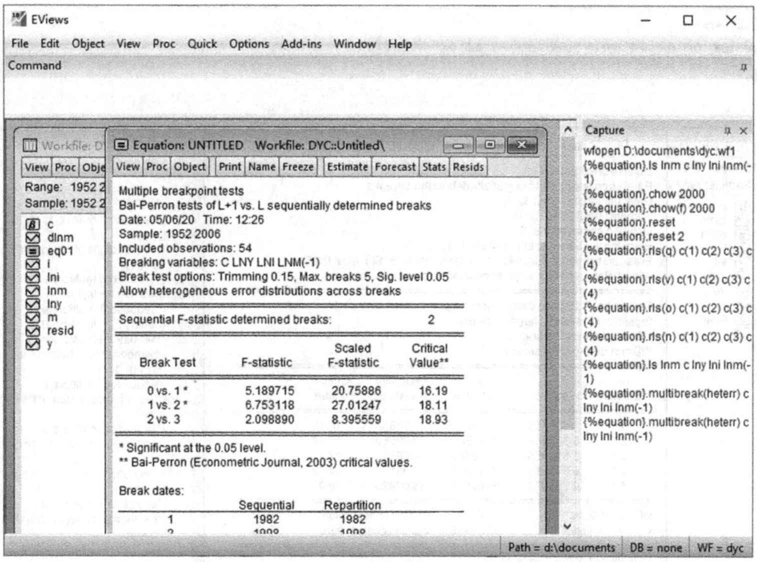

图 12-18　第一种方法检验的结果

图 12-8 大体分为三部分：

第一部分给出了一些基本信息，包括方法、时间、样本等。

第二部分给出了 F 统计量的值和规模 F 统计量的值（由解释变量的个数决定），拒绝了 1 个断点差异显著为 0 的假设（注意图 12-18 中 0 vs. 1* 和 1 vs. 2* 注释的含义），表明有两个断点，分别在 1982 年和 1998 年。

第三部分给出了断点在时间序列中的具体位置。

在图 12-17 的“Method”中选择第二种方法进行检验，结果如图 12-19 所示。

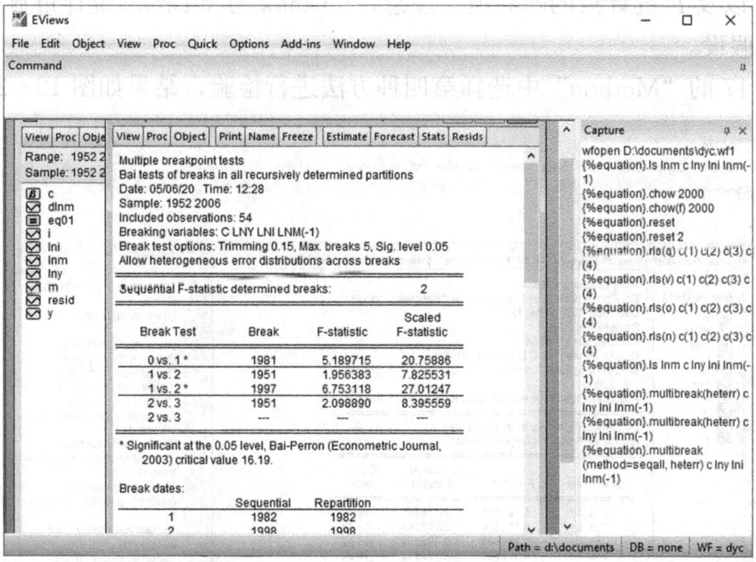

图 12-19　第二种方法检验的结果

结论同上，表明有两个断点，分别在 1982 年和 1998 年。

在图 12-17 的“Method”中选择第三种方法进行检验，结果如图 12-20 所示。

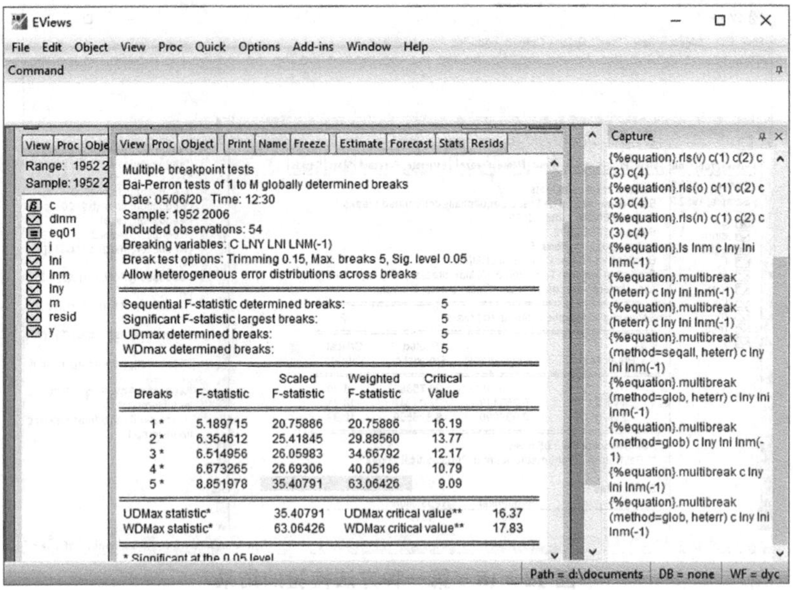

图 12-20 第三种方法检验的结果

第一部分给出了一些基本信息，包括方法、时间、样本等。

第二部分展示了用四种不同的统计量来检测突变点的结果。“Sequential F-statistic”是依次从第一个到最后一个进行检测，直到拒绝原假设；“Significant F-statistic”选择显著性最大的断点；这两个检验的突变点都有 5 处。“UDmax”和“WDmax”展示的突变点的数量通过不加权与加权的最大值统计量来判断，显示突变点结果都为 5 处。

第三部分是 F 统计量、Scaled F-statistic（规模 F 统计量）、Weighted F-statistic（加权 F 统计量）以及 F 统计量的临界值。注意，UDmax 与 WDmax 统计量显著，拒绝了没有突变点的原假设。

在图 12-17 的“Method”中选择第四种方法进行检验，结果如图 12-21 所示。

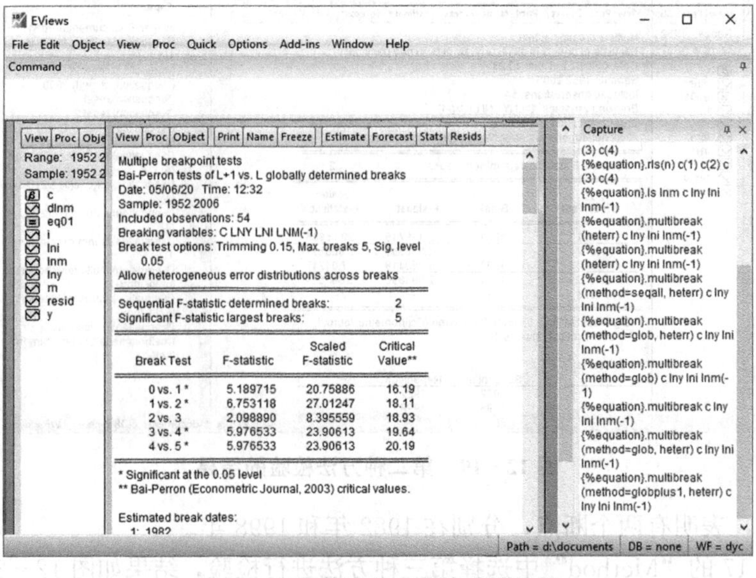

图 12-21 第四种方法检验的结果

检验结论同第一、第二种方法。

二、断点回归（regression discontinuity）

我们回到图 12－1 的方程窗口，在“Method”部分选择“BREAKLS-Least Squares with Breakpoints”（断点回归），如图 12－22 所示。

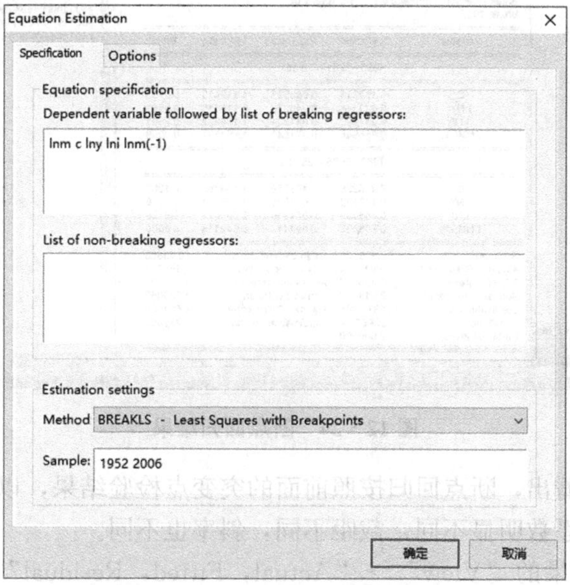

图 12－22　断点回归方法选择

点击图 12－22 中的“Options”选项卡，结果如图 12－23 所示。

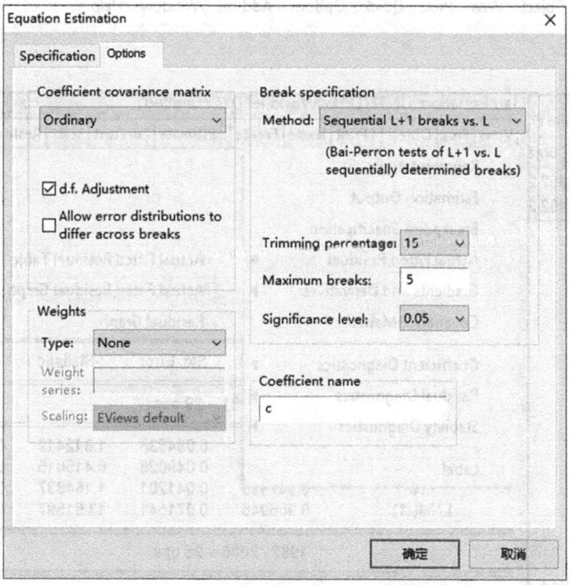

图 12－23　断点回归方法选项设置

点击图 12－23 中的“确定”，结果如图 12－24 所示。

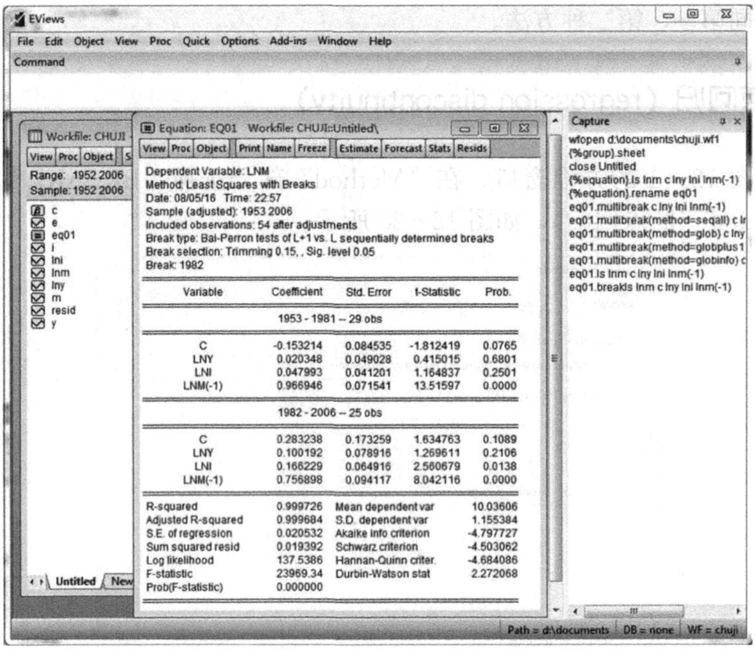

图 12-24　断点回归结果

从回归结果可以看出，断点回归按照前面的突变点检验结果，以突变点为分界，给出了两个方程，方程的系数明显不同：截距不同，斜率也不同。

点击上述回归结果的“View”→“Actual，Fitted，Residual”→“Actual，Fitted，Residual Graph”，如图 12-25 和图 12-26 所示。

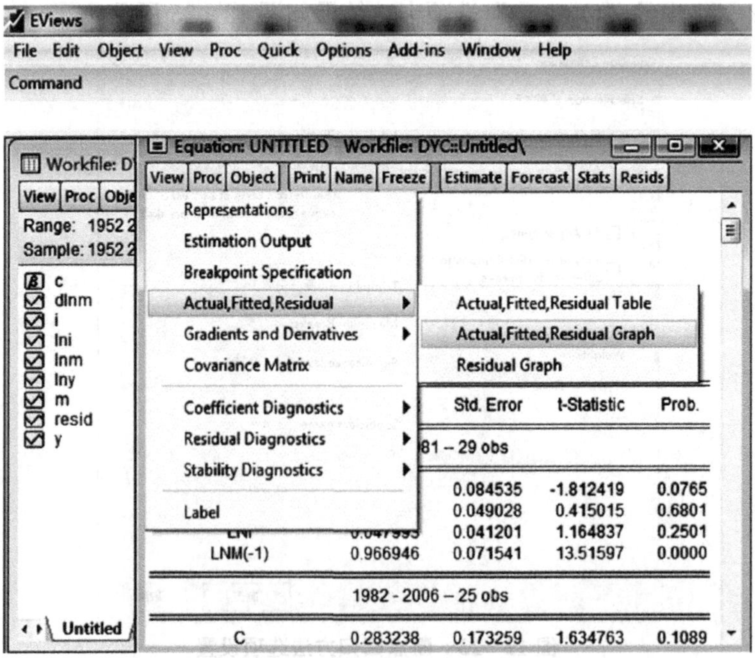

图 12-25　断点回归结果的实际值、拟合值和残差图命令界面

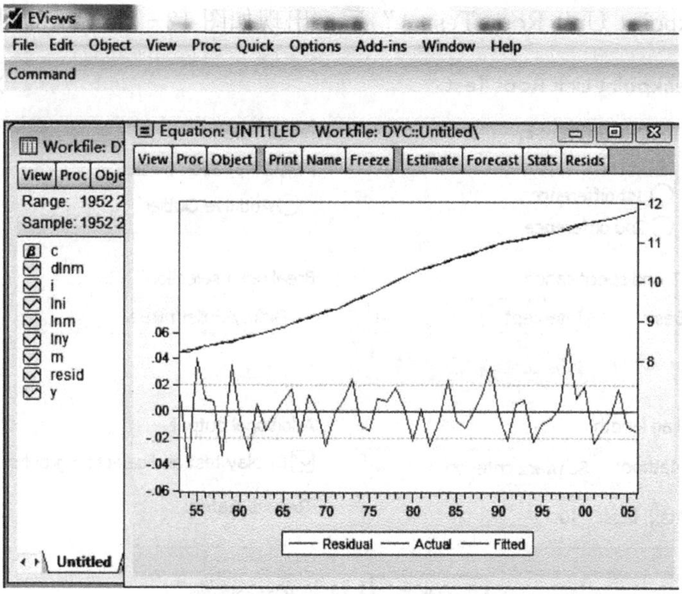

图 12-26　断点回归结果的实际值、拟合值和残差图

如果仔细观察图 12-26 的趋势图，会发现 1982 年前后趋势略微发生了改变，后一段趋势变缓，变得更平。如果离开理论和实证检验，仅看图形，应该不容易判断得到 1982 年这个时间突变点。

三、有一个突变点的时间序列的 DF 单位根检验

上面的检验结果表明存在一个结构突变点，我们在此条件下对变量 ln*M* 进行单位根检验，方法不同于原来的 ADF 检验过程。打开 lnm 数据窗口后，点击数据窗口的"View"选项，出现下拉菜单，其中一项为"Breakpoint Unit Root Test…"（断点单位根检验），如图 12-27 所示。

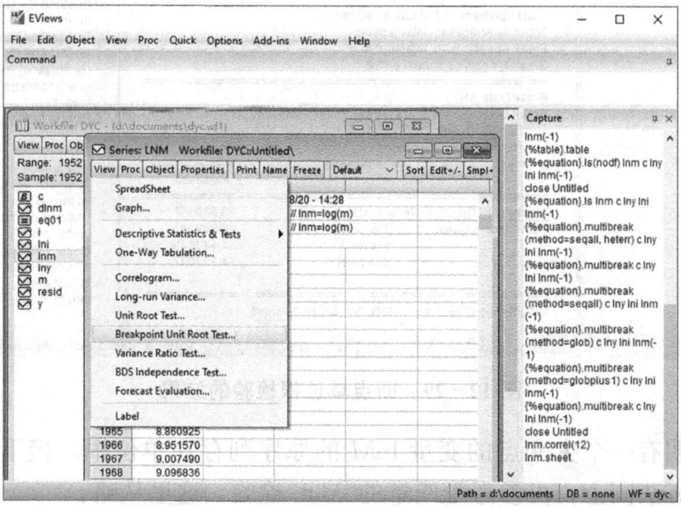

图 12-27　有一个突变点的 DF 单位根检验的命令界面

点击“Breakpoint Unit Root Test…”后，出现如图 12-28 所示的对话框。

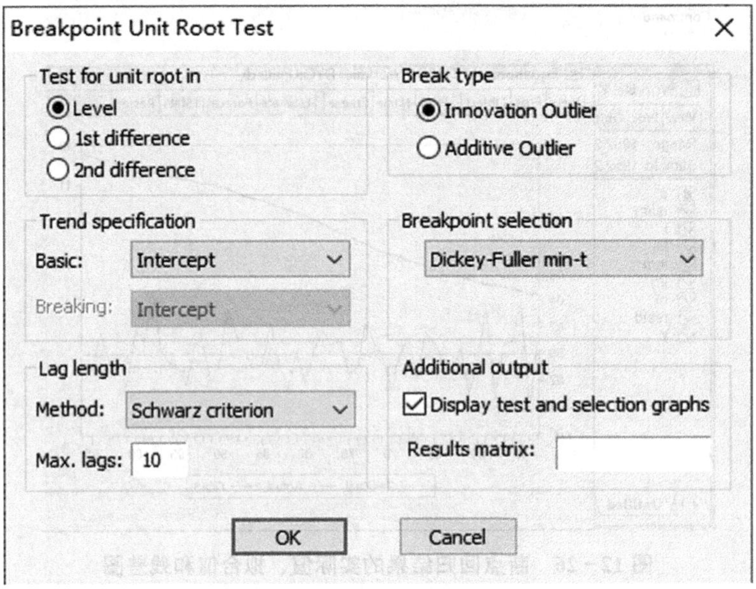

图 12-28 断点单位根检验的对话框

从图 12-28 可以看出，断点单位根检验也有各种选择的组合，我们选择对原序列进行检验，选择默认设置，点击“OK”，结果如图 12-29 所示。

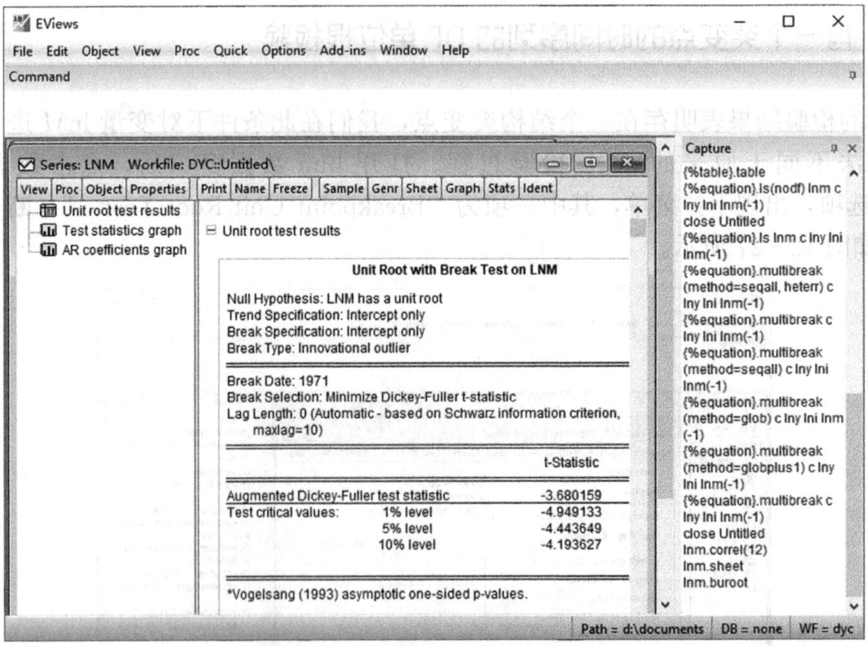

图 12-29 断点单位根检验的结果

上述结果表明有一个突变点的变量 $\ln M$ 的原序列存在单位根。接下来继续做一次差分序列的检验，方法同上，可参考第四章的 ADF 检验，这里从略。

第四节　协整关系的后验检验

协整检验可以采用 JJ 协整检验方法，它是在模型回归之前要做的协整检验。然而，很多人喜欢先做模型，后做协整检验。下面介绍协整检验方法，包括 EG、AEG 协整检验和 MacKinnon 响应面函数协整检验。除此之外，还有 CRDW 协整检验，由于不常用，所以在此不作介绍。

一、EG 两步法协整检验

EG 两步法是 Engle-Granger 两步法的缩写。在协整向量未知时，一般使用 EG 两步法进行协整检验，仍然以如下模型为例，分析 EViews 10.0 中 EG 协整检验的操作过程。

$$\text{In}M_t=0.20+0.10\ln y_t+0.15\ln i_t+0.78\ln M_{t-1}$$

首先应做出模型，然后按照主页面窗口“Quick”→“Generate Series…”路径，点击后出现对话框，如图 12－30 所示，输入“e=resid”，其意思就是保存刚才所做模型的残差项，并命名为 e。因为 EG 两步法就是要分析模型残差项的平稳性，所以将其单独提取出来并保存好，以便为下文分析作准备。

图 12－30　模型残差的保存

然后点击“OK”按钮，结果如图 12－31 所示。

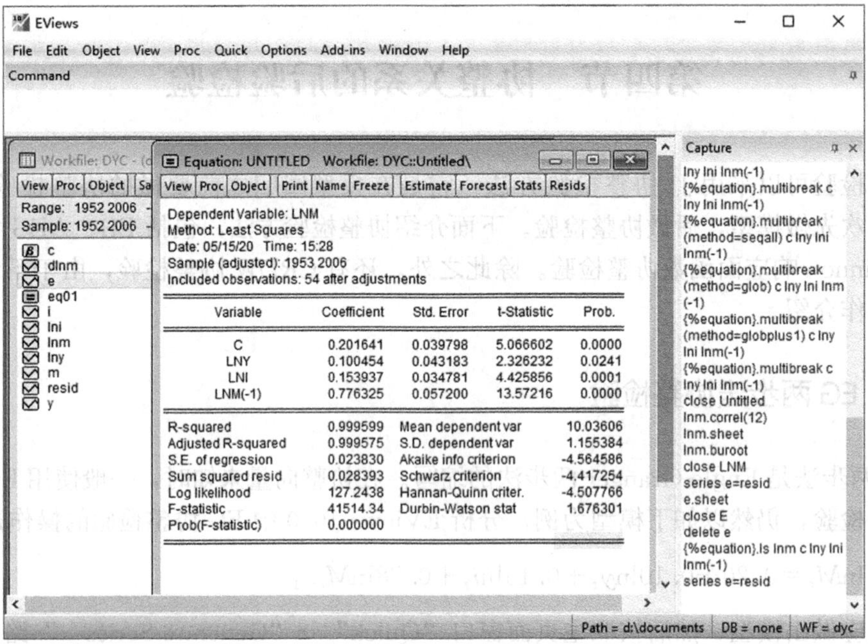

图 12-31 保存后的残差名称

左键双击之前保存的残差项“e”，结果如图 12-32 所示。

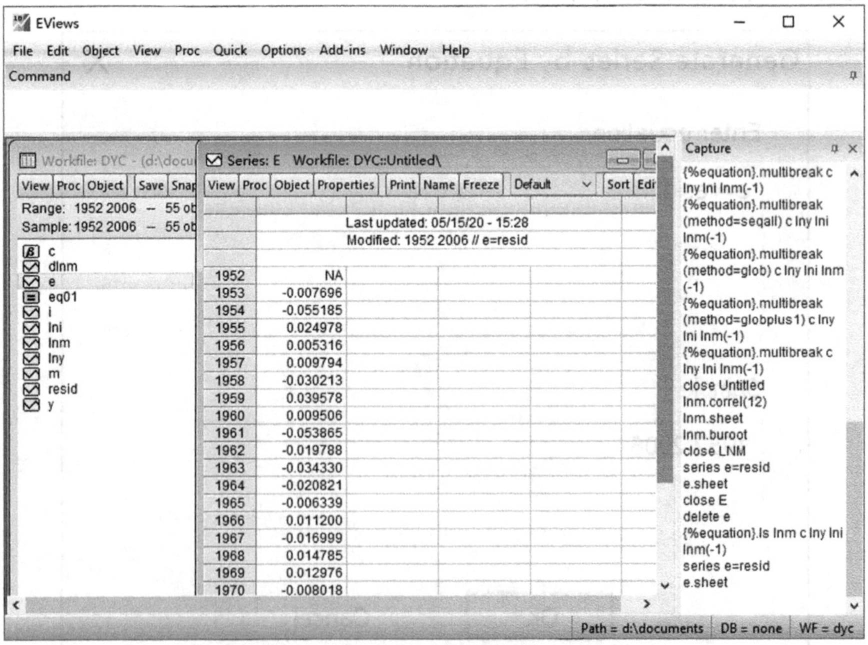

图 12-32 保存后的残差序列数据

这时就可以在如图 12-32 所示的序列数据的窗口中进行平稳性检验。点击“Series”窗口中的“View”选项，会出现一个下拉菜单，如图 12-33 所示。

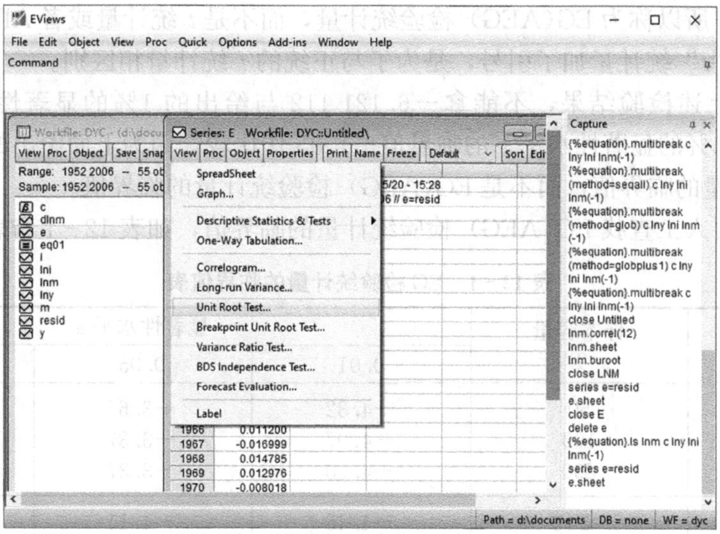

图 12-33　残差平稳性检验的命令选择

图 12-33 的检验顺序和过程就是变量的 ADF 单位根检验的程序，但是这里要注意，EG 两步法得到的非均衡误差的 t 统计量发生了改变，所以称之为 EG、AEG 检验而不是 DF、ADF 检验。点击图 12-33 中的“Unit root Test…”选项，然后完全按照 ADF 检验过程选择最优的滞后期、检验形式等，最终结果如图 12-34 所示。

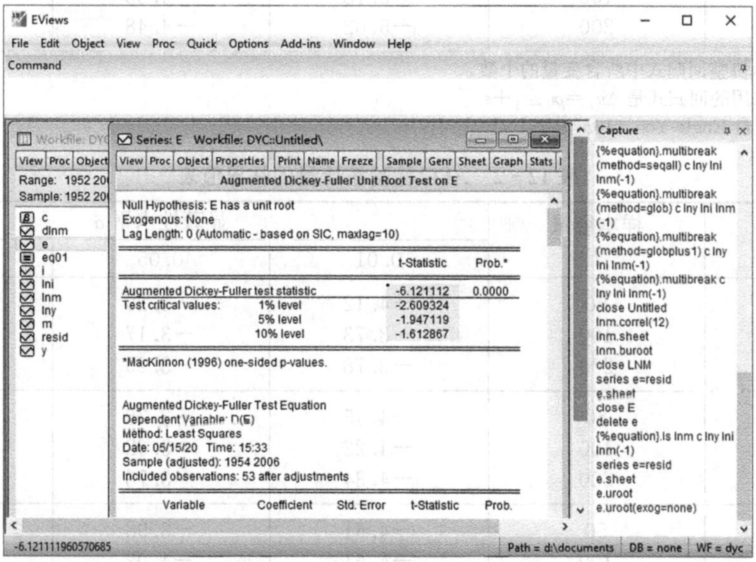

图 12-34　残差的单位根检验结果

从图 12-34 可以看出，选择的检验形式为（N，N，0），也就是既没有趋势项，也没有常数项，而且滞后期数为 0。图 12-34 中检验结果的灰色方框部分显示“t”统计量为$-6.121\,112$。如果按照 ADF 检验的理论表述，这个所谓的“t”统计量就应该是 ADF 检验统计量，正如回归结果所显示的那样，横向来看显示的确实是 ADF 检验统计量。但是从理论研究的结果可知，由于 EG 两步法得到的非均衡误差的“t”统计量比 ADF 检验统计量更左偏，所以称为 EG(AEG) 检验统计量，而不是 t 统计量或者 ADF 检验统计量。因此，上文的"t"统计量加了引号，是为了与正统的 t 统计量相区别。

所以对于上述检验结果，不能拿－6.121 112 与给出的 1%的显著性水平下的临界值－2.61 以及 5%的显著性水平下的临界值－1.95 作比较，因为上面给出的临界值仍然是 ADF 检验统计量的临界值，而不是 EG(AEG) 检验统计量的临界值。

这样就需要人工查找 EG(AEG) 检验统计量的临界值，如表 12－1 和表 12－2 所示。

表 12－1　EG 检验统计量的临界值表

变量个数 N	样本容量 T	显著性水平 α		
		0.01	0.05	0.10
2	50	−4.32	−3.67	−3.28
	100	−4.07	−3.37	−3.03
	200	−4.00	−3.37	−3.02
3	50	−4.48	−4.11	−3.73
	100	−4.45	−3.93	−3.59
	200	−4.35	−3.78	−3.47
4	50	−4.94	−4.35	−4.02
	100	−4.75	−4.22	−3.89
	200	−4.70	−4.18	−3.89
5	50	−5.41	−4.76	−4.42
	100	−5.18	−4.58	−4.26
	200	−5.02	−4.48	−4.18

注：1. N 表示协整回归式中所含变量的个数。

2. EG 检验采用的回归式是 $\Delta u_t = \rho u_{t-1} + \varepsilon_t$。

资料来源：摘自 Engle-Yoo (1987)。

表 12－2　AEG 检验统计量的临界值表

变量个数 N	样本容量 T	显著性水平 α		
		0.01	0.05	0.10
2	50	−4.12	−3.29	−2.90
	100	−3.73	−3.17	−2.91
	200	−3.78	−3.25	−2.98
3	50	−4.45	−3.75	−3.36
	100	−4.22	−3.62	−3.32
	200	−4.34	−3.78	−3.51
4	50	−4.61	−3.98	−3.67
	100	−4.61	−4.02	−3.71
	200	−4.72	−4.13	−3.83
5	50	−4.80	−4.15	−3.85
	100	−4.98	−4.36	−4.06
	200	−4.97	−4.43	−4.14

注：1. N 表示协整回归式中所含变量的个数。

2. AEG 检验采用的回归式是 $\Delta u_t = \rho u_{t-1} + \sum_{i=1}^{k} \Delta \rho u_{t-i} + \varepsilon_t$。

资料来源：摘自 Engle-Yoo (1987)。

由于采用的检验方法是EG检验（EG和AEG的区别请参考相关理论，或者参见表12－1和表12－2的注释），因此，需要使用EG检验统计量的临界值表。模型的协整回归式中变量个数是4，样本容量是54。从表12－1可以看出，样本容量为50时所对应的1%的显著性水平的临界值是－4.94，5%的显著性水平的临界值是－4.35。选取样本容量略大于50，因此，所要查找的临界值应该略大于－4.94和－4.35。无论哪个显著性水平，得到的EG检验统计量－6.121 112都小于两个临界值，因此，拒绝“非均衡误差非平稳”（不存在协整关系）的原假设，得到的结论是所做模型存在协整关系。

假设得到的统计量是－3.8，如果根据图12－34中DF和ADF检验的1%和5%的显著性水平下的临界值，那么得到的结论都是非均衡误差平稳，有协整关系，但这是错误的。按照EG和AEG检验，结论应该是非均衡误差非平稳，没有协整关系。

之所以无论用EG检验还是图12－34的ADF检验，统计量－6.121 112都得到同样的结论，是因为这个统计量足够小；否则，如上面假设的那样，两种方法得到的结论正好相反。

二、MacKinnon 响应面函数协整检验

先做模型，后进行协整检验，也可以采用MacKinnon响应面函数检验方法进行协整检验。正如前文所示，使用EG两步法得到的非均衡误差的EG统计量是－6.121 112，如果不用EG临界值，则可以采用MacKinnon响应面函数的临界值，只不过这个临界值需要通过计算得到。其计算公式为

$$C_{(\alpha)}=\varphi_{\infty}+\varphi_1 T^{-1}+\varphi_2 T^{-2}$$

式中，字母的含义参见表12－3下的注释。

表12－3　协整检验临界值表

N	模型形式	α	ϕ_{∞}	$s.e.$	ϕ_1	ϕ_2
1	无常数项，无趋势项	0.01 0.05 0.10	－2.565 8 －1.939 3 －1.615 6	(0.002 3) (0.000 8) (0.000 7)	－1.960 －0.398 －0.181	－10.04 0.0 0.0
1	有常数项，无趋势项	0.01 0.05 0.10	－3.433 6 －2.862 1 －2.567 1	(0.002 4) (0.001 1) (0.000 9)	－5.999 －2.738 －1.438	－29.25 －8.36 －4.48
1	有常数项，有趋势项	0.01 0.05 0.10	－3.963 8 －3.412 6 －3.127 9	(0.001 9) (0.001 2) (0.000 9)	－8.353 －4.039 －2.418	－47.44 －17.83 －7.58
2	有常数项，无趋势项	0.01 0.05 0.10	－3.900 1 －3.337 7 －3.046 2	(0.002 2) (0.001 2) (0.000 9)	－10.534 －5.967 －4.069	－30.03 －8.98 －5.73
2	有常数项，有趋势项	0.01 0.05 0.10	－4.326 6 －3.780 9 －3.495 9	(0.002 2) (0.001 3) (0.000 9)	－15.531 －9.421 －7.203	－34.03 －15.06 －4.01

续表

N	模型形式	α	ϕ_∞	$s.e.$	ϕ_1	ϕ_2
3	有常数项，无趋势项	0.01 0.05 0.10	−4.298 1 −3.742 9 −3.451 8	(0.002 3) (0.001 2) (0.001 0)	−13.790 −8.352 −6.241	−46.37 −13.41 −2.79
3	有常数项，有趋势项	0.01 0.05 0.10	−4.667 6 −4.119 3 −3.834 4	(0.002 2) (0.001 1) (0.000 9)	−18.492 −12.024 −9.188	−49.35 −13.13 −4.85
4	有常数项，无趋势项	0.01 0.05 0.10	−4.649 3 −4.100 0 −3.811 0	(0.002 3) (0.001 2) (0.000 9)	−17.188 −10.745 −8.317	−59.20 −21.57 −5.19
4	有常数项，有趋势项	0.01 0.05 0.10	−4.969 5 −4.429 4 −4.147 4	(0.002 1) (0.001 2) (0.001 0)	−22.504 −14.501 −11.165	−50.22 −19.54 −9.88
5	有常数项，无趋势项	0.01 0.05 0.10	−4.958 7 −4.418 5 −4.132 7	(0.002 6) (0.001 3) (0.000 9)	−22.140 −13.641 −10.638	−37.29 −21.16 −5.48
5	有常数项，有趋势项	0.01 0.05 0.10	−5.249 7 −4.715 4 −4.434 5	(0.002 4) (0.001 3) (0.001 0)	−26.606 −17.432 −13.654	−49.56 −16.50 −5.77
6	有常数项，无趋势项	0.01 0.05 0.10	−5.240 0 −4.704 8 −4.424 2	(0.002 9) (0.001 8) (0.001 0)	−26.278 −17.120 −13.347	−41.65 −11.17 0.0
6	有常数项，有趋势项	0.01 0.05 0.10	−5.512 7 −4.976 7 −4.699 9	(0.003 3) (0.001 7) (0.001 1)	−30.735 −20.883 −16.445	−52.50 −9.05 0.0

注：1. 临界值计算公式是 $C_{(\alpha)}=\phi_\infty+\phi_1 T^{-1}+\phi_2 T^{-2}$。式中，$T$ 表示样本容量。

2. N 表示协整回归式中所含变量的个数，α 表示检验的显著性水平。

资料来源：摘自 MacKinnon (1991)。

首先选择1%的显著性水平。由于所做的协整回归式有常数项，没有趋势项，从表 12-3 可以查找到对应的数据，分别是−4.649 3、−17.188 和−59.2，$T=54$。按照公式，计算结果为

$$\begin{aligned}C_{(0.01)}&=-4.649\,3-17.188/54-59.2/(54^2)\\&\approx-4.649\,3-0.318\,3-0.020\,3\\&=-4.987\,9\end{aligned}$$

这个临界值比 EG 检验 1%的显著性水平下的临界值还要左偏。

同样地，按照这样的思路，可以计算 5%的显著性水平下 MacKinnon 响应面函数的临界值。由于−6.121 102 已经小于 1%的显著性水平下的临界值−4.987 9，所以−6.121 102 必然小于 5%的显著性水平下的临界值，或者说，5%的显著性水平下的 MacKinnon 响应面函数的临界值经计算应该大于（绝对值小于）−4.987 9。这样，用 MacKinnon 响应面函数检验方法得到的结论和 EG 检验的结论一致，表明仍然存在协整

关系。

我们在给某大学的学生讲授计量经济学时，感到学生数学功底不好，硕士研究生也是如此，因此讲课颇感费劲。

而即使没有计量经济学的理论基础，凭借本书也至少能够学会应用 EViews 10.0，会做很多模型。“折得一枝香在手，人间应未有”。

月明星稀，乌鹊南飞。绕树三匝，何枝可依？

第十三章

联立方程模型

枝间新绿一重重，小蕾深藏数点红。

经济现象的复杂性决定着变量间很大程度上存在着因果甚至多重因果关系，仅仅用单一方程很难表述清楚经济系统自身的相互传递机制，因此，需要使用联立方程模型来说明问题。“春潮带雨晚来急，野渡无人舟自横”。

从孙子仲，平陈与宋。不我以归，忧心有忡。

假设做封闭条件下中国宏观经济联立方程模型，联立方程如下：

消费方程为

$$XF_t=\alpha_0+\alpha_1 Y_t+\alpha_2 XF_{t-1}+u_{1t}$$

投资方程为

$$I_t=\beta_0+\beta_1 Y_{t-1}+u_{2t}$$

收入方程为

$$Y_t=C_t+I_t+G_t \tag{13-1}$$

式中，XF_t 为消费（这样命名消费，是因为 EViews 10.0 软件自动使用“C”这个变量作为常数项）；Y_t 为国民收入；I_t 为投资；G_t 为政府支出。

样本区间为 1980—2009 年，所用数据如表 13-1 所示。

表 13-1　中国宏观经济数据

年份	Y	XF	I	G
1980	4 592.9	2 331.2	910.9	1 228.83
1981	5 008.8	2 627.9	961	1 138.4
1982	5 590	2 902.9	1 230.4	1 230
1983	6 216.2	3 231.1	1 430.1	1 409.5
1984	7 362.7	3 742	1 832.9	1 701

续表

年份	Y	XF	I	G
1985	9 076.7	4 687.4	2 543.2	2 004.25
1986	10 508.5	5 302.1	3 120.6	2 204.9
1987	12 277.4	6 126.1	3 791.7	2 262.2
1988	15 388.6	7 868.1	4 753.8	2 491.2
1989	17 311.3	8 812.6	4 410.4	2 823.78
1990	19 347.8	9 450.9	4 517	3 083.59
1991	22 577.4	10 730.6	5 594.5	3 386.62
1992	27 565.2	13 000.1	8 080.1	3 742.2
1993	36 938.1	16 412.1	13 072.3	4 642.3
1994	50 217.4	21 844.2	17 042.1	5 792.62
1995	63 216.9	28 369.7	20 019.3	6 823.72
1996	74 163.6	33 955.9	22 913.5	7 937.55
1997	81 658.5	36 921.5	24 941.1	9 233.56
1998	86 531.6	39 229.3	28 406.2	10 798.18
1999	91 125	41 920.4	29 854.7	13 187.67
2000	98 749	45 854.6	32 917.7	15 886.5
2001	108 972.4	49 213.2	37 213.5	18 902.58
2002	120 350.3	52 571.3	43 499.9	22 053.15
2003	136 398.8	56 834.4	55 566.6	24 649.95
2004	160 280.4	63 833.5	70 477.4	28 486.89
2005	188 692.1	71 217.5	88 773.6	33 930.28
2006	221 170.5	80 120.5	109 998.2	40 422.73
2007	261 770.1	92 458	137 239	49 781.35
2008	300 670	97 913	172 291	62 592.66
2009	335 353	97 844.5	224 846	72 346.13

资料来源：中经网统计数据库，国家统计局，国泰安金融研究服务中心。

将上述数据输入 EViews 10.0 中，结果如图 13 - 1 所示。

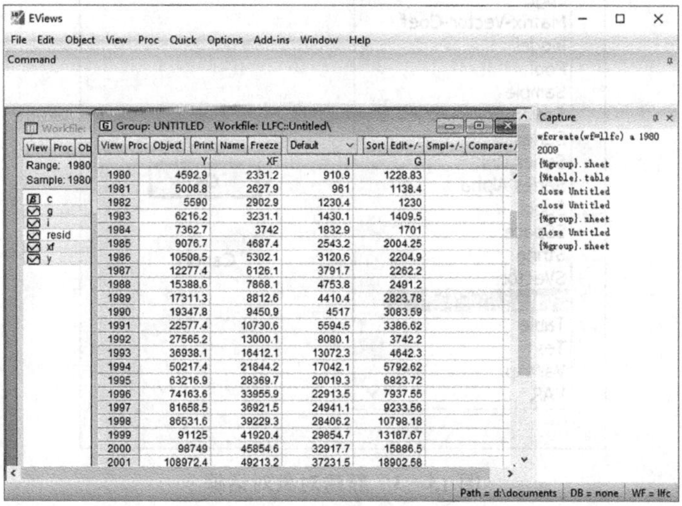

图 13 - 1　中国宏观经济数据

联立方程的估计步骤如下：点击主页面窗口的“Object”（对象）选项，会出现一个下拉菜单，其中有一项是“New object…”（新建对象），如图 13-2 所示。

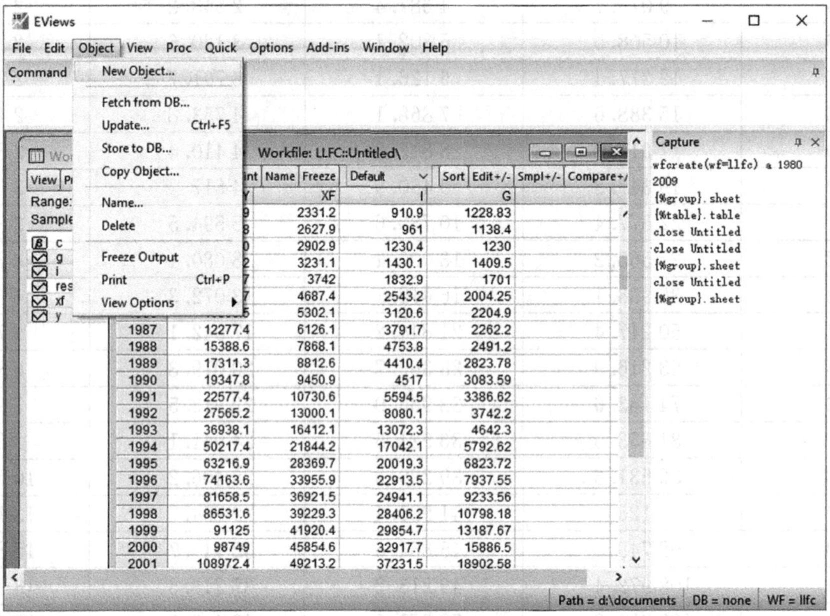

图 13-2 联立方程模型的估计入口

点击“New object…”项后，出现如图 13-3 所示的对话框。

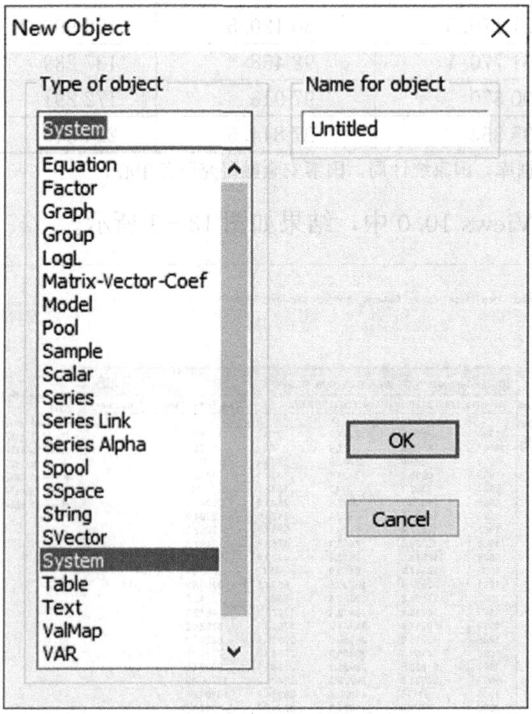

图 13-3 新建对象对话框

图 13-3 的对话框中有一项“System”（系统），用鼠标点击这个位置使其变蓝，然后在右边的“Name for object”（对象命名）下方的空白处填入“zghg”（或填写一个自己习惯的名称，不填也可以）。最后点击“OK”按钮，结果如图 13-4 所示。

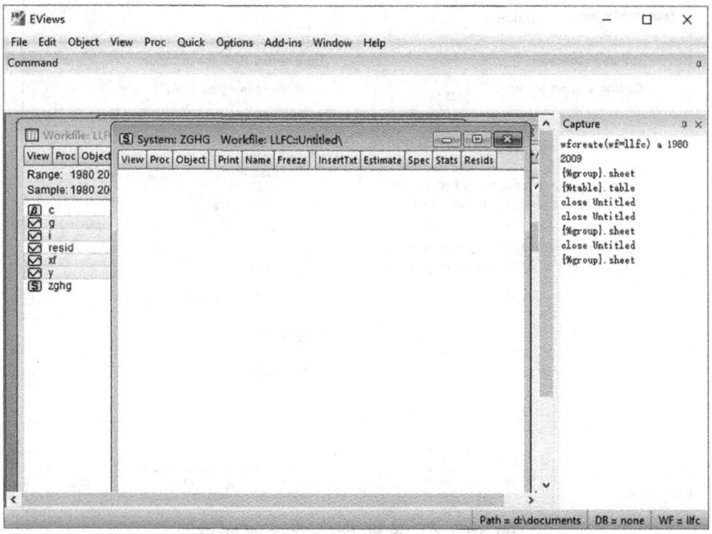

图 13-4　系统编程窗口

在图 13-4 的系统编程窗口中按照理论设定的模型形式（见式（13－1）），结合 EViews 10.0 的常用输入方法，编写如图 13-5 所示的模型形式。

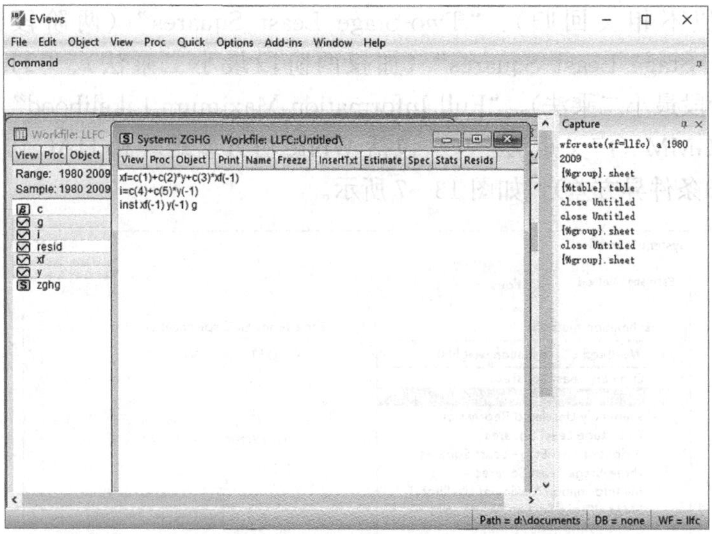

图 13-5　联立方程的编写窗口

这里需要注意：(1) 图 13-5 中的 c(1) ～c(5) 是联立方程系统默认的系数项，按照方程的顺序书写；(2) 一定注意系数和变量中间的“＊”号，没有它是不可以的；(3)“inst xf(－1) y(－1) g”表示设定的工具变量（不理解之处，请参考有关理论），中间注意保留空格。

然后点击图 13-5“System”窗口上的“Estimate”（估计）选项，会弹出“System Estimation”（系统估计方法）对话框，如图 13-6 所示。

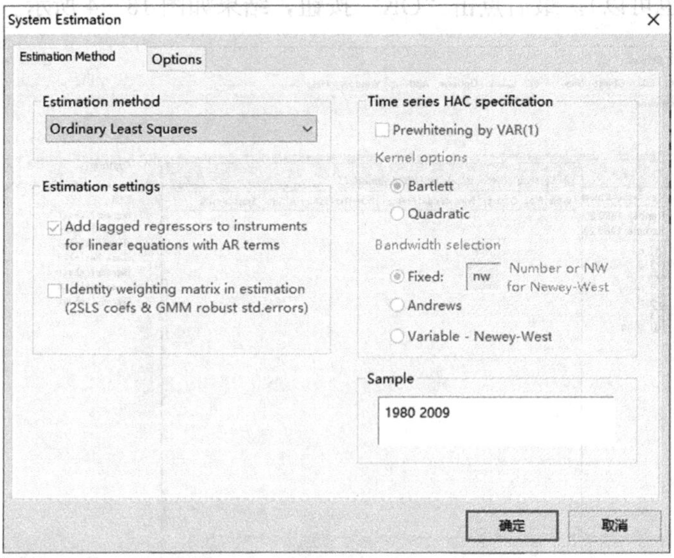

图 13-6　系统估计方法对话框

在图 13-6 中点击“Estimation method”（估计方法）后面向下的箭头，出现的下拉菜单中共显示了 10 种系统估计方法，从上到下分别是“Ordinary Least Squares”（普通最小二乘法）、“Weighted L.S.”（加权最小二乘法）、“Seemingly Unrelated Regression”（似不相关回归）、“Two-Stage Least Squares”（两阶段最小二乘法）、“Weighted Two-Stage Least Squares”（加权两阶段最小二乘法）、“Three-Stage Least Squares”（三阶段最小二乘法）、“Full Information Maximum Likelihood”（完全信息极大似然估计法）、GMM（广义矩法）——包括 White 协方差矩阵和 HAC 协方差矩阵两种、ARCH（自回归条件异方差），如图 13-7 所示。

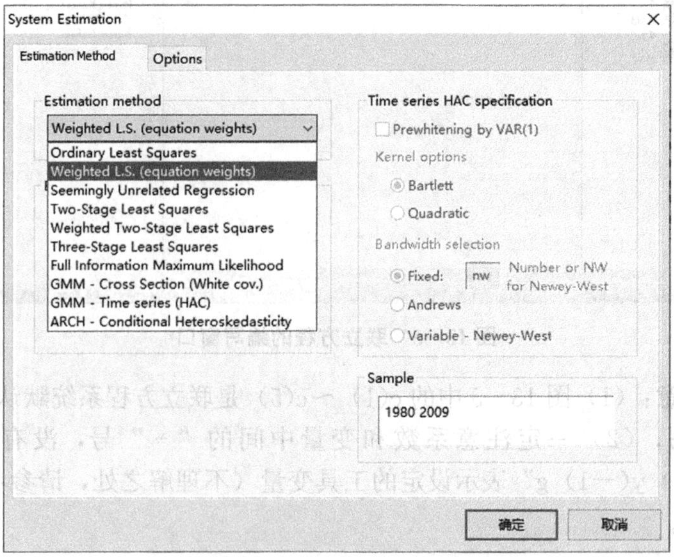

图 13-7　系统估计的 10 种方法

在此选择“Weighted L. S.”，然后点击“确定”，结果如图 13 - 8 所示。

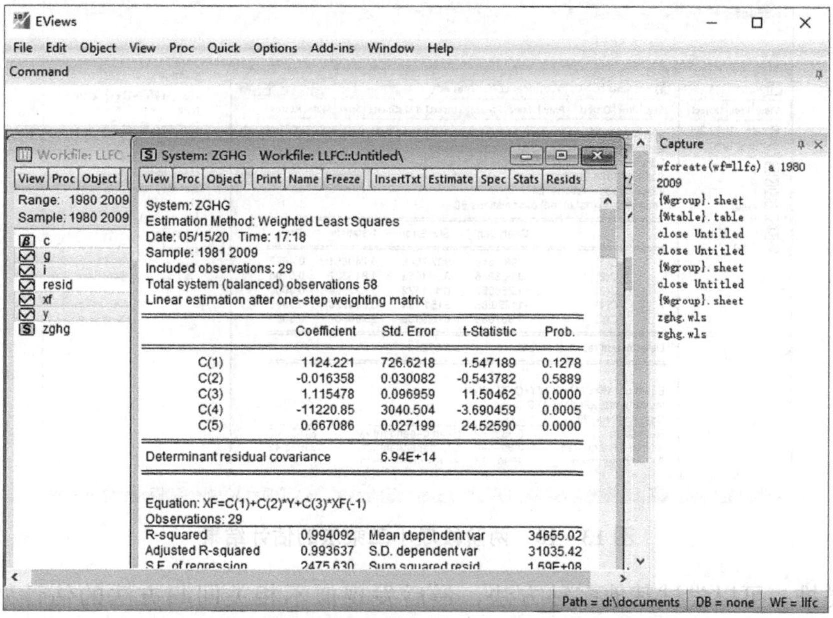

图 13 - 8　加权最小二乘法的估计结果

点击图 13 - 5 工具栏上的“Estimate”选项，然后在图 13 - 6 所示界面的“Estimation method”中选择“Seemingly Unrelated Regression”，点击“确定”，结果如图 13 - 9 所示。

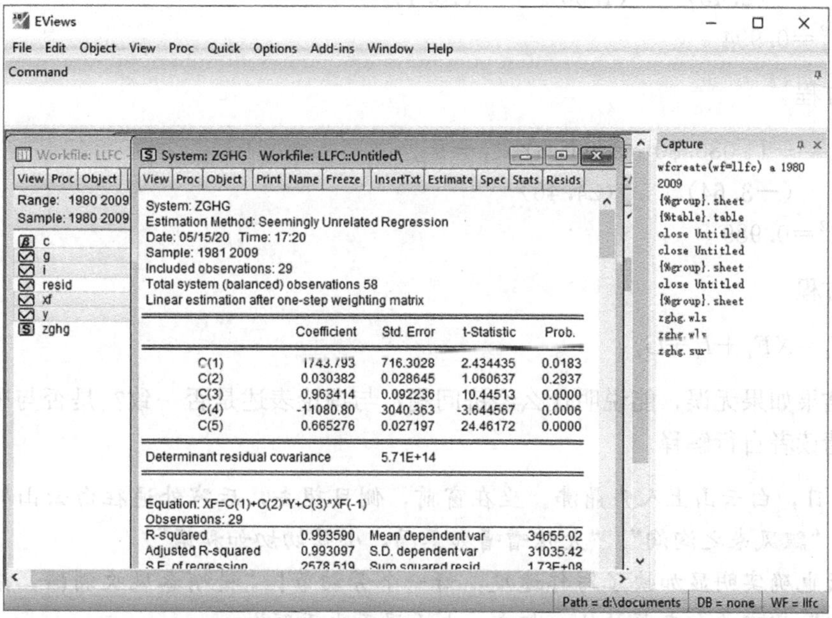

图 13 - 9　似不相关回归方法的估计结果

再次点击图 13 - 5 工具栏上的“Estimate”选项，然后在图 13 - 6 所示界面的“Estimation method”中选择“Two-Stage Least Squares”，点击“确定”，结果如图 13 - 10 所示。

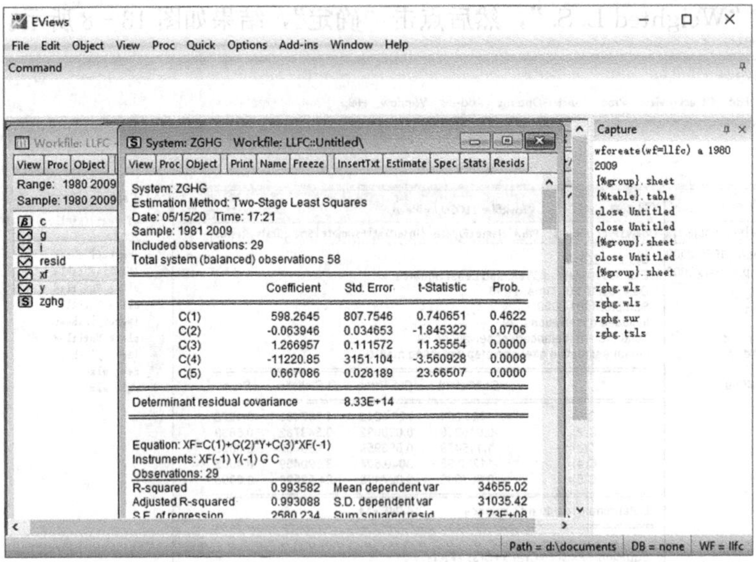

图 13-10　两阶段最小二乘法的估计结果

依此类推，可以尝试其他多种方法，最后发现似不相关回归方法的估计效果相对较好，其估计结果的表达形式为

消费方程

$$XF_t = 1\,743.793 + 0.030\,4Y_t + 0.963\,4XF_{t-1} + \hat{u}_{1t}$$
$$(2.43)\qquad(1.06)\qquad(10.45)$$
$$R^2 = 0.994$$

投资方程

$$I_t = -11\,080.80 + 0.665\,3Y_{t-1} + \hat{u}_{2t}$$
$$(-3.64)\qquad(24.46)$$
$$R^2 = 0.989$$

收入方程

$$Y_t = XF_t + I_t + G_t$$

上述结果如果无误，能说明什么经济问题？与理论表述是否一致？是否与中国经济现实相符？请读者自行解释。

5 月 1 日，白云山上人声鼎沸。坐在窗前，侧目望去，后窗外通往白云山的人行道上人流如织，“飘风来之洶洶”。“大弦嘈嘈如急雨，小弦切切如私语”。

这几天也确实明显加快了写作速度，好一个劳动节！“料峭春风吹酒醒，微冷，山头斜照却相迎”。“回首向来萧瑟处，归去，也无风雨也无晴”。

7 月的广州，骄阳似火，走在马路上摔了一跤，结果烫伤了。“哪儿凉快哪儿待着去”，看来这真是一句发自肺腑的满是关爱的话语。

风雨如晦，鸡鸣不已。既见君子，云胡不喜？

第十四章

一般面板模型

6 月初的广州，没有了 5 月份的阴雨绵绵。“水光潋滟晴方好，山色空蒙雨亦奇”。山清水秀，溪流潺涓。“青山看不厌，流水趣何长”。

黄鸟于飞，集于灌木，其鸣喈喈。

第一节　数据的录入

面板数据与时间序列数据和截面数据相比较的优势以及近几年面板数据的使用使面板模型的应用越来越广泛。现以广东省 21 个地级市的进口（下文以 X 表示）与 GDP 的关系问题为例，研究如何进行面板回归。

在 EViews 10.0 中，面板数据的输入方式有两种，不同的数据输入方式会改变模型估计方式。第一种输入方式是建立 Balanced panel 工作文件。首先，按照“File”→“New”→“Workfile…”的路径，打开“Workfile Create”对话框，如图 14-1 所示。

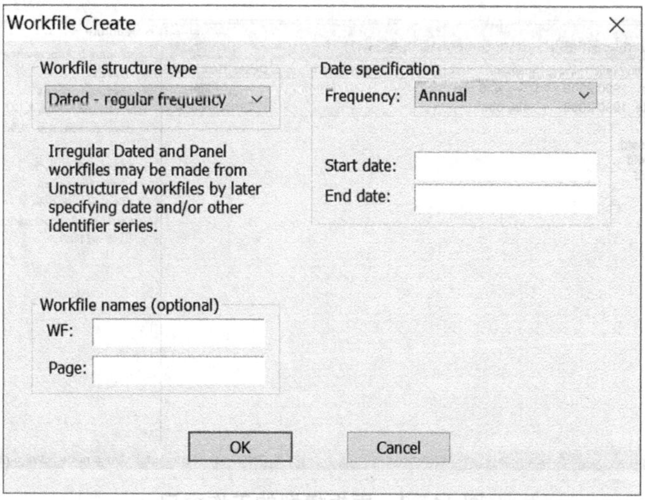

图 14-1　创建面板数据的工作文件对话框

在图 14－1 的“Workfile structure type”部分点击向下的箭头，在下拉菜单中选择“Balanced Panel”（平衡面板）；在“Start date”后面的空白处输入样本的起始时间“1990”，在“End date”后面的空白处输入样本截止时间“2009”。所用数据为广东省 21 个地级市的有关数据，在“Number of cross sections”后面的空白处输入横截面个数“21”；然后在“Workfile names (optional)”下方“WF”后面的空白处输入“面板模型”，在“Page”后面的空白处输入“Annual”，如图 14－2 所示。

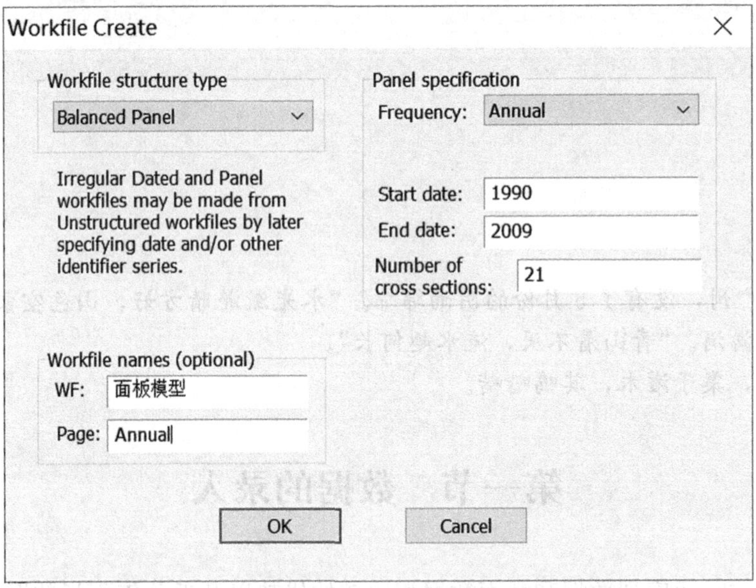

图 14－2　面板数据的工作文件窗口基本信息的录入

然后点击“OK”按钮，界面如图 14－3 所示。

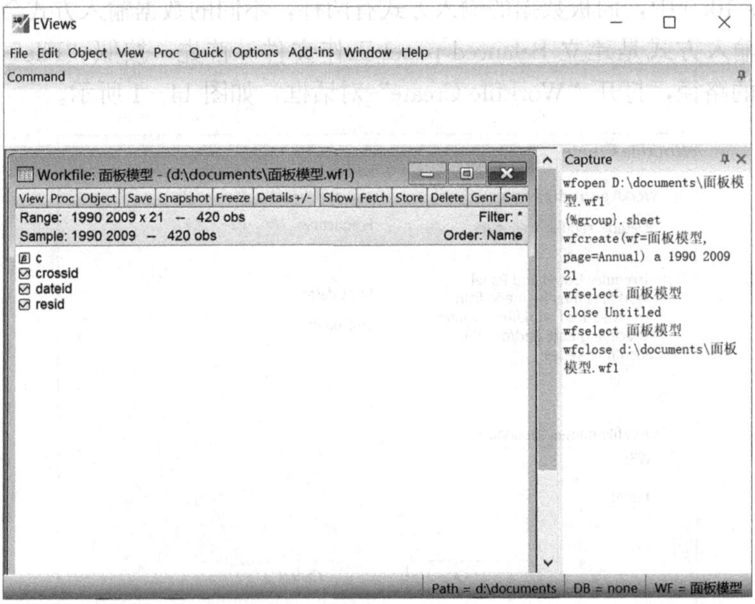

图 14－3　面板模型的工作窗口

在图 14－3 中，点击主页面窗口中的“Quick”，出现下拉菜单，如图 14－4 所示。

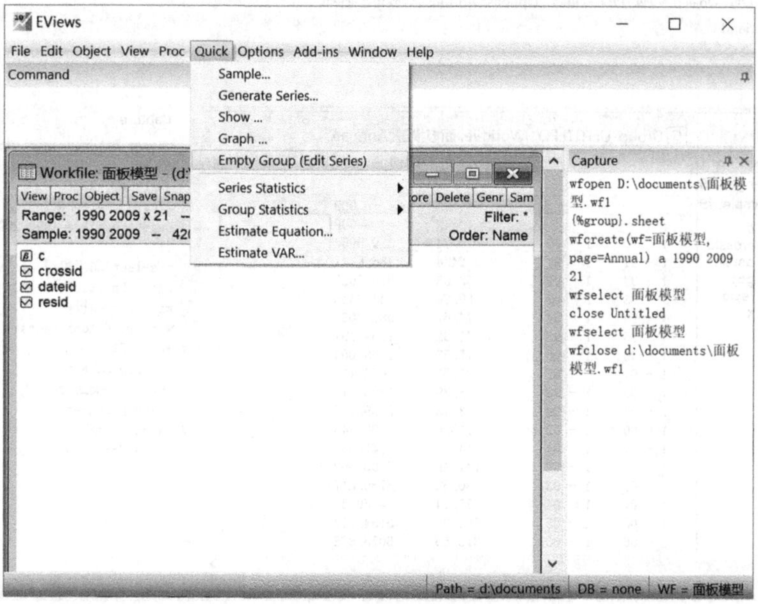

图 14－4　建立新空白组

点击图 14－4 下拉菜单中的“Empty Group (Edit Series)”(建立新的空白组)，出现如图 14－5 所示的页面。将广东省 21 个地级市的进口额和 GDP 数据输入页面中，并命名，结果如图 14－6 所示。

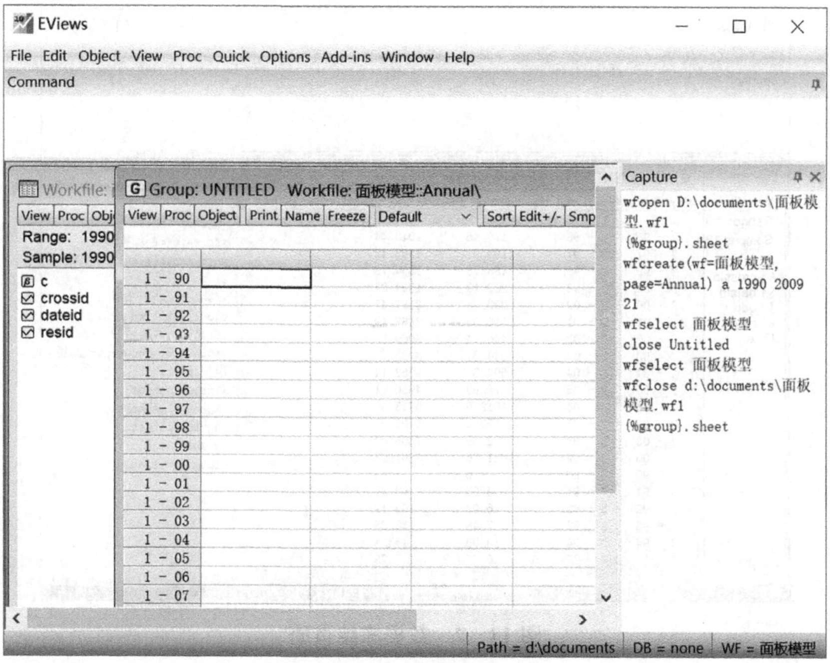

图 14－5　录入数据界面

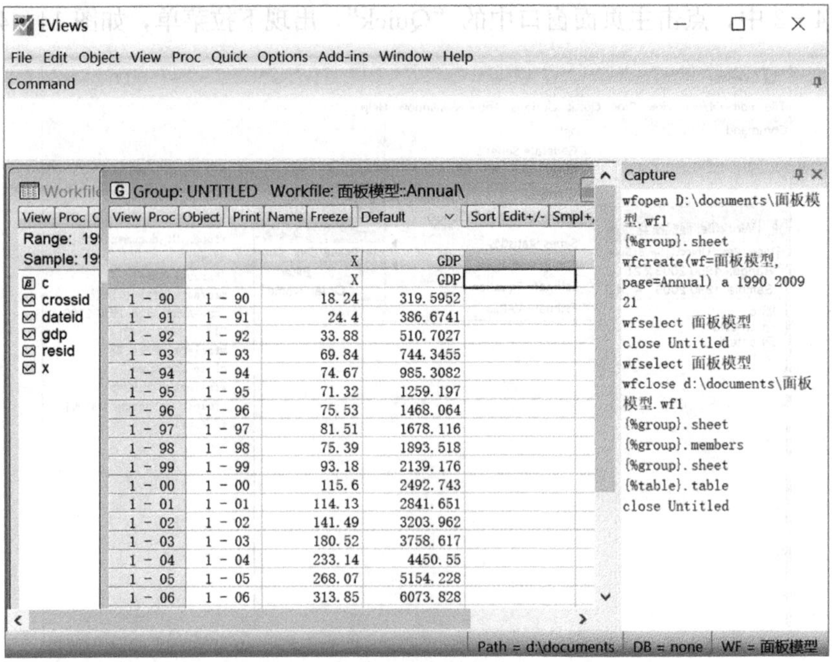

图 14-6　录入数据界面

数据录入后，为防止不小心碰到鼠标或者键盘而导致数据发生改变，需要点击“Edit+/−”选项进行冻结。冻结后的数据，鼠标点击后显示灰色背景，数据无法更改，如图 14-7 所示。

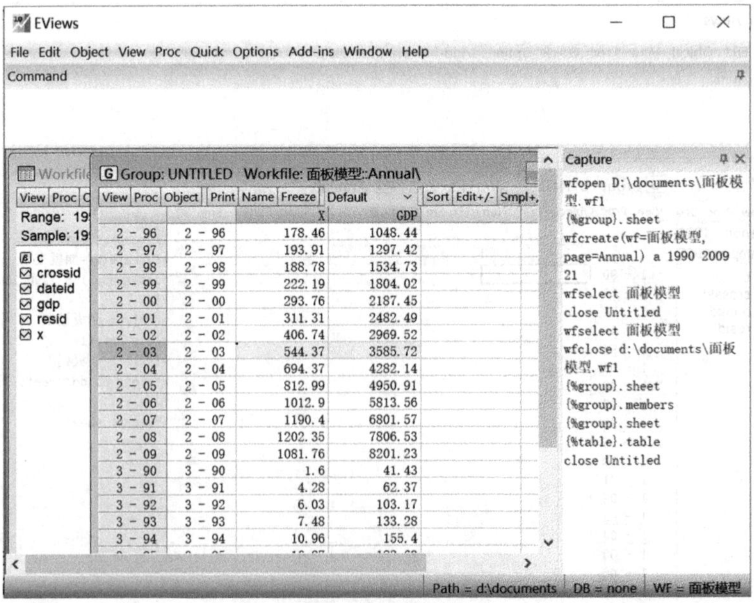

图 14-7　数据冻结页面

在图 14-6 的数据窗口或主页面窗口中点击“Proc”，如图 14-8 所示，选择下拉菜单中的“Make Equation…”，点击“Method”后面向下的箭头，可以发现如图 14-9 所示，在 Balanced Panel 录入数据的模式下，EViews 10.0 中面板估计的方法有很多种。

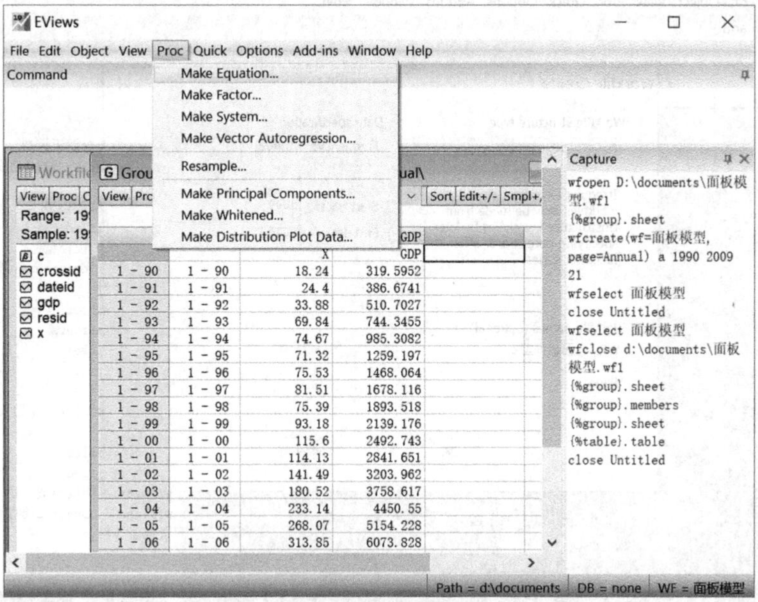

图 14-8 方程估计页面

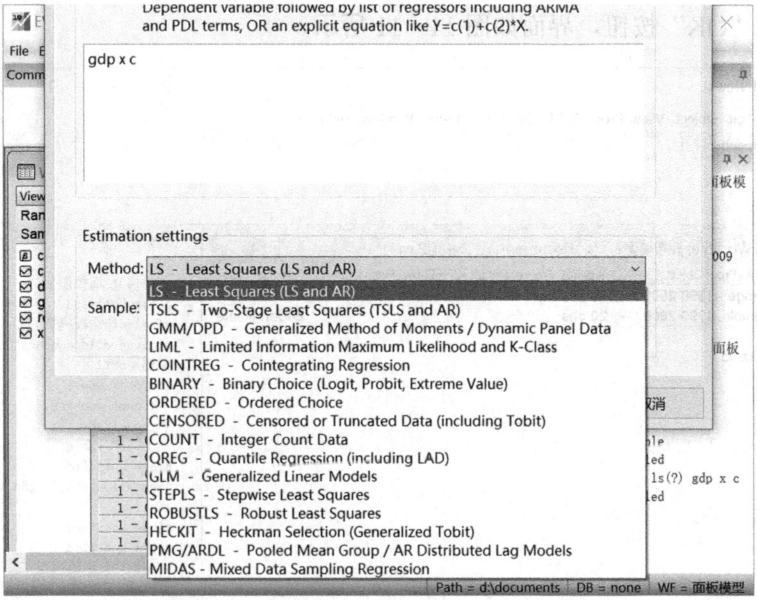

图 14-9 方程估计方法

第二种输入方式是建立 Dated-regular frequency 工作文件。在图 14-1 的“Workfile structure type”部分点击向下的箭头，在下拉菜单中选择“Dated-regular frequency”（时间序列）；在“Start date”后面的空白处输入样本的起始时间“1990”，在“End date”后面的空白处输入样本截止时间“2009”；然后在“Workfile names（optional）”下方“WF”后面的空白处输入“面板模型”，如图 14-10 所示。

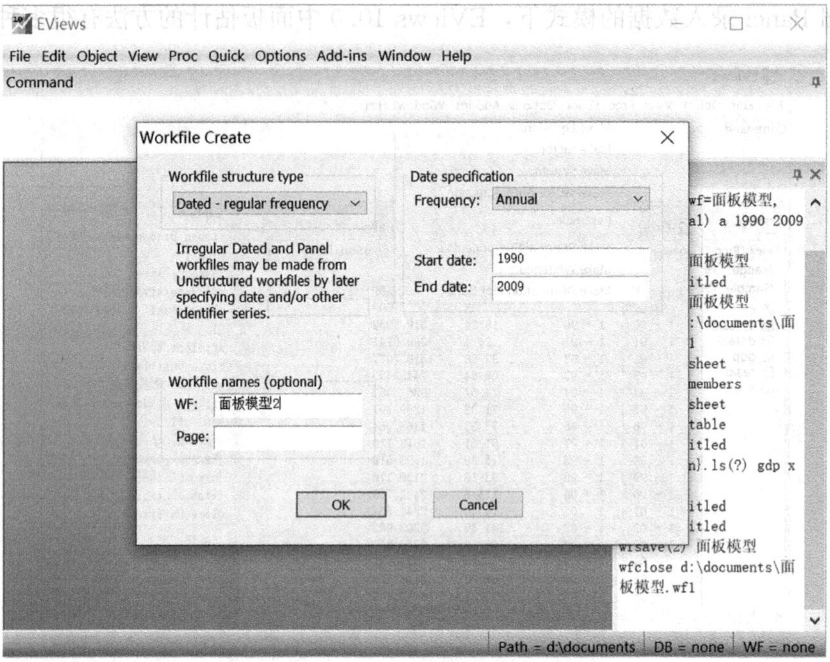

图 14-10　文件窗口基本信息的录入

然后点击"OK"按钮，界面如图 14-11 所示。

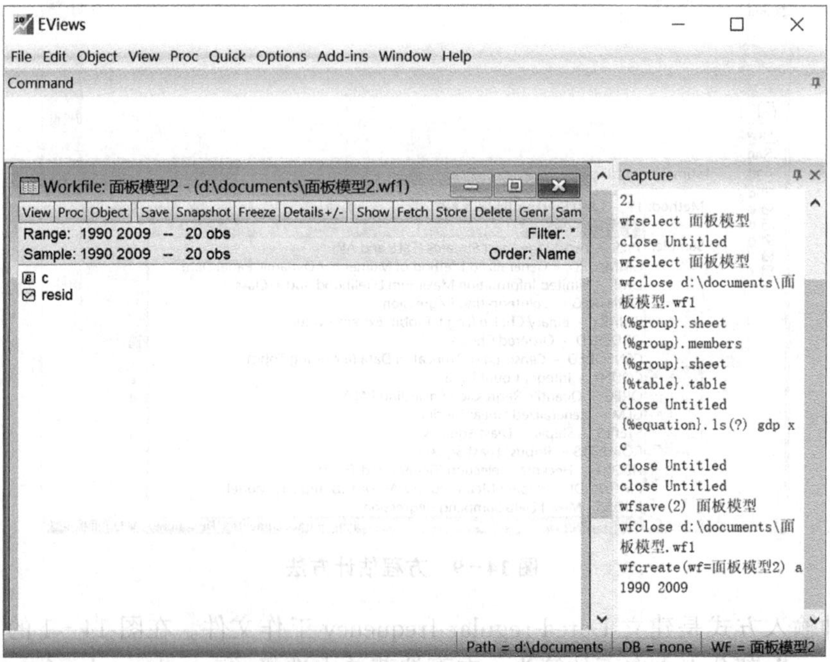

图 14-11　模型的工作窗口

在图 14-11 中，点击"Workfile"（工作文件）窗口（或者主页面窗口）中的"Object"，出现下拉菜单，如图 14-12 所示。

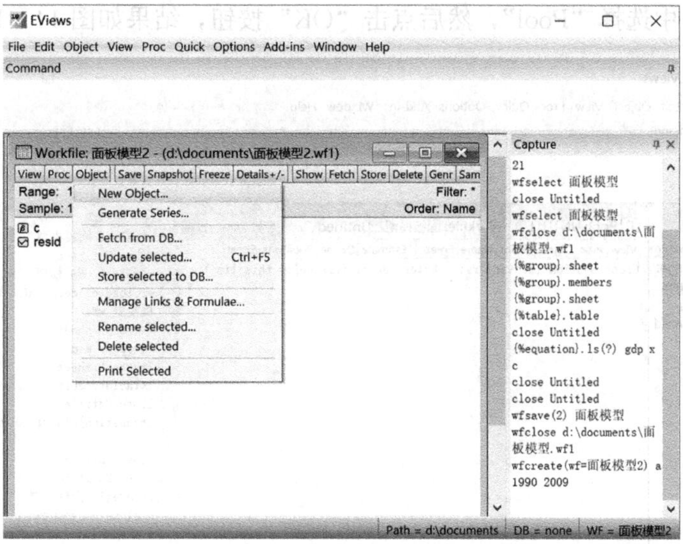

图 14-12 建立新对象

点击图 14-12 下拉菜单中的“New object...”（建立新对象），出现如图 14-13 所示的对话框。

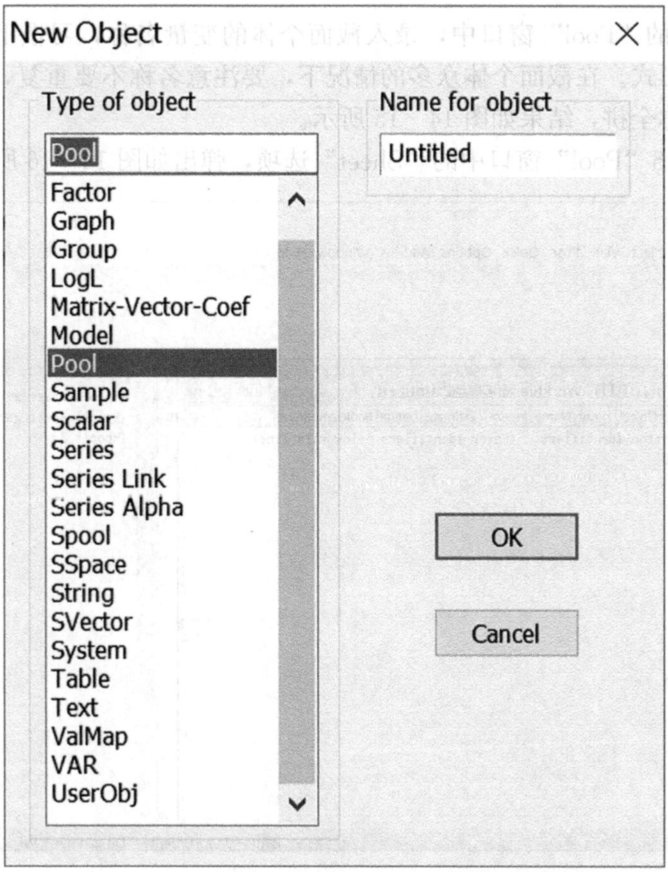

图 14-13 新对象的选择对话框

在图 14-13 中选择“Pool”，然后点击“OK”按钮，结果如图 14-14 所示。

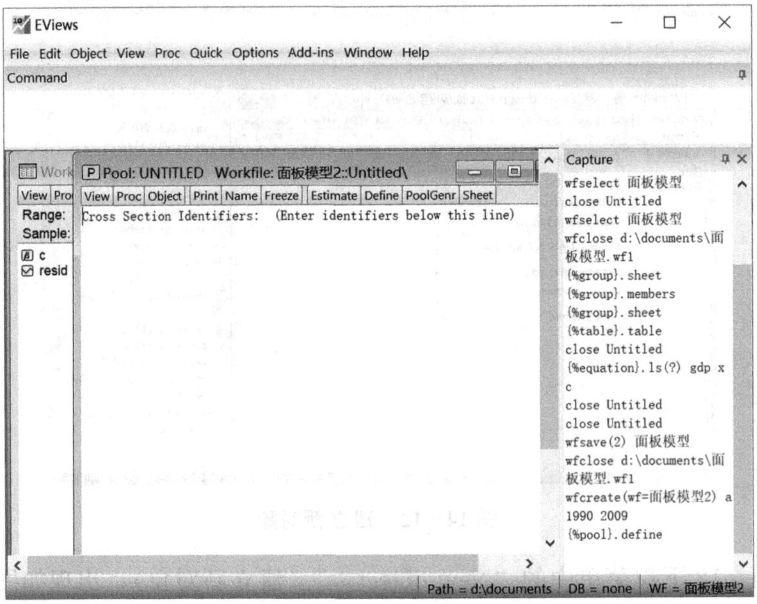

图 14-14 “Pool”窗口

在图 14-14 的“Pool”窗口中，录入截面个体的变量名称，习惯上用汉语拼音或者汉语拼音的缩写形式。在截面个体众多的情况下，要注意名称不要重复，这里输入的是截面个体的汉语名称全拼，结果如图 14-15 所示。

点击图 14-15“Pool”窗口中的“Sheet”选项，弹出如图 14-16 所示的对话框。

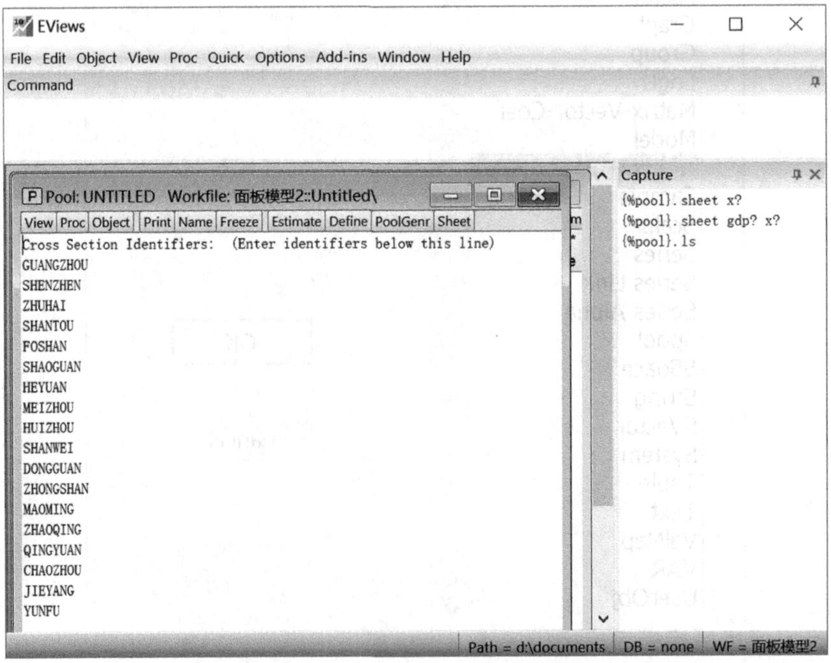

图 14-15 截面个体名称的录入

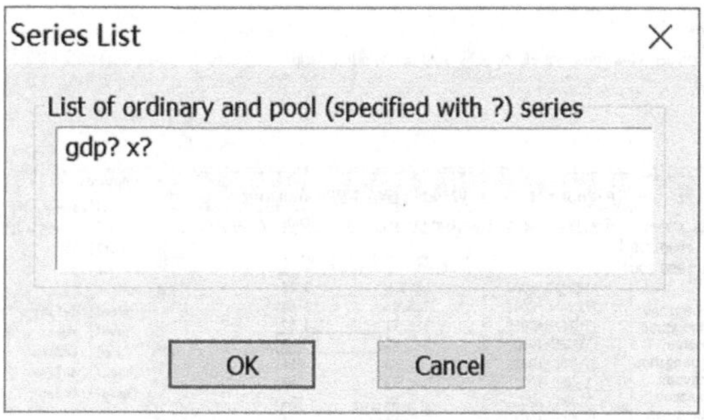

图 14-16 变量名称的录入对话框

在图 14-16 中需要录入变量名称，由于要做的是广东省 21 个地级市 X（进口）和 GDP 的函数关系式，涉及 21 个截面个体，因此在空白处要输入“GDP? X?”（**初学者尤其要注意变量名称后要加“?”，该“?”号表示截面个体；同时，注意两个变量名称中间要有空格**），然后点击“OK”按钮，结果如图 14-17 所示。

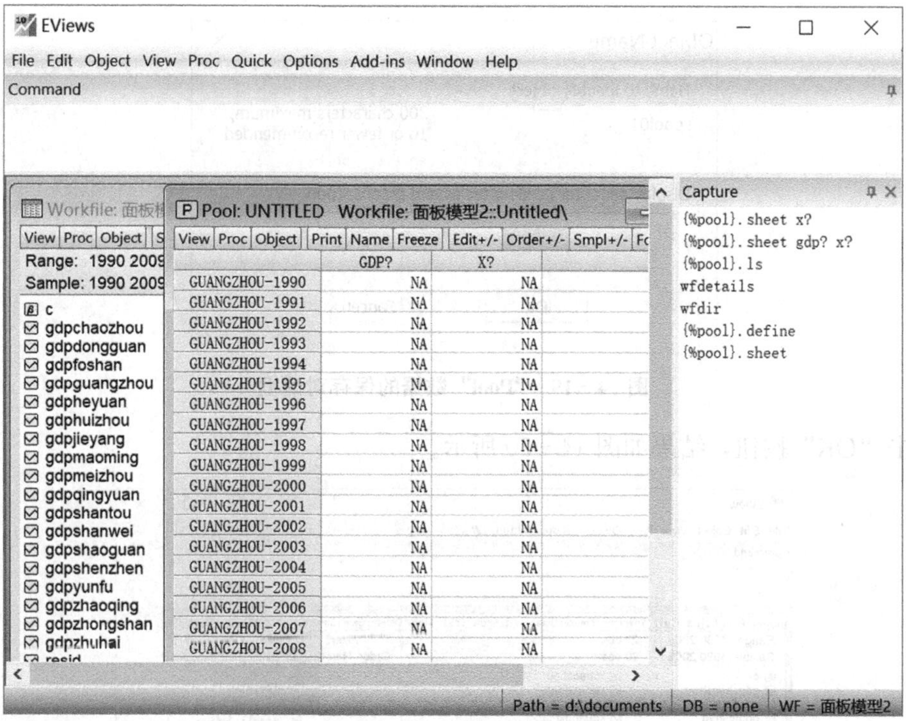

图 14-17 “Pool”数据窗口

这时候需要在图 14-17 中录入数据，鼠标点击窗口中的空白空格。如果处于冻结状态，则需要点击“Pool”数据窗口工具栏中的“Edit+/−”选项，这时候就可以输入数据了；如果没有处于冻结状态，就可以直接录入数据。数据录入结果如图 14-18 所示，图中给出了最后录入的一部分数据的情况（截面个体是云浮市）。

面板数据较多，数据录入工作量也较大，因此，数据录入后应该马上保存。点击“Pool”数据窗口工具栏中的“Name”选项，弹出如图 14-19 所示的对话框。

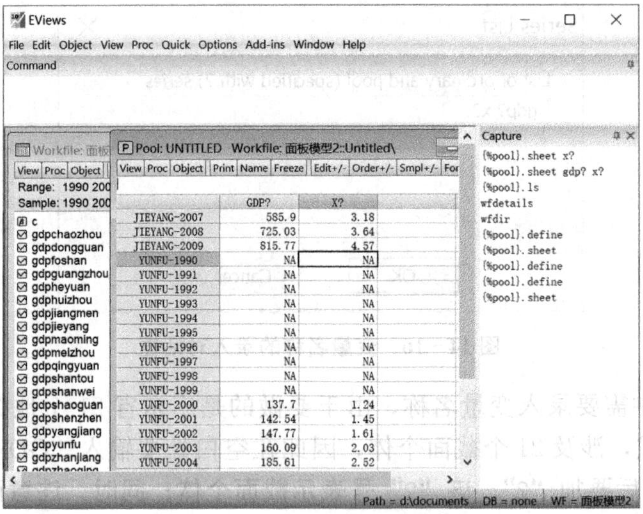

图 14-18 “Pool”数据的录入

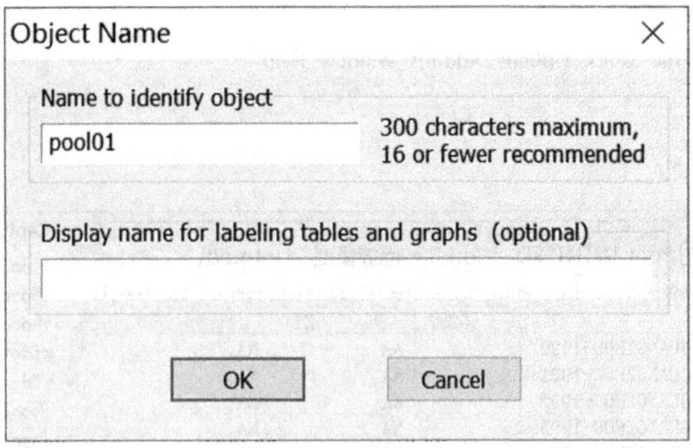

图 14-19 “Pool”数据的保存对话框

点击“OK”按钮，结果如图 14-20 所示。

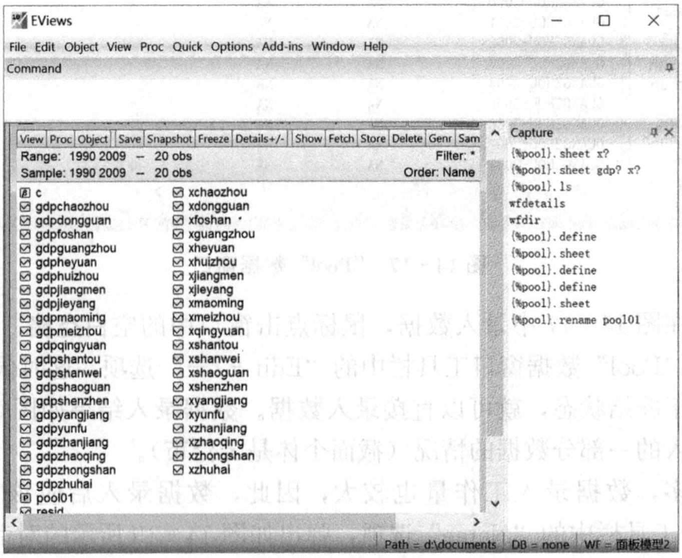

图 14-20 保存后的“Pool”数据

点击图 14－20 中的“pool01”数据组，结果如图 14－21 所示。

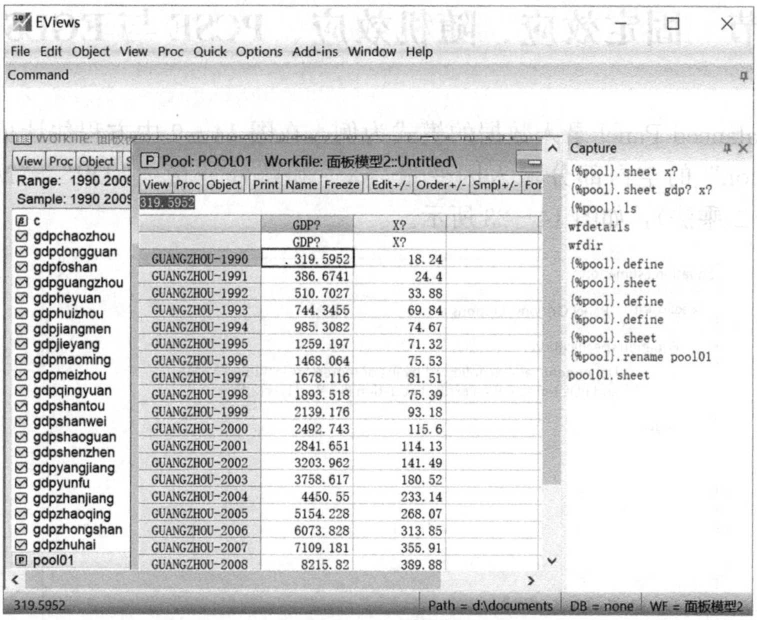

图 14－21　“Pool”数据窗口

在图 14－21 的“Pool”窗口中点击“Proc”，选择下拉菜单中的“Estimate”，点击“Method”，可以发现如图 14－22 所示，在 Dated-regular frequency 录入数据的模式下，EViews 10.0 中面板估计的方法只有两种。

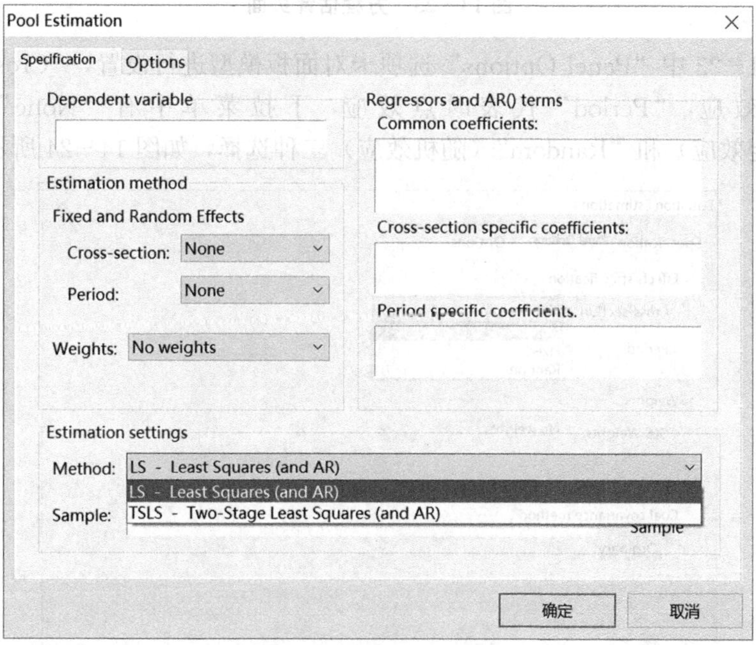

图 14－22　方程估计方法

第二节 固定效应、随机效应、PCSE 与 EGLS 模型

首先以 Balanced Panel 录入数据的模式为例，在图 14-9 中方程估计页面的“Equation specification”的空白部分输入因变量“X”和解释变量“GDP”，“Method”选择 LS（普通最小二乘法），如图 14-23 所示。

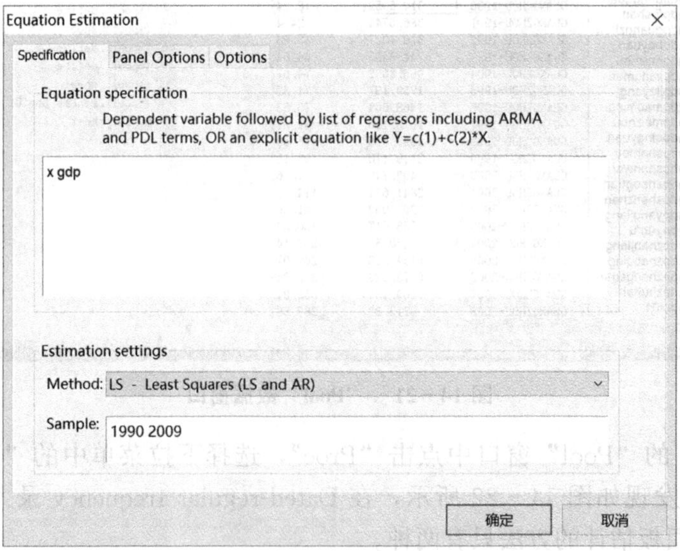

图 14-23 方程估计页面

点击图 14-23 中“Panel Options”选项卡对面板模型进行设置，“Cross-section”代表截面个体效应，“Period”代表时点效应，下拉菜单中有“None”（无效应）、“Fixed”（固定效应）和“Random”（随机效应）三种选择，如图 14-24 所示。

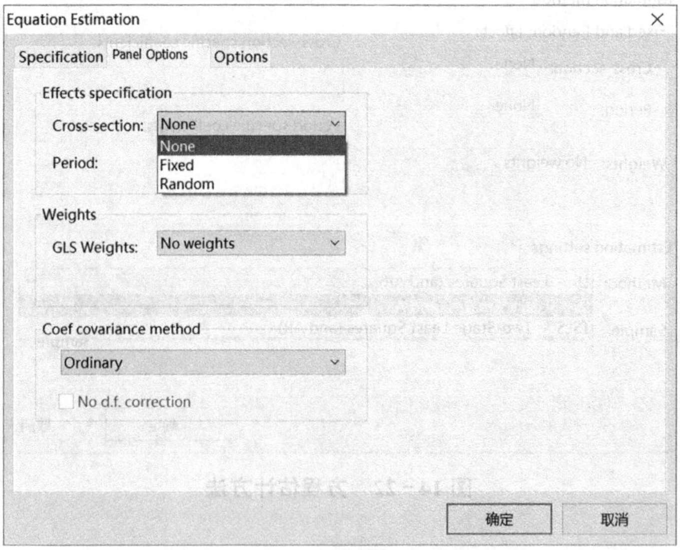

图 14-24 面板模型对话框

"Weights" 表示加权估计，是考虑到截面异方差的处理，下拉菜单中有"No weights"（无需权重）、"Cross-section weights"（个体异方差权重）、"Cross-section SUR"（个体异方差和截面相关权重）、"Period weights"（时点异方差权重）、"Period SUR"（时点异方差和序列相关权重），如图 14 - 25 所示。

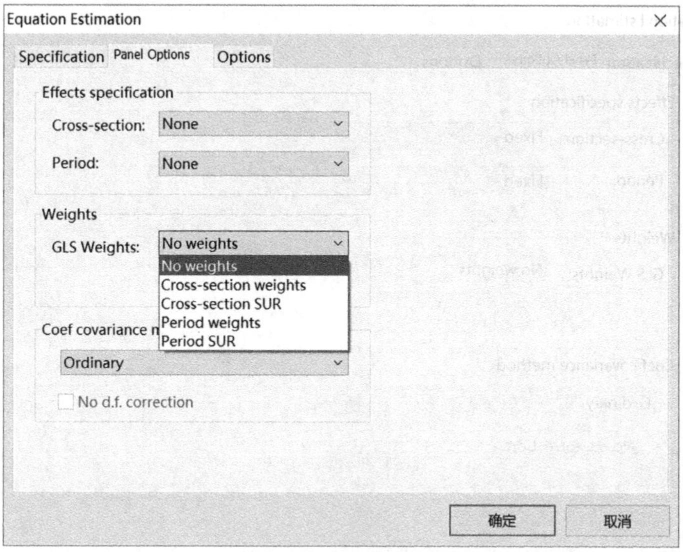

图 14 - 25　面板权重选择

"Coef covariance method" 表示方差协方差一致估计的方法，下拉菜单中有"Ordinary"（普通方法）、"White cross-section"(怀特异方差和截面相关)、"White period"（怀特异方差和序列相关）、"White (diagonal)"（怀特异方差）、"Cross-section SUR (PCSE)"（截面相关）、"Cross-section weights (PCSE)"（截面异方差）、"Period SUR (PCSE)"（时点相关）、"Period weights (PCSE)"（时点方差），如图 14 - 26 所示。

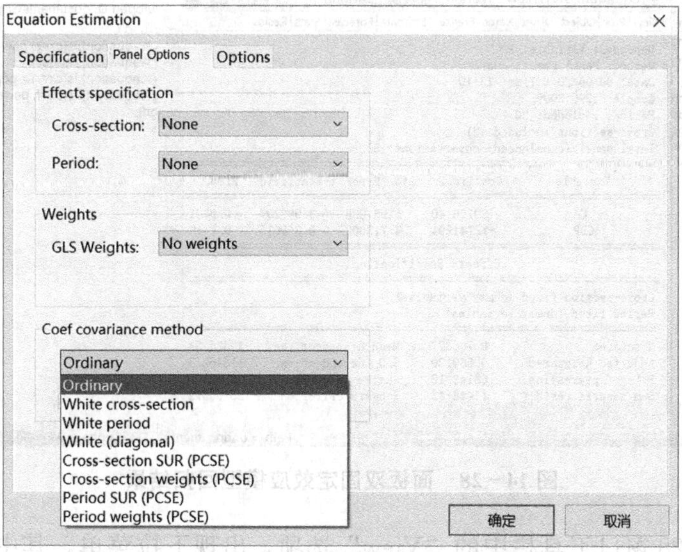

图 14 - 26　面板方差一致估计方法

在进行面板模型估计前，要确定模型是具有个体效应、时点效应还是双效应，在如图 14-25 所示的面板对话框中，选择“Cross-section”下拉菜单中的“Fixed”（固定效应），选择“Period”下拉菜单中的“Fixed”（固定效应），其他为默认选项，进行面板个体时点双固定效应回归，如图 14-27 所示，点击“确定”，结果如图 14-28 所示。

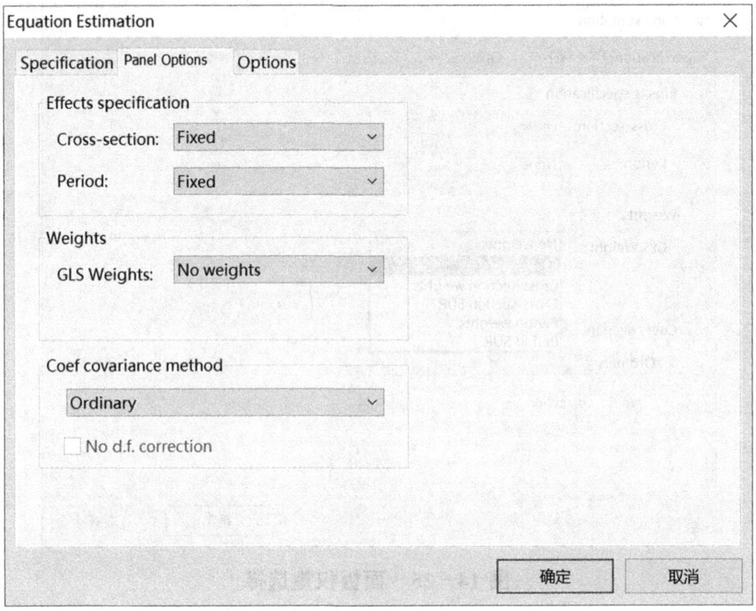

图 14-27　面板效应模型的选择

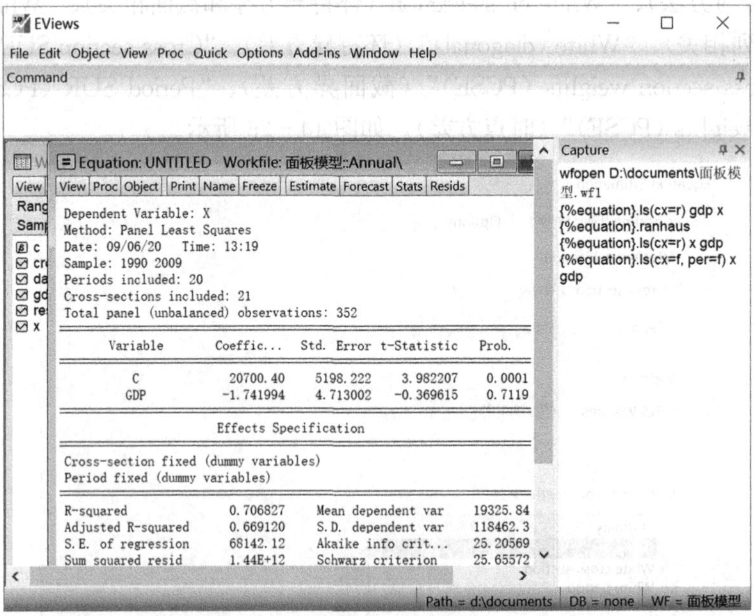

图 14-28　面板双固定效应模型回归结果

点击图 14-28 窗口工具栏中的“View”选项，出现下拉菜单，其中有一项“Fixed/Random Effects Testing”，将鼠标放在该选项上，出现二级菜单，如图 14-29 所示。

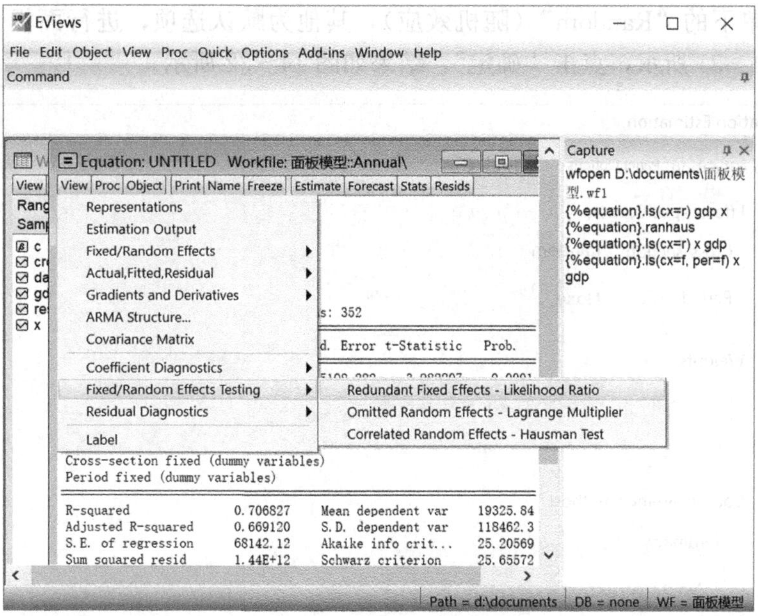

图 14-29 LR 检验选项

点击二级菜单中的"Redundant Fixed Effects - Likelihood Ratio"(LR 检验)选项，结果如图 14-30 所示。

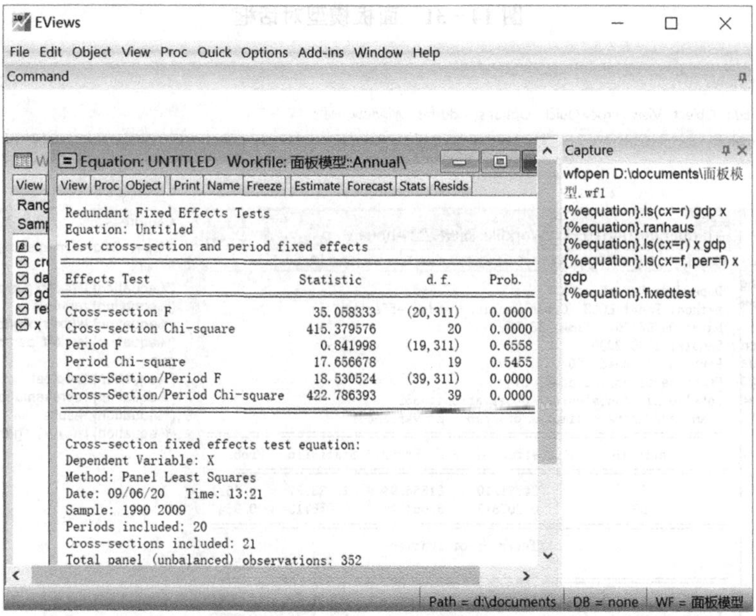

图 14-30 LR 检验结果

LR 检验结果中 Cross-section F 的 Prob. 为 0.000 0，表示在 5%的显著性水平下强烈拒绝原假设，Period F 的 Prob. 为 0.655 8，表示在 5%的显著性水平下无法拒绝原假设，说明模型存在个体效应，不存在时点效应，接下来进行 Hausman 检验来确定模型是具有个体固定效应还是个体随机效应。在如图 14-25 所示的面板对话框中，选择"Cross-section”下拉菜单下的“Random”（随机效应），其他为默认选项，进行面板个体随机效应回归，如图 14-31 所示，点击“确定”，结果如图 14-32 所示。

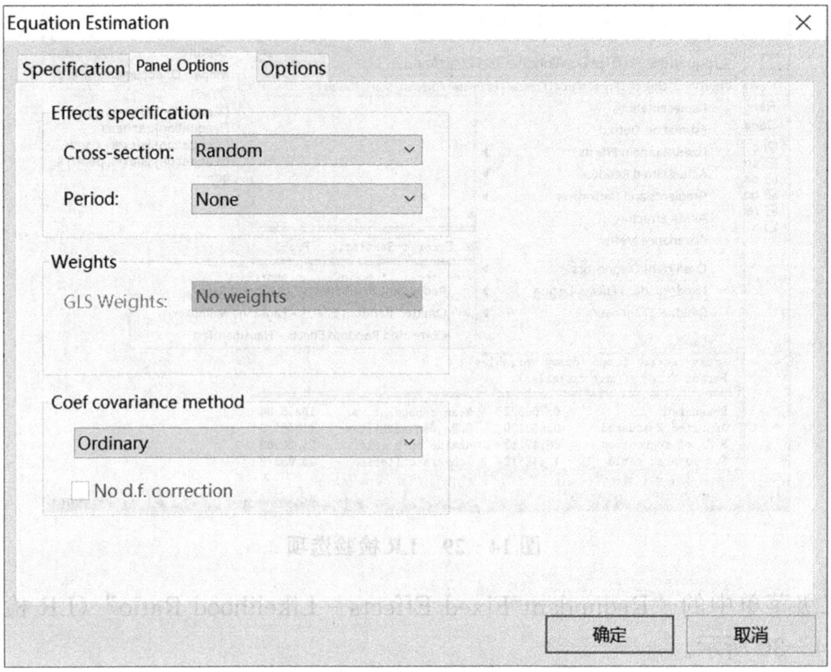

图 14-31　面板模型对话框

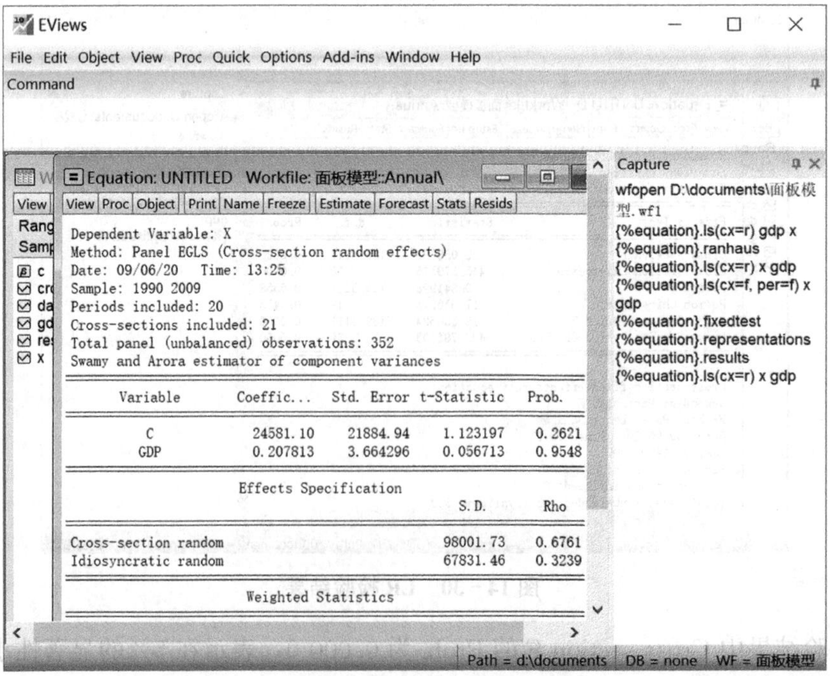

图 14-32　面板个体随机效应结果

点击图 14-32 窗口工具栏中的“View”选项，出现下拉菜单，其中有一项“Fixed/

Random Effects Testing”，将鼠标放在该选项上，出现二级菜单，如图 14-33 所示。

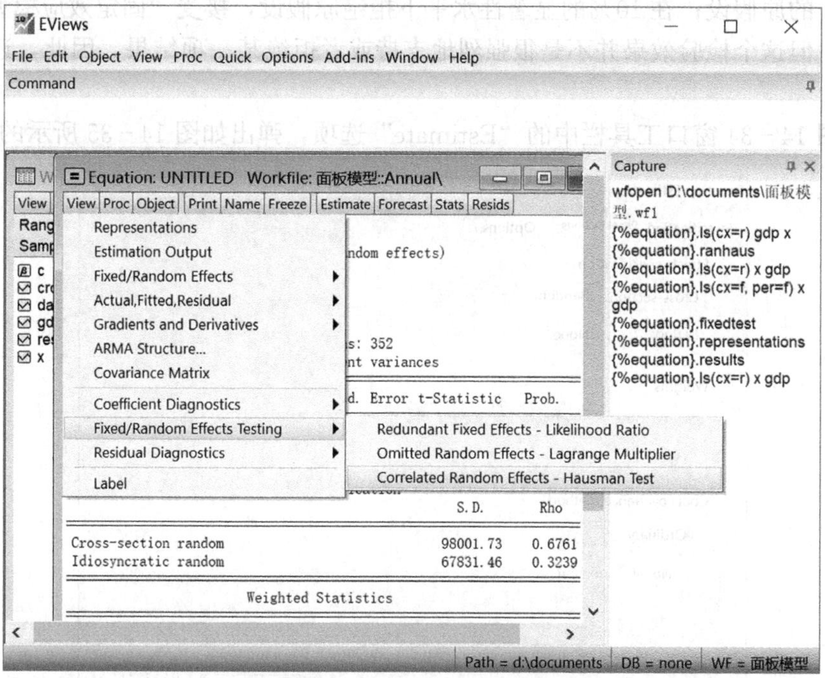

图 14-33　Hausman 检验程序

点击二级菜单中的“Correlated Random Effects-Hausman Test”（Hausman 检验）选项，结果如图 14-34 所示。

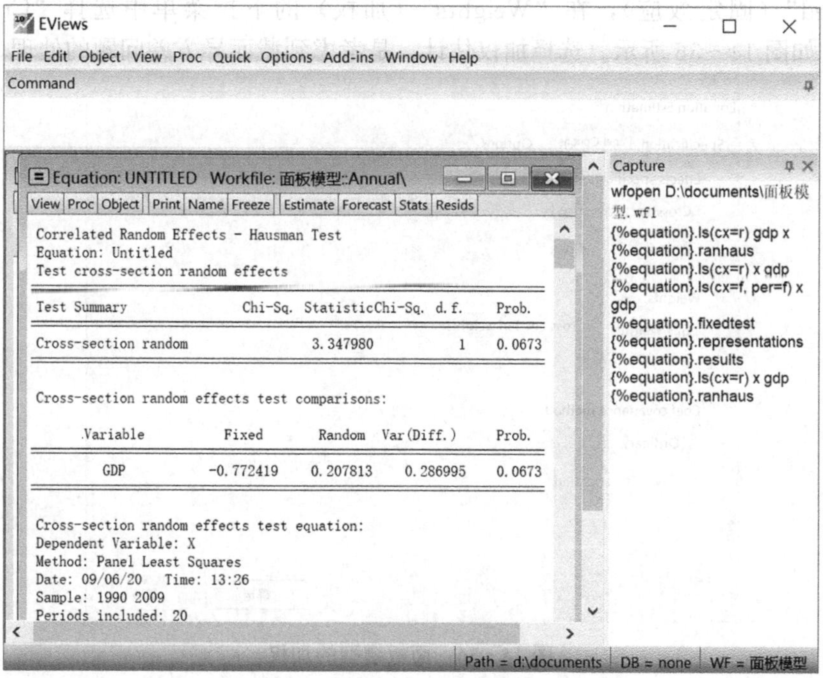

图 14-34　Hausman 检验结果

Hausman 检验结果的 Prob. 为 0.067 3，表示在 5%的显著性水平下接受“随机效应模型有效”的原假设；在 10%的显著性水平下拒绝原假设，接受“固定效应模型有效”的备择假设。但这个检验效果并不是很强烈地支持或者拒绝某一项结果，因此，还需要具体分析。

点击图 14 - 34 窗口工具栏中的“Estimate”选项，弹出如图 14 - 35 所示的对话框。

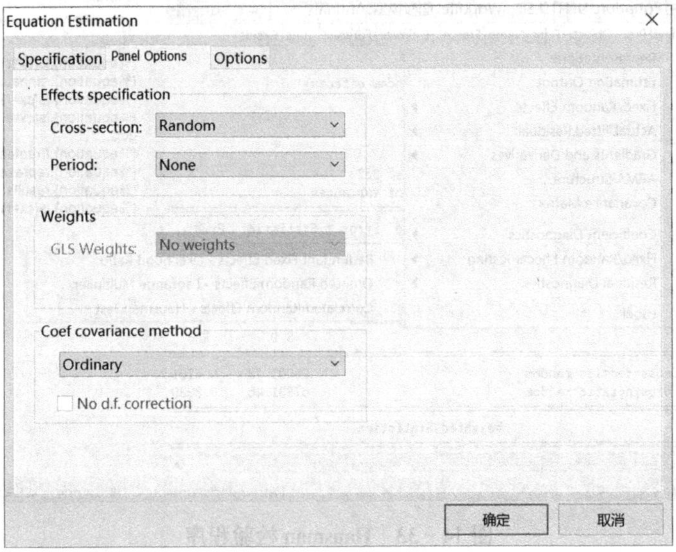

图 14 - 35　面板模型对话框

在图 14 - 35 中“Panel Options”选项卡“Cross-section”（个体效应）的下拉菜单中选择“Fixed”（固定效应），在“Weights”（加权）的下拉菜单中选择“Cross-section weights”，如图 14 - 36 所示。选择加权估计，是考虑到截面异方差问题的处理。

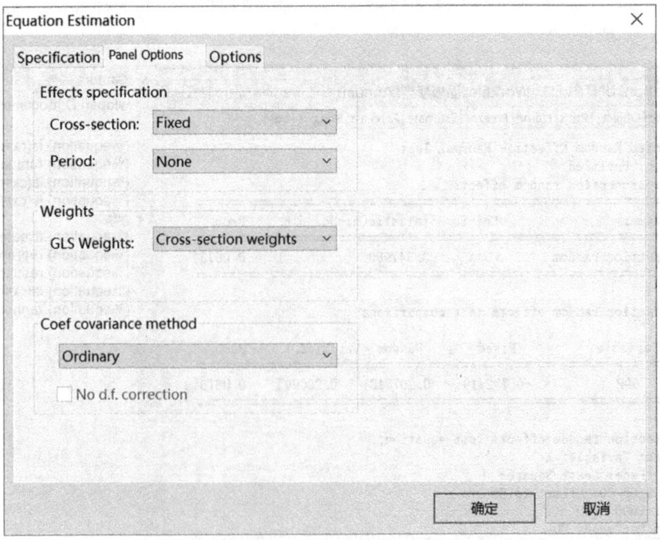

图 14 - 36　面板模型的加权

然后点击“确定”，结果如图 14 - 37 所示。

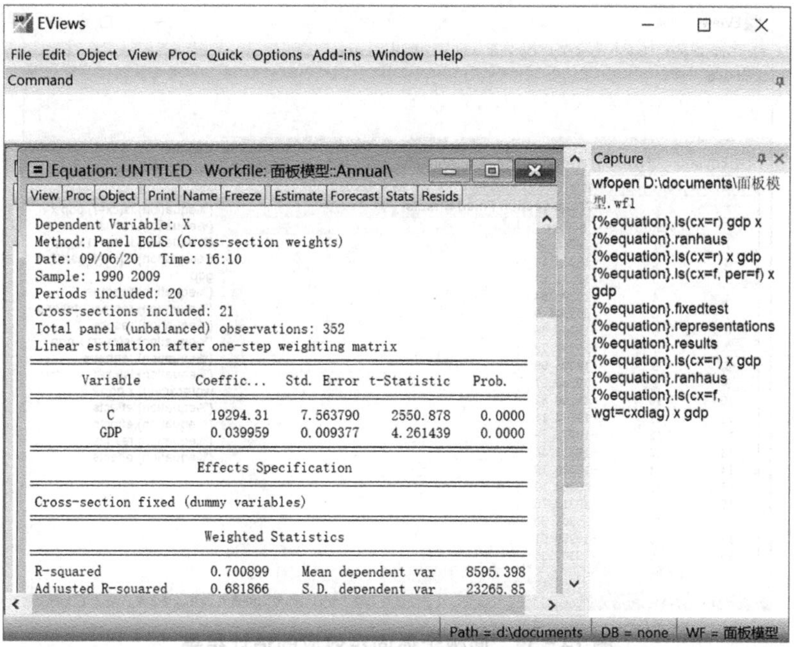

图 14-37 EGLS 的估计结果

点击图 14-37 窗口工具栏 "View" 选项，出现下拉菜单，其中有一项 "Fixed/Random Effects"，将鼠标放在该选项上，出现二级菜单，如图 14-38 所示。

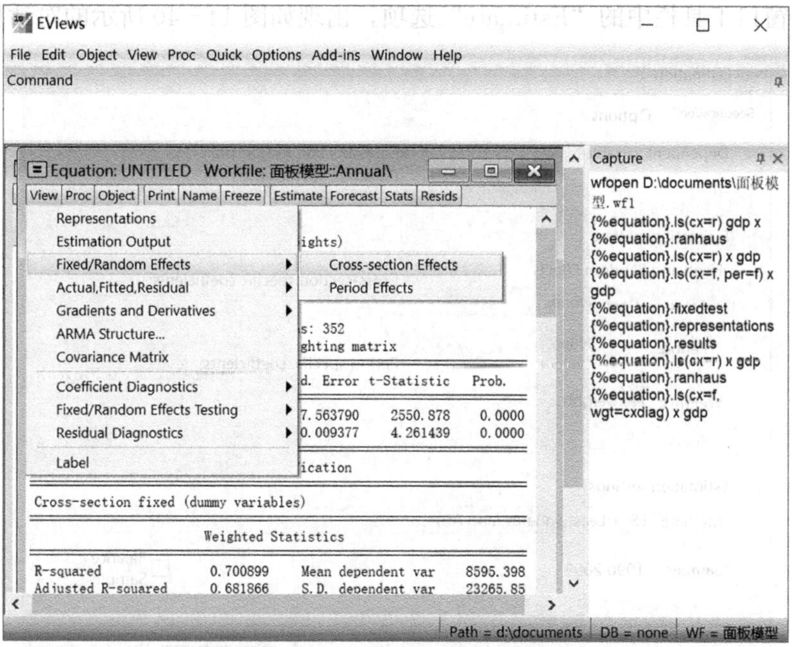

图 14-38 个体效应选择程序

点击二级菜单中的 "Cross-section Effects"（个体效应效果）选项，结果如图 14-39 所示。

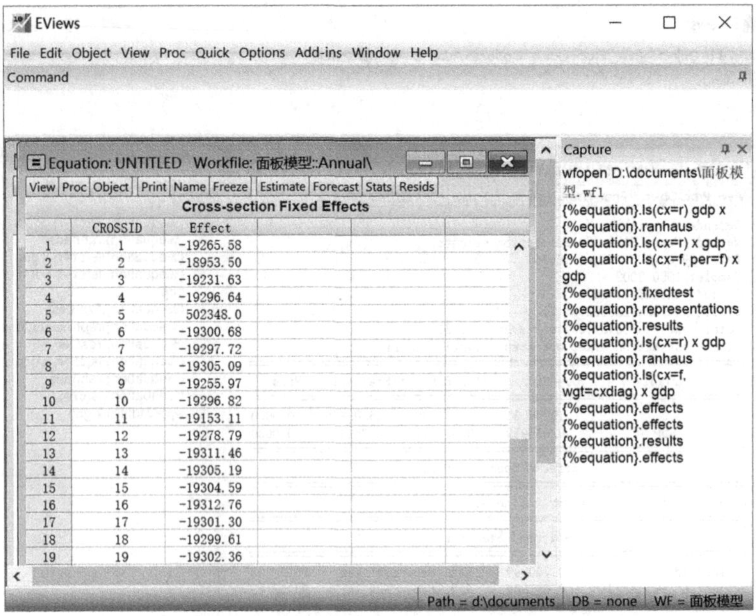

图 14－39　面板个体固定效应的估计结果

这种按照截面加权的方法简称 PCSE（panel corrected standard errors，面板校正标准误）方法。

下面演示以 Dated-regular frequency 方式输入数据的面板模型，在图 14－21 中，点击"Pool"数据窗口工具栏中的"Estimate"选项，出现如图 14－40 所示的对话框。

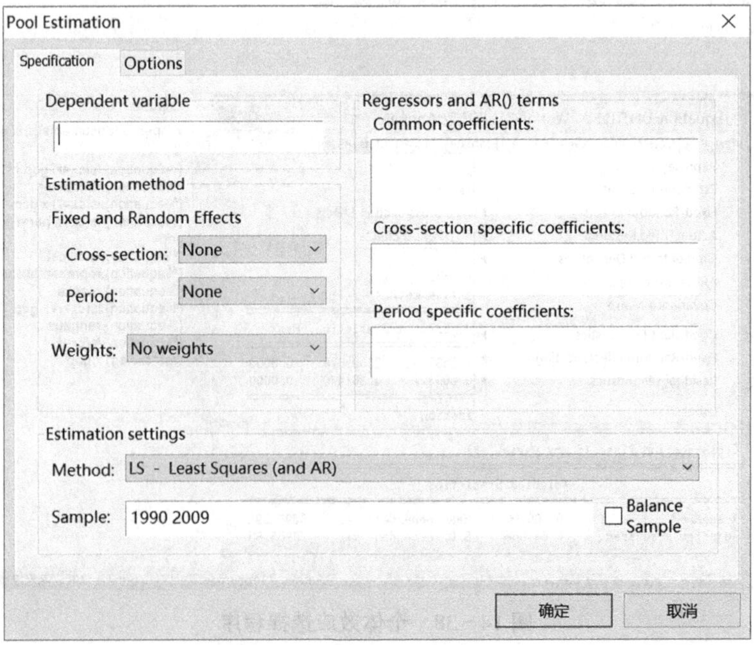

图 14－40　面板模型对话框

在图 14－40 中"Dependent variable"（因变量）部分的空白处输入"X?"；在"Regressors and AR() terms”（解释变量和 AR 序列）下方“Common coefficients”（共同系数）部分的空白处输入“GDP?”，其中“Common coefficients”表示估计系数不变的模型，“Cross-section specific coefficients”表示估计系数随截面个体而改变，“Period specific coefficients”表示估计系数随时间而改变；在“Estimation method”下方“Fixed and Random Effects”（固定效应和随机效应）部分“Cross-section”项和“Period”项的下拉菜单中选择“Fixed”（固定效应），结果如图 14 - 41 所示。

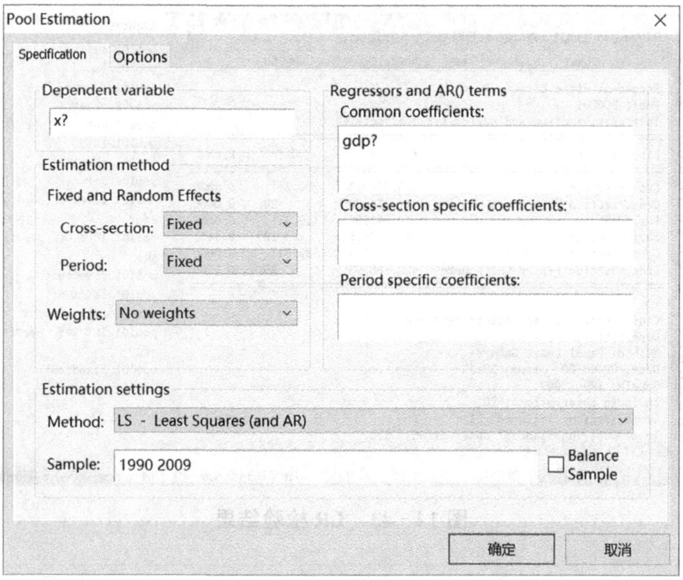

图 14 - 41　面板模型基本信息录入

然后点击“确定”，回归结果即为普通最小二乘法得到的面板个体时点双固定效应模型，如图 14 - 42 所示。

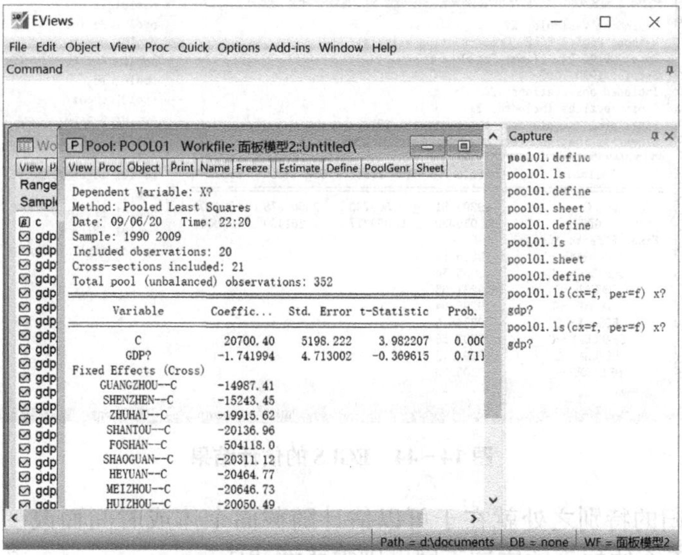

图 14 - 42　面板双固定效应模型的回归结果

接下来对面板个体或时点效应进行 LR 检验，结果如图 14 - 43 所示，可以发现两种不同数据录入方式下的结果相同，同样做 Hausman 检验确定模型的固定或随机效应，中间过程与前面的演示过程相同，最后得到 EGLS 的估计结果，如图 14 - 44 所示。

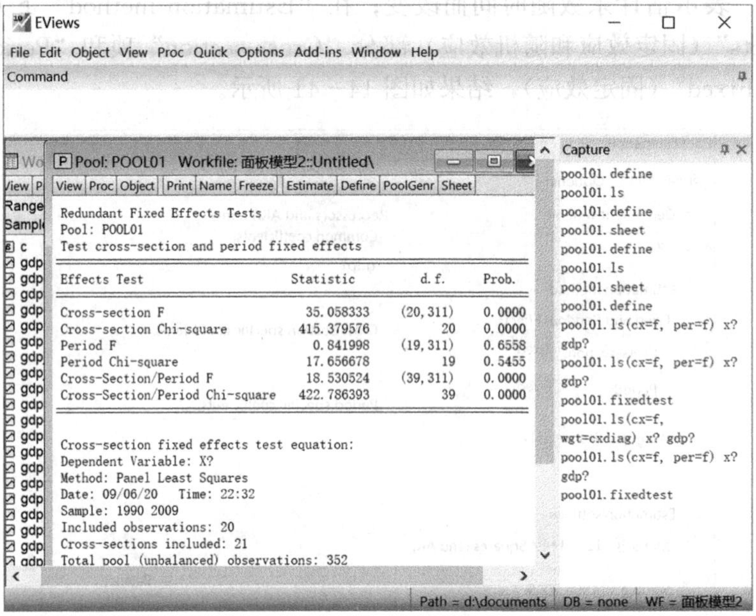

图 14 - 43　LR 检验结果

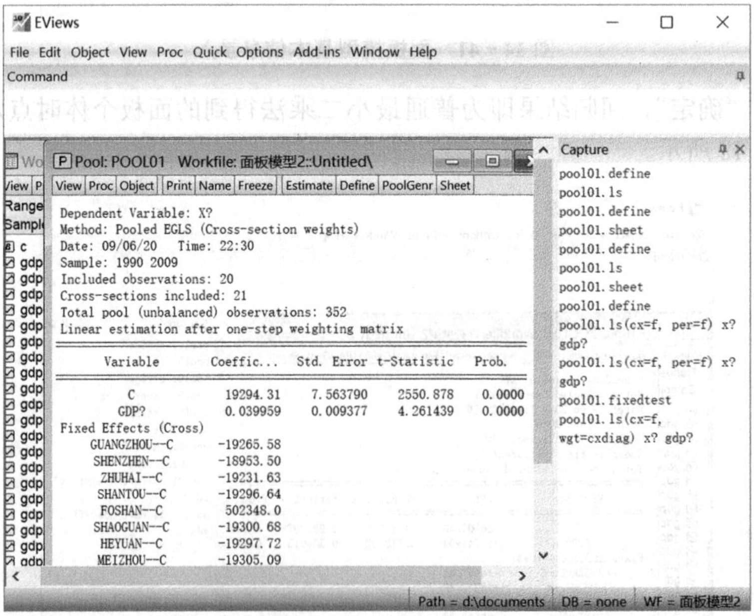

图 14 - 44　EGLS 的估计结果

Pool 面板回归的特别之处就在于可以估计随截面个体或时间而改变的解释变量的系数，如果认为截面个体的系数应该不同，则需要在“Cross-section specific coefficients”下方的空白处输入解释变量，如图 14 - 45 所示。

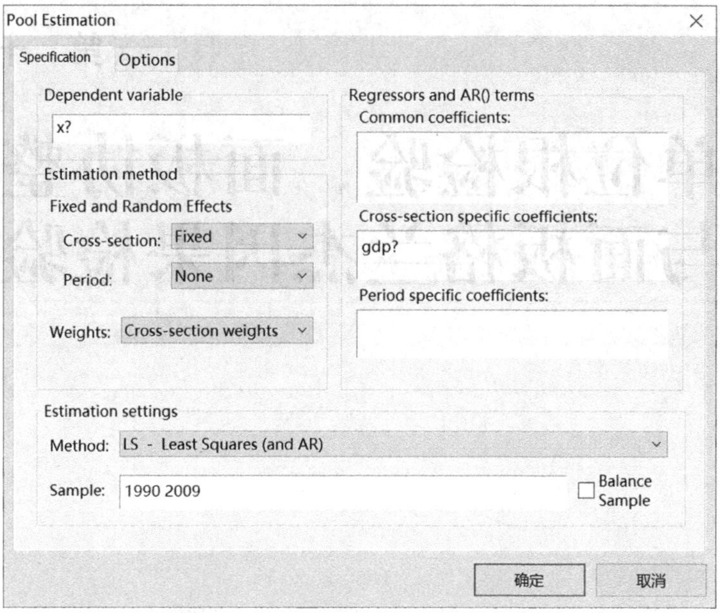

图 14－45　截面系数不同的选择

点击“确定”，回归结果如图 14－46 所示。当然，也可以在数据齐全的条件下选择其他加权形式，直至找到最优的回归结果。

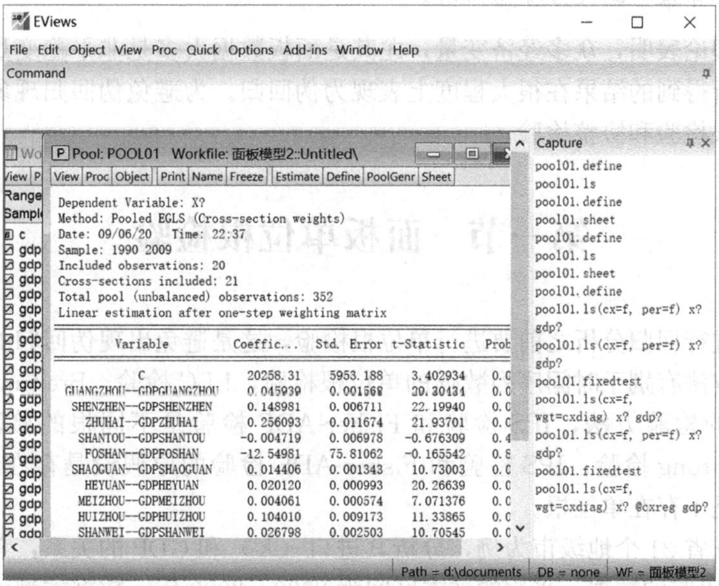

图 14－46　截面系数不同的回归结果

一般面板模型的大致情况如此，只有不断练习，操作才会更有效率。“欲寄彩笺兼尺素，山长水阔知何处”。

桃之夭夭，灼灼其华。之子于归，宜其室家。

第十五章

面板单位根检验、面板协整检验与面板格兰杰因果检验

兰有秀兮菊有芳，怀佳人兮不能忘。

广州的5月是一个多雨的季节，岂止是一次水漫广州？大学城因此也有了别称——“东方威尼斯分校”。难得艳阳天，通往白云山的小路人声鼎沸。

风情渐老见春羞，到处芳魂感旧游。

计量经济理论表明，众多经济变量，尤其是面板数据大多是非平稳变量，用非平稳变量进行回归分析得到的结果在很大程度上表现为伪回归。为避免伪回归现象，需要对面板数据进行单位根检验和协整检验。

第一节 面板单位根检验

面板模型进行回归分析之前要进行单位根检验，这是避免出现伪回归的前提条件。面板单位根检验方法有别于时间序列数据的单位根检验，LLC检验、Breitung检验和Hadri检验是相同根的检验方法，IPS检验和Fisher-ADF检验是不同根的检验方法。其中，LLC检验、Breitung检验、IPS检验和Fisher-ADF检验的原假设是存在单位根；Hadri检验的原假设是不存在单位根。

仍然以广东省21个地级市为例，分析其进口（X）和GDP的关系，考虑到几个地级市缺少2000年以前的数据，采用的样本区间为2000—2009年，数据类型为年度数据。这样取平衡面板数据，同时也是为了使协整检验过程中的Pedroni方法可以得到数据结果。

利用上一章已有的pool面板数据进行演示，先将pool面板数据样本区间改为2000—2009年，点击图15-1所示数据窗口的“Sample”项，在弹出的对话框第一处空白部分中填入“2000 2009”，如图15-2所示。

点击“OK”后，重新点击数据窗口的“Smpl+/−”项，结果如图15-3所示，完成样本区间的变换。

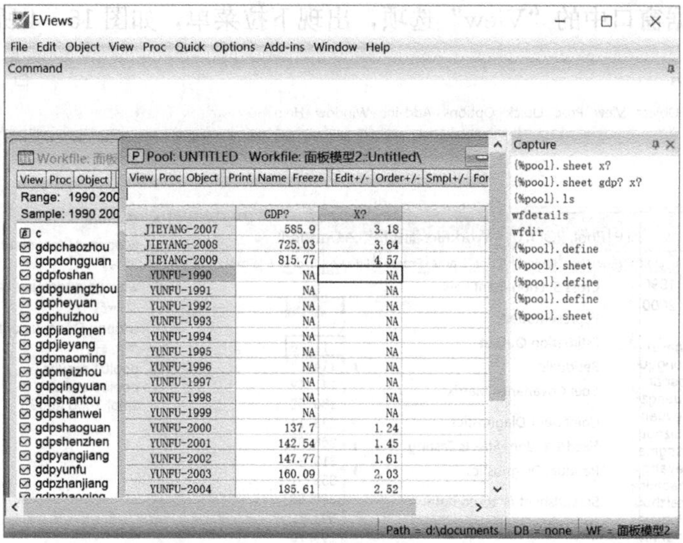

图 15－1　pool 面板数据

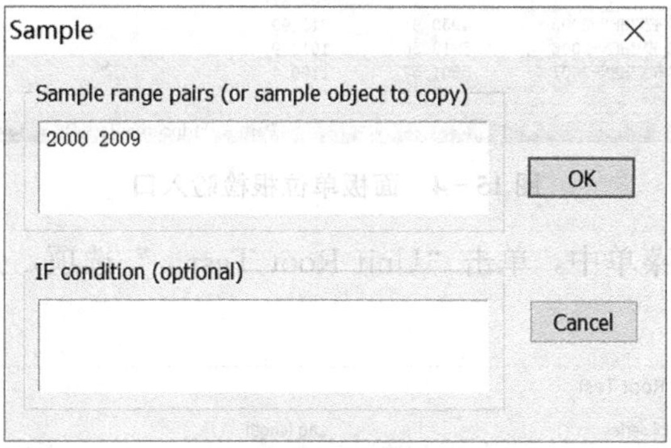

图 15－2　变换样本区间

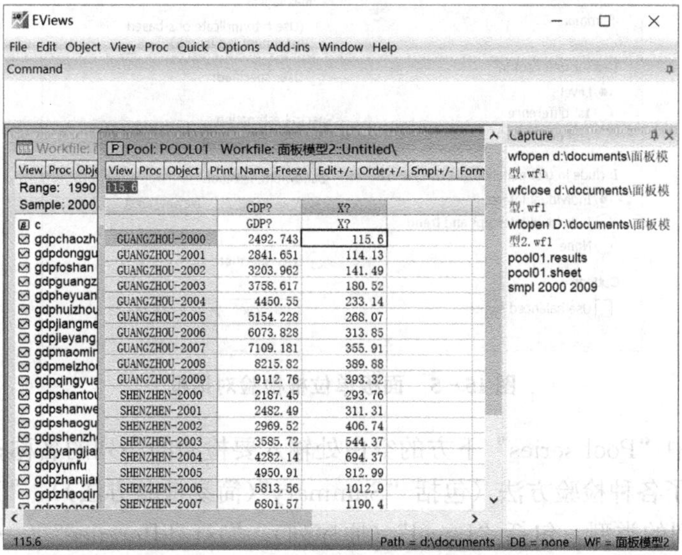

图 15－3　面板单位根检验所用数据

单击面板数据窗口中的“View”选项，出现下拉菜单，如图 15－4 所示。

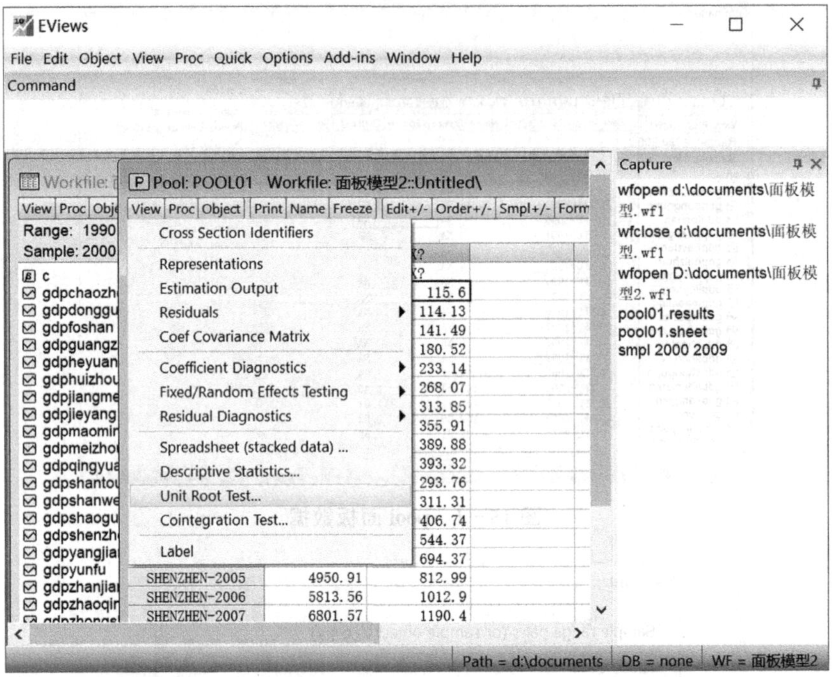

图 15－4　面板单位根检验入口

在图 15－4 的下拉菜单中，单击“Unit Root Test…”选项，弹出如图 15－5 所示的对话框。

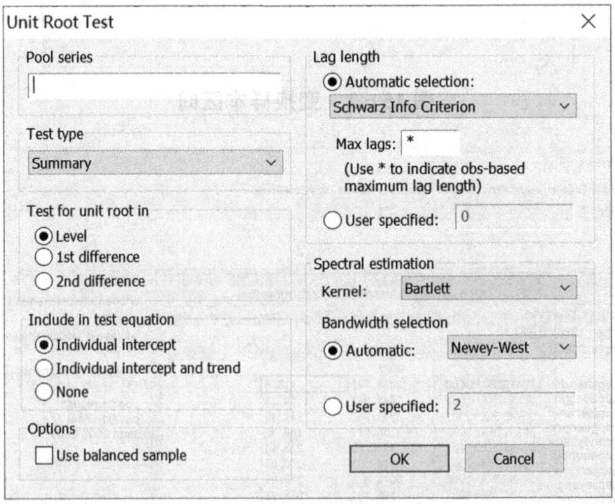

图 15－5　面板单位根检验对话框

在图 15－5 中“Pool series”下方的空白处输入要检验的序列的名称；“Test type”的下拉菜单中给出了各种检验方法（包括“Summary”(简易检验方法))；“Test for unit root in”是指检验序列的类型，包括“Level”（原序列）、“1st difference”（一次差分序列）和“2nd difference”（二次差分序列）；“Include in test equation”是指检验的方程形式，包括

“Individual intercept”（含漂移项）、“Individual intercept and trend”（含漂移项和时间趋势项）和“None”（既不含漂移项也不含时间趋势项）；“Options”（可选项），包括“Use balanced sample”（使用平衡样本）；“Lag length”（滞后期的长度），包括“Automatic selection”（自动选择）和“User specified”（用户指定）；“Spectral estimation”（频谱估计），包括“Kernel”（核估计方法）和“Bandwidth selection”（带宽选择），其中，“Bandwidth selection”部分包括“Automatic”（自动选择）和“User specified”（用户指定）。

选择对“GDP?”进行单位根检验，首先在“Test type”下拉菜单中选择“Common root-Levin，Lin，Chu”，检验序列的类型选择“Level”，检验的方程形式选择“Individual intercept and trend”，其余自动选择，如图 15－6 所示。

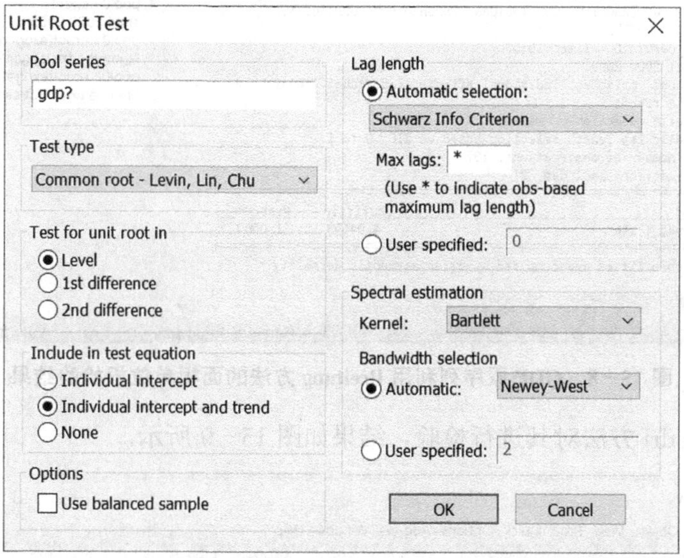

图 15－6　GDP 原序列利用 LLC 方法的面板单位根检验对话框

单击“OK”按钮，结果如图 15－7 所示。

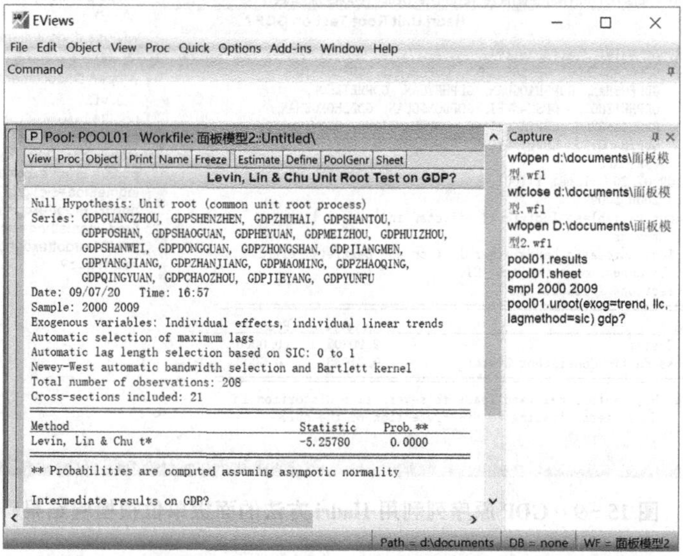

图 15－7　GDP 原序列利用 LLC 方法的面板单位根检验结果

同样的道理，选择 Breitung 方法对“GDP?”进行单位根检验，结果如图 15－8 所示。

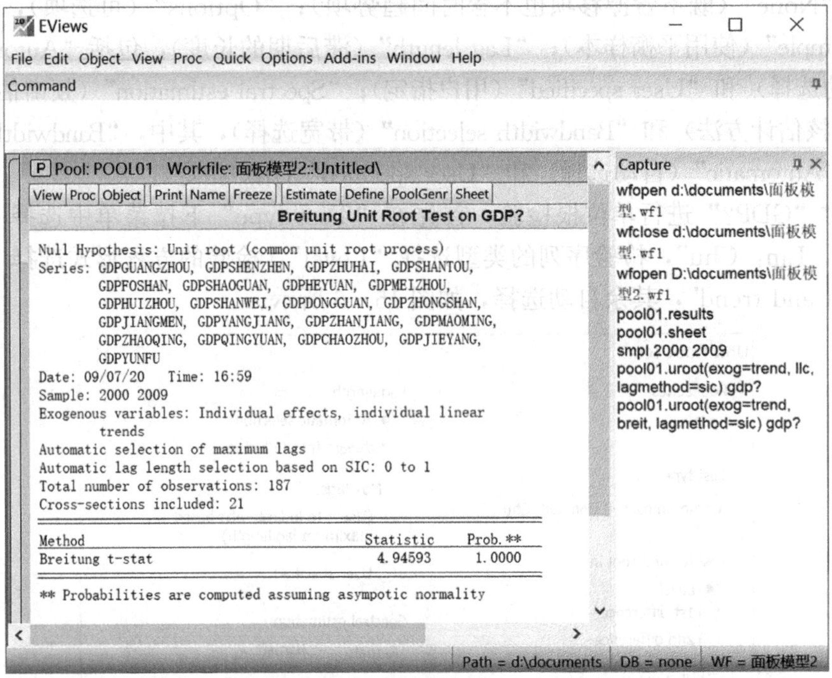

图 15－8　GDP 原序列利用 Breitung 方法的面板单位根检验结果

接着选择 Hadri 方法对其进行检验，结果如图 15－9 所示。

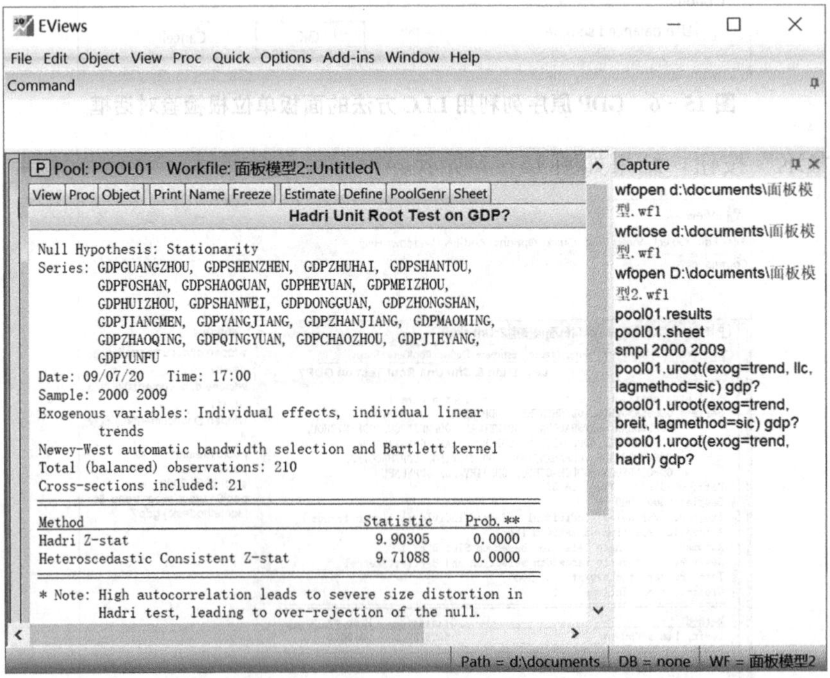

图 15－9　GDP 原序列利用 Hadri 方法的面板单位根检验结果

按照上述对 GDP 序列作面板单位根检验的思路，用三种方法分别对 X 序列进行面板单位根检验，结果如图 15－10 至图 15－12 所示。

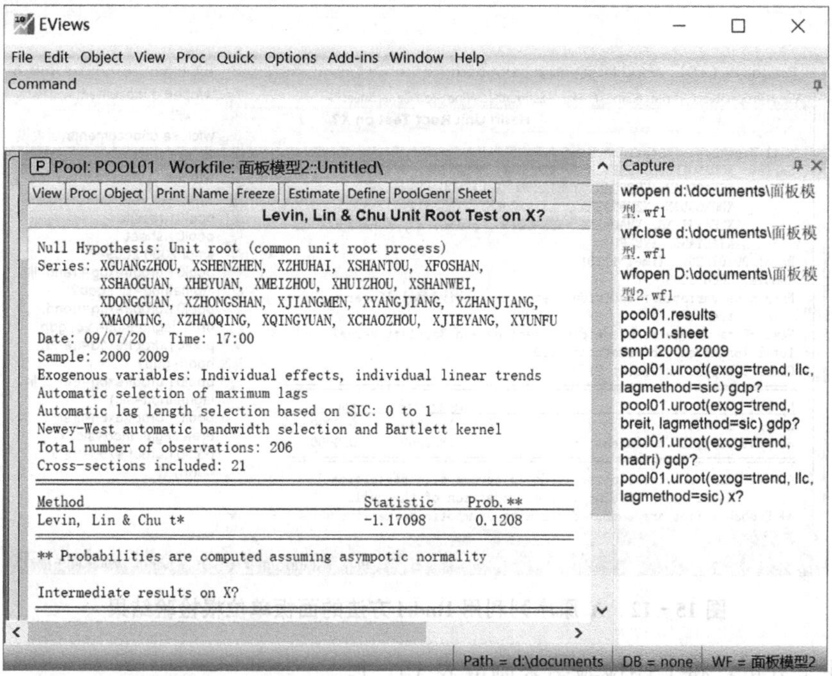

图 15－10　X 原序列利用 LLC 方法的面板单位根检验结果

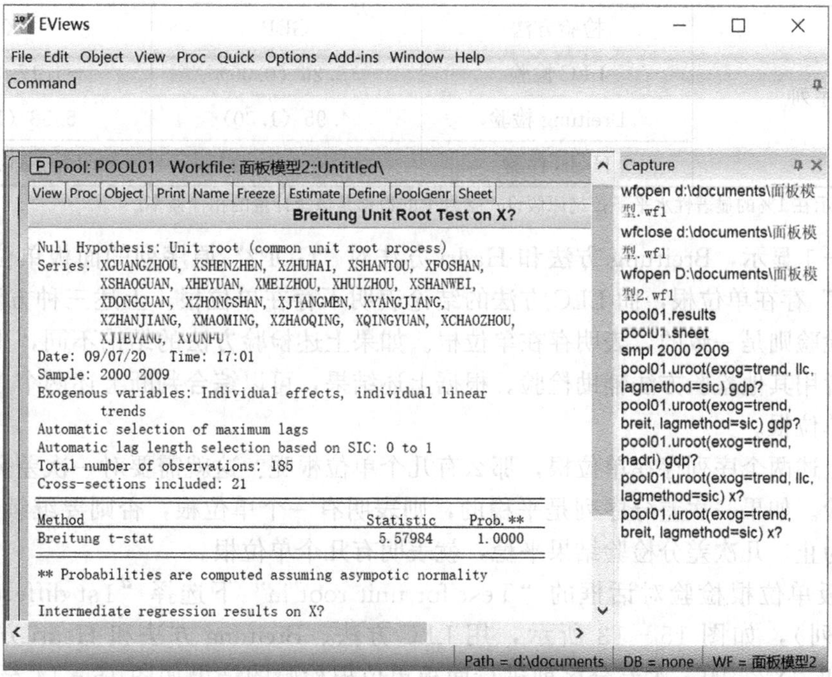

图 15－11　X 原序列利用 Breitung 方法的面板单位根检验结果

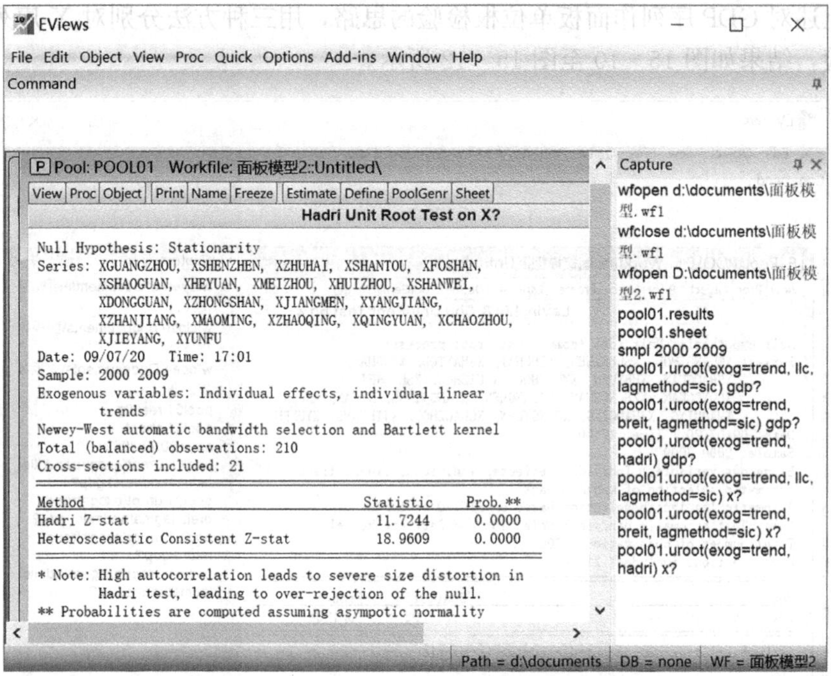

图 15-12　*X* 原序列利用 Hadri 方法的面板单位根检验结果

为了便于分析，将上述检验结果制成表 15-1。

表 15-1　面板数据的单位根检验

	检验方法	GDP	*X*
原序列	LLC 检验	−5.26 (0.00)*	−1.17 (0.12)
	Breitung 检验	4.95 (1.00)	5.58 (1.00)
	Hadri 检验	9.90 (0.00)*	11.7 (0.00)*

注：* 表示在 1%的显著性水平下拒绝原假设；括号中的数据是该统计量的相伴概率。

表 15-1 显示，Breitung 方法和 Hadri 方法对“GDP?”原序列的面板单位根检验表明“GDP?”存在单位根，而 LLC 方法的结论表明不存在单位根。上述三种方法对“X?”原序列的检验则是一致的，表明存在单位根。如果上述检验方法的结论不同，则可以具体分析，或者用其他检验方法辅助检验。根据上述结果，可以综合判断上述两个序列的原序列都存在单位根。

如果上述两个序列存在单位根，那么有几个单位根呢？这就需要对一次差分序列进行单位根检验。如果一次差分序列是平稳的，则表明有一个单位根，否则要继续进行检验，直到平稳为止。几次差分检验结果平稳，就表明有几个单位根。

在面板单位根检验对话框的“Test for unit root in”下选择“1st difference”（一次差分序列），如图 15-13 所示，用 LLC 方法、Breitung 方法和 Hadri 方法分别对“GDP?”和“X?”的一次差分序列进行面板单位根检验的结果如图 15-14 至图 15-19 所示。

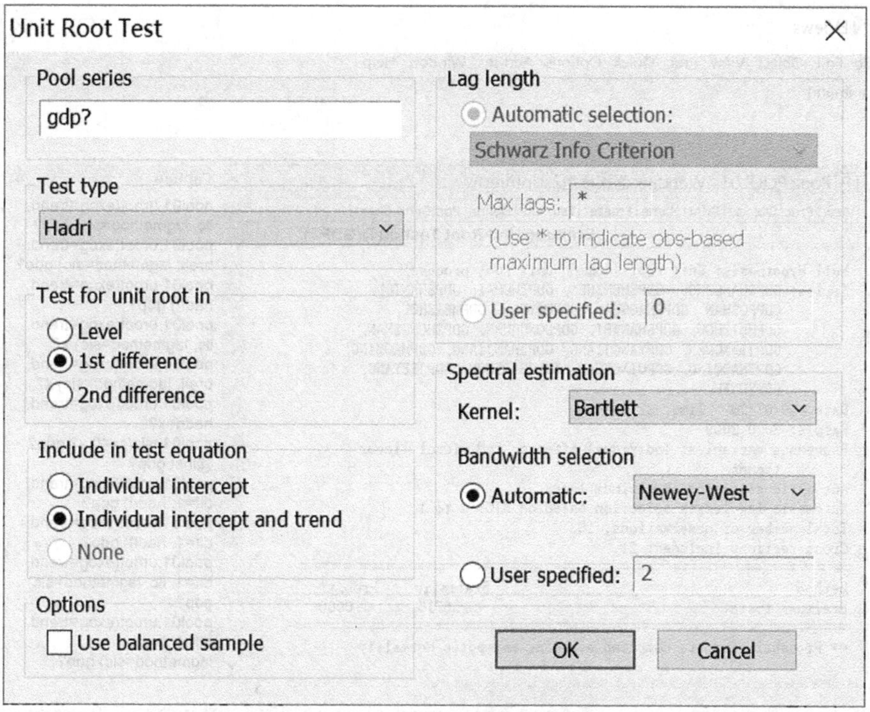

图 15－13　面板单位根检验对话框

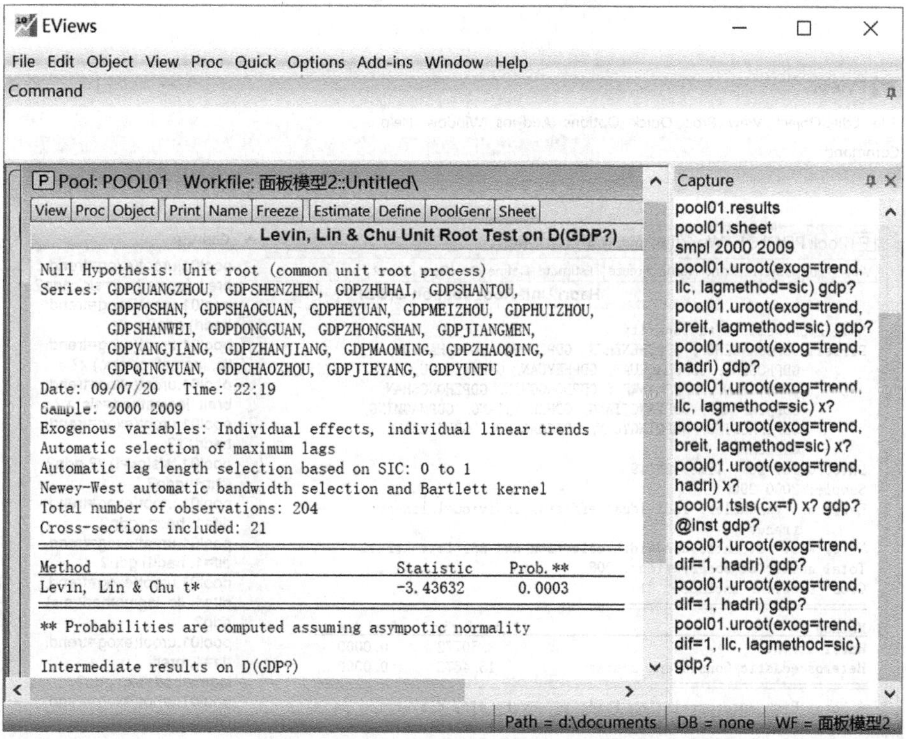

图 15－14　GDP 一次差分序列利用 LLC 方法的面板单位根检验结果

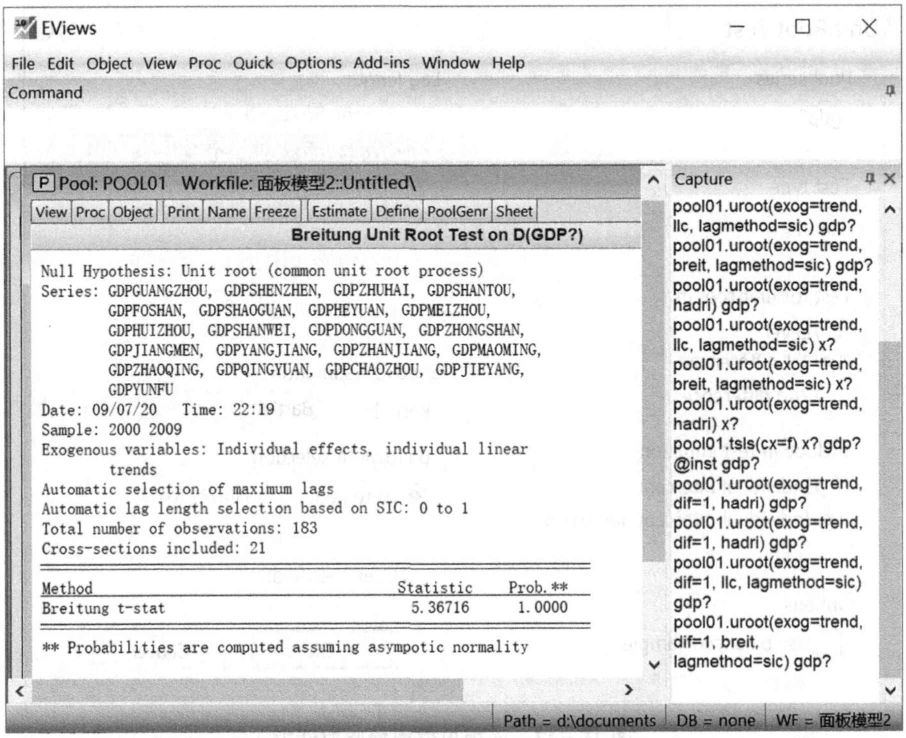

图 15-15 GDP 一次差分序列利用 Breitung 方法的面板单位根检验结果

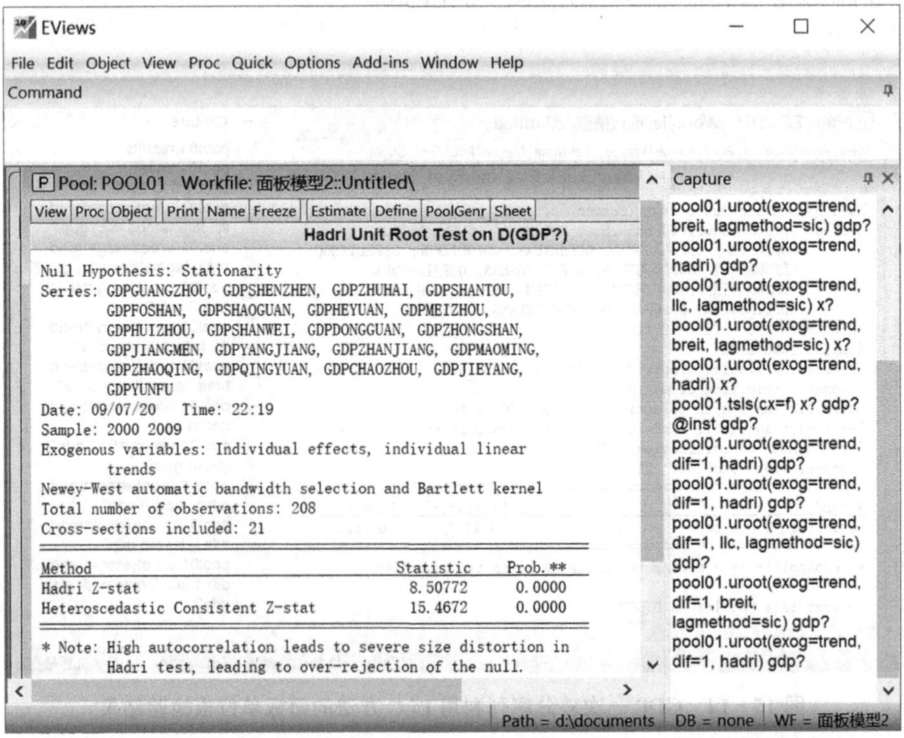

图 15-16 GDP 一次差分序列利用 Hadri 方法的面板单位根检验结果

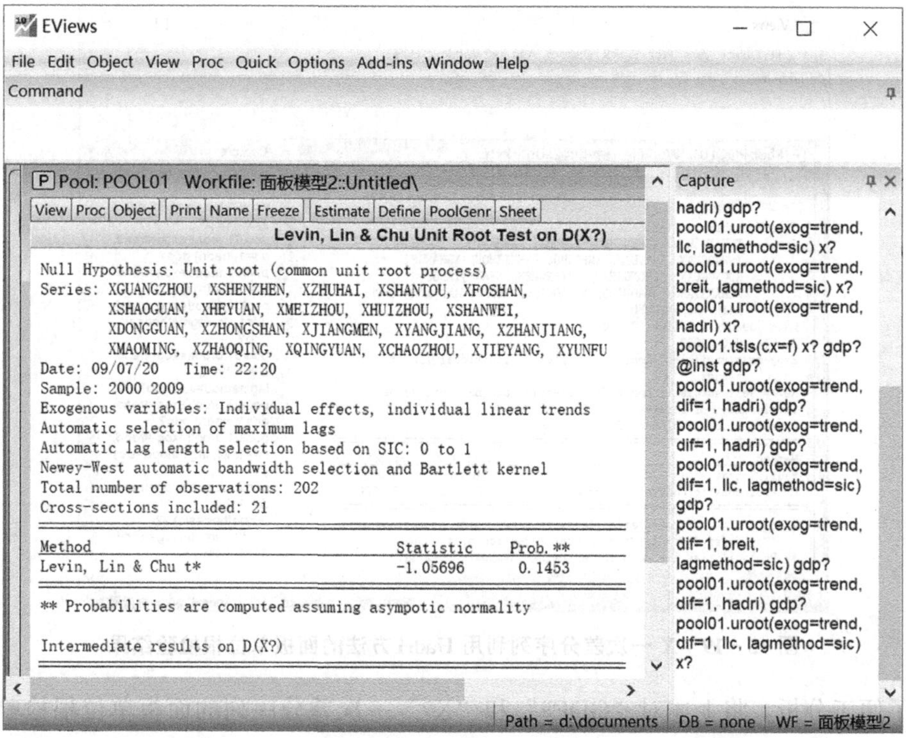

图 15-17　X 一次差分序列利用 LLC 方法的面板单位根检验结果

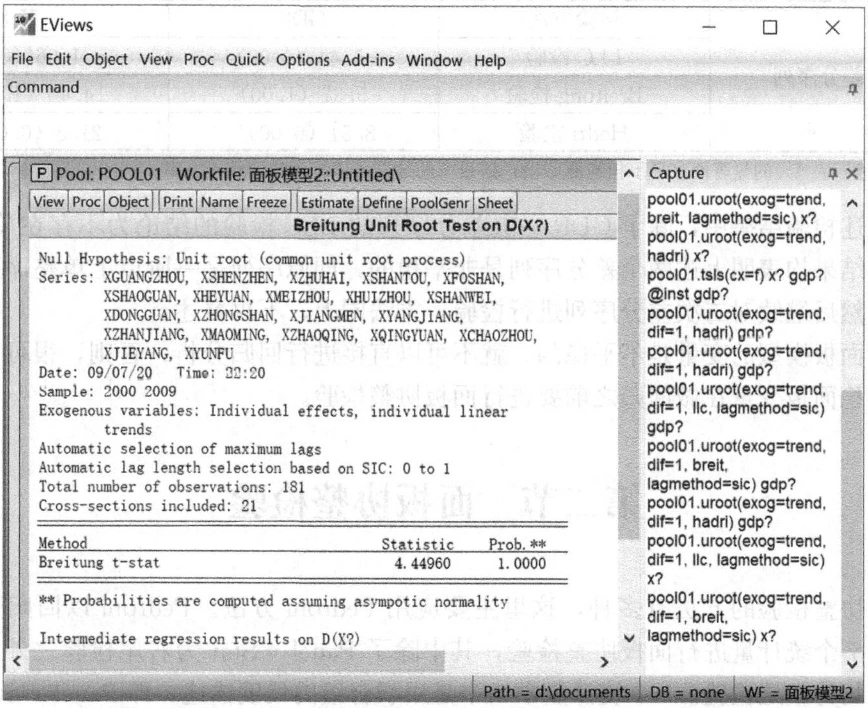

图 15-18　X 一次差分序列利用 Breitung 方法的面板单位根检验结果

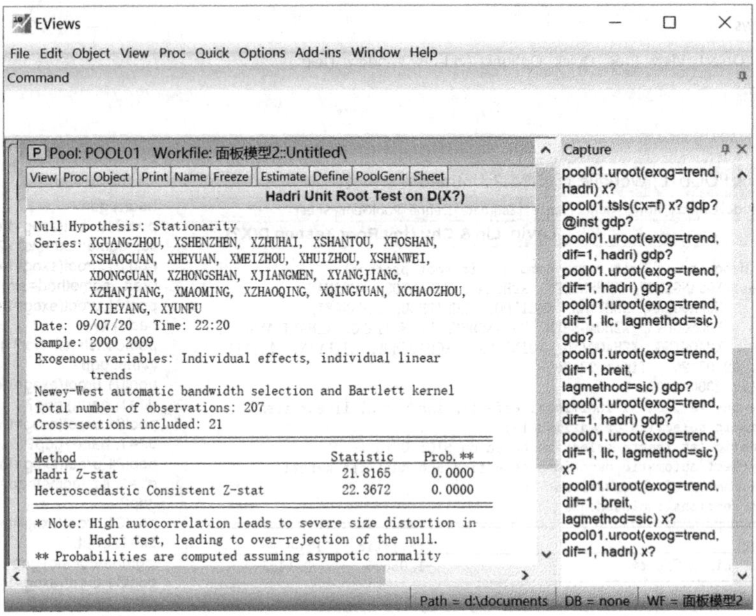

图 15－19　*X* 一次差分序列利用 Hadri 方法的面板单位根检验结果

为了便于分析，将上述对“GDP?”和“X?”一次差分序列的面板单位根检验结果制成表 15－2。

表 15－2　面板数据的单位根检验

	检验方法	GDP	X
一次差分序列	LLC 检验	−3.44 (0.00)*	−1.06 (0.15)
	Breitung 检验	5.37 (1.00)	4.45 (1.00)
	Hadri 检验	8.51 (0.00)*	21.8 (0.00)*

注：* 表示在 1%的显著性水平下拒绝原假设；括号中的数据是该统计量的相伴概率。

在上述检验结果中，除了 GDP 一次差分序列的 LLC 检验的结论为不存在单位根外，其余检验结果均表明上述两个差分序列是非平稳的，即原序列是一阶以上单整序列而非平稳序列。然后继续对二次差分序列进行检验，方法同上，不再赘述。

如果面板模型的变量是不平稳的，就不可以直接进行回归分析；否则，很可能是伪回归。非平稳面板变量在做回归之前要进行面板协整检验。

第二节　面板协整检验

面板协整检验的方法有多种，这里主要应用 Pedroni 方法。Pedroni 以回归残差为基础构造出 7 个统计量进行面板协整检验，其中除了 Panel v-Stat 为右尾检验之外，其余检验统计量均为左尾检验。7 个统计量中 4 个是用联合组内尺度描述，即 Panel v-Stat、Panel ρ-Stat、Panel ADF-Stat、Panel PP-Stat；另外 3 个是用组间尺度来描述，即 Group ρ-Stat、Group ADF-Stat、Group PP-Stat。如果各统计量均在 1%（或 5%）的显著性水平下拒绝“不存在协整关系”的原假设，表明非平稳时间序列之间存在协整关系。

回到面板变量的数据窗口，如图 15－20 所示。

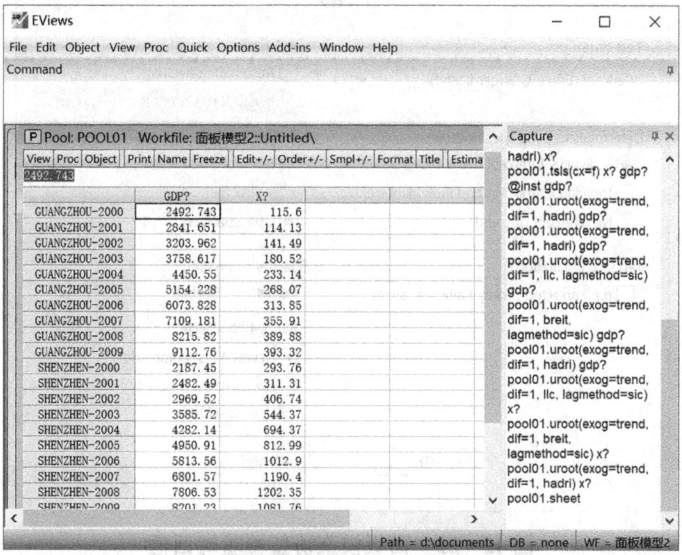

图 15－20　面板模型所用变量的数据窗口

单击数据窗口中的“View”选项，出现下拉菜单，如图 15－21 所示。

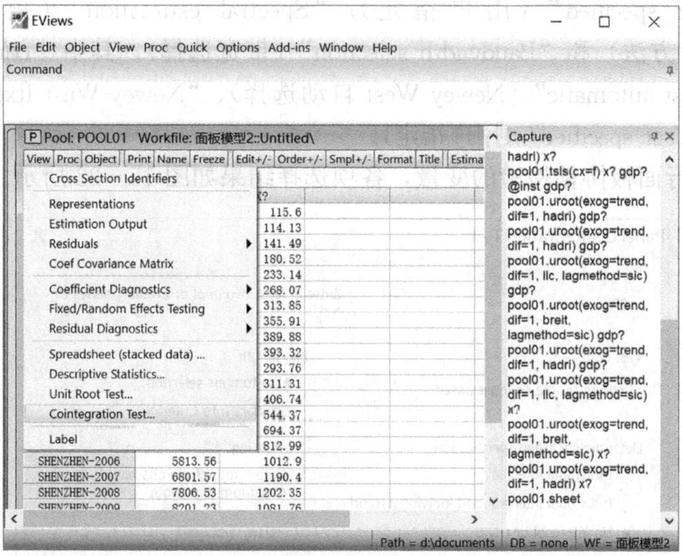

图 15－21　面板模型协整检验入口

单击下拉菜单中的“Cointegration Test…”选项，弹出如图 15－22 所示的对话框。

在图 15－22 中，“Variables”下方的空白处需输入面板协整检验的变量名称（至少需要输入两个面板变量进行检验）；“Test type”是指面板协整检验方法，这里包括三种方法——Pedroni、Kao 和 Fisher，主要使用 Pedroni 方法；“Deterministic trend specification”（趋势项的说明）包括“Individual intercept”（个体截距项）、“Individual

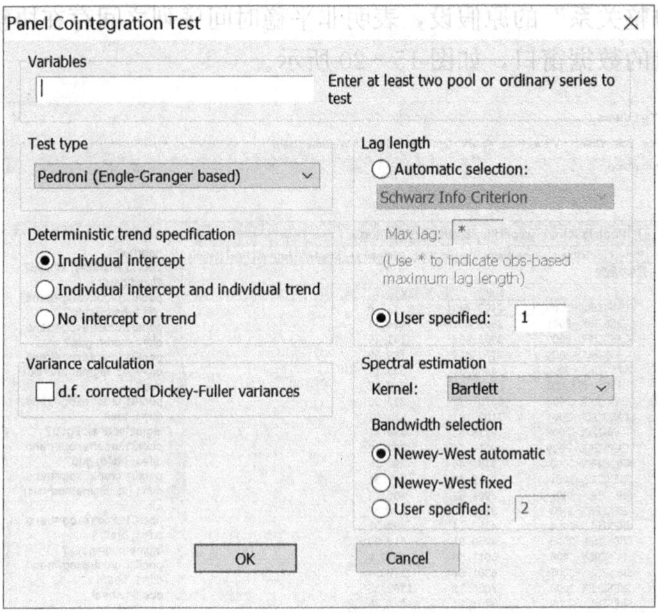

图 15－22　面板模型协整检验对话框

intercept and individual trend”（个体截距和个体趋势项）和“No intercept or trend”（没有截距项或者趋势项）；“Lag length”（滞后期的长短）包括“Automatic selection”（自动选择）和“User specified”（用户指定）；“Spectral estimation”（频谱估计）包括“Kernel”（核估计方法）和“Bandwidth selection”（带宽选择），其中“Bandwidth selection”包括“Newey-West automatic”（Newey-West 自动选择）、“Newey-West fixed”（Newey-West 固定选择）和“User specified”（用户指定）。

输入需要进行面板协整检验的变量，各项选择结果如图 15－23 所示。

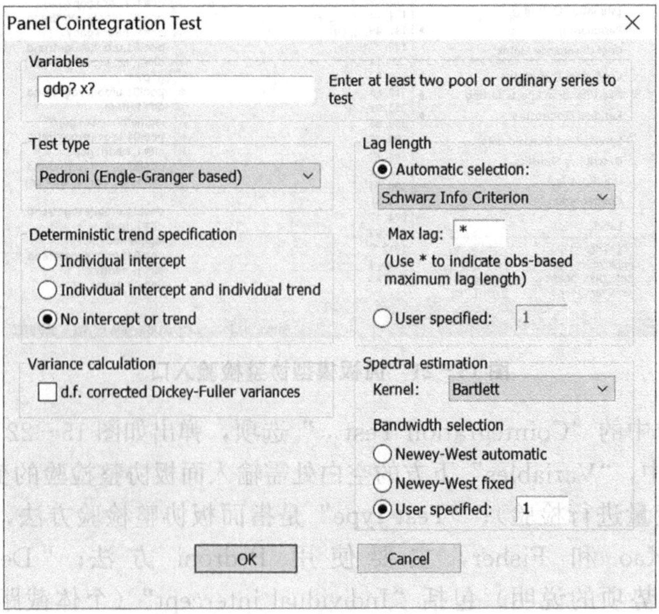

图 15－23　面板模型协整检验的选择

输入和选择完毕后，直接单击图 15－23 中的“OK”按钮，结果如图 15－24 所示。

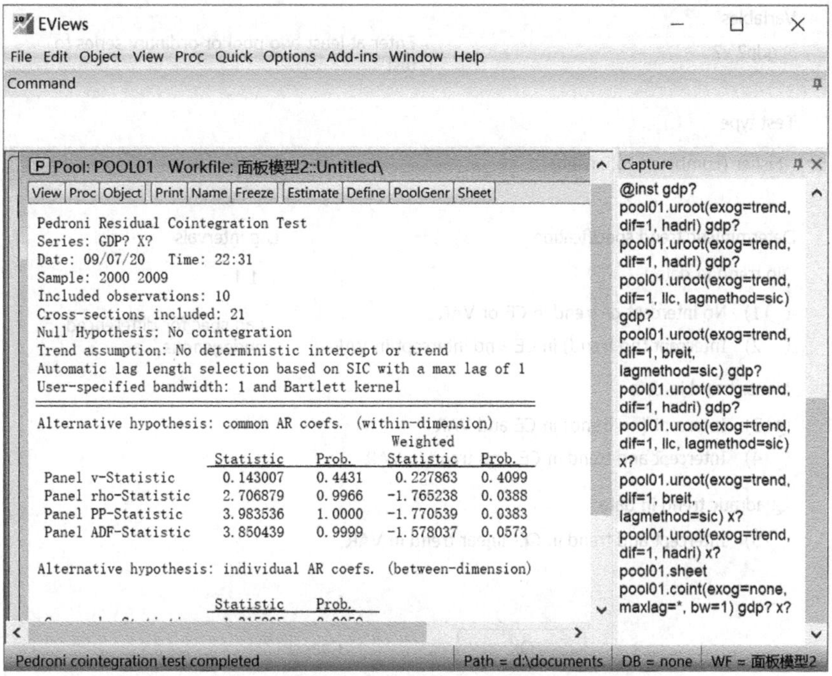

图 15－24　Pedroni 方法面板模型协整检验结果

为了便于观察和分析，将上述检验结果制成表 15－3。

表 15－3　所用变量的面板协整检验

变量		面板协整检验结果				
被解释变量 *X*	解释变量 GDP	组内统计量	Panel v-Stat 0.23	Panel ρ-Stat −1.77**	Panel PP-Stat −1.77**	Panel ADF-Stat −1.58*
		组间统计量		Group ρ-Stat 1.32	Group PP-Stat −0.52	Group ADF-Stat −2.25**

注：1. 除了 Panel v-Stat 为右尾检验之外，其余检验统计量均为左尾检验。
2. *、** 分别表示在 10%、5%的显著性水平下拒绝不存在协整关系的原假设。
3. 如果是非平衡面板数据，组间统计量会有两个指标无法计算，不显示检验结果。

上述检验结果除了 Panel v-Stat、Group ρ-Stat 和 Group PP-Stat 检验统计量接受原假设外，其余检验统计量均拒绝“不存在协整关系”的原假设。综合考虑，认为两个面板变量存在协整关系，因此，可以进行回归分析，回归结果请见第十四章（该章证明第十四章的面板结果不是伪回归）。

由于我们所用的数据时间序列长而截面短，因此，在面板协整检验方面 Kao 检验的功效比 Pedroni 低，所以我们做了 Johansen Fisher 面板协整检验进行验证，面板模型协整检验的选择如图 15－25 所示，结果表明拒绝“不存在协整关系”的原假设，如图 15－26 所示。

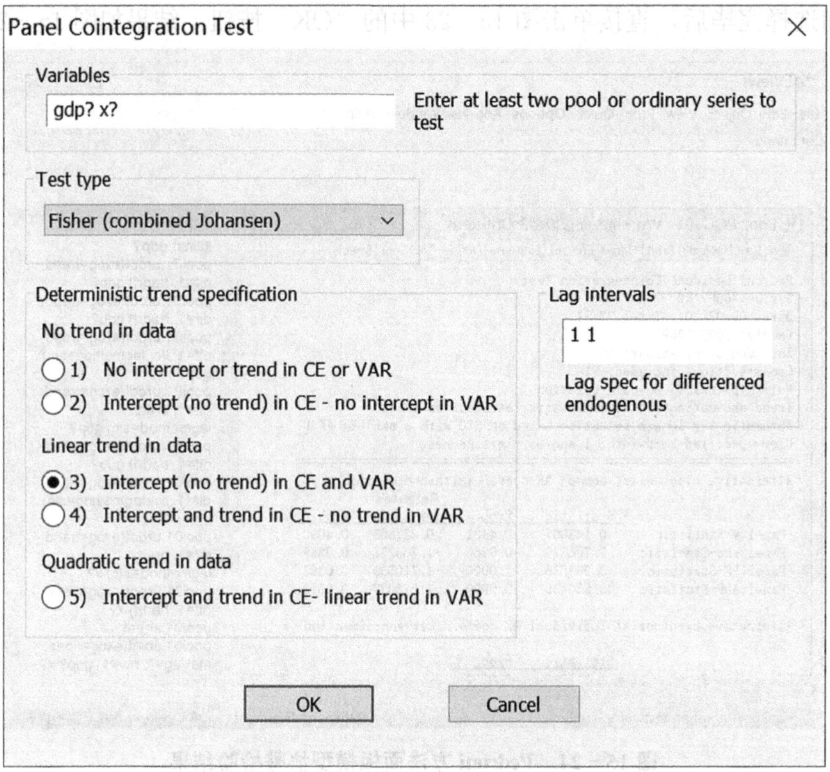

图 15-25　面板模型协整检验的选择

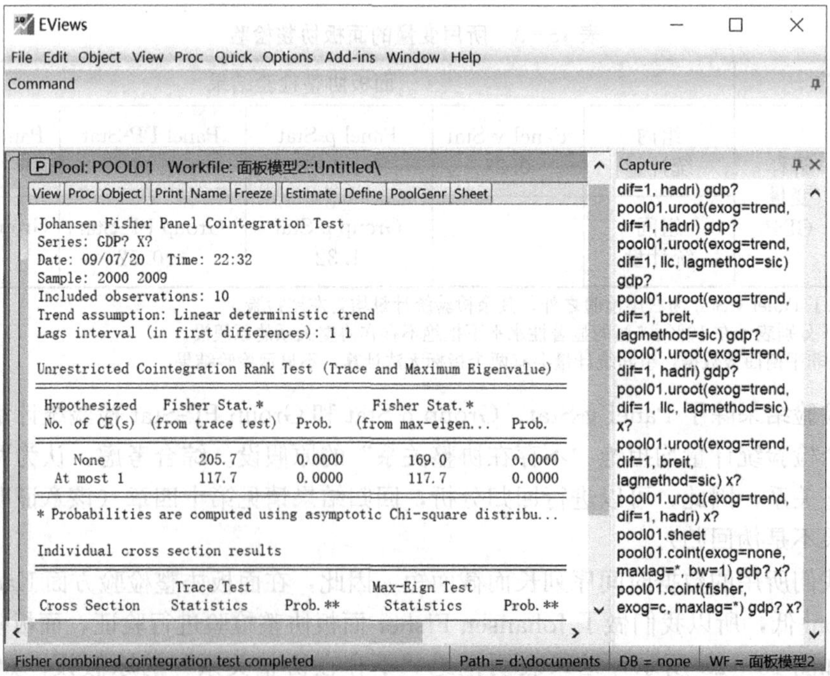

图 15-26　Johansen Fisher 面板模型协整检验结果

第三节　面板格兰杰因果检验

一、面板变量的统计描述

在面板数据窗口下，单击“View”选项，会出现一个下拉菜单，如图 15－27 所示。

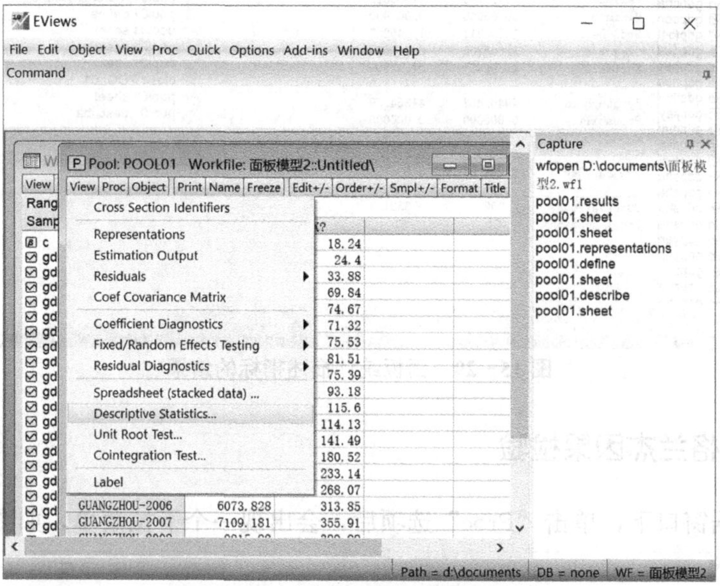

图 15－27　面板变量统计描述入口

在图 15－27 的下拉菜单中，其中有一项是“Descriptive Statistics…”，单击后弹出如图 15－28 所示的对话框。

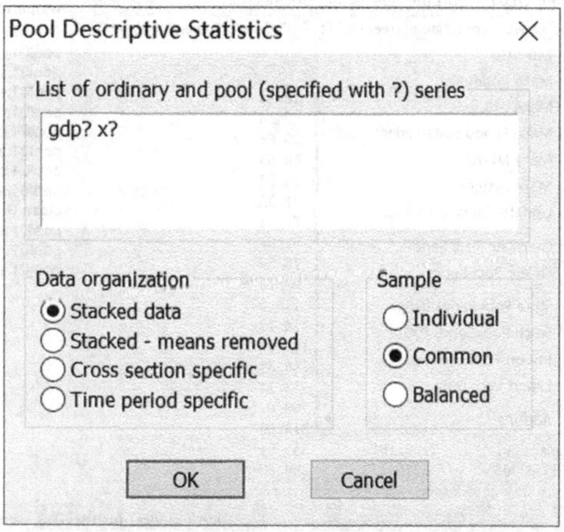

图 15－28　面板统计描述指标对话框

在图 15－28 中，“List of ordinary and pool（specified with?）series”（指定面板序列）部分由于是在给定序列数据窗口下进行的选择，所以软件自动给出了数据窗口下变量的名称，这里显示为“GDP? X?”。单击“OK”按钮，结果如图 15－29 所示，可以得到各个变量的统计指标，如均值、最值、标准误和峰度等。

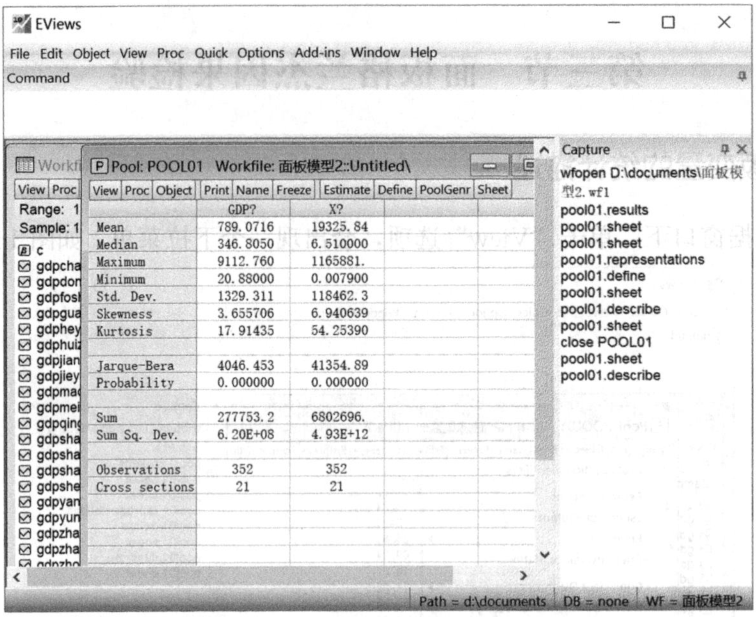

图 15－29　面板统计描述指标的结果

二、面板格兰杰因果检验

在面板数据窗口下，单击“Proc”选项后，会出现一个下拉菜单，如图 15－30 所示。

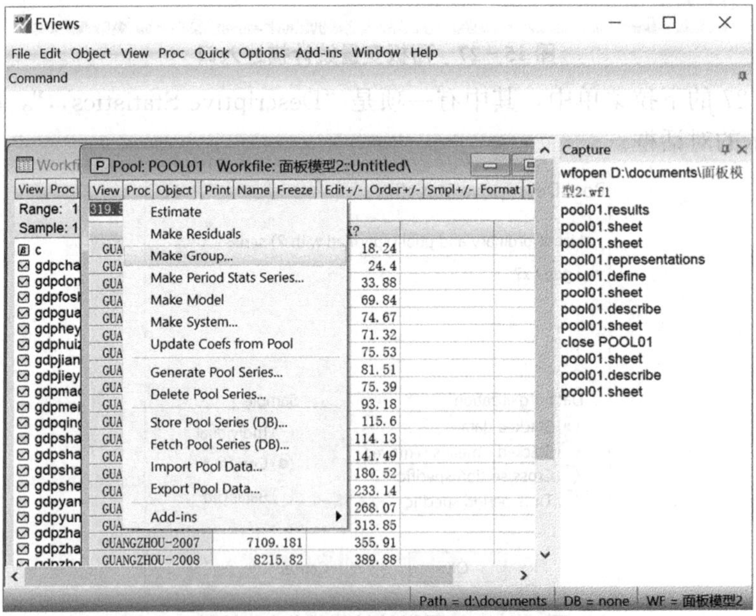

图 15－30　面板格兰杰因果检验入口

在下拉菜单中，选择“Make Group…”项，单击后弹出如图 15－31 所示的对话框。单击“OK”按钮，就可以得到各序列的样本数据列表，如图 15－32 所示。

在数据组窗口中单击“View”选项，出现下拉菜单，如图 15－33 所示，选择其中的“Granger Causality…”，单击后弹出如图 15－34 所示的对话框。

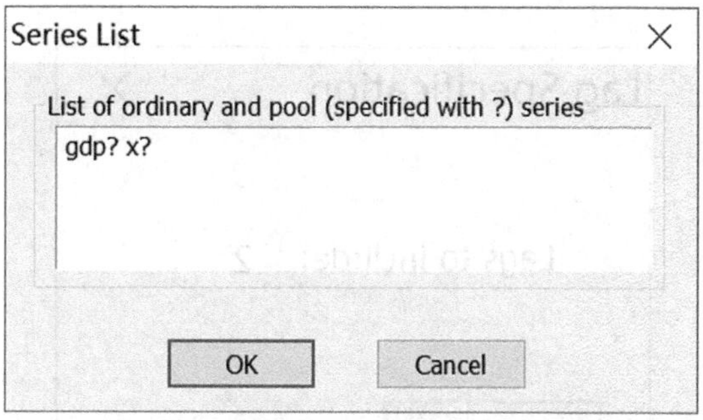

图 15－31　面板格兰杰因果检验的序列列表

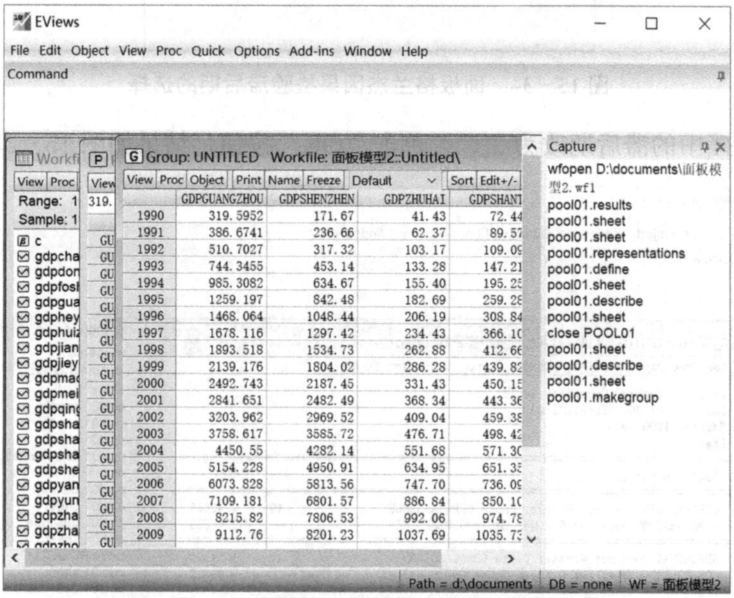

图 15－32　面板格兰杰因果检验的数据组窗口

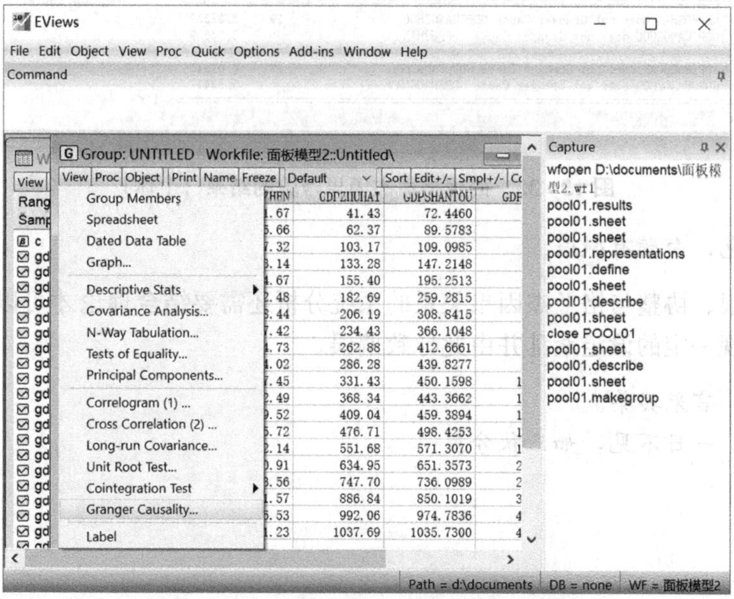

图 15－33　面板格兰杰因果检验的选择

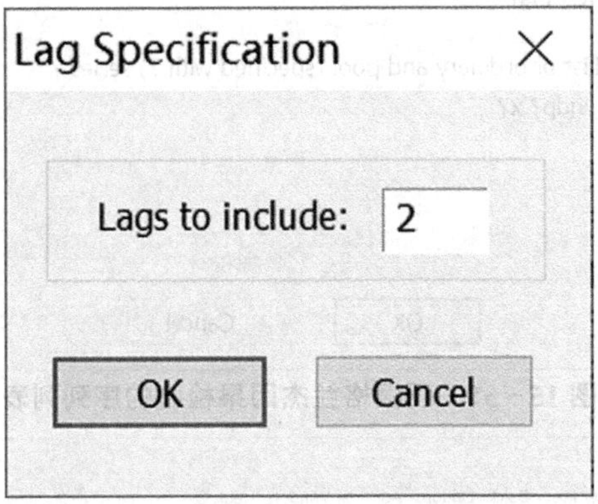

图 15－34　面板格兰杰因果检验滞后期的选择

将图 15－34 中的滞后期改为“1”，单击“OK”按钮，结果如图 15－35 所示。

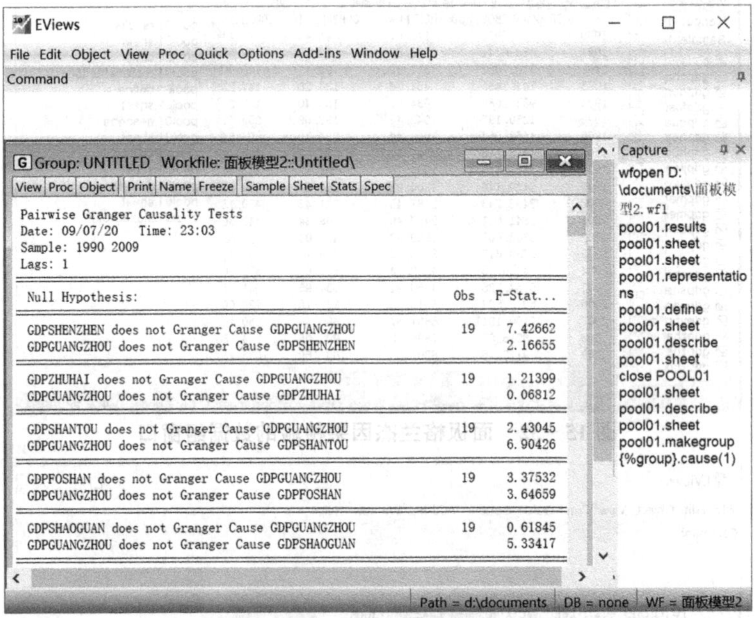

图 15－35　面板格兰杰因果检验的结果（个体）

黄金无足色，白璧有微瑕。

面板单位根、协整与格兰杰因果关系的系统分析还需要结合理论才可以得到最好的应用，否则会出现一定的设定紊乱并由此导致偏误。

彼汾一方，言采其桑。
彼采萧兮，一日不见，如三秋兮！

第十六章

动态面板的 GMM 估计

在对变量进行了单位根和协整检验后，与做静态面板模型不同，这次我们尝试做动态面板的 GMM 估计，具体方法和过程如下。

第一节　数据的录入和方法的选择

按照“File”→“New”→“Workfile”的顺序打开工作文件，如图 16－1 所示。

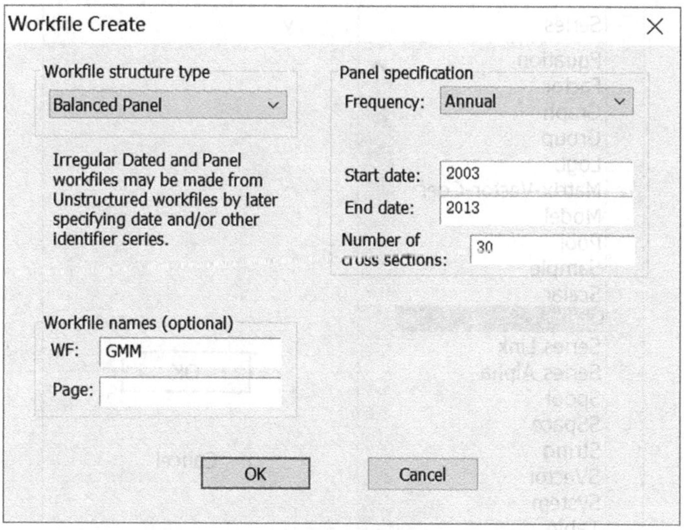

图 16－1　GMM 估计工作文件窗口

在图 16－1 中“Workfile structure type”部分选择“Balanced Panel”（平衡面板），在“Number of cross sections”部分输入截面个数，本案例选取中国 30 个省区 2003—

2013 年年度数据，因此输入 30。（注意：这是与普通面板数据输入的不同之处。）

点击“OK”，结果如图 16－2 所示。

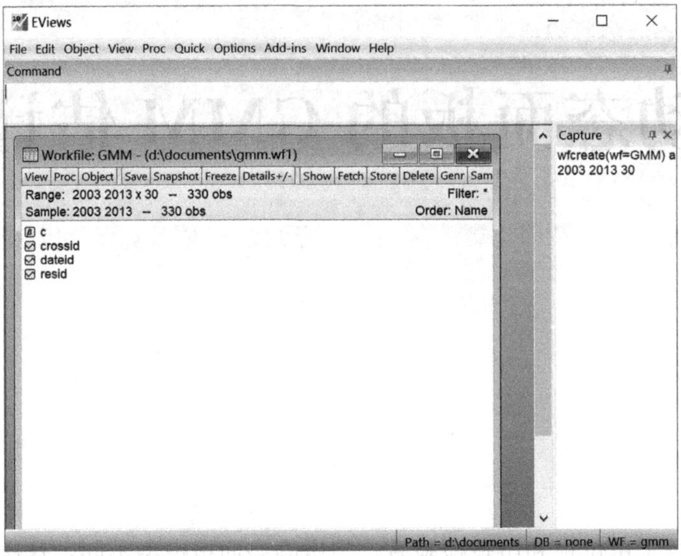

图 16－2　GMM 估计工作文件的设定

点击图 16－2 中的“Object”→“New object”（主页面窗口和工作文件窗口均可以），结果如图 16－3 所示。

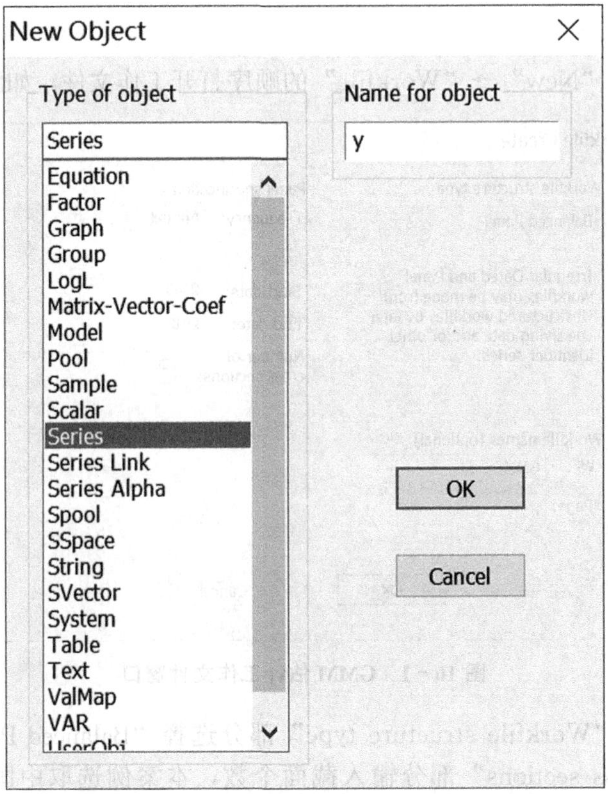

图 16－3　GMM 估计方法的新对象的建立

在“Type of object”中选择“Series”，在“Name for object”项输入“y”，点击“OK”，结果如图 16－4 所示。

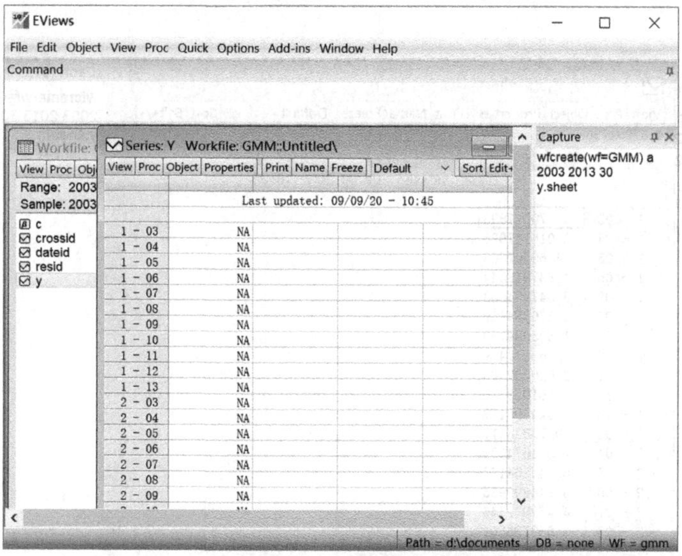

图 16－4　数据的录入

如果图 16－4 被冻结而无法输入数据，则点击“Series”窗口工具栏的“Edit+/—”命令，就可以把数据复制粘贴到软件里了。依此类推，把所有数据输入完毕，如图 16－5 至图 16－7 所示。

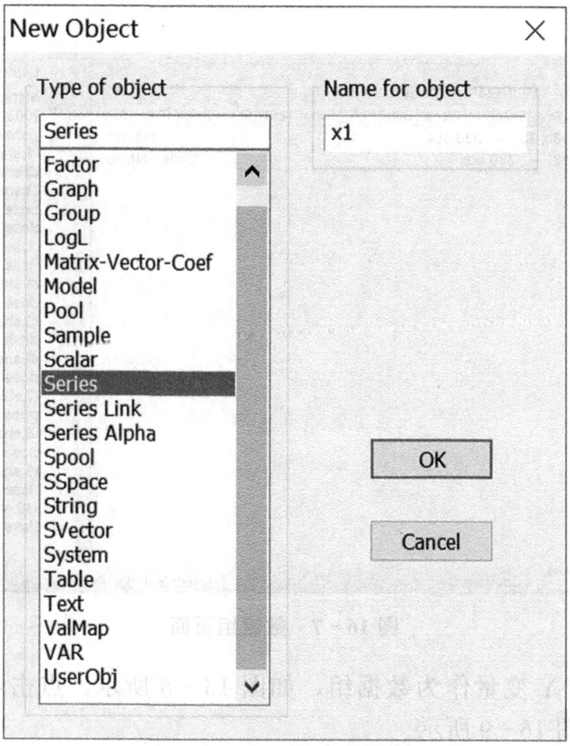

图 16－5　解释变量对象的建立

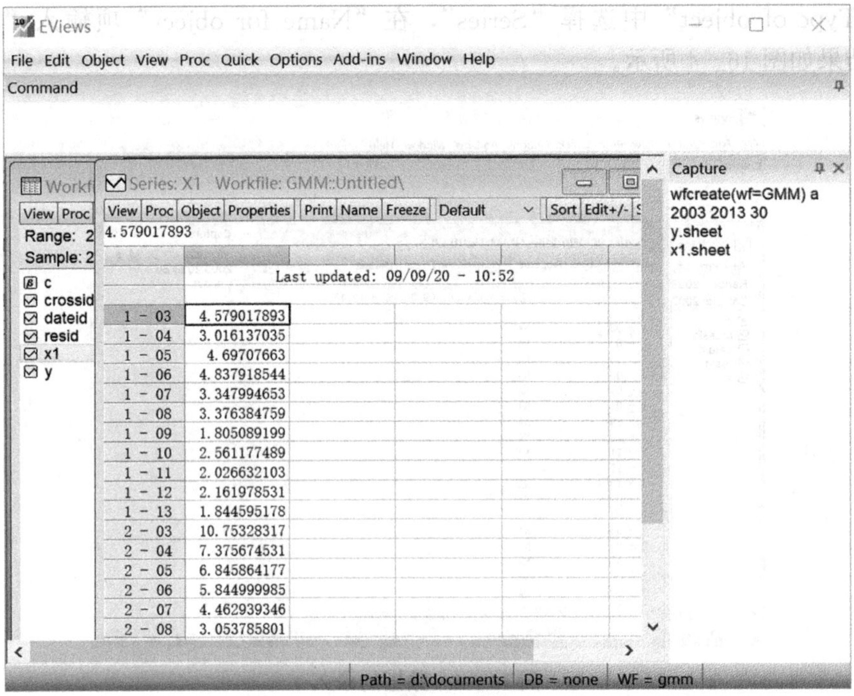

图 16-6　解释变量数据的录入

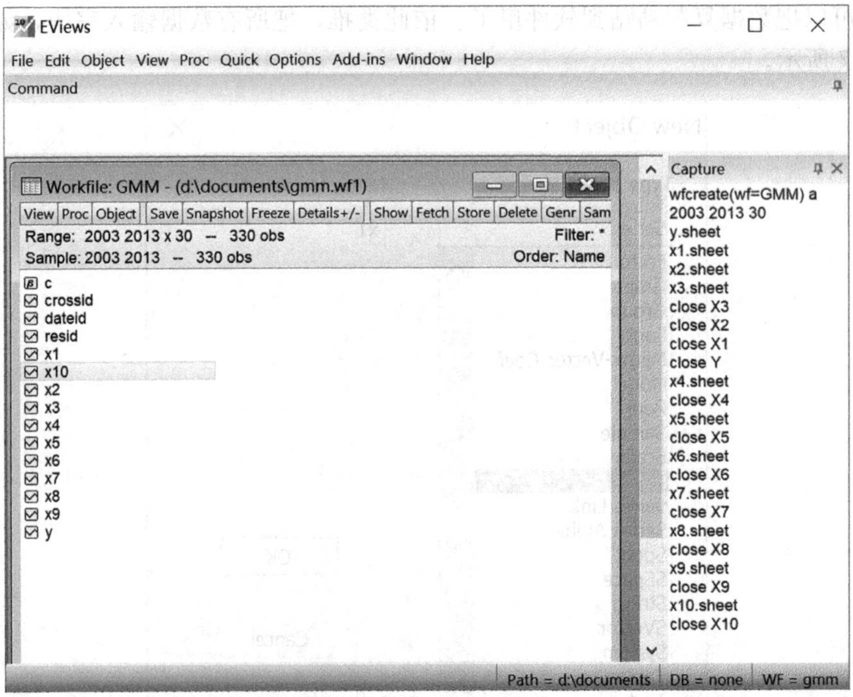

图 16-7　数据组页面

选择 X1～X10 和 Y 变量作为数据组，如图 16-8 所示，点击右键选择“Open”→“as Group”，结果如图 16-9 所示。

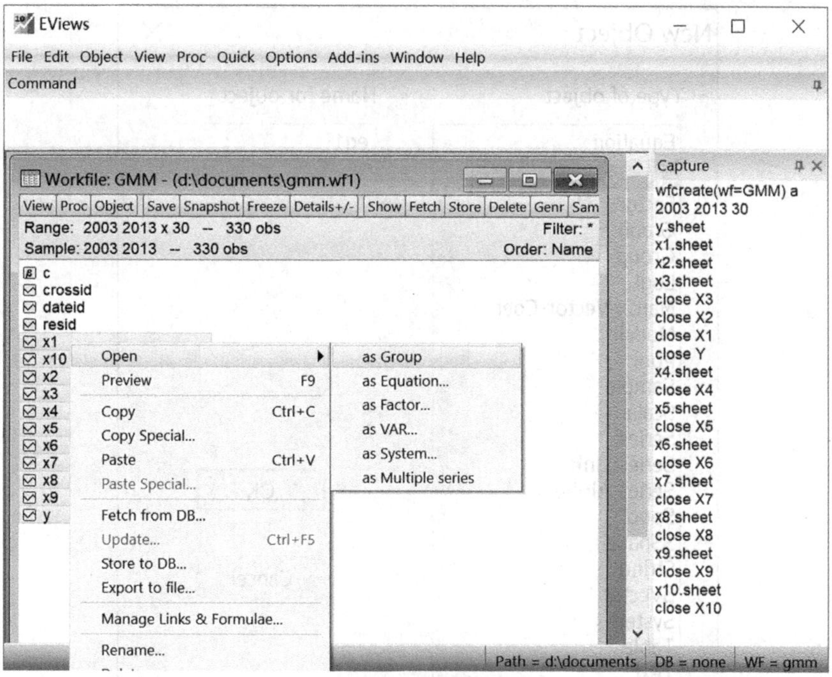

图 16-8　数据组页面

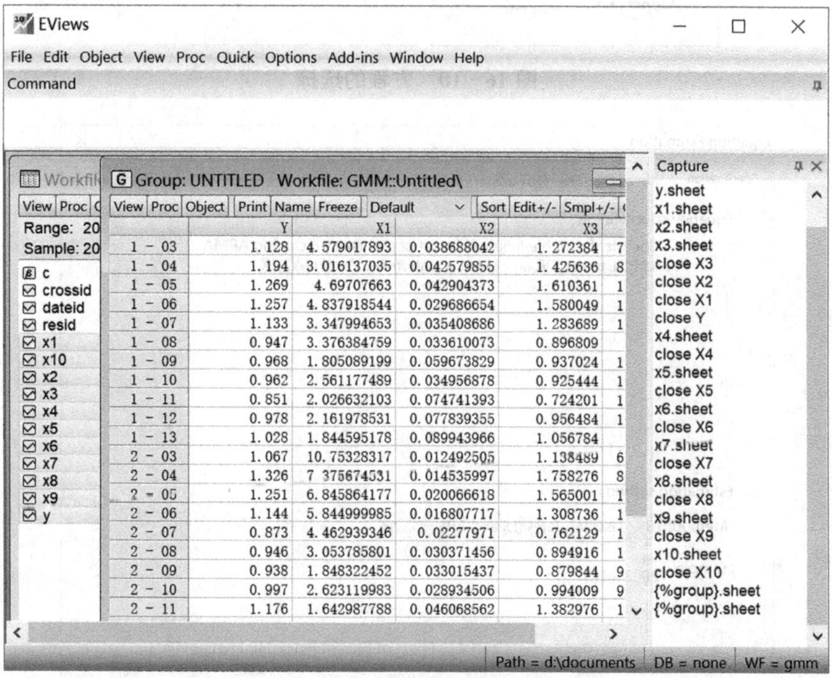

图 16-9　数据组窗口

点击图 16-9 中的 "Object" → "New object"，在 "Type of object" 中选择 "Equation"，在 "Name for object" 项输入 "eq1"，然后点击 "OK"，结果如图 16-10 和图 16-11 所示。

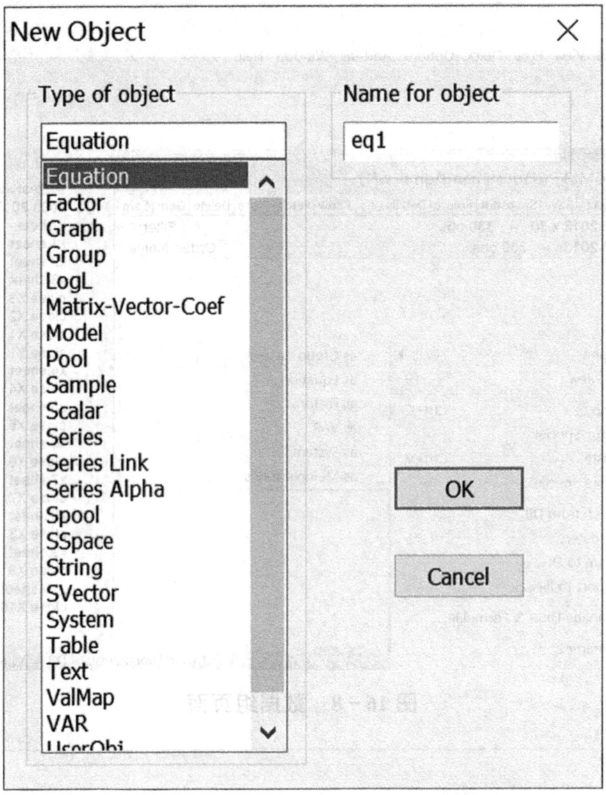

图 16-10 方程的选择

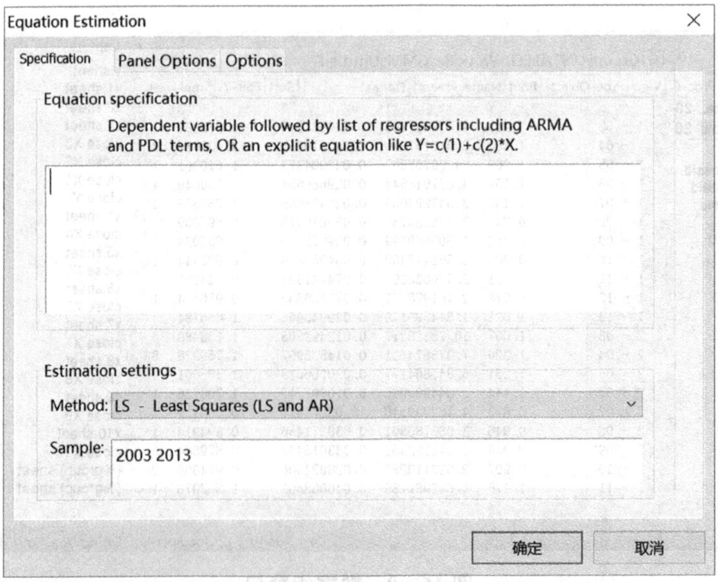

图 16-11 方程窗口

在图 16-11 的“Method”中选择“GMM/DPD”方法，如图 16-12 所示。

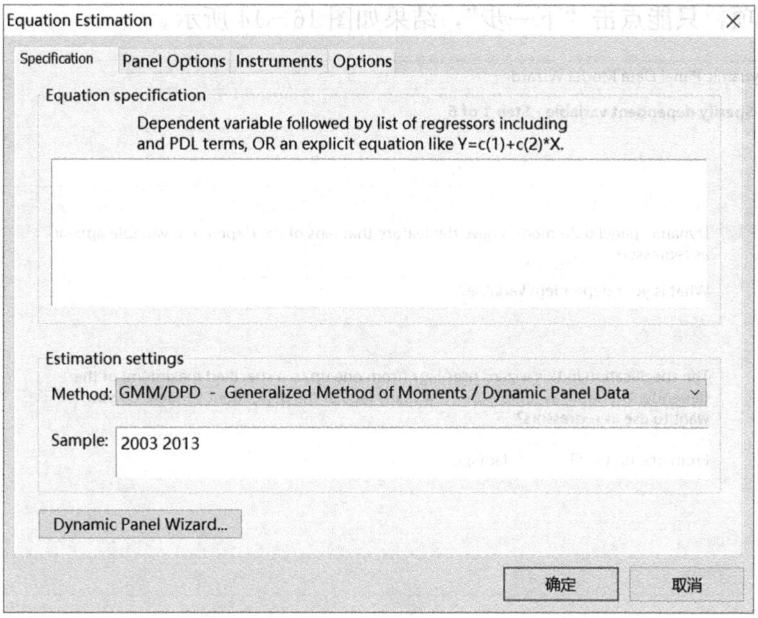

图 16－12　GMM 估计窗口

第二节　FGLS-GMM 模型的设定与回归结果

首先需要点击图 16－12 中的“Dynamic Panel Wizard…”按钮，结果如图 16－13 所示。

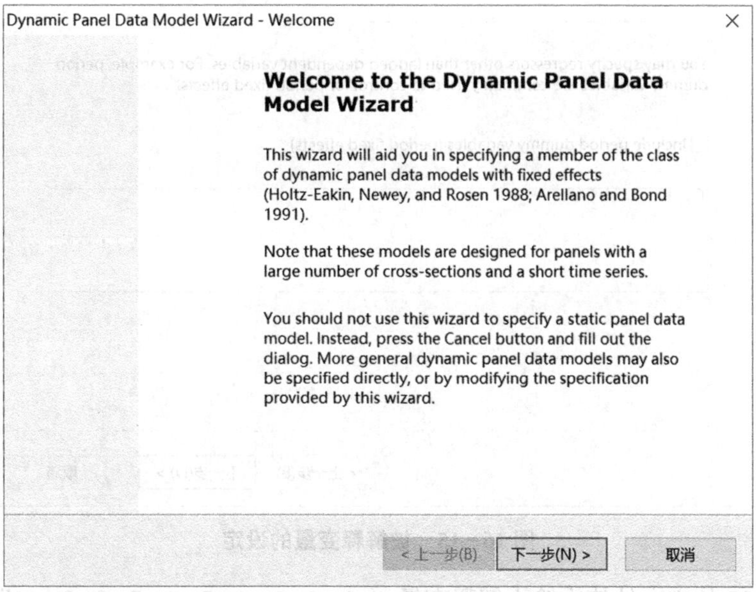

图 16－13　GMM 估计的向导窗口

无其他选项，只能点击“下一步”，结果如图 16－14 所示。

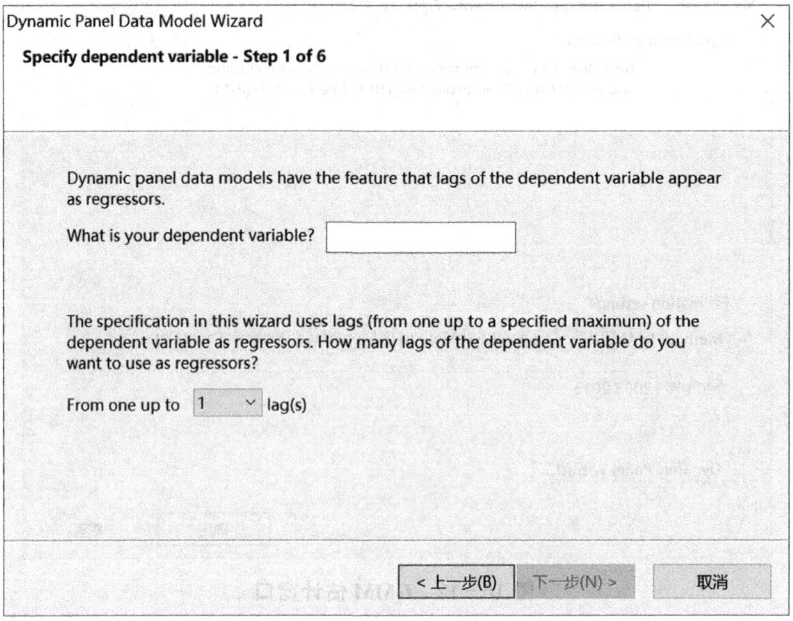

图 16－14　被解释变量的设定

在空白处输入被解释变量的名称“Y”，然后点击“下一步”，结果如图 16－15 所示。图 16－14 的下半部分是被解释变量的滞后阶数，可以选择下拉箭头改变滞后期。

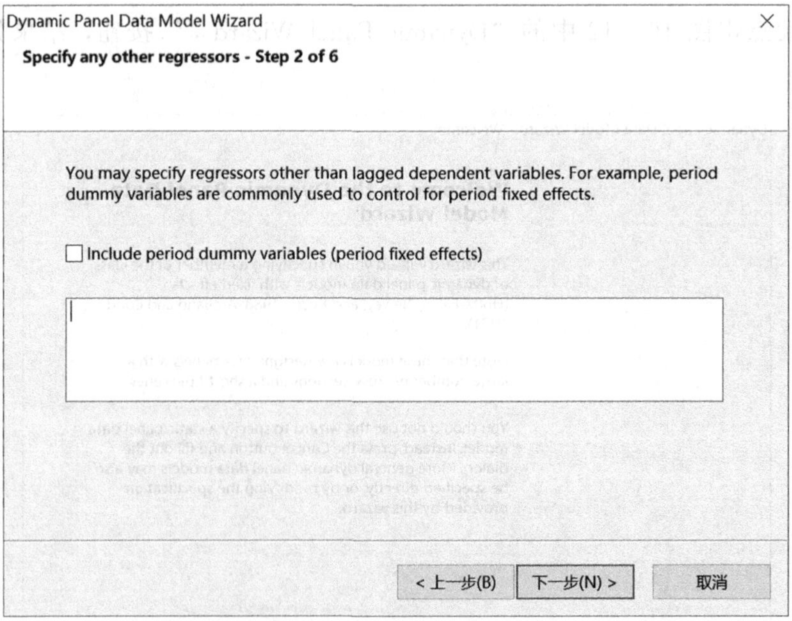

图 16－15　被解释变量的设定

在图 16－15 的空白处依次输入解释变量“x1 x2 x3 x4 x5 x6 x7 x8 x9 x10”，如图 16－16 所示。

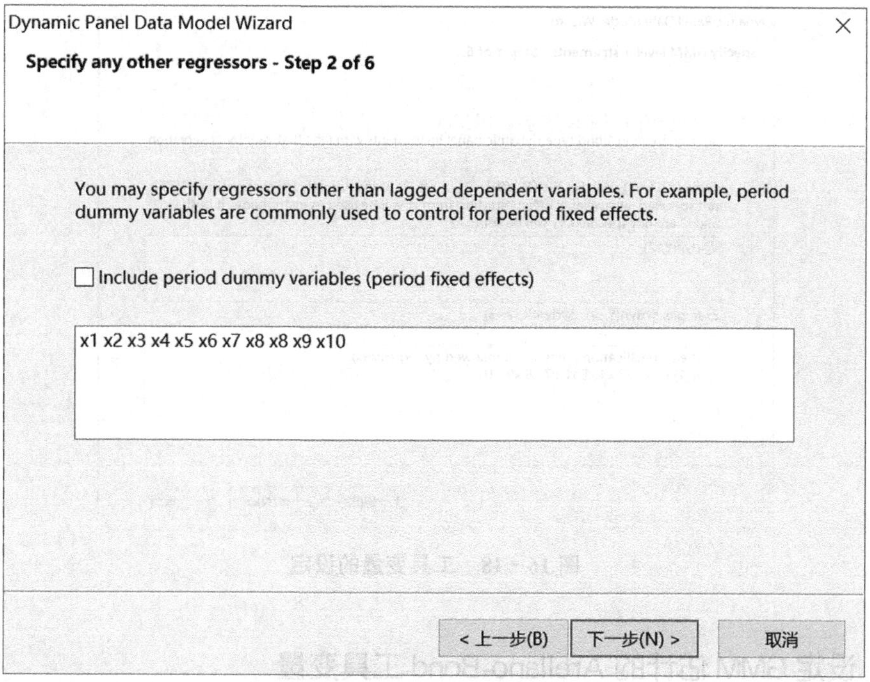

图 16-16　解释变量的设定

点击“下一步”，结果如图 16-17 所示。

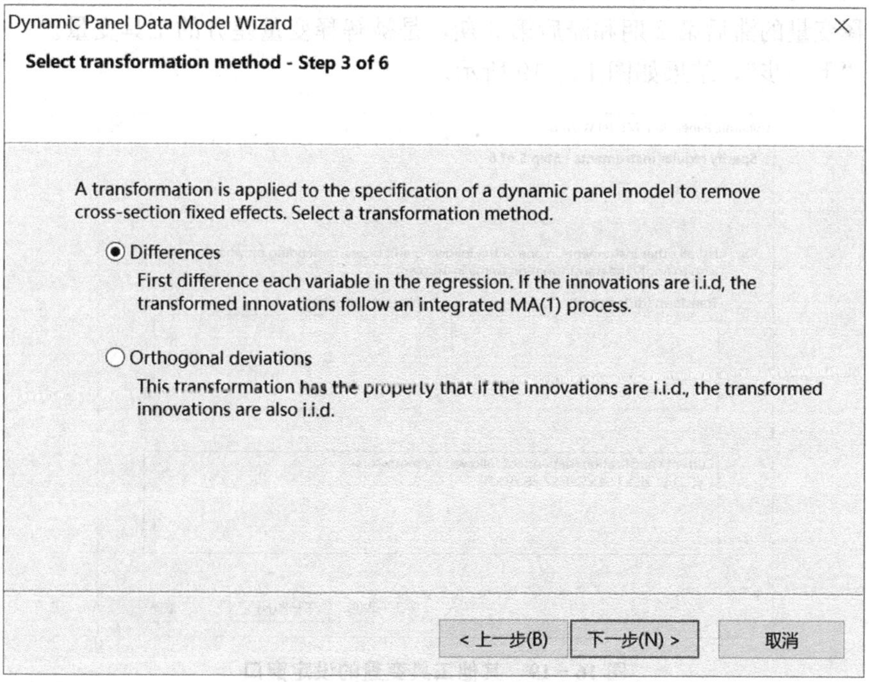

图 16-17　方法的选择窗口

可以选择“Differences”（差分法）和“Orthogonal deviations”（正交离差方法），然后点击“下一步”，出现如图 16-18 所示的界面。

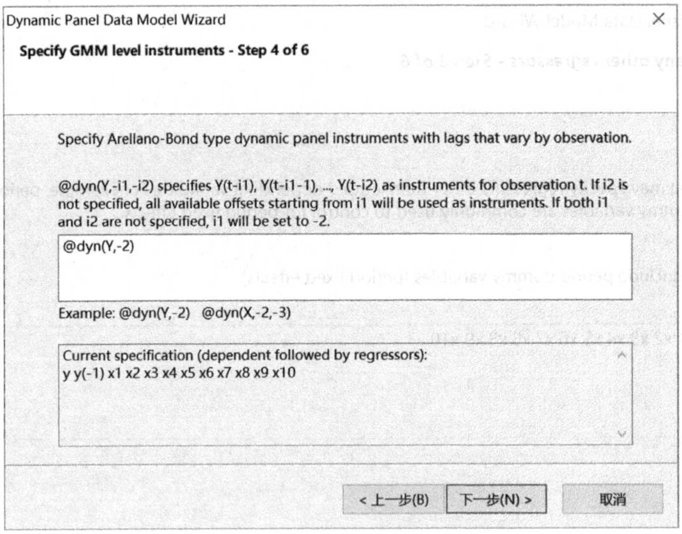

图 16－18　工具变量的设定

一、设定 GMM 估计的 Arellano-Bond 工具变量

图 16－18 所示的为系统默认的工具变量的选择，@dyn(Y，－2）表示被解释变量的滞后第 2 到 t 期，均是被解释变量差分的工具变量。如果改写成@dyn(Y，－2，－3)，则表示被解释变量的滞后第 2 期和滞后第 3 期，是被解释变量差分的工具变量。

点击“下一步”，结果如图 16－19 所示。

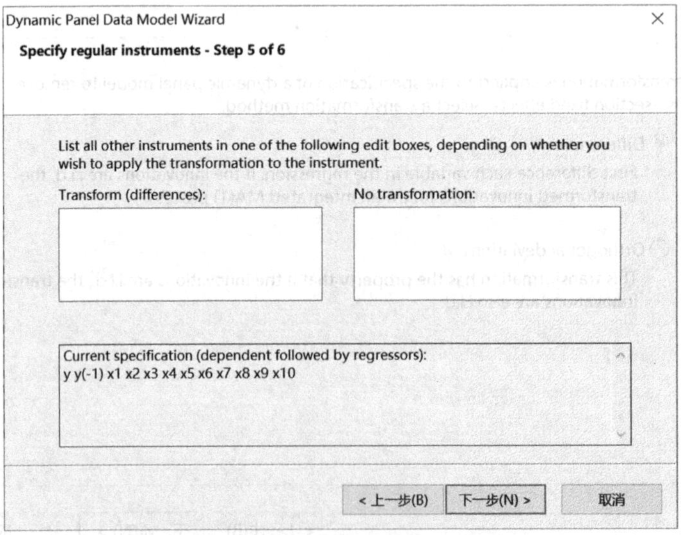

图 16－19　其他工具变量的设定窗口

可以设定 GMM 估计的其他工具变量，比如设置解释变量的某些滞后期。如果以这些变量变换后的结果作为工具变量，则在左侧编辑；如果以不进行变换的变量作为工具变量，则在右侧编辑。

本案例没有设定工具变量，直接点击“下一步”，结果如图 16－20 所示。

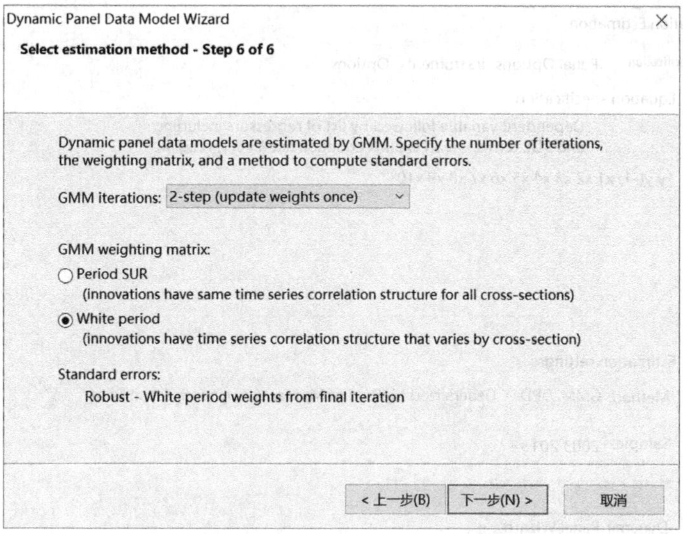

图 16－20　GMM 估计的迭代方法设定窗口

二、设定 GMM 估计的迭代方法

在图 16－20 中，GMM 估计的迭代方法包括以下三种：

1-step（for i. i. d innovations）：计算 Arellano-Bond 1-step 估计；

2-step（update weights once）：计算 Arellano-Bond 2-step 估计；

n-step（iterate to convergence）：多次迭代直至收敛。

下面的部分是选择估计系数方差的方法，包括“Period SUR”和“White period”两种。

点击“下一步”，结果如图 16－21 所示。

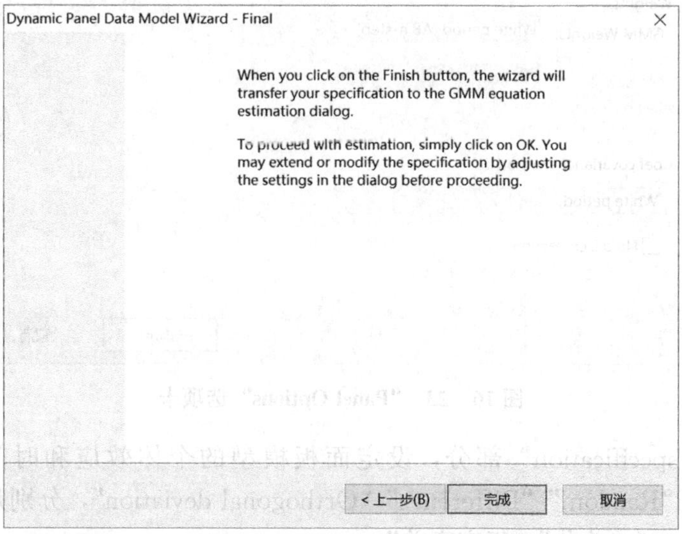

图 16－21　GMM 估计向导的完成窗口

点击“完成”，结果如图 16－22 所示。

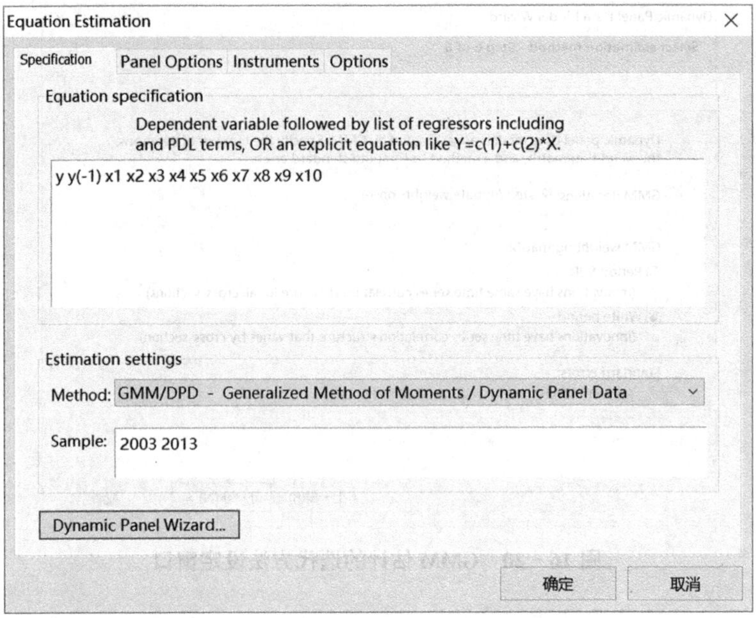

图 16－22　完成设定后的 GMM 估计窗口

点击“Panel Options”选项卡，如图 16－23 所示。

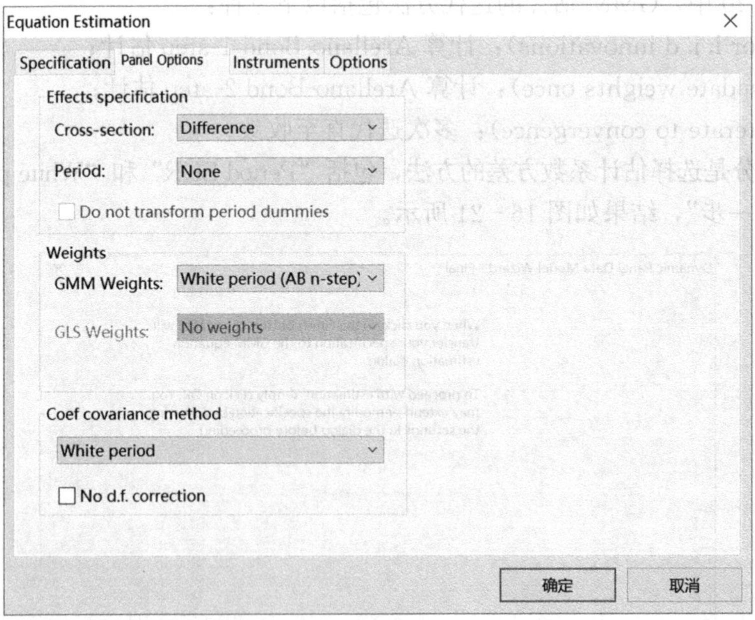

图 16－23　“Panel Options”选项卡

在“Effects specification”部分，设定面板模型的个体效应和时间效应，可选择“None”“Fixed”“Random”“Difference”“Orthogonal deviation”，分别是“无效应”“固定效应”“随机效应”“差分”“正交离差”。

三、设置“GMM Weights”

加权方法包括：

(1) 2SLS（两阶段最小二乘法，解释变量有内生变量时的选择）；

(2) Difference（差分模型时的选择）；

(3) Weights（diagonal）（个体间存在异方差时的选择）；

(4) Cross-section weights（面板数据个体间存在异方差时的选择）；

(5) Period SUR（给定的个体存在时间上的序列相关和异方差时的选择）；

(6) Period weights（给定的个体存在时间上的异方差时的选择）。

选择后四种方法时，则是FGLS估计（可行广义最小二乘法），有的文献称为EGLS估计，这里的F和E分别指的是feasible和estimated。

四、系数协方差估计方法

通过“Coef covariance method”项的选择，可以确定计算系数标准差的各种稳健估计方法，包括：

1. Ordinary（模型残差不存在个体和时间上的异方差以及时间上的序列相关时的选择）；

2. Weights（diagonal）（模型残差存在个体间的异方差时的选择）；

3. Cross-section weights（PCSE）（模型残差只存在个体间的异方差时的选择）；

4. Period SUR（PCSE）（给定个体，模型残差存在时间上的异方差和序列相关时的选择）；

5. Period weights（PCSE）（模型残差存在时间上的异方差时的选择）。

若选择“No d. f. correction”，则表示计算时不进行自由度修正。

点击“Instruments”选项卡，如图16-24所示。

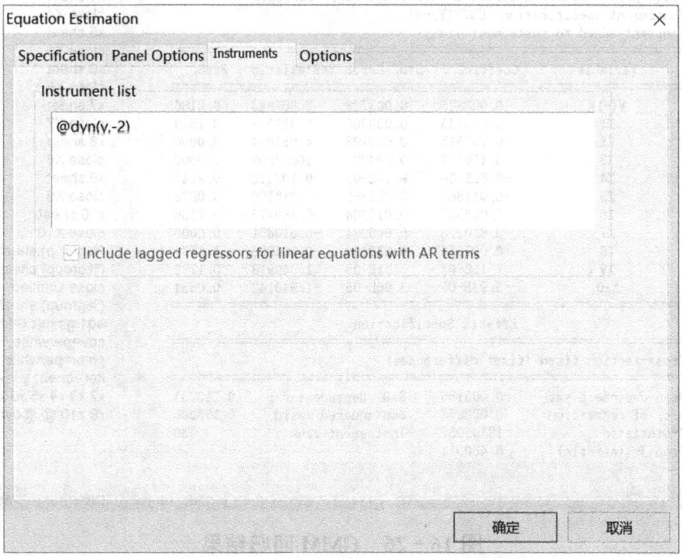

图16-24　“Instruments”选项卡

点击“Options”选项卡，如图 16－25 所示。

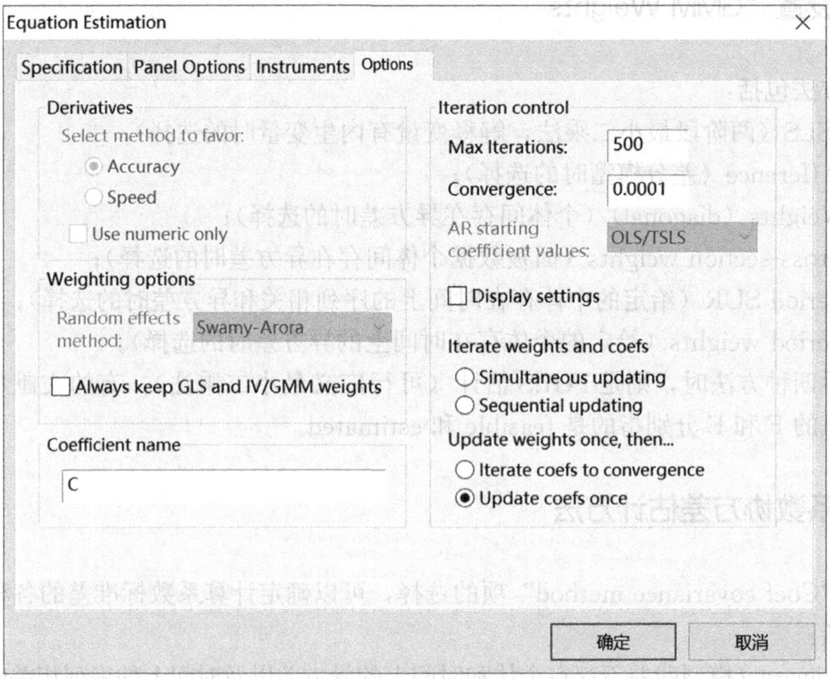

图 16－25 “Options”选项卡

假如上述都是默认选择，我们回到“Specification”页面，点击“确定”，结果如图 16－26 所示。

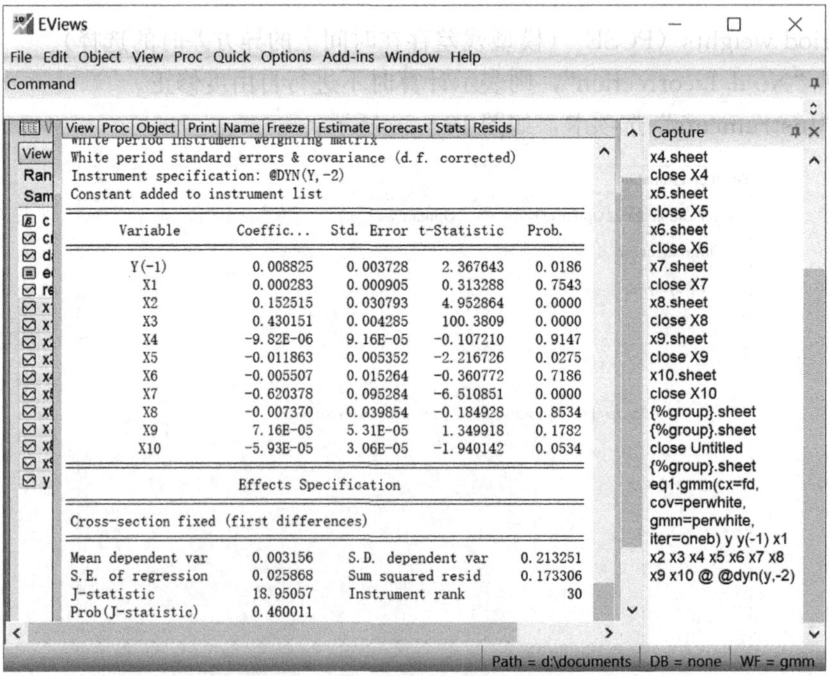

图 16－26 GMM 回归结果

图 16 - 26 的结果分为三部分。第一部分给出了回归结果的基本信息，包括被解释变量、估计方法、日期和时间、样本容量、GMM 权重矩阵的估计方法、系数估计值的标准误差的估计方法、GMM 估计的工具变量列表。

第二部分是回归结果与各指标。

第三部分包括被解释变量的均值、标准差和回归标准误差、残差平方和以及 Sargan 统计量（J-statistic）和相伴概率（这里是 0.460 011，大于 0.05 的显著性水平，表示接受过度约束正确的原假设）、GMM 估计所用工具变量的个数 30。

点击 Excel 的一个空白位置，在 Excel 的编辑栏里输入"=CHIDIST(18.95，19)"，然后点击"√"，空白处出现数字 0.460 048（回归结果的 Prob（J-statistic）数值）就是 Sargan 检验的 P 值，表示计算自由度为 19（回归结果的 Instrument rank 统计量的数值 30 减去估计的参数个数 11）的大于 18.95（这就是回归结果的 J-statistic 统计量的数值）的 χ^2 统计量的概率。

或者在 EViews 10.0 的编程窗口输入"@CHISQ(X，d)"，其中 X 为 18.95，d 为 19，然后点击回车键，结果如图 16 - 27 所示（注意图的左下角出现的数字）。

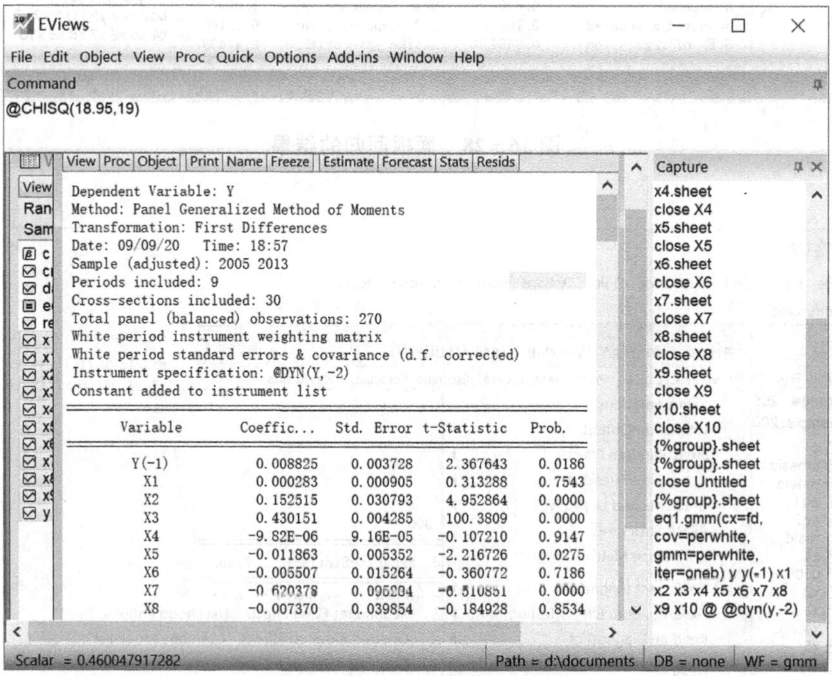

图 16 - 27　卡方统计量的概率

第三节　面板效应检验

在面板方程的回归结果中点击"View"，出现的下拉菜单中有一项"Fixed/Random Effects Testing"，鼠标放在这里，会出现二级菜单，点击其中的"Omitted Random Effects-Lagrange Multiplier"，如图 16 - 28 至图 16 - 30 所示。

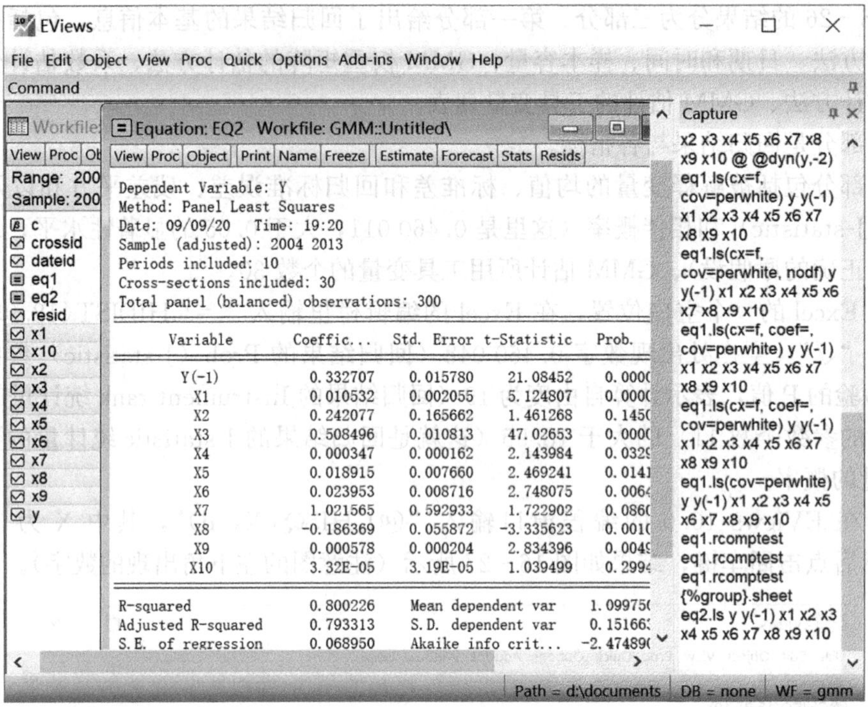

图 16-28 面板回归的结果

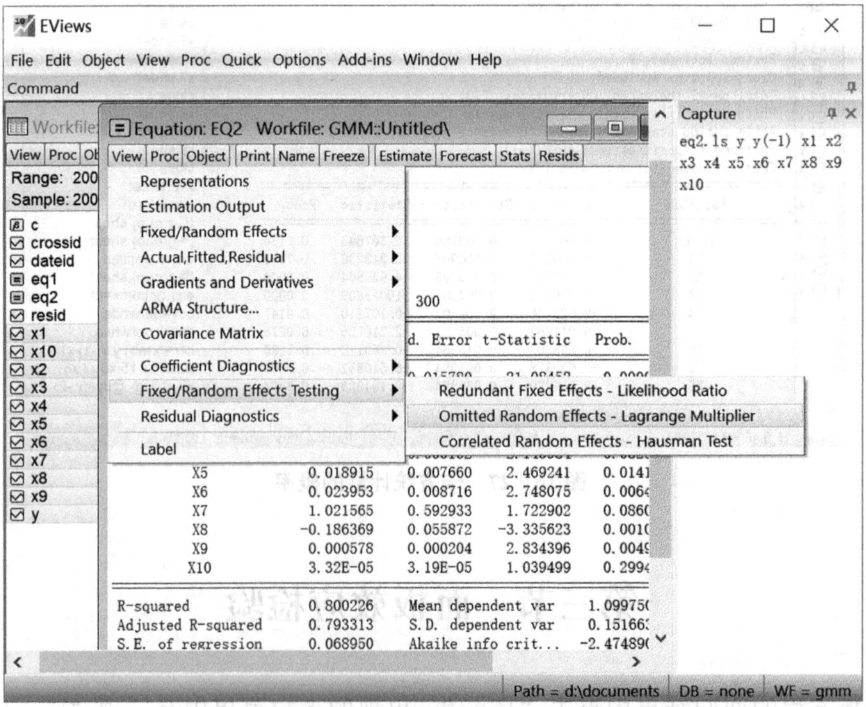

图 16-29 面板效应检验命令窗口

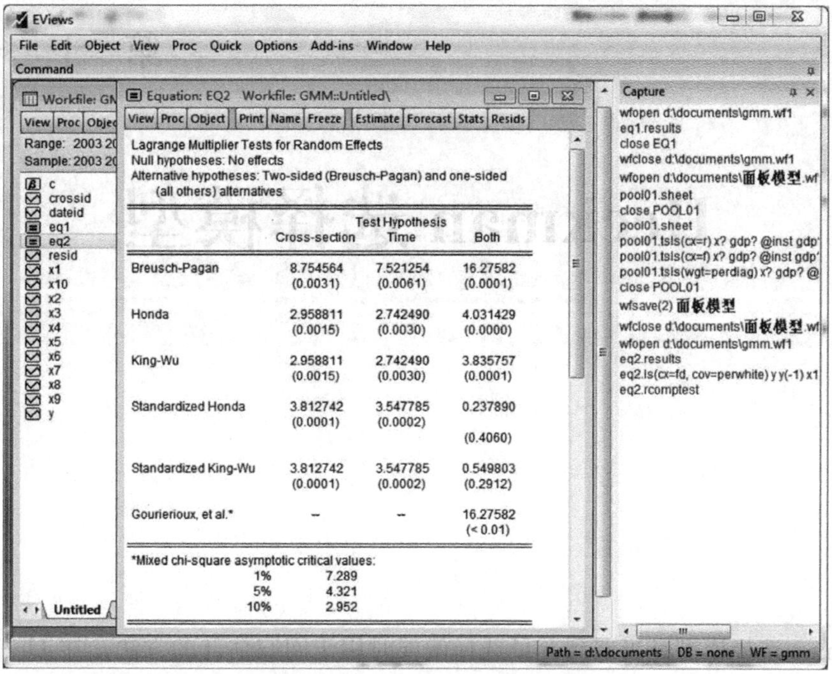

图 16－30　面板效应检验的结果

EViews 10.0 提供了面板数据混合回归中的个体与时间不可观测的面板效应检验，其中包括以下检验方式：Breusch-Pagan LM（1980），Honda（1985），King-Wu（1997），Standardized Honda（1985），Standardized King-Wu（1997）。

图 16－30 中的结果分为三部分。第一部分给出了假设检验，包括原假设和备择假设；第二部分是检验结果；第三部分是显著性水平和临界值。可以看出，截面和时间均拒绝原假设。

第十七章

Heckman 选择模型

Heckman 选择模型是当遇到变量选择偏误时用于回归估计的方法，在 Heckman 估计框架下，因变量只能观测到一部分。比如，女性的工资只有当她踏上工作岗位时才能计量，其他时候是不可以计量的。Heckman (1976) 研究的就是这个问题。

EViews 10.0 为 Heckman 选择模型提供了极大似然估计、Heckman 两步估计两种估计方法。

数据选用的是 Mroz (1987) 的已婚女性的劳动供给研究，其中有一个女性工资的估计方程。在调查的 753 位女性中，只有 428 位女性进入了劳动市场，所以我们估计了已婚女性的选择行为。

工资方程：

$$Wage = \beta_1 + \beta_2 Exper + \beta_3 Exper^2 + \beta_4 Educ + \beta_5 City + \varepsilon$$

Wage 是工资，Exper 是女性资历情况，Educ 是女性教育情况，City 是一个虚拟变量（是否住在这个城市）。

选择方程：

$$LFP = \alpha_1 + \alpha_2 Age + \alpha_3 Age^2 + \alpha_4 Faminc + \alpha_5 Educ + \alpha_6 Kids + \mu$$

LFP 是女性是否在劳动（1=在职，0=其他），Age 是年龄，Faminc 是剔除女性的家庭收入情况，Kids 是虚拟变量（是否有孩子）。但是没有 Kids 变量的数值，所以 K1+K2（请见后记中的网址提供的数据的变量名称）大于 0 则是有孩子，把（k1+k2）>0 作为哑变量。

将数据输入软件后，点击主页面窗口的“Quick”→“Estimate Equation …”，在“Method”中选择“HECKIT-Heckman Selection (Generalized Tobit)”，将上述两个方程输入相应的对话框，选择“Maximum likelihood”的回归结果，如图 17-1 所示，回归结果如图 17-2 所示。

如图 17-3 所示，在图 17-1 中选择“Heckman two-step”，回归结果如图 17-4 所示。

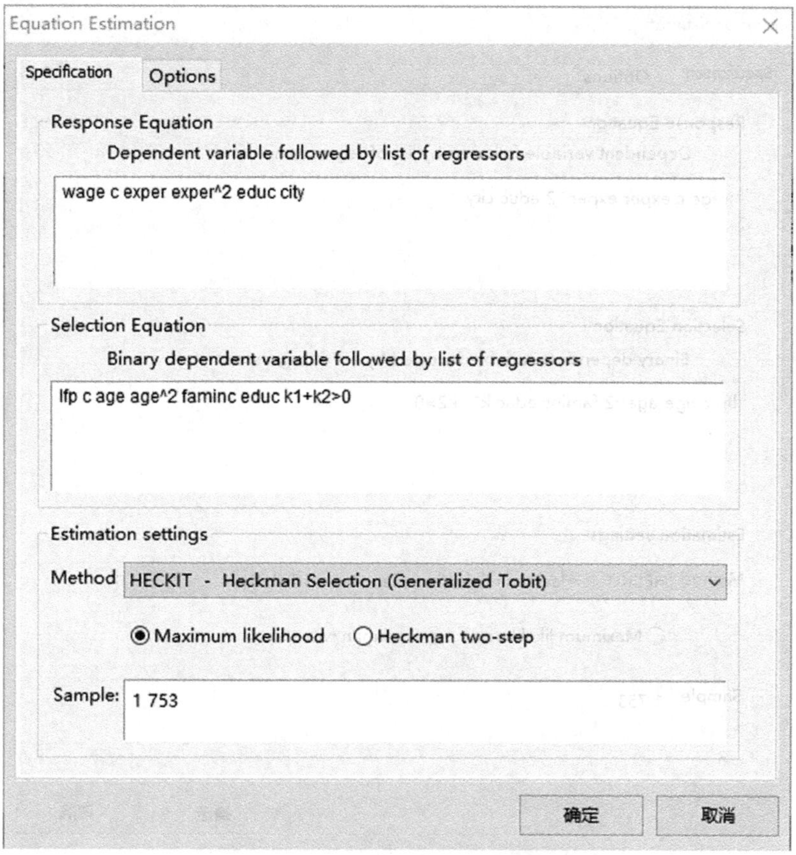

图 17－1 Heckman 选择模型方程窗口

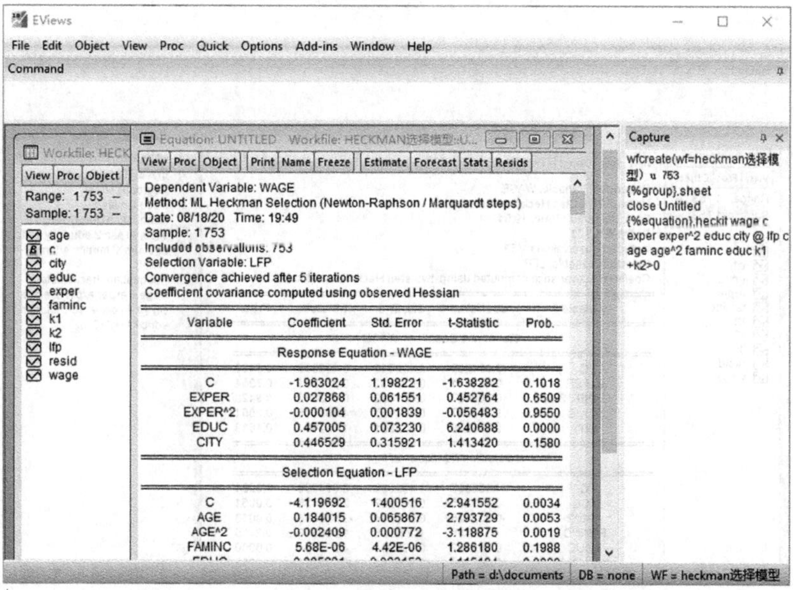

图 17－2 Heckman 选择模型的回归结果（极大似然法）

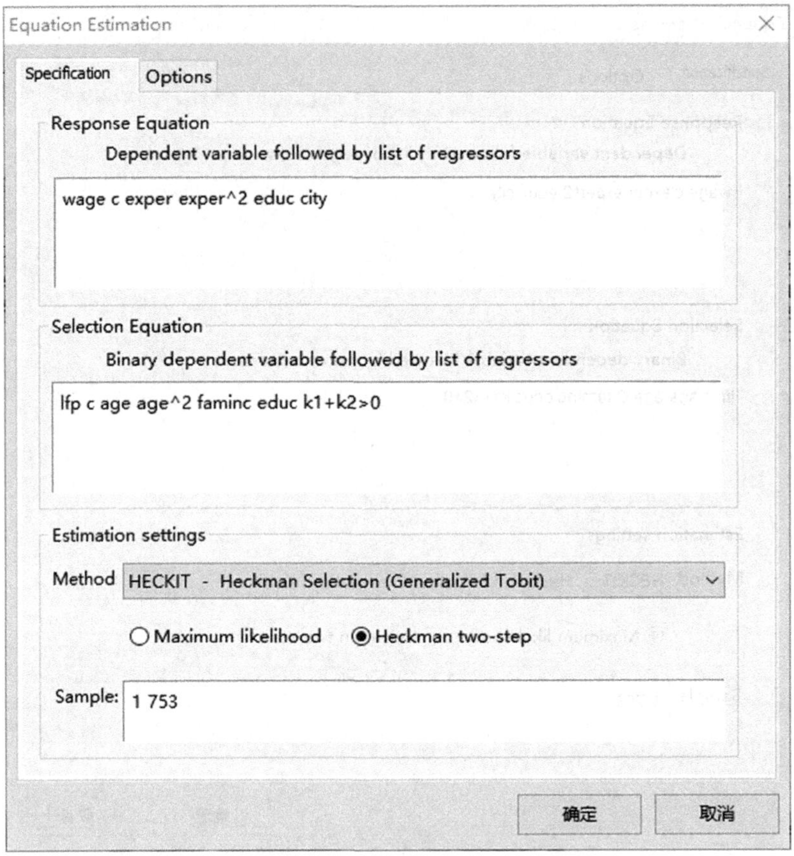

图 17-3 Heckman 选择模型估计方法的选择

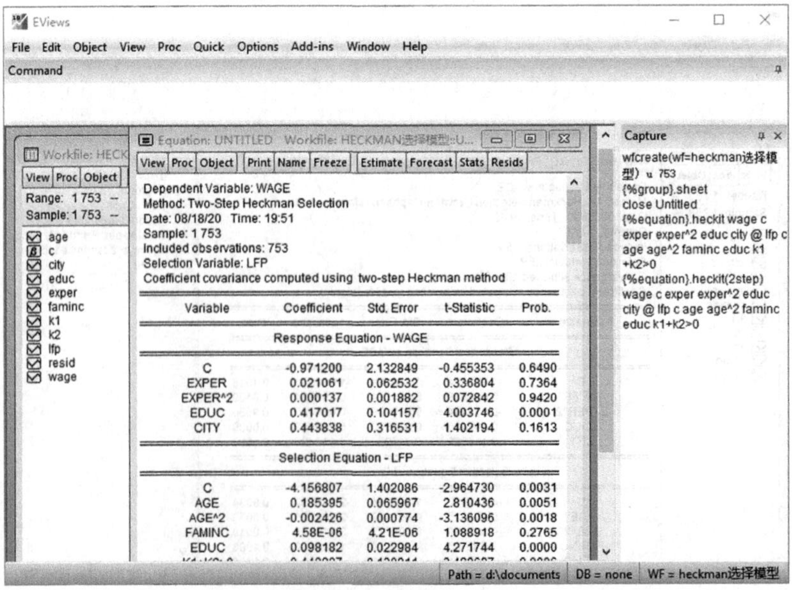

图 17-4 Heckman 选择模型的回归结果（Heckman 两步法）

第十八章

马尔可夫转换模型

汉密尔顿模型由两步马尔可夫转换模型、一个平均转化常量 C 与四个没有转换的 AR 变量构成。误差项假定为常见的形式，仅有的概率随机变量是常数 C。

第一节　马尔可夫转换模型的设定与回归结果

按照“File”→“New”→“Workfile”的顺序打开工作文件，如图 18-1 所示。

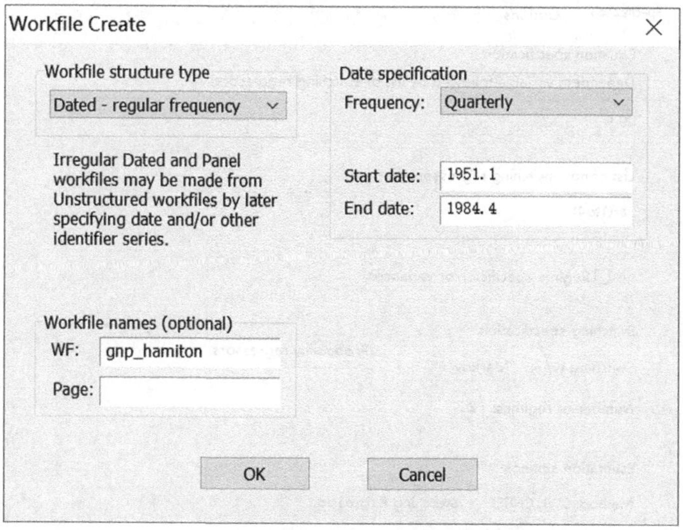

图 18-1　新文件窗口

在图 18-1 中的“Workfile structure type”部分选择“Dated-regular frequency”（时间序列）；在“Frequency”下拉列表中选择季度数据“Quarterly”，在“Start date”部分输入起始

时间“1951.1”，在“End date”部分输入截止时间“1984.4”。点击“OK”，结果如图 18－2 所示。

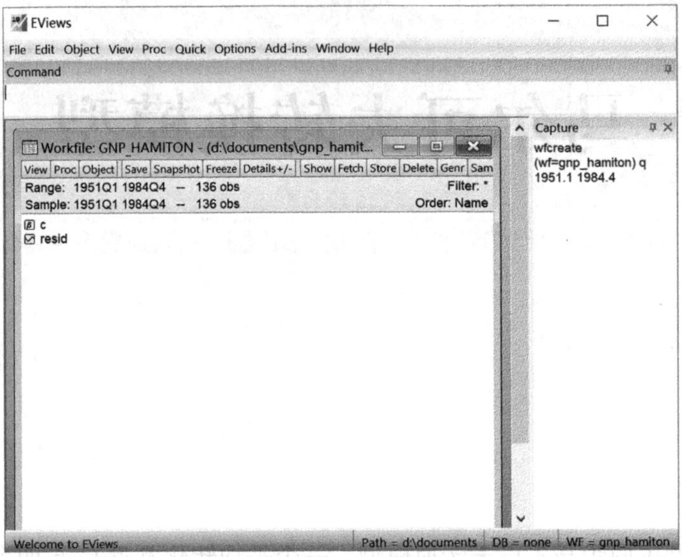

图 18－2　工作文件页面

将数据（请见后记网址链接）输入软件后，点击主页面窗口的“Quick”→“Estimate Equation ...”，在“Method”中选择“SWITCHREG-Switching Regression”，在图 18－3 相应的对话框中输入变量和命令，在“Switching type”的下拉列表中选择“Markov”，点击“确定”，结果如图 18－4 和图 18－5 所示。

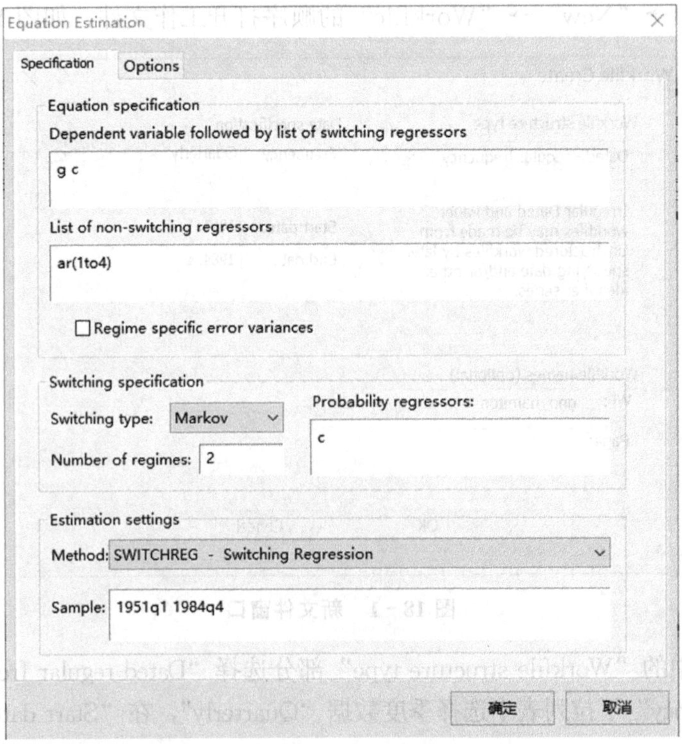

图 18－3　马尔可夫转换模型方程窗口

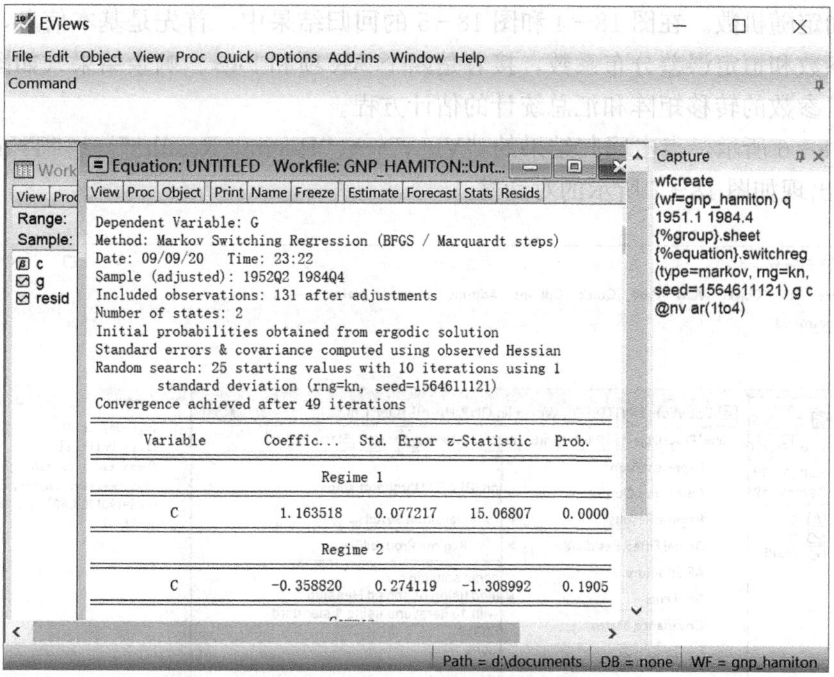

图 18-4　马尔可夫转换模型的回归结果

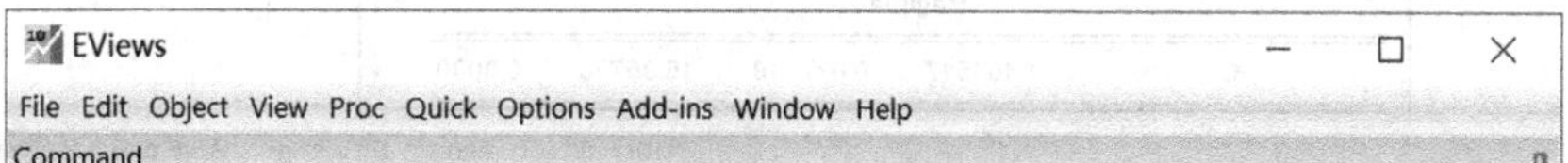

图 18-5　马尔可夫转换模型的回归结果（续）

因为有不同的随机数生成方式，因而重复操作会产生不同的结果，可以使用随机数生成种子来固定随机数。在图 18－4 和图 18－5 的回归结果中，首先是基本信息，然后是系数的具体参数和恒定误差分布系数，接着是四个 AR 项和 logσ。剩余结果（如图 18－5 所示）展示了参数的转移矩阵和汇总统计的估计方程。

如图 18－6 所示，点击回归结果的“View”→“Regime Results”→“Transition Results…”，出现如图 18－7 所示的对话框。

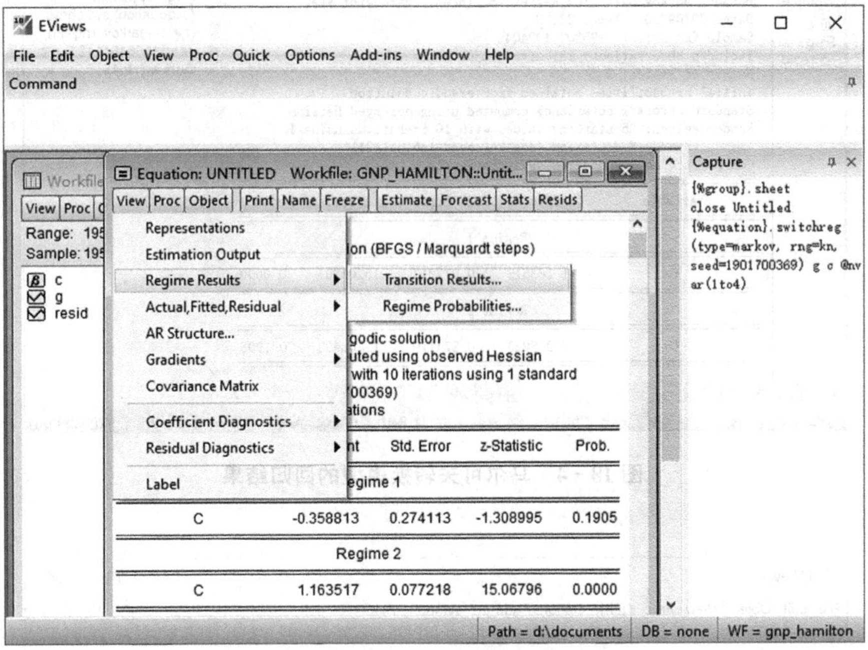

图 18－6　概率转换命令

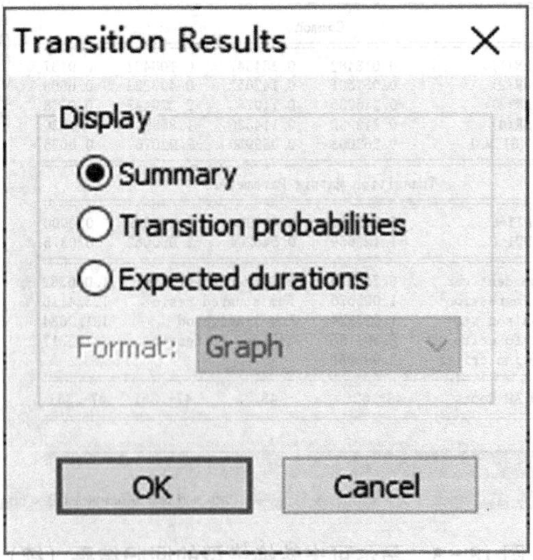

图 18－7　结果的展示方法

点击图 18-7 中的“OK”按钮，结果如图 18-8 所示。

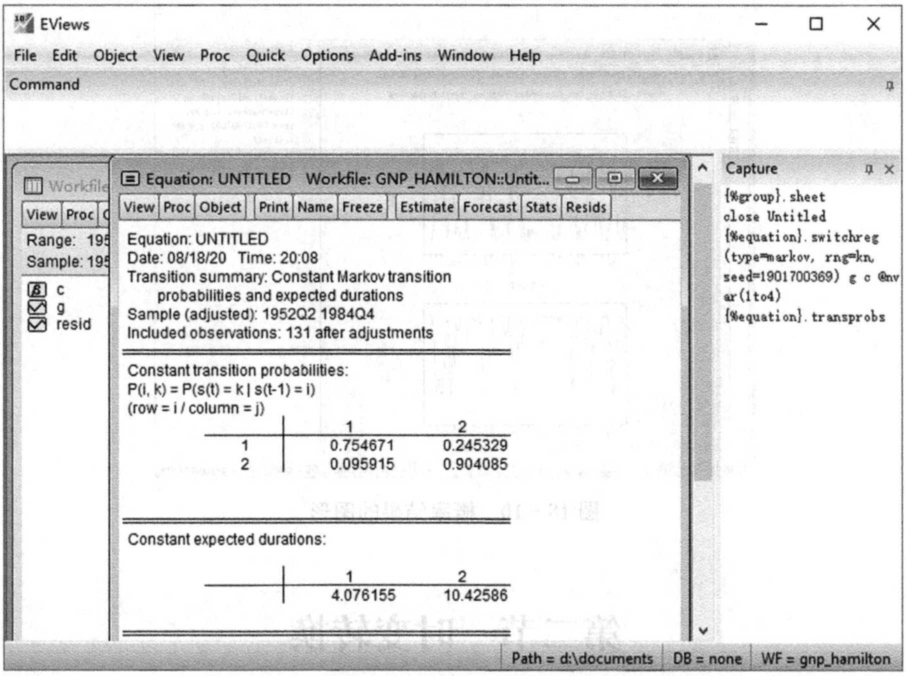

图 18-8　概率转换矩阵和预期持续时间

图 18-8 中的结果是概率转换矩阵和预期持续时间。很多状态变量在概率转换矩阵中有着相对高的回到初始状态的概率（0.9 表示高，0.75 表示相对低一些）。回到初始状态后相应的预期持续时间约为 10.4 和 4.1。

点击回归结果的“View”→“Regime Results”→“Regime Probabilities…”，出现如图 18-9 所示的对话框。点击“OK”按钮，结果如图 18-10 所示。

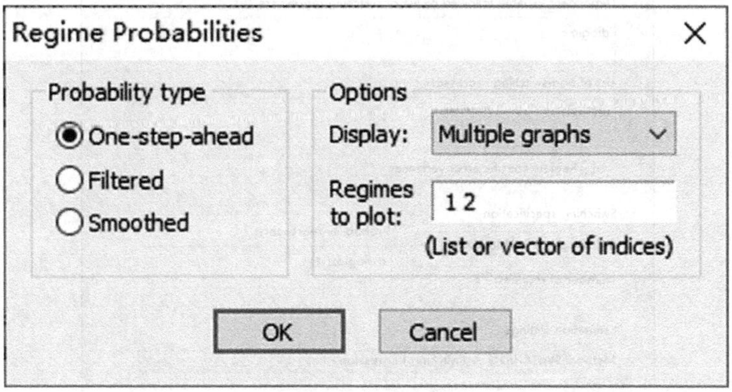

图 18-9　概率类型

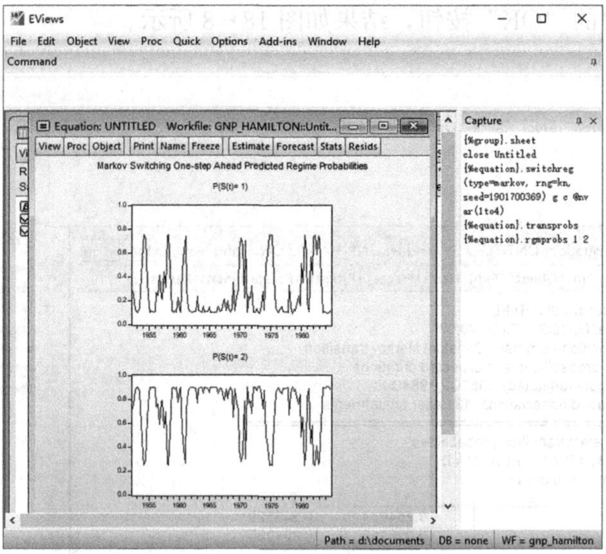

图 18-10　概率结果的图形

第二节　时变转换

Kim 和 Nelson（1999）提供了一个利用时变转换（time-varying transitions）概率的 MSAR（4）模型，利用 Filardo 模型的工业产值的对数增长率拟合了 MSAR（4）平均转换的模式。使用的数据是预测经济周期的 11 个指标的复合型对数增长率。

将指标滞后一期作为概率回归元，如图 18-11 所示。

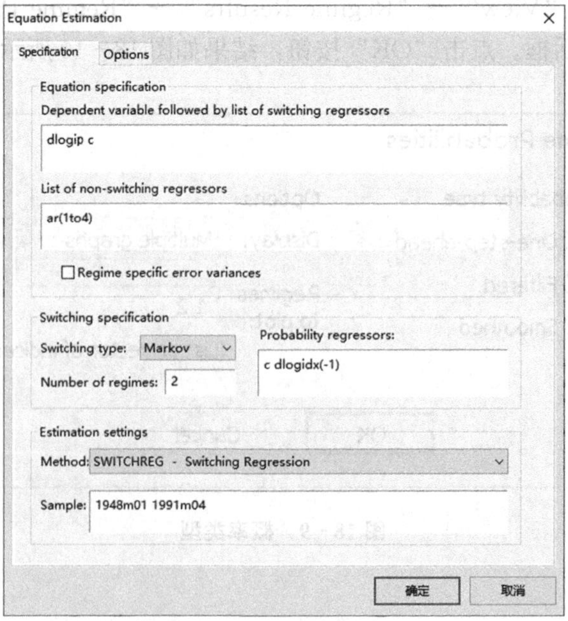

图 18-11　时变转换窗口

如图 18 - 12 所示，可以看到 DLOGIDX(—1) 两状态下的系数都显著，经济的对数增长率与状态 1 的生产增长的高概率、降低状态 1 的转换概率并且提高从状态 2 到状态 1 的转换概率的情况有关。

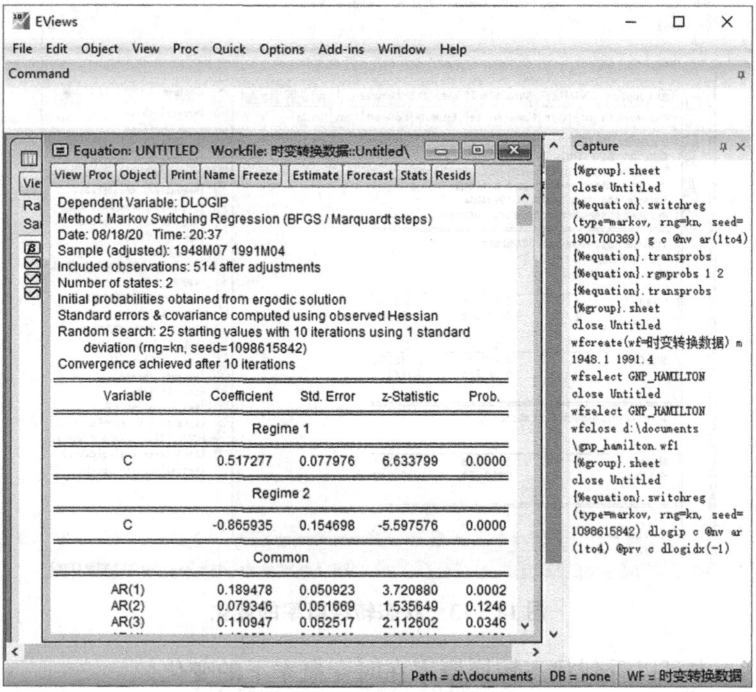
Dependent Variable: DLOGIP
Method: Markov Switching Regression (BFGS / Marquardt steps)
Date: 08/18/20 Time: 20:37
Sample (adjusted): 1948M07 1991M04
Included observations: 514 after adjustments
Number of states: 2
Initial probabilities obtained from ergodic solution
Standard errors & covariance computed using observed Hessian
Random search: 25 starting values with 10 iterations using 1 standard deviation (rng=kn, seed=1098615842)
Convergence achieved after 10 iterations

Variable	Coefficient	Std. Error	z-Statistic	Prob.
Regime 1				
C	0.517277	0.077976	6.633799	0.0000
Regime 2				
C	-0.865935	0.154698	-5.597576	0.0000
Common				
AR(1)	0.189478	0.050923	3.720880	0.0002
AR(2)	0.079346	0.051669	1.535649	0.1246
AR(3)	0.110947	0.052517	2.112602	0.0346

图 18 - 12　时变转换结果

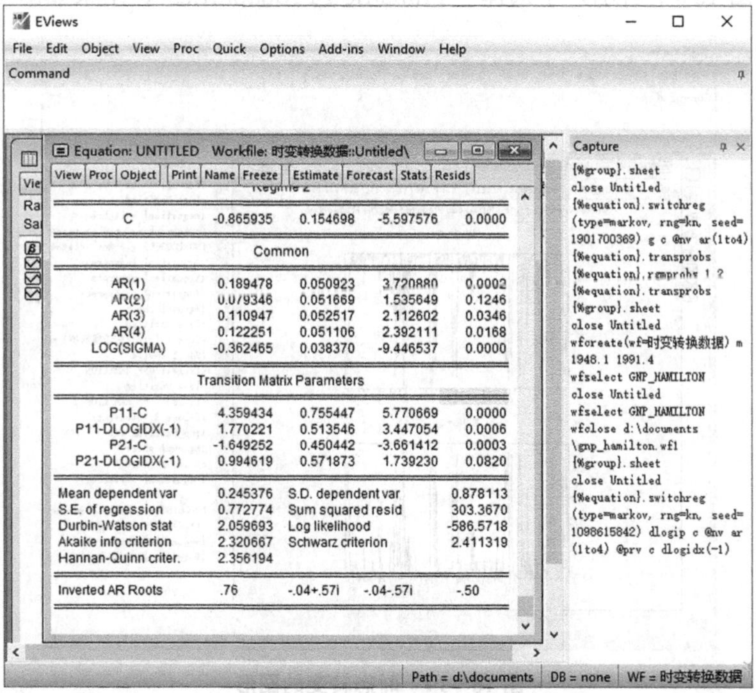
Variable	Coefficient	Std. Error	z-Statistic	Prob.
C	-0.865935	0.154698	-5.597576	0.0000
Common				
AR(1)	0.189478	0.050923	3.720880	0.0002
AR(2)	0.079346	0.051669	1.535649	0.1246
AR(3)	0.110947	0.052517	2.112602	0.0346
AR(4)	0.122251	0.051106	2.392111	0.0168
LOG(SIGMA)	-0.362465	0.038370	-9.446537	0.0000
Transition Matrix Parameters				
P11-C	4.359434	0.755447	5.770669	0.0000
P11-DLOGIDX(-1)	1.770221	0.513546	3.447054	0.0006
P21-C	-1.649252	0.450442	-3.661412	0.0003
P21-DLOGIDX(-1)	0.994619	0.571873	1.739230	0.0820

Mean dependent var	0.245376	S.D. dependent var	0.878113
S.E. of regression	0.772774	Sum squared resid	303.3670
Durbin-Watson stat	2.059693	Log likelihood	-586.5718
Akaike info criterion	2.320667	Schwarz criterion	2.411319
Hannan-Quinn criter.	2.356194		

Inverted AR Roots	.76	-.04+.57i	-.04-.57i	-.50

图 18 - 12　时变转换结果（续）

点击回归结果的“View”→“Regime Results”→“Transition Results…”，在出现的对话框（如图 18-7 所示）中选择“Summary”，结果如图 18-13 所示。

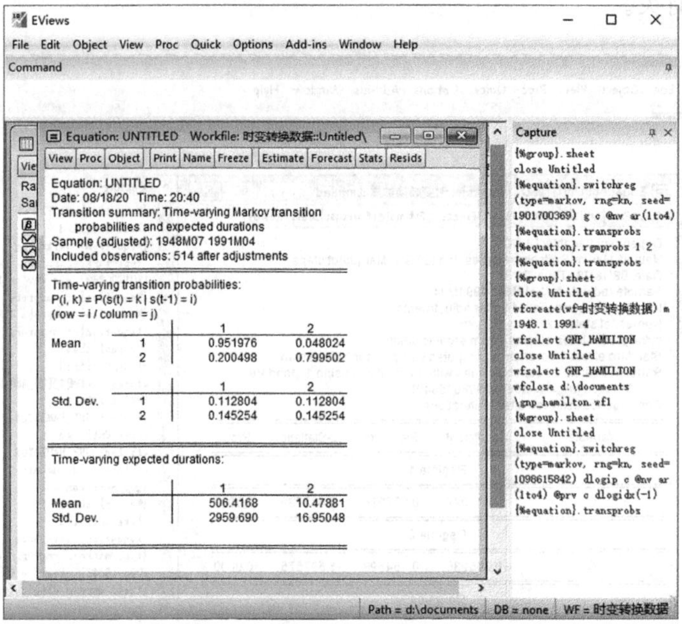

图 18-13 状态转换概率的变化

在图 18-13 中可以看到状态转换概率在时变概率下的变化。

点击回归结果的“View”→“Regime Results”→“Transition Results…”，在弹出的对话框（如图 18-7 所示）中选择“Transition Probabilities”，结果如图 18-14 所示。

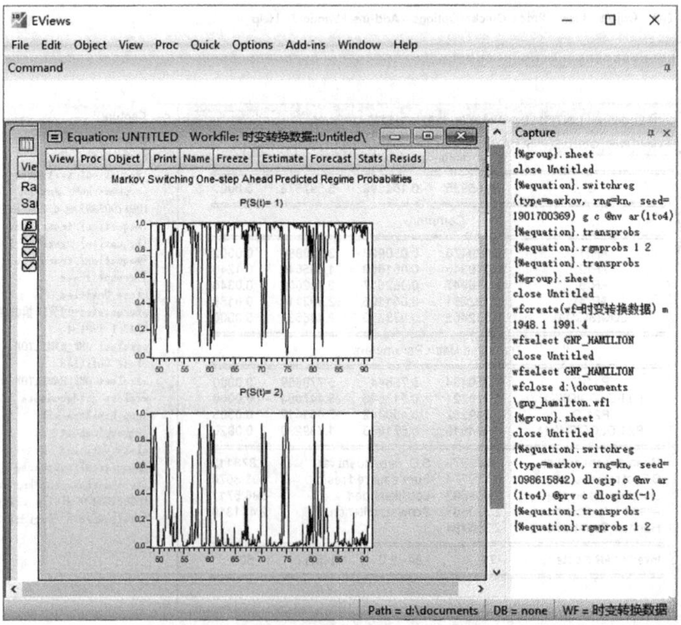

图 18-14 时态转变的图形

点击回归结果的“View”→“Regime Results”→“Regime Probabilities…”，在弹出的对话框中进行设置，如图 18-15 所示。点击“OK”按钮，结果如图 18-16 所示。

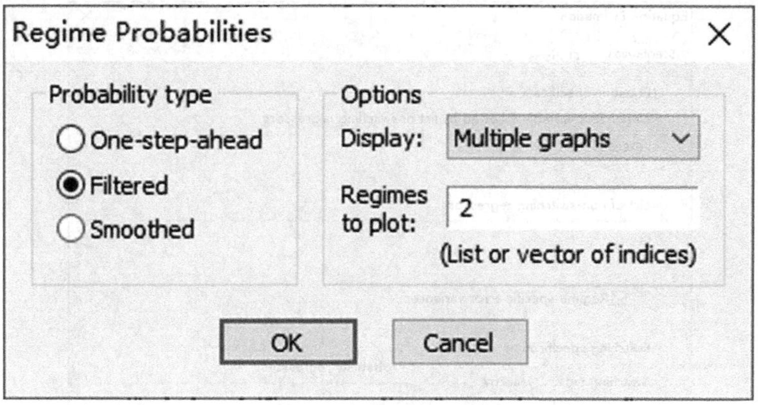

图 18-15　概率类型

图 18-16 所示的结果显示低生产状态下的滤波概率相对较低。

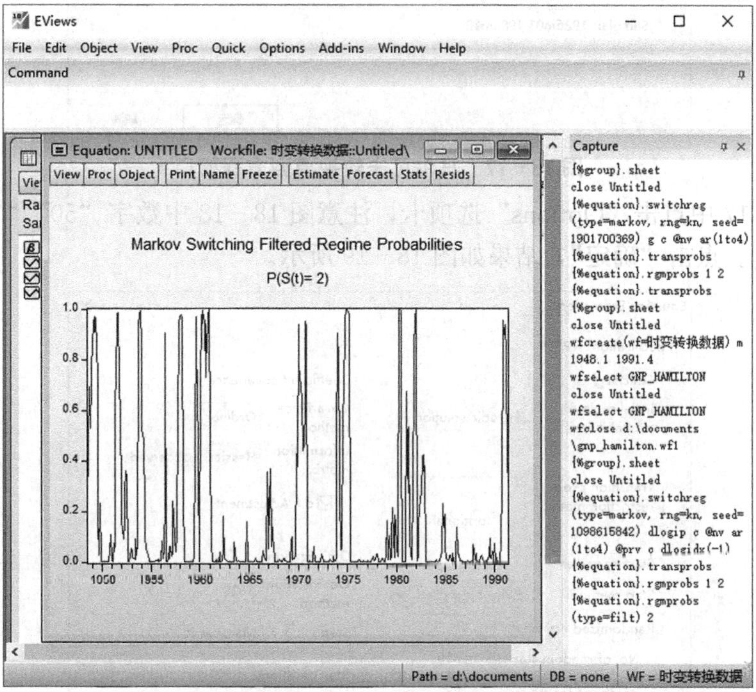

图 18-16　滤波概率图

第三节　状态异方差

Kim 和 Nelson（1999）提供了股权收益的状态异方差的三状态马尔可夫转换模型。数据包括每月的 CRSP 加权平均超额收益。

注意，图 18－17 中“Switching type”选择“Markov”，“Number of regimes”选择数字“3”。

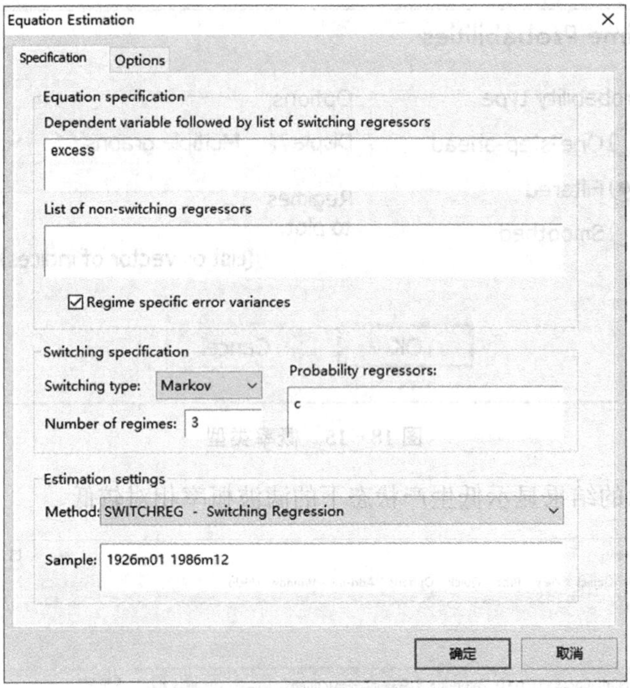

图 18－17　马尔可夫转换模型方程窗口

在图 18－17 中点击“Options”选项卡，注意图 18－18 中数字“50”“20”和最下方的“Clear”键。点击“确定”，结果如图 18－19 所示。

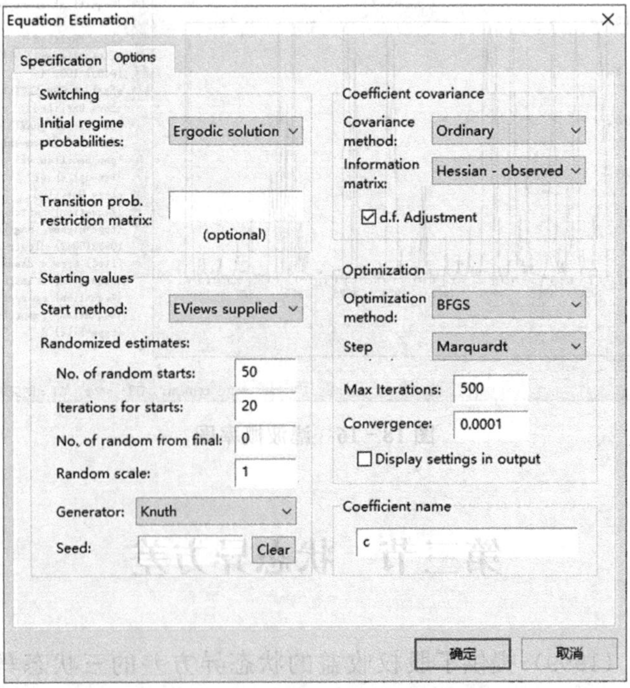

图 18－18　状态异方差选项窗口

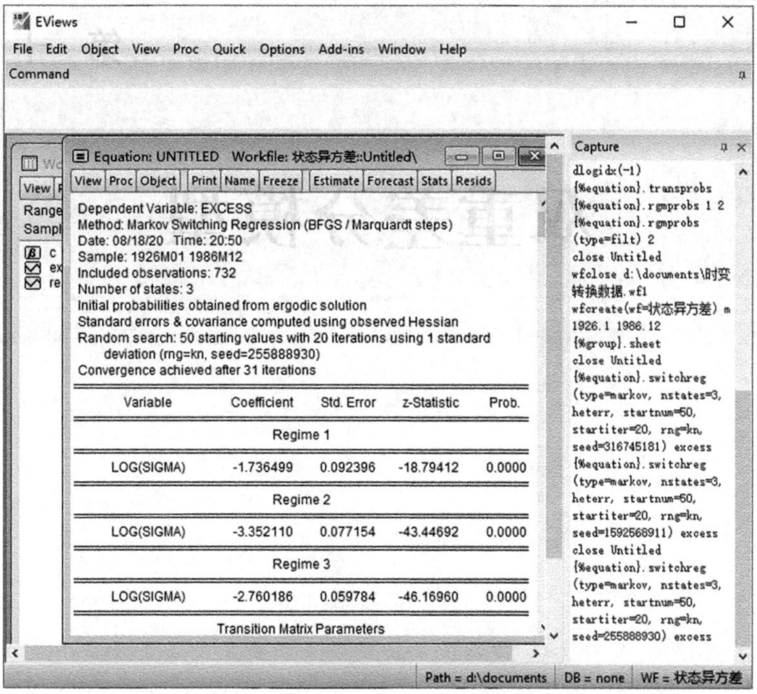

图 18-19　三个状态异方差的回归结果

第十九章

双重差分模型

第一节　模型的介绍与数据的录入

近年来，越来越多的学者关注政策效应的研究。双重差分（difference in differences，DID）法具有控制分组效应与时间效应的独特优点，自然成为学者们进行实证研究的最佳方法。政策实施通常被视为一次自然实验，受到政策影响的个体被视为实验组，未受到政策影响的个体则被视为对照组。现假设 2008 年广东省出台某项政策，并以模拟政策对广东省 21 个市级地区 GDP 的影响为例，建立如下双重差分模型进行回归分析：

$$\mathrm{lngdp}_{it}=\alpha+\theta \mathrm{treated}_i \times \mathrm{period}_t+\beta \mathrm{gov}_{it}+\mu_i+\lambda_t+\varepsilon_{it}$$

式中，lngdp_{it} 为因变量，表示各市级地区 GDP 的对数值；$i(i=1, \cdots, N)$ 表示各市级地区个体；$t(t=1, \cdots, T)$ 表示时间；gov_{it} 为随时间和个体而变化的控制变量合集；β 为控制变量的系数；μ_i 为个体固定效应；λ_t 为时间固定效应；ε_{it} 为模型误差项；$\mathrm{treated}_i$ 为实验组虚拟变量，即受到政策冲击的实验组个体，取值为 1，未受到政策冲击的对照组个体，取值为 0；period_t 为实验期虚拟变量，若个体进入实验期，则取值为 1，否则取值为 0；θ 为实验组虚拟变量与实验期虚拟变量交互项的系数，即双重差分（DID）的系数项，是我们最应该关心的结果，代表政策的冲击效应。

双重差分模型多为面板数据，我们以 pool 面板形式进行数据录入与回归分析。首先，按照“File”→“New”→“Workfile…”的路径，打开“Workfile Create”对话框，在对话框的“Workfile structure type”部分点击向下的箭头，在下拉菜单中选择“Balanced Panel”（平衡面板）；在“Start date”后面的空白处输入样本起始时间“2004”，在“End date”后面的空白处输入样本截止时间“2010”；然后在“Workfile names (optional)”下方“WF”后面的空白处输入“did”，如图 19－1 所示。

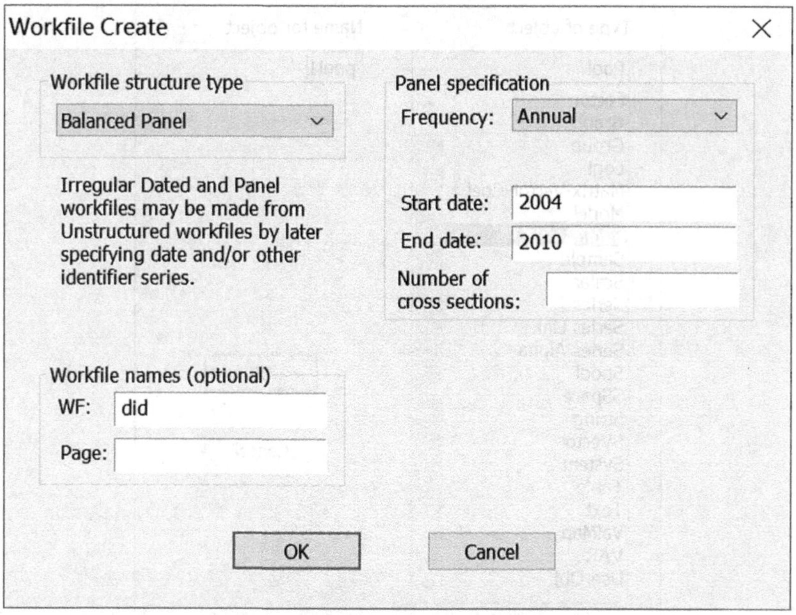

图 19－1　工作文件窗口基本信息的录入

然后点击“OK”按钮，界面如图 19－2 所示。

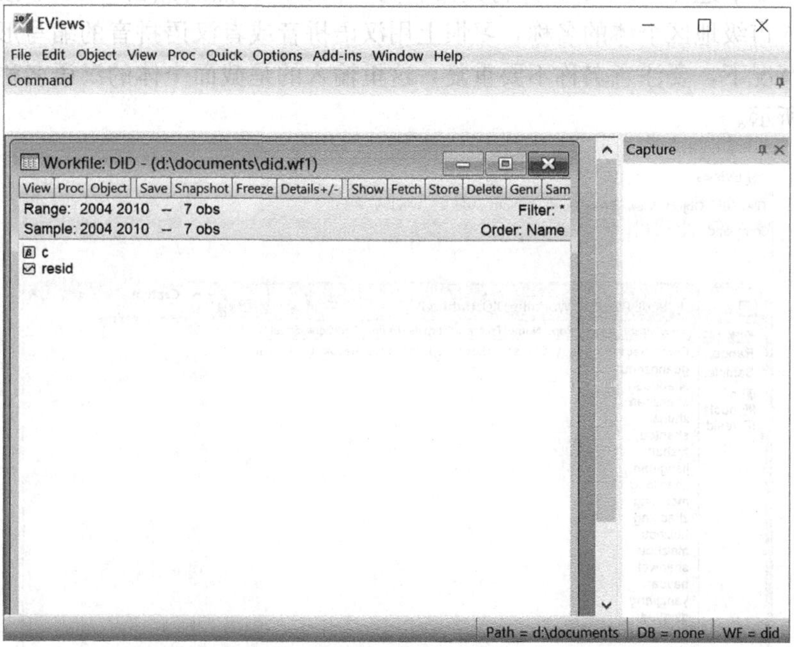

图 19－2　双重差分模型的工作窗口

在图 19－2 中，点击“Workfile”（工作文件）窗口（或者主页面窗口）中的“Object”，出现下拉菜单，选择下拉菜单中的“New object…”（建立新对象），出现如图 19－3 所示的对话框。

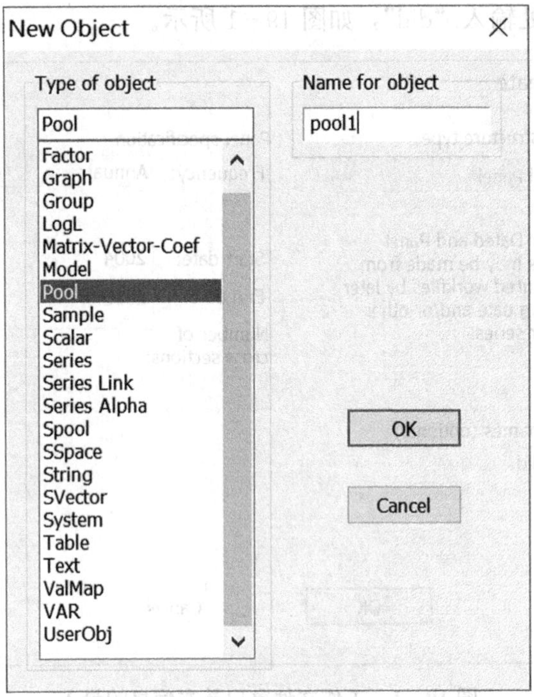

图 19-3　建立新对象

在图 19-3 中选择“Pool”，并将其命名为“pool1”，然后点击“OK”按钮，在出现的界面中录入市级地区个体的名称，习惯上用汉语拼音或者汉语拼音的缩写形式。在截面个体众多的情况下，要注意名称不要重复，这里输入的是截面个体的汉语名称全拼，结果如图 19-4 所示。

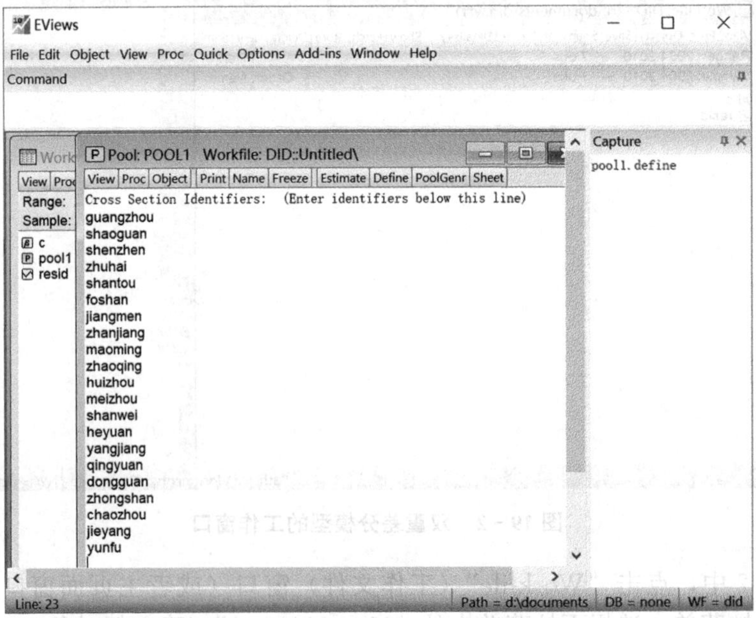

图 19-4　截面个体名称的录入

点击图 19－4“Pool”窗口中的“Sheet”选项，在弹出的对话框中输入基本变量，其中 g 为各市级地区财政支出，sec 为第二产业比重，其他变量的含义在前面已经介绍，录入结果如图 19－5 所示。

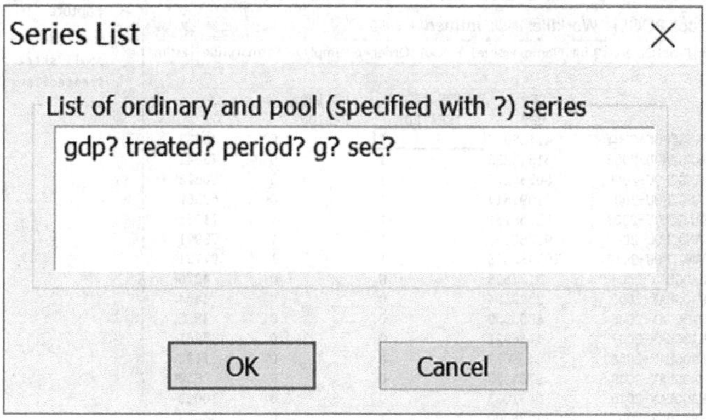

图 19－5　变量名称的录入对话框

然后点击“OK”按钮，结果如图 19－6 所示。

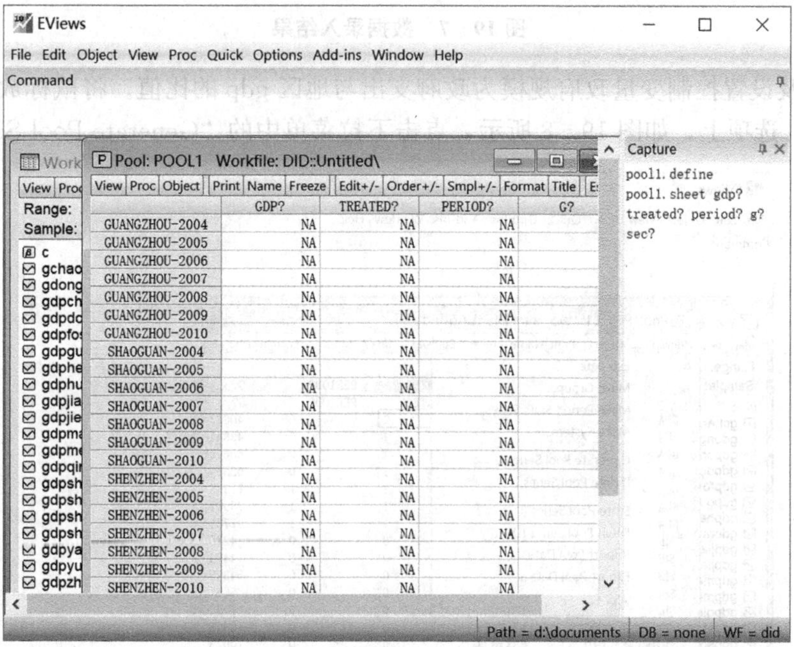

图 19－6　“Pool”数据窗口

将数据录入图 19－6 的窗口中，鼠标点击窗口中的空白单元格。注意实验组虚拟变量和实验期虚拟变量的录入，我们假设序号为奇数的市级地区实施了广东省的政策，视为实验组，$treated_i$ 取值为 1，其余市级地区则不受政策影响，视为对照组，$treated_i$ 取值为 0；同时假设政策实施年份为 2008 年，故 2008 年及以后年份为实验组的实验期，$period_t$ 取值为 1，否则取值为 0，录入数据如图 19－7 所示。

接下来需要对变量进行运算，模型中的因变量是 gdp 的对数值，同时设置双重差分的

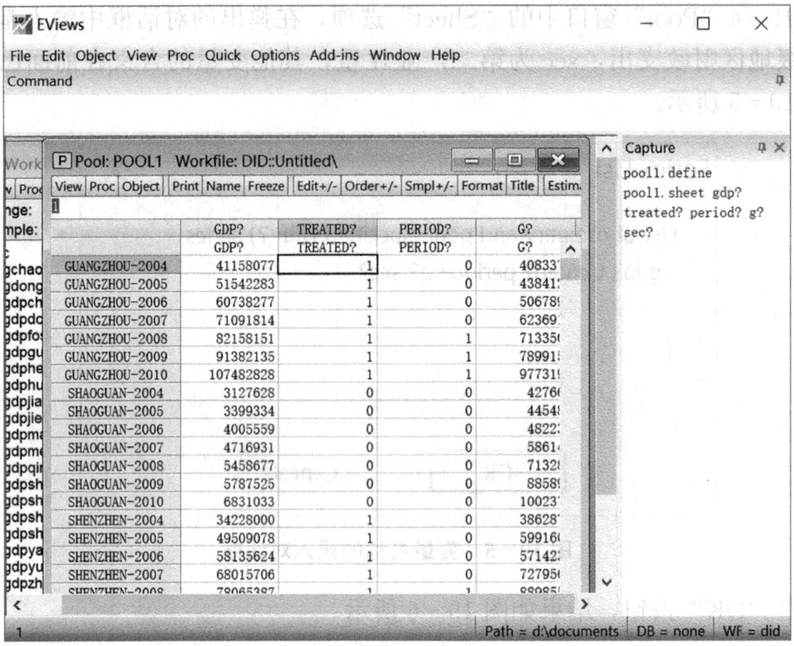

图 19-7　数据录入结果

交互项，以及设置控制变量政府规模为政府支出与地区 gdp 的比值。将鼠标放在数据窗口的“Object”选项上，如图 19-8 所示，点击下拉菜单中的“Generate Pool Series…”。

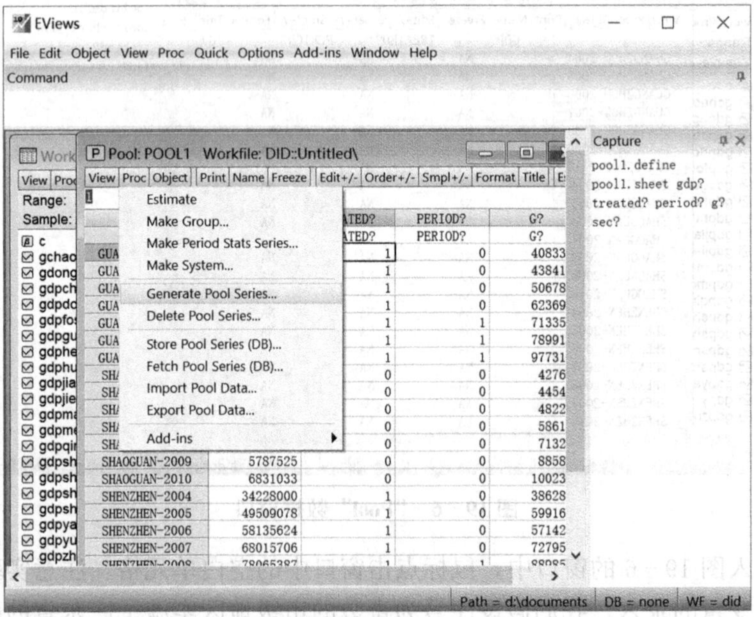

图 19-8　生成新的变量

在对话框中输入要生成的变量，注意在每个变量后添加“?”，生成变量序列，如图 19-9 至图 19-11 所示。

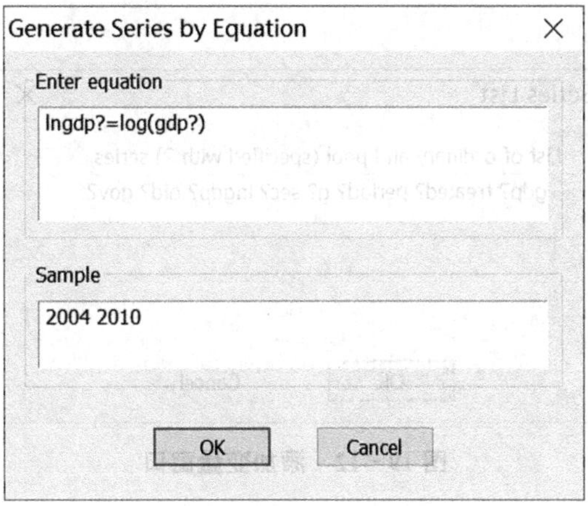

图 19－9　生成新的变量（一）

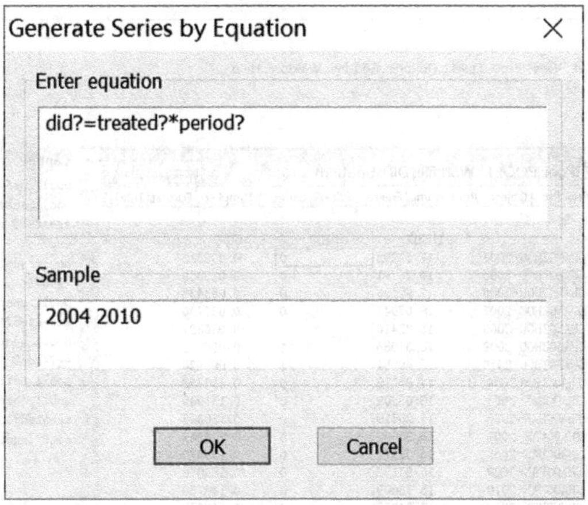

图 19－10　生成新的变量（二）

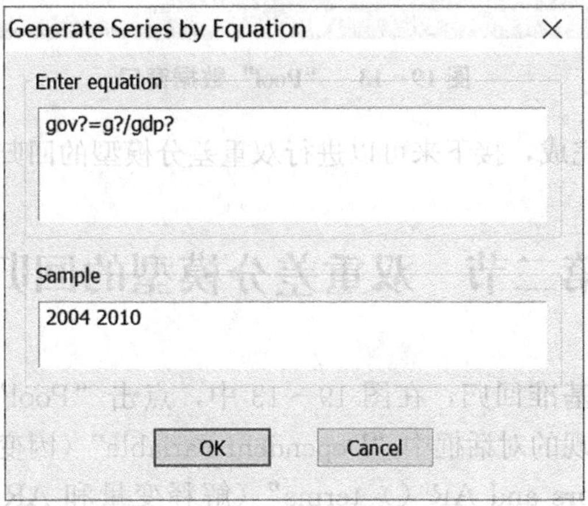

图 19－11　生成新的变量（三）

然后点击“OK”按钮，回到“Pool”数据窗口页面，点击“Sheet”添加新生成的变量，如图 19－12 所示。

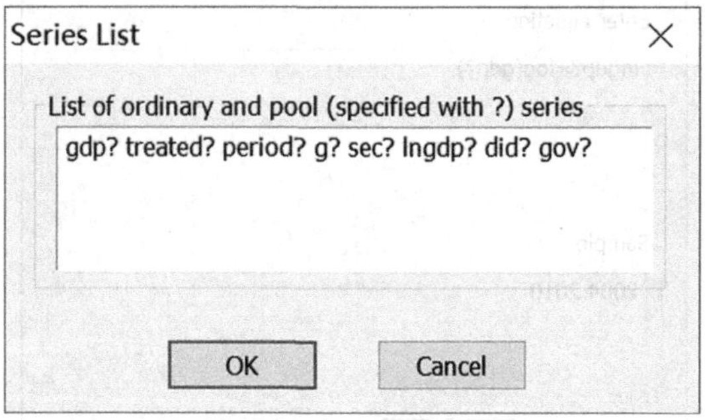

图 19－12　添加变量窗口

点击“OK”按钮，模型所需要的数据都被输入“Pool”数据窗口中，如图 19－13 所示。

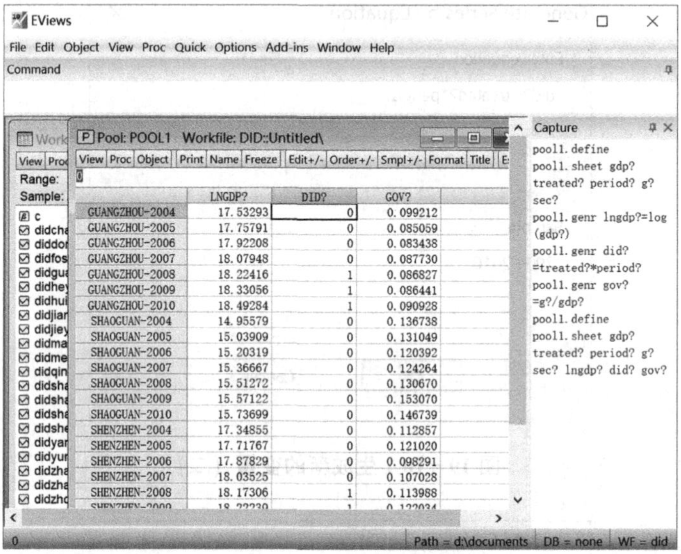

图 19－13　“Pool”数据窗口

数据录入已经全部完成，接下来可以进行双重差分模型的回归分析了。

第二节　双重差分模型的回归

首先进行双重差分基准回归，在图 19－13 中，点击“Pool”数据窗口工具栏中的“Estimate”选项，在出现的对话框中“Dependent variable”（因变量）部分的空白处输入“lngdp?”；在“Regressors and AR（）terms”（解释变量和 AR 序列）下方“Common coefficients”（共同系数）部分的空白处输入“did?”，此时基准回归的解释变量只包含双重差分的交互项；在“Estimation method”下方“Fixed and Random Effects”（固定效应和随机效应）部分“Cross-section”项的下拉菜单中选择“Fixed”（固定效应），进行个体固定效应回归，如图 19－14 所示。

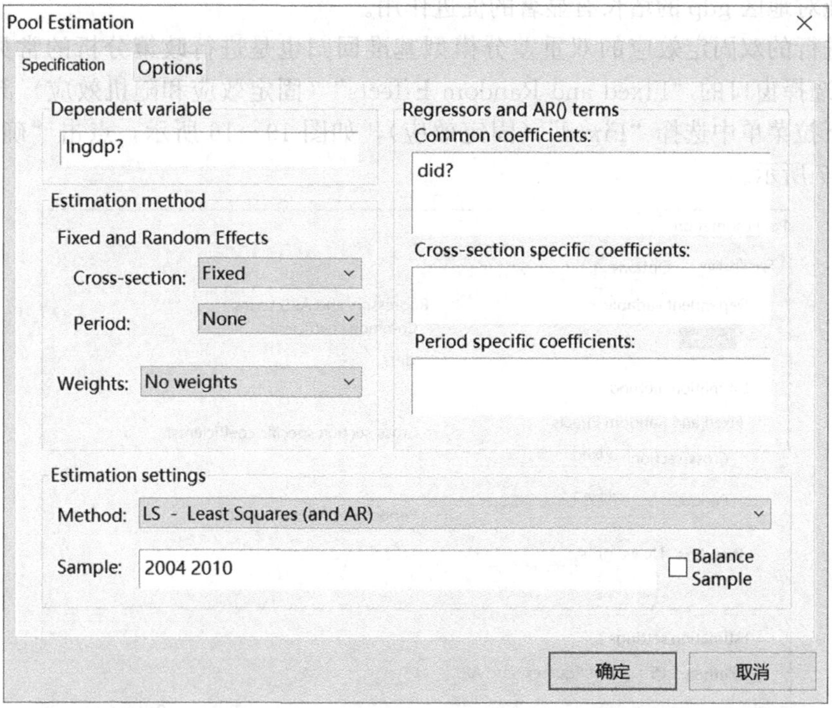

图 19－14　双重差分基准回归选择窗口

然后点击“确定”，回归结果即为用普通最小二乘法得到的双重差分个体固定效应模型，如图 19－15 所示。

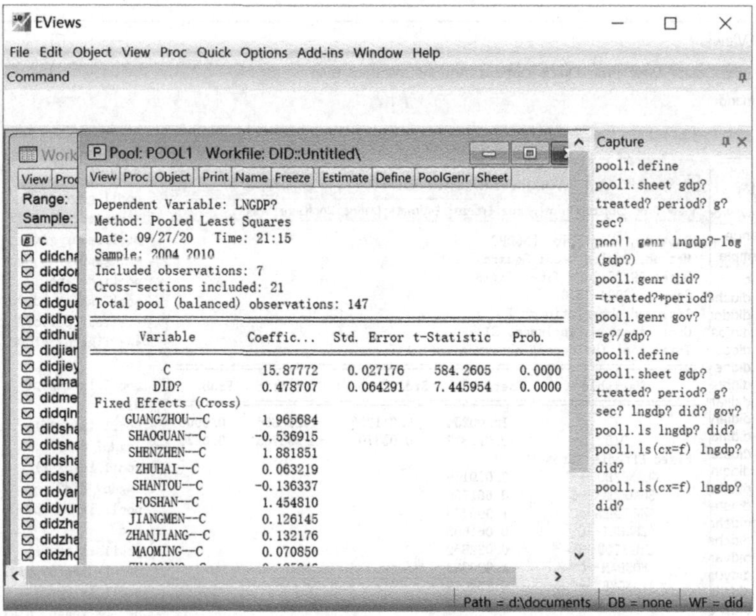

图 19－15　双重差分个体固定效应回归结果

由于模型涉及的政策实施为假设，结果仅供参考，可以看出来基准回归的结果显示，政策的实施对地区 gdp 的增长有显著的促进作用。

下面进行的双固定效应的双重差分模型基准回归也是进行政策分析的常见选择。在图 19 - 14 选择窗口的“Fixed and Random Effects”（固定效应和随机效应）部分“Period”项的下拉菜单中选择“Fixed”（固定效应），如图 19 - 16 所示，点击“确定”，结果如图 19 - 17 所示。

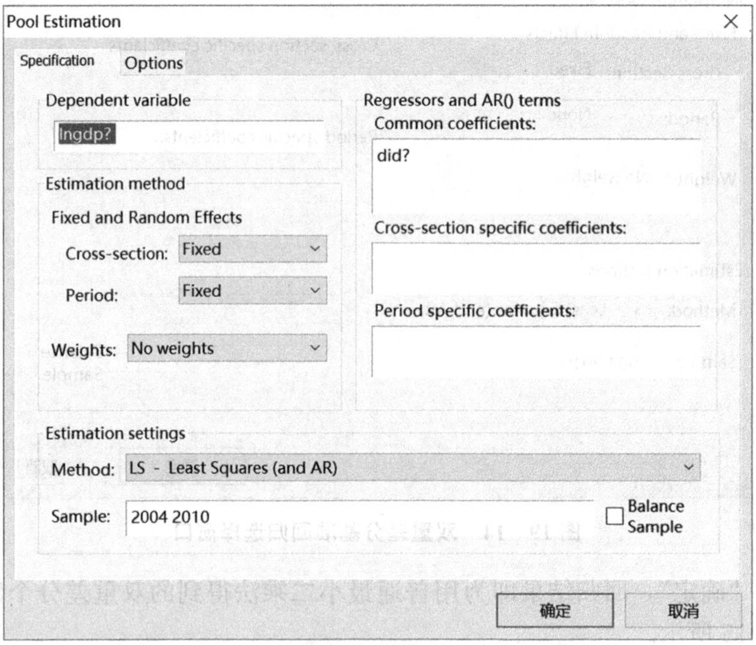

图 19 - 16　双重差分双固定效应回归选择窗口

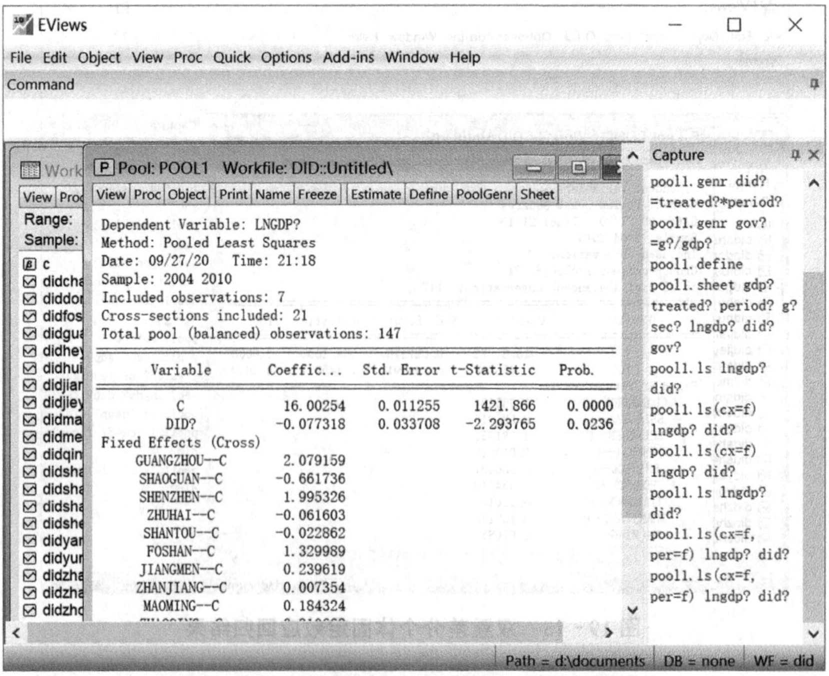

图 19 - 17　双重差分双固定效应回归结果

双固定效应的双重差分基准回归模型的结论表示，政策实施对地区 gdp 增长有显著的负向效应，大家可以根据自己的模型来进行固定效应的选择。接下来我们将控制变量加入模型中进行回归，在图 19－14 页面的"Common coefficients"（共同系数）后添加"gov?"和"sec?"，先选择个体固定效应进行回归，如图 19－18 所示，点击"确定"，结果如图 19－19 所示。

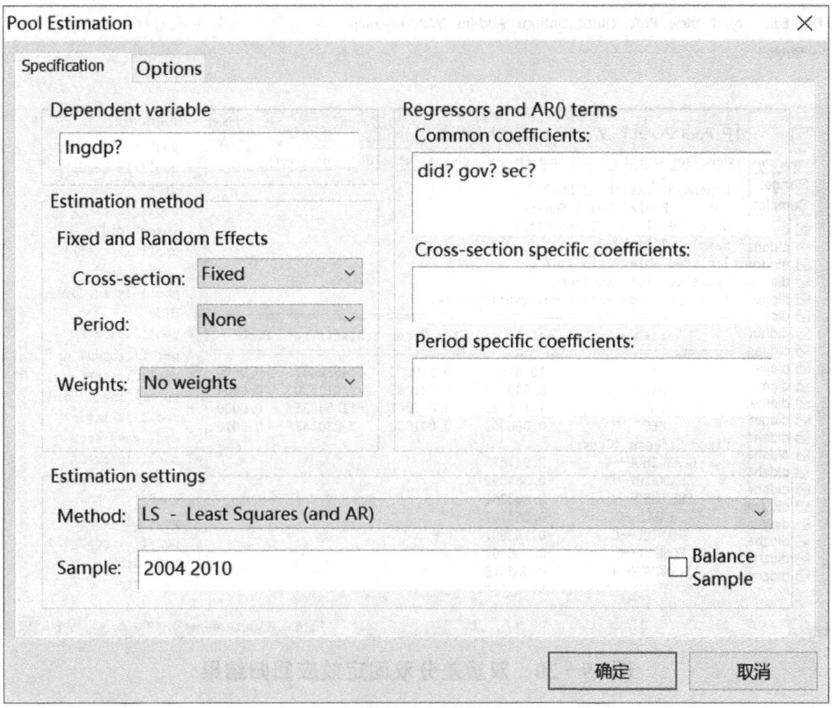

图 19－18　双重差分模型回归选择窗口

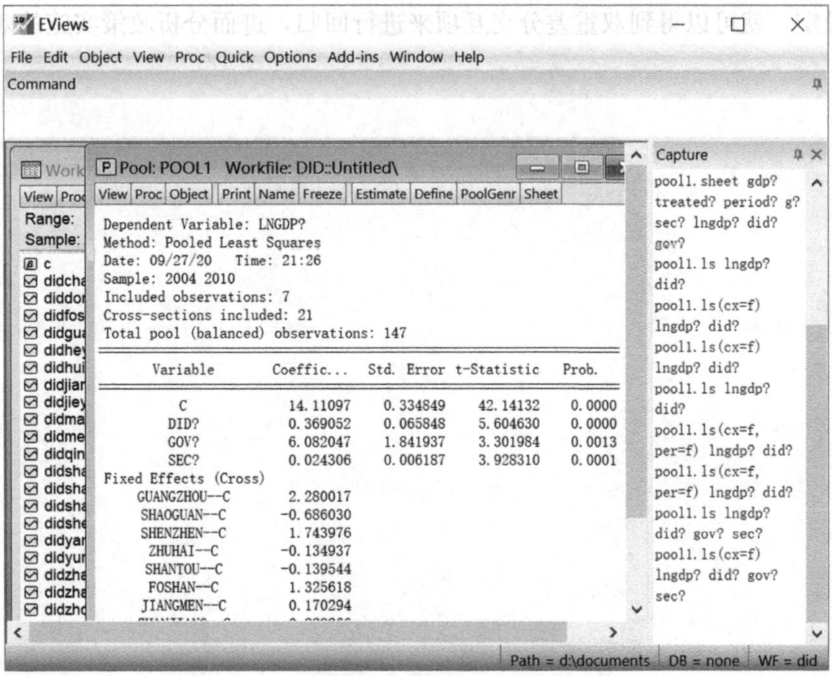

图 19－19　双重差分个体固定效应回归结果

图 19－19 的回归结果显示，在城市规模越大并且第二产业发展越好的市级地区中，政策对地区 gdp 增长的正向效应越显著。同时也可以对双固定效应回归进行比较，在图 19－18 的窗口中添加时间固定效应的选择，结果如图 19－20 所示。

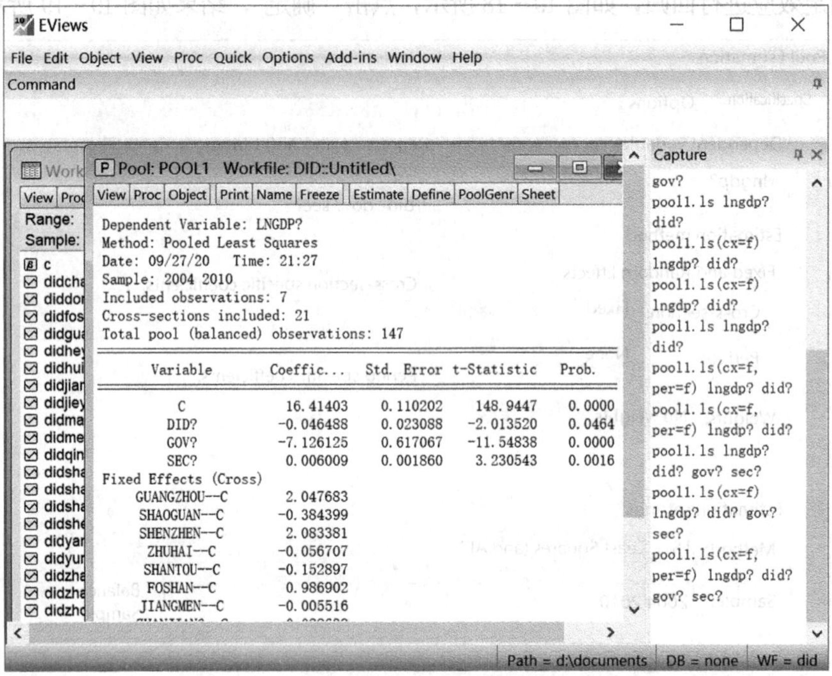

图 19－20　双重差分双固定效应回归结果

以上就是关于传统双重差分模型回归的步骤，只要了解了实验组虚拟变量与实验期虚拟变量的设定，就可以得到双重差分交互项来进行回归，进而分析政策实施的效应。

后　记

又是一年的九月，这是收获的季节。随着跳动的音符在键盘和指尖上流淌，书稿在摇曳多姿的舞步中渐行渐远。过去所经历的点点滴滴，仿如过眼云烟，朦朦胧胧，“潦水尽而寒潭清，烟光凝而暮山紫”。茕茕孑立，想来却也令人唏嘘伤感。“凉秋九月，塞外草衰。夜不能寐，侧耳远听，胡笳互动，牧马悲鸣”。

念谁为之戕贼，亦何恨乎秋声！

自从我们的第一本计量经济学软件 EViews 使用教程出版以来，深得读者的厚爱，不吝鼓励和赞美，并指出了书中的不足和错误之处，同时也提出了很好的建议，“雄雉于飞，下上其音”。对此，我们非常感谢，无以表达对关心该书的读者的深深敬意——“欣群才之来萃兮，协飞熊之吉梦”。对于该书存在的问题，我们做了认真细致的修改完善以不负读者的期许，“定之方中，作于楚宫”。正是在大家的支持下，我们才有了继续做下去的动力，我们会心怀感恩，继续努力，砥砺前行，驾言出游，以写我忧。

一花一世界，一叶一菩提。

熟悉《计量经济学软件 EViews 6.0 建模方法与操作技巧》后记的读者或许记得，我曾说明，如果有机会，我们下一本书的出版需要补充的大致内容。在本书出版之际，我们“战战兢兢，如临深渊，如履薄冰”，除了将设想的模型和技术引入本书外，还补充和增加了近几年出现的新的技术方法和模型，“唯意存于曲直，非有心于爱憎”。我们深知，随着科学技术的发展、经济学的进步、电脑软硬件的更新改造、EViews 软件的升级换代，计量经济学的技术和方法也在日益大步前进，研究者能够追随就已经十分不易，“投我以木瓜，报之以琼琚”。

哀吾生之须臾，羡长江之无穷。

在本书得以出版之际，我首先要感谢张晓峒老师，在就读博士学位的三年中，有幸近距离聆听他老人家的教诲，这为我现在从事的教学与科研工作打下了基础。先生的高级计量经济学在群贤毕至、少长咸集的南开大学是最受博士研究生欢迎的课程，先生的才华、品格和学识誉满中华！

云山苍苍，江水泱泱，先生之风，山高水长！

感谢广东外语外贸大学良好的教学科研环境和氛围，“天朗气清，惠风和畅”，使我能有充裕的时间做一些自己喜欢的方向的研究；感谢中国人民大学出版社，特别是王晗霞编辑、朱含蓄编辑和王美玲编辑的辛苦认真而卓有成效的工作，使本书能得以顺利与读者见面。

虽无为而自发，乃有益于生灵。六情静于中，百物荡于外，情缘物动，物感情迁。

本书所用软件 EViews 10.0 的安装方法说明以及全书所用数据的电子版本请登录 http://cliometrics.gdufs.edu.cn/info/1007/1127.htm 或者登录广东外语外贸大学主页—学校架构—科研机构—中国计量经济史研究中心—工作简报下载。

陈　昭

2020 年 10 月 10 日

于广州大学城

图书在版编目（CIP）数据

计量经济学软件 EViews 10.0 应用教程：从基础到前沿 / 陈昭，徐芳燕，付铭苏著. --北京：中国人民大学出版社，2021.5

普通高等学校应用型教材. 经济学

ISBN 978-7-300-29319-6

Ⅰ. ①计… Ⅱ. ①陈…②徐…③付… Ⅲ. ①计量经济分析-应用软件-高等学校-教材 Ⅳ. ①F224.0-39

中国版本图书馆 CIP 数据核字（2021）第 074602 号

普通高等学校应用型教材 · 经济学

计量经济学软件 EViews 10.0 应用教程：从基础到前沿

陈　昭　徐芳燕　付铭苏　著

Jiliang Jingjixue Ruanjian EViews 10.0 Yingyong Jiaocheng：Cong Jichu dao Qianyan

出版发行	中国人民大学出版社		
社　　址	北京中关村大街 31 号	**邮政编码**	100080
电　　话	010－62511242（总编室）		010－62511770（质管部）
	010－82501766（邮购部）		010－62514148（门市部）
	010－62515195（发行公司）		010－62515275（盗版举报）
网　　址	http://www.crup.com.cn		
经　　销	新华书店		
印　　刷	固安县铭成印刷有限公司		
开　　本	787 mm×1092 mm　1/16	**版　　次**	2021 年 5 月第 1 版
印　　张	18.75	**印　　次**	2025 年 1 月第 2 次印刷
字　　数	444 000	**定　　价**	45.00 元

教学支持说明

1. 教辅资源获取方式

为秉承中国人民大学出版社对教材类产品一贯的教学支持，我们将向采纳本书作为教材的教师免费提供丰富的教辅资源。您可直接到中国人民大学出版社官网的教师服务中心注册下载——http://www.crup.com.cn/Teacher。

如遇到注册、搜索等技术问题，可咨询网页右下角在线 QQ 客服，周一到周五工作时间有专人负责处理。

注册成为我社教师会员后，您可长期根据您所属的课程类别申请纸质样书、电子样书和教辅资源，自行完成免费下载。您也可登录我社官网的“教师服务中心”，我们经常举办赠送纸质样书、赠送电子样书、线上直播、资源下载、全国各专业培训及会议信息共享等网上教材进校园活动，期待您的积极参与！

2. 高校教师可加入下述学科教师 QQ 交流群，获取更多教学服务

经济类教师交流群：809471792

财政金融教师交流群：766895628

国际贸易教师交流群：162921240

税收教师交流群：119667851

3. 购书联系方式

网上书店咨询电话：010－82501766

邮购咨询电话：010－62515351

团购咨询电话：010－62513136

中国人民大学出版社经济分社

地址：北京市海淀区中关村大街甲 59 号文化大厦 1506 室　100872

电话：010－62513572　010－62515803

传真：010－62514775

E-mail：jjfs@crup.com.cn